第二屆中國訓詁學學術研討會

訓詁論叢

第二輯

左松超等著
中國訓詁學會主編

文史哲出版社
印行

國家圖書館出版品預行編目資料

訓詁論叢. 第二輯 / 左松超等著. -- 初版. --
臺北市 : 中國訓詁學會出版 : 文史哲發行,
民 86
面 ; 公分
ISBN 957-549-073-8 (平裝)

1. 訓詁 - 論文, 講詞等

802.107

訓詁論叢 第二輯

著者：左松超等
出版者：中國訓詁學會
登記證字號：行政院新聞局局版臺業字五三三七號
發行人：彭正雄
發行所：文史哲出版社
印刷者：文史哲出版社
台北市羅斯福路一段七十二巷四號
郵政劃撥帳戶一六一八〇一七五號
電話：八八六－二－二三五一一〇二八
實價新台幣七〇〇元

中華民國八十六年四月初版

ISBN 957-549-073-8

訓詁論叢第二輯弁言

陳新雄

自兩年前成立訓詁學會出版《訓詁論叢》以來，訓詁學之研究，乃有長足之進步。而年輕學者參與之衆，尤令人激賞。其實訓詁學之範疇，至爲廣泛，余嘗云：所謂訓詁者，非僅語言文字之專門學科，其實凡與中國典籍有關之學科，舉凡學術思想、文學欣賞，歷史文化，字典辭書，甚至於巫醫百工之典，神仙佛道之書，欲求其正解，皆宜略通訓詁者也。

清阮元伯元，一代儒宗，其序伯申王氏之《經義述聞》也，嘗舉郢書燕說之治，鄭玉周鼠之璞，善譬曲喻，以明誤解古書之謬，而訓詁之效，則正所以解此謬悠恍惚之誤者也。

往昔中國語言文字之學，多由大專院校中文學系舉辦，今次訓詁學研討會轉由國立臺南師範學院語文教育學系舉辦，則訓詁研究之途益廣，訓詁研究之人益衆，此正所謂發皇其學者也。且師範學院訓練小學國語文師資，而在《周禮》之小學，亦正吾人今日語言文字之學也。故師院師生之參與，乃益增學術研討之意義。小學本爲入學之基，而識字知音達義，一以貫之，更爲吾人入學之序也。

此輯所收論文二十八篇，來之兩岸三地以及韓國學人，而參與討論之學者，幾遍及全臺各校，可謂濟濟多士，蔚爲盛況者矣。至二十八篇論文之內容，有言訓詁研究之方法者，有究典章制度者，有論辭書編寫者，有析古書句讀者，有釋典籍篇章者，有解一字之義者，有詮一詞之用者，有自敦煌學言之者，有自簡牘學言之者，有述資訊網路資源運用者，林林總總，猗歟盛哉！

本會祕書長李添富博士，協助本人，擘劃會務，使學術研討會準時舉行，訓詁通訊按時發行，盡心戮力，最著賢勞，特爲本會會員告，庶使會衆皆知其勞績也。

本集論文之出版，教育部顧問室、文化建設委員會與臺南市政府之資助，臺南師院語敎系暨文史哲出版社之贊襄與有力焉，謹此致謝。

中華民國八十四年十一月八日陳新雄撰於臺北市和平東路二段鍥不舍齋。

訓 詁 論 叢

第二輯

目 錄

訓詁學的名義、內容和研究

——從教學的角度省思

左松超

王力先生在民國三十六年發表《新訓詁學》一文①，主張建立「新訓詁學」。時間過去將近半個世紀，訓詁學似乎並沒有什麼太大的進展。大陸地區在中共統治的頭二十多年，由於政治偏見，認爲訓詁學是爲封建學術服務的，幾乎沒有人加以研究。近十幾年來，學者們又開始注意這門在中國學術發展史上曾有輝煌成績及重要影響地位的古老學問，發表了不少有關論文，出版的「訓詁學」專書，數量超過二十種以上。這些「訓詁學」著作，或敘述完備，資料詳實；或批評舊訓詁學的缺失，提出新的見解和建議；或指陳前人訓詁的錯誤，別出新解；有許多可供我們參考的地方。但各書在架構、內容上，重複和雷同之處卻也不少。台灣地區雖然沒有政治因素的影響，但訓詁學也似乎同樣處在比較冷落的地位。以大學中文系的教學來說，在課程設計上，文字學和音韻學都是必修科目，訓詁學則列爲選修，有的學校則沒有開設。在教學宗旨和和內容方面，訓詁學不像文字學和音韻學那樣具體。尤其是音韻學，它的教學宗旨和教學內容都是十分清楚的；而訓詁學則有些混淆不清和猶疑不定。教者和學者都有難以把握之感，尤其是學生，學了一整年訓詁學，可能仍然不明白訓詁學究竟是什麼，學與不學似乎都不重要。而訓詁學內容，又常與有些科目，尤其是文字學有不少重複。

總之，在傳統小學中的三個科目文字學、音韻學和訓詁學中，訓詁學的發展是遠較其餘二者爲落後的，這在兩岸的情況是一樣的。這種現象的產生，有內部的原因，也有外部的原因。就外部的原因說，音韻學近年來研究成績特出，其中一個重要的因素是西洋語音學理論和方法的引入。在傳統小學的三個門類當中，無疑的，音韻學最容易和西方語音學接軌，取人之長，補己之短，因而取得了驕人的特出成績。文字學方面，由於大量甲骨片、銅器、簡冊、帛書等地下資料的發現，吸引了大批中外學者的注意，參與研究考訂；學者們利用新資料，不但開拓了許多新的文字學研究領域，而且也利用新資料所產生的新證據，訂正補充了許多舊說。古文字學的研究不但受到中國學者重視，也吸引了世界各國研究漢學的學者的興趣。比較之下，訓詁學並不具備這兩方面的條件。地下資料固然也有助於訓詁，但究不如研究其上的文字較爲直接。再者，西方雖然也有一門像與訓詁學相當的語義學，一方面引入較晚，一方面語義學固也有值得訓詁學借鏡之處，但究竟是另外一門學問，它和訓詁學的關係，自不能與音韻學和西方語音學的關係等同而論，它對訓詁學，自然也不能像西方語音學對音韻學產生那麼大的影響。同時，由於音韻學、文字學研究比較接近純科學研究，材料甚少涉及現實政治，鑽研其中，不致招來無妄之災，所以大陸早些年研究傳統語文學的學者，就把注意力放在文字學和音韻學方面，相形之下，訓詁學自不免受到冷落了。

就內部的原因而論，就是訓詁學究竟是什麼的問題，它究竟應該具備那些內容。我們對訓詁學的名義似乎並沒有明確的詮釋，對其所應具備的內容也沒有界定。有關這些都不清楚，自然影響它的發展了。

就筆者個人所參考的十多種「訓詁學」②而言，各家解釋「訓詁」的意義都差不多，指詞義的解釋，不過多先引用《說文》分釋「訓」和「詁」二字，說「訓」是什麼意思，「詁」是什麼意思，合起來是什麼意思。這本來不錯，早期的「訓詁」是兩個字的短語，它的意思就是「訓」和「詁」；但是經過長時期使用，「訓詁」已經從短語變成一個雙音節的合義複詞，「不需要也不能夠分開解釋了」③。關於「訓詁學」，解釋比較分歧。有的以爲「訓詁學也就是語義學」④，「訓詁學的研究對象就是詞義和詞義系統，它的首要任務就是研究語義發展演變的規律」⑤；有的把訓詁學研究限制在文獻範圍內，認爲訓詁學「是以解釋古代文獻語義爲應用目的」，所以「又稱文獻語義學」⑥；有的以爲訓詁學有廣義和狹義之分，「廣義的訓詁學，內容極爲繁庶，包括解釋某詞某語、典制名物，直至給某部書作出注解，或者編成字典詞典等。甚至後代的文獻學、校勘學也是研究的對象。……狹義的訓詁學，則是研究解釋的一般規律和方法的科學。它的任務是：第一，研究訓詁的產生、發展和今後的方向；第二，研究古代的訓詁學著作，批判地繼承古代訓詁的理論、方法和成果；第三，吸取語言學其他部門研究的最新成就，不斷豐富訓詁理論和方法，使它走向科學化。它解釋的主要對象是詞義，與語義學相仿，當是漢語史研究的一個部門」⑦。諸家的解釋容或有詳略的不同，重點的不同，但基本上訓詁學是以研究有關詞義解釋種種問題爲主的學問是大家都同意的，原無可議。問題出現在下面這樣的現象：就是大多數「訓詁學」的實際內容與它前面所揭示的訓詁學定義並不符合。譬如由周大璞主編、黃孝德、羅邦柱分撰的《訓詁學初稿》，是接受中共國家教委委托編寫作爲高等院校本科使用的訓詁學教本，流通面較廣，影響也較大。它在第一章

第一節「訓詁與訓詁學」中開宗明義地說:「訓詁學就是以詞義解釋爲主要研究對象的一門學問。它通過訓詁實踐的總結和現存訓詁資料的分析歸納,研究訓詁的理論和常用的體式、方法、條例,揭示語義系統,推求詞語根源,探索語義發展的內部規律;用以指導訓詁的實踐。」可是統讀全書,它的內容完全不能體現此處的說明,大部分篇幅用來講解古籍注釋,如古籍注解的常用術語,如何整理古書,怎樣讀注和作注,以及訓詁簡史;而對於怎樣研究詞義和詞義系統,怎樣研究語義發展演變的規律,並無系統的介紹。學生學這樣的訓詁學,可以說儘在訓詁學的外圍打圈子,不能直接進入訓詁學的核心。這僅是一個例子,事實上大多數「訓詁學」皆有類似的情況。這就使得「訓詁學」的內容非常龐雜,學習缺乏明確的目標和系統,也自難收到良好的學習效果。更有甚者,有些學者本末倒置,把訓解古書作爲訓詁學的主要任務。例如郭在貽認爲「訓詁學的內容,主要的有如下兩點:一、釋詞和解句,二、辨析古書異例」⑧。齊沖天以爲「訓詁學的任務,可以有:⑴對我國豐富浩瀚的古籍,作出注解。⑵研究漢語的詞典、字典編纂。⑶指導古代語文的學習和運用。⑷訓詁學在漢語發展史的研究中也佔有重要的地位,語源學、歷史語義學的研究,更不能不依仗訓詁學」⑨。這樣的說法,訓詁學的內容未免太大,而任務也太艱巨了吧。

傳統訓詁學本來是經學的附庸,它的產生和存在價值就在於替經文作出正確的解釋。傳統訓詁學者所努力從事的也在於替古書作注,流傳下來豐富的訓詁學材料也集中在此。由此可知傳統訓詁學原來不是一門獨立的學問,而且爲古書作注,要運用到各種知識,尤其與文字學、音韻學的關係密切。一個字有形、音、義三方面,研究它的義,不可不知它的形體和聲音,有時要通過它的形體、聲音來研究它的意義。所以傳統訓詁學是一門字形、字音、字義綜合應用的學問，和廣義的文字學意義相仿。前文曾經檢討當今訓詁學發展不如文字學和音韻學的原因，這裡可以補充一點，就是文字學和音韻學早已成爲一門獨立的學問，因而有了較爲迅速的發展，而訓詁學至今仍沒有與古書注解脫鉤，沒有擺脫附庸的身分，不是一門獨立的學科，理論性與系統性不足，發展自然受到阻礙。要使訓詁學有新的面目和開展，就要使它成爲一門獨立的學問。事實上爲古書注解牽涉到的知識非常廣泛，除了文字、音韻以外，他如語法、修辭、校勘、版本、辨僞及各種專業知識也都不可沒有一定的了解，其內容實在也不是訓詁學一個學科所能完全包括的。在訓詁學⑩講解有關古書訓釋的問題，對於訓詁學來說，內容未免太雜；而對於古書訓釋來說，卻又未免不足。所以倒不如分爲兩部分，使作爲中文系一個科目的「訓詁學」具有一定的教學內容和明確的教學目標。

我們以爲「訓詁學」應該只是研究古漢語詞義的一門學問。它的內容應該限制在這個範圍內，主要在以下幾個方面：詞義解釋和辨析的方法，詞義和形、音的關係，詞義的系統，詞義發展變化的規律和理論等。有關古書注解部分則獨立成爲另外一個科目，名稱可以叫做「古書訓釋學」。或者以研究古漢語詞義爲主的訓詁學叫做「古漢語詞義學」，而「訓詁學」仍作爲傳統訓詁學的名稱。

在研究方面，傳統訓詁學在長期發展中，經過無數前輩學者的努力，累積了許多驕人的成績。但是隨著學術研究的不斷進展，人們對於研究成果的期待愈來愈高。學者們努力開拓新的研究領域，使用新的研究方法，建立新學術理論。研究訓詁學的學者自不例外，當然也希望訓詁學的研究能更上層樓，展現新的面貌。我們覺得如果能採用新的觀念，使用新的方法，同時把全面性的基礎研究工作先做好，訓詁學的研究當能有所突破。以下是我們考慮的幾個方面：

第一，傳統訓詁學本來是經學的附庸，以解釋經書中的詞語爲主，其後由經書而擴及其他古籍，但所釋對象，仍以秦漢以前以儒家爲中心的正統典籍爲多，魏晉以後書則較少論及，尤其俗詞語的解釋，更受到忽視。我們如果不正視這一方面的缺失，把訓詁上這片空白塡補起來，我們也就不能透過對全部漢語詞語的分析研究，建構漢語詞義發展變化的規律和理論。

王力曾經針對傳統訓詁學這種「崇古」的缺點，提出研究訓詁學必須建立歷史的觀點：

> 前人所講字的本義和引申假借（朱駿聲所謂轉注假借），固然也是追求字義的來源及其演變，可惜的是，他們只著重在漢代以前，漢代以後就很少道及。新訓詁學首先應該矯正這個毛病，把語言的歷史的每一個時代看作有同等的價值。漢以前的古義固然值得研究，千百年後新起的意義也同樣值得研究。無論怎樣「俗」的一個字，只要它在社會上佔了勢力，也值得我們追求它的歷史。例如「鬆緊」的「鬆」字和「大腿」的「腿」字，《說文》裡沒有，因此，一般以《說文》爲根據的訓詁學著作也就不肯收它(例如《說文通訓定聲》)。我們現在要追究，像這一類在現代漢語裡佔重要地位的字，它是什麼時候產生的。至于「脖子」的「脖」，比「鬆」字時代恐怕更晚，但是我們也應該追究它的來源。總之，我們對于每一個語義，都應該研究它在何時產生，何時死亡。雖然古今書籍有限，不能十分確定某一個語義必係產生在它首次出現的書著作時

代，但至少我們可以斷定他的出世不晚于某個時期。關于它的死亡，亦同此理。前輩對于語義的生死，固然也頗爲注意，可惜只注意到漢以前的一個時期。我們必須打破小學爲經學附庸的舊觀念，然後新訓詁學才眞正成爲語史學的一個部門。⑪

不管什麼詞都有同樣研究的價値，不能因爲時代晚或是俗語就加以忽視，這是不言可喻的。古人也不是完全沒有人注意及此，從揚雄的《方言》到章炳麟的《新方言》，從服虔的《通俗文》到羅振玉的《俗說》，也有一些關於方言和俗語的著作，但多偏於材料的蒐集和羅列，還談不上深入研究。近人從事這方面研究日多，比較重要的著作有：

胡樸安　《俗語典》
張　相　《詩詞曲語辭(31)釋》
徐嘉瑞　《金元戲曲方言考》
朱居易　《元劇俗語方言例釋》
陸澹安　《戲曲詞語(31)釋》
　　　　《小說詞語(31)釋》
蔣禮源　《敦煌變文字義通釋》
王　鍈　《詩詞曲語辭例釋》
顧學頡、王學奇　《元曲釋詞》

顯然在種類和數量上皆有所不足，方言俗語的研究有大大加強的必要，其中天地廣闊，寶藏無盡。例如以下幾個方面就是值得我們努力的領域：

佛經詞語研究
宋人語錄詞語研究
宋元明清筆記中有關詞語資料研究

明清小說詞語研究

現代方言詞語研究

第二，傳統訓詁學在注釋秦漢以前典籍方面作出了輝煌的成績，但這並不表示早期訓詁工作已經作得盡善盡美而不需要作任何補充修正。事實上需要我們再作深入研究對詞義舊解作出修正補充的仍然不少。古書注解常見的一項事實是一部書在流傳當中曾經多人注釋，後出的解釋固有可訂正前人的錯誤或補充前人未備的地方，但襲用舊注陳陳相因的也屬常見。所以某一本古書中某一個詞語雖然有多家的注釋，但很多是相同或類似的。或者可能是解釋紛紜，異說極多，但並無正確的解釋。這就必須再作深入細致的辨析。同時一個詞語在什麼時候有些什麼意義，有那些義項；後來到什麼時候詞義有了變化，義項有了增減；要解決這樣的問題，非作全面性的專書詞義研究不可。我們把一本書一本書的詞語意義作結賬式地清理，然後才有可能知道某詞最早出現於某書，具有些什麼意義；在什麼書裡詞義有了怎樣的發展變化；在什麼書裡產生了新的義項。唯有這樣，才有可能歸納出正確有據的漢語詞義發展、演變規律。同時具體的詞義解釋，舊注可以作爲參考，但不能作爲依據。我們主張熟讀原典，正確了解文意，掌握詞義，然後集合全書詞義作義位、義素分析，尋求最正確的詞義解釋。不過，全面性地專書研究，決非個人力量所可完成，必須結合團隊，分工合作，有周詳長遠的計畫。

第三，檢討傳統詞義解釋，作全面地、深入地、精細地、準確地解說和辨析。傳統訓詁方法中有「義界」和「互訓」兩種。義界就是「用一句話或幾句話來闡明詞義的界限，對詞義所表示的概念的內涵作出闡述或定義」⑫。簡言之，就是對所釋的詞下定義。下定義只是一個方法，問題在定義如何下得準確，下得周延。舊訓詁對於詞義的解釋，有一些的確有不夠精準不夠周延的弊病。譬如「起」，《說文》解釋爲「能立也」，《漢語大詞典》解釋爲「起立，站起」，《漢語大字典》解釋爲「由躺而坐，由坐而立」，《現代漢語詞典》解釋爲「由坐臥爬伏而站立或由躺而坐」，顯然最後一種解釋比較明確、全面。互訓就是兩個詞互相訓釋。不過實際上沒有兩個詞的意義是百分之百完全相同的，互訓的兩個詞當然不可能意義全同，只是兩個詞在某些特定意思上相同或相近吧了。譬如《說文》：「愼，謹也。」「謹，愼也。」「謹」、「愼」二字互訓。這兩個詞在《漢語大詞典》中分別有多條義項，解釋是這樣的：

「愼」有九條義項：

⑴謹愼；愼重。

⑵指實在或眞誠。

⑶恐懼；憂懼。

⑷千萬；無論如何。

⑸遵循；依順。

⑹三的別稱。

⑺五歲的獸。

⑻謂用大繩引棺就殯所。

⑼姓。

「謹」有七條義項：

⑴謹愼；愼重。

⑵恭敬。

⑶謹嚴；嚴格。

⑷嚴禁；嚴防。

⑸愼守；嚴守。

(6)小。

(7)禮儀；禮節。

又如「玩」、「弄」二字在《說文》中也是互訓，它們在《漢語大詞典》中也各有多條義項。

「玩」有十條義項：

(1)研討；反復體會。

(2)戲弄；捉弄。

(3)輕慢；忽略。

(4)觀賞；欣賞。

(5)刁頑。

(6)喜愛；愛好。

(7)玩賞的東西。

(8)謂從事某種娛樂性活動。

(9)玩耍；消遣。

(10)施用；施展。

「弄」有十一條義項：

(1)用手把玩；舞弄。

(2)玩耍；游戲。

(3)欺騙；戲弄。

(4)顯現；賣弄。

(5)撩撥；逗引。

(6)玩賞。

(7)謂撥弄、吹奏樂器。

(8)樂曲；曲調。

(9)古代百戲樂舞中指扮演腳色或表演節目。

(10)指禽鳥鳴叫。

⑾做；搞。

「謹」和「慎」、「玩」和「弄」意義不完全相同，是顯而易見的。舊訓詁中類似這樣互訓的詞，必須加以分析、比較，辨析它們的同異，那些義項的意義是相同相近的，那些是不同的，不可渾然不加以區別而把這些只有部分意義相同的互訓詞就認爲它們是同義詞。

在解釋、辨析詞義上，傳統的義界、互訓顯然有所不足，主要是不夠精細，不夠全面，不夠準確，所以解釋詞義就有必要另闢途徑，運用多種可行而有效的方法。其中之一，我們覺得可以引進西方語義學的「語義場」的觀念，對詞作「義素」的分析。所謂「語義場」，「指的是由若干具有一個或幾個相同義素的詞組成的集合體」⑬。語義場的集合可大可小，也可以有不同意義範疇的集合。一個語義場可以包含多少不同的詞，一個詞也可以在不同的語義場出現，就看劃分義素的角度、目的、需要而定。所謂「義素」，「是指一個詞的詞義內部隱藏著的類似原子的最小粒子那樣的意義成分，也叫做語義特徵。例如『白菜』的義素就有：『有生命』、『二年生草本植物』、『蔬菜』、『葉子大，邊緣是波狀』、『花淡黃色』、『白色』、『可以吃』、『營養豐富』等」⑭我們將同一語義場的詞進行比較，分析出構成這些詞的詞義的若干義素。詞素不同，就形成了不同的詞義。例如「川」、「海」、「溝」、「池」屬於同一語義場，這四個詞可以分析出〔水面〕、〔+/-流動〕、〔面積（大、中、小)〕三個義素。根據這些義素，我們就可以對四個詞作出定義：

「川」：〔面積大〕＋〔＋流動〕＋〔水面〕

「海」：〔面積大〕＋〔－流動〕＋〔水面〕

「溝」：〔面積小〕＋〔＋流動〕＋〔水面〕

「池」:〔面積小〕＋〔－流動〕＋〔水面〕⑮

川和海都是大水，溝和池都是小水，區別在水是流動的還是停滯的；川和溝的水都是流動的，海和池的水都是停滯的，區別在於大小；川和池，海和溝，差別比較大，它們都是水，但其他兩項義素都不相同。這四個詞經過義素分析，同異是十分清楚的。義素分析無疑是我們今後在訓釋詞義上的重要利器，「對於同義詞、反義詞以及詞義發展變化等方面的研究，都是很有用的」⑯。

【註　釋】

①原載《開明書店二十周年紀念文集》，民國三十六年；又見《龍蟲并雕齊文集》第一冊，北京中華書局，1980 年。

②筆者所參考的「訓詁學」著作有下列這些：

何仲英　《訓詁學引論》　臺灣商務印書館　民國五十四年

齊佩瑢　《訓詁學概訥》　臺灣廣文書店　民國五十六年

杜學知　《訓詁學綱目》　臺灣商務印書館　民國五十九年

林　尹　《訓詁學概要》　臺灣正中書局　民國六十一年

胡楚生　《訓詁學大綱》　臺灣蘭台書局　民國六十一年

陸宗達　《訓詁簡論》　北京出版社　1980 年

陸宗達、王寧　《訓詁方法論》　中國社會科學出版社　1983 年

陸宗達、王寧　《訓詁與訓詁學》　山西教育出版社　1994 年

陸宗達、王寧、宋永培　《訓詁學的知識與應用》　語文出版社 1990 年

周大璞《訓詁學要略》　湖北人民出版社　1980 年

周大璞主編、黃孝德、羅邦柱分撰　《訓詁學初稿》　武漢大學出版社 1987 年

吳孟復　《訓詁通論》　安徽教育出版社　1983 年

白兆麟　《簡明訓詁學》　浙江教育出版社　1984 年

張永言　《訓詁學簡論》　華中工學院出版社　1985 年

郭在貽　《訓詁學》　湖南人民出版社　1986 年

楊端志　《訓詁學》　山東文藝出版社

許威漢　《訓詁學導論》　上海教育出版社　1987 年

黃典誠《訓詁學概論》　福建人民出版社　1988 年

黃建中　《訓詁學教程》　荆楚書社　1988 年

劉又辛、李茂康　《訓詁學新論》　巴蜀出社　1989 年

程俊英、梁永昌　《應用訓詁學》　華東師範大學出版社　1989 年

齊沖天　《訓詁學教程》　中州古籍出版社　1992 年

③陸宗達《訓詁簡論》頁 5。

④周大璞《訓詁學要略》頁 1。

⑤同上，頁 3。

⑥陸宗達、王寧、宋永培《訓詁學的知識和應用》頁 1。

⑦楊端志《訓詁學》上冊頁 9。

⑧郭在貽《訓詁學》頁 5。

⑨齊沖天《訓詁學教程》頁 8。

⑩王力《龍蟲并雕齋文集》第一冊頁 320。

⑪同上，頁 321。

⑫同③，頁 161。

⑬陸善采《實用漢語語義學》(學林出版社，1993 年) 頁 46。

⑭同上，頁 44。

⑮用例取自蔣紹愚《古漢語詞匯綱要》(北京大學出版社，1989 年) 頁 47－49。

⑯蔣紹愚《古漢語詞匯綱要》頁 55。

訓詁學研究方法的繼承與創新

李亞明

訓詁以解釋、傳達語義爲主要任務。它在中國歷史上源遠流長：萌於先秦，興於兩漢；魏晉起爲所有古籍闡釋服務；唐代趨於保守；宋代疑古改經，自求本解；清代遠紹漢學，鼎盛一時。如果說訓詁是一種實踐，那麼訓詁學就是一門從先代各種訓釋材料中總結出解釋語言的規律和方法的學科，是一種理論。清代以前的訓詁學者，無論是纂集派、注釋派還是發明派，無論是《爾雅》派、《釋名》派還是傳注派或《方言》派，都無非是尊經和崇古①，他們關於解釋語言及其方法的論述，散見在具體的訓詁實踐之中。因此，傳統訓詁學並沒有作爲一門獨立的學科分化出來，更不必說立訓詁學方法論體系了。

訓詁學方法論體系，是建立在訓詁學學科體系基礎之上的。

本世紀初，章太炎先生倡導專門的語言文字學。他以語義爲核心，運用比較和音義結合方法，探索語言起源和發展規律，提出了由直訓、語根和義界三者構成的訓詁專門方式。1920年，沈兼士提出了建立訓詁學的設想②。1928年，訓詁學的眞正奠基人黃秀剛先生首次明確下出了「訓詁」和「訓詁學」的定義，創立了獨立的訓詁學理論體系，劃分了本有之訓詁與後起之訓詁、獨立之訓詁與隸屬之訓詁、說字之訓詁與解經之訓詁等界限，提出了由互訓、義界和推因三者構成的訓詁方式。這個框架標誌著訓詁學擺脫了千年來經學附庸的地位，成爲了一門獨立的學科。與此相應，訓詁學方法論體系也初步形成。互訓、義界和推因成爲公認的訓詁方式，現當代二十多部訓詁學理論著作均照此爲準。

另一方面，訓詁學仍然有待於繼續完善和發展。陸宗達和王寧先生指出，傳統訓詁學的局限在於，長期以經傳詞義爲研究對象，以漢代注釋爲主要依據，因襲老課題較多，開闢新領域很少，多搜集編纂之功，而少歸納概括之力，理論的論述零零散散，原理性的東西往往淹沒在材料之中，所用的方法未經科學的證明。這尤其表現在概念模糊、術語含混、立論不周密和缺乏發展觀點等幾個方面③。其中，研究方法的單調和因襲是一個極爲重要的方面。

我們認爲，訓詁學研究方法的水平直接制約著訓詁學整體研究的現實水平和發展的前景。研究方法的創新，不但能開掘訓詁學研究的深度，而且也能拓展訓詁學研究的廣度。訓詁學要想獲得眞正發展，似不能停留在傳統訓詁方式階段，而應善於分析、綜合大量的訓詁材料，善於吸取和移植社會科學領域和自然科學領域的精華，在繼承傳統訓詁學有效方法的同時，在研究方法上有所突破。試建多層次綜合性方法論體系如下：

一、哲學方法

語言同哲學有著本質聯繫，二者互爲背景和基礎。訓詁學的哲學方法是訓詁學中最爲概括、最具普通性的方法，它包含以下兩層含義：

㈠從根本指導意義來說，哲學爲訓詁學提供哲學方法論。

訓詁從一開始就受到先秦諸子「正名」和「辨名實」理論探討的影響。墨子和尹文子都曾談到「同實異名」（同一概念用不同的詞表示）和「同名異實」（同一個詞表示不同的概念）現象。尸子也把用一個「大」字解釋十一個與「大」有關的詞這種釋義方式概括爲「十有餘名而實一也」。荀子對春秋末年以後的名實問題作了總結。他指出，物有同狀異所和異狀同所的複雜關係，名也有一名二實和一實二名的複雜情況。名的數與實的數可能相應，也可能不相應。爲了讓詞語符合明確無歧義（「徑易不拂」）的規範化名稱（「善名」）的原則，應予稽定實數。(爾雅）正是在這樣的哲學背景下誕生的。它爲先秦漢語的詞形和詞義的確定了標準，對當時的語言起到了較大的規範化作用④。針對因空間造成的詞與概念之間的隔閡，荀子提出：「散名之加於萬物者，則從諸夏之成俗曲期，遠方異俗之鄉，則因之而爲通。」（《正名》）這爲《爾雅》和《方言》的編纂提供了一種方法論的依據。

同荀子的約定俗成論相反，西漢今文學派的創始人董仲舒認爲事物的名稱與事物本身存在著必然的本質聯繫，所謂「名者，聖人之所以眞物也，名之爲言眞也」（《春秋繁露·深察名號》)。一時聲訓法泛濫。不唯今文學派的緯書利用聲訓進行封建政治說教，就連古文學派如許愼的《說文解字》和鄭玄注《周禮》，也有不少聲訓。今文學派的名實觀爲《釋名》提供了方法論依據，爲聲訓奠定了理論基礎，啓發了宋代的右文說，開啓了後代因聲求義的訓詁方法。

明末清初，顧炎武依據「下學而上達」的哲學觀點，批判明儒空談心、性的學風，爲清代學者確定了經世致用、以實爲宗的總體學術目標。戴震「理化氣中」的氣本原論和「必就事物剖析至微而後理得」的格物致知觀，決定了他繼承顧炎武「經學即理學」的觀點，繼而確文由訓詁入乎經學，甚至昇華爲義理的指導思想，也決定了戴學實事求是、重考據、重材料的基本方法論。戴震還繼承了許愼以「始一終亥」文字體系象徵宇宙變化的語言哲學傳統，把中國哲學的自然觀與認識論統一到六書的順序和自然的結構層次中去，統一到形、音、義三者關係的貫通中去，統一到對文本的整體理解中去。

章太炎先生認爲，人們在進行理性思維時，「必有原型觀念在其事前，必有綜合作用在其事後」，由原型觀念把零亂的感覺綜合整理之後，才成爲理性思維。運用到小學中來，就是「物之得名大都由於觸受」，「諸語言皆有根」（《語言緣起說》）。爲此，他「作《文始》以明語原，次《小學答問》以見本字，述《新方言》以一萌俗」（《國故論衡·小學略說》），建立起了形、音、義統一論這個訓詁學的基本方法論。

㈡從概括性來說，訓詁學通過具體研究，可以爲哲學提供一般意義的結論。

1.把訓詁當作用語言解釋語言的工具，闡發哲學思想。

宋代，張載和程頤都違背了漢唐樸學的求實傳統，把訓詁從單純樸學的手段變成了宣揚理學的工具。朱熹《四書集注》在二程解經的基礎上，參照各家之說，系統地發揮了理學思想。既注重文字詮釋，更注重義理闡發。其注解往往不合文本原義，但在開拓心智、闡明義理方面，也有一定可取之處。

作爲宋明理學的對立面，戴震主張「由字以通其詞，由詞以通其道」、「由文字以通乎語言，由語言以通乎古聖賢之心志」。他既反對宋學的任意發揮，也不主張爲訓詁而訓詁。相反，他在《孟子字義疏證》中，通過解釋《孟子》「理」、「天道」、「性」、「才」、「道」、「仁」、「義」、「禮」、「智」、「誠」、「權」等重要哲學範疇，闡發自己的哲學思想，建立了新理學的道德哲學。

2.直接從訓詁入手，運用最爲概括和最具普遍性的方法，探求存在本身，爲哲學提供一般意義的結論。

領域之一：從「統言」「析言」探求「共相」「殊相」關係。

「統言」和「析言」是傳統訓計學中的一對術語，也是哲學上「共相」和「殊相」這對範疇在語言裡的反映。「共相」即普遍，是爲類名（普通名詞）所指的認識對象；「殊相」即個別，是爲私名（個體名詞或特指名詞）所指的認識對象。從縱向來看，人類認識呈現出一種從個別到一般的趨勢，由單獨概念向普遍概念、再向科學範疇發展的趨勢。古人在某些有直接實用意義起作用的場合中，以及在判斷、區分生存所繫的事物或現象方面，顯得十分細心。這是「析言」的認知基礎。從橫向來看，漢語的象徵性和整體性揭示了漢民族傳統思維方式的模糊性。「統言」表明，處於原邏輯思維階段的古人有時並不十分注意同一屬概念之下不同種概念之間的差別。「統言」和「析言」既互相排斥、互相否定，又互相依賴、互相肯定，在一定條件下互相轉化的辯證關係，表明「共相」和「殊相」只有聯繫起來，才能作爲概念整體的一部分而存在；表明人類在較爲具體的識別過程和較爲抽象的概念之間，並沒有嚴格的本質區別；表明人類在認識過程中，往往按照多種方式將抽象性和具體性結合起來進行思維。

領域之二：從古代漢語詞義脫落探求概念抽象過程。

在一定程度上沈澱在早期古代漢語裡的原始思維，由於沒有眞正一般的概念，就經常用那些具有具體性質的集體表象來代替概念。它們不注重描寫感知著的主體所獲得的印象，而注重於描寫客體在空間中的形狀、輪廓、位置、運動或運動方式。然而，隨著認知對象範圍擴大、種類的增多，以及作爲主體的人的認知能力的提高，這些表象勢必產生變形、分解與重新結合。

例如，依《說文解字》，古代漢語中「突」的較早意義是「犬從犬中暫出也」，原包含著四個相對立的深層意義單位；在引申義裡，卻只有「暫」（猝乍之義）這個意義單位得到定性，其餘三個單位則已脫落。

《說文解字》裡的那種情況，實際上只是一種偶發情形，是一個包含了混含可能性的開架結構。人心之所以偏偏選中「狗突然從洞中鑽出來」這個情形，只是在一定範圍內（典型性的要求）任意集合觀念罷了。然而，在這表面的任意性和偶然性的底層，卻潛伏著支配同義朝著某一特定方向運轉和演化的主導力量。它可以把與主要觀念並的其它觀念排斥在眞正存在以外，造成具有概括性的一般的觀念，這種省略事物的非本質屬性的過程，就是抽象。表現到詞義引申方面來，就成爲脫落。

表現在古代漢語詞義裡的「脫落」，是一種過程。隨著偶然性的量的遞增，異於本義的質的必然性的新義也逐漸形成。例如《爾雅·釋詁》首條：「初、哉、首、基、肇、祖、元、胎……始也。」郝懿行《爾雅義疏》云：「初者，裁衣之始；哉者，草木之始；基者，築牆之始；肇者，開戶之始；祖者，人之始，胎者，生之始也。每字皆有本義，但俱訓始，例得兼通，不必與本義相關也。」正是由於「開始」這個意義在量方面的高頻度需要，導致了這些被訓字拋開了本義各深層單位在質方面的複雜性，在表達抽象的「開始」這個意義上進行連續性的習慣使用，從而使得一部分形聲字的形旁蘊含著的範疇意義隨著整個字原來的詞義內涵一起枯涸、消失，踏入一個新質的境界。

作爲不考慮語音要素在內的語言現象來看，脫落在早期的漢語發展過程中的位置是這樣的：當部分單體的「文」（包括象形和部分指事）進化成合體的「字」（包括會意形聲和部分指事），繼而又進化成能獨立運用的最小語言單位時，脫落成爲合體的「字」向帶著更高頻運用期待的「詞」發展這一過渡階段的結果，而在整體的詞義發展過程所體現的思維方式衍變軌跡中，則處於這樣一個位置，即當感性的簡單形象和複合形象經過升華到達理性的簡單抽象和複合抽象時，脫落成爲複合形象過渡到簡單抽象的結果。

領域之三：從「反訓」探求中國古人辯證思維。

「反訓」中，同一個詞具有兩個相反而相成的意義，相當於「語義對立詞」(Ambivalent word)。「反訓」植根於東方素樸辯證邏輯的二值互補系統。自從殷末周初時期出現「無平不陂，無往不復」這樣兩一觀念的萌芽（《易經·泰卦》女辭），經晉國史墨首次提出「物生有兩」的辯證命題（《左傳》昭公三十二年），到南宋的葉適提出「道原子一而成於兩」(《別集·進卷·中庸》)，以及朱熹「天下之物未嘗無對，有陰便有陽，有仁便有義，有善便有惡，有語便有嘿，有動便有靜。然又都只是一個道理」（《語類》卷九十五）的對立統一觀念，二值關係問題始終是中國哲學史的核心問題之一。它不可避免地反映到古代漢語詞義現裡頭來。例如王念孫在《釋大》中指出，「契」有「合」義，亦有「開」義。凡本來是開著的東西，合上就變大；凡本來是合著的東西，打開了也會變大。所以「契」所具備的「開」與「合」兩個相對的意義又都在「大」這個意義上得到統一。「義有相反而實相因者，此類是也」。郭在貽師考察唐詩中「剩」字的反訓現象時指出：「剩字之成爲反訓詞，實際上乃是一件事的兩個方面：凡物而又剩餘，則此物必然是多的；但就所剩的那一點而言，卻又必然是少的。從前者著眼，剩字便有多、頗之義；從後者著眼，剩字又有殘、少之義。」由此看來，詞的意義並不是本身自足的，也不是封閉的，而是在與其它項的對立中得到實現和確定的。

另如，《說文解字》詞義系統體觀了中華文化對自然、社會、人生「一生萬物、萬物合一」的認知圖式，體現了古代漢民族心目中，萬物都永不止歇地進行著合—分—合、屈—伸—屈、塞—通—塞的對立統一的循環⑤。「遞訓」反映了中國古人借重注疏、憑依傅麗、起承轉合、直觀類推和流轉如環的思維方式；「互訓」反映了中國古人的對偶思維；「同訓」反映了中國古人以種系屬的邏輯分類思維；「一曰」系列中占多數的「異名」現象，反映了中國古人對事物不同方面的全方位認識⑥；《爾雅》和《廣雅》中「大」、「廣」、「高」、「善」、「厚」、「重」、「深」、「遠」等深層義相通相融的現象，反映出中國古人對世界的了解所追求的最高目標的宏觀的整體把握⑦等等。

在運用哲學方法的過程中，要注意區別形而上學和辯證法，處理好邏輯分析方法和歷史方法之間的關係。

二、一般研究方法

即適用於許多學科領域的研究方法。運用該法能促使訓詁學研究向系統化和多向化方向發展。

㈠文化鏡象法

這是一種把訓詁看作中華文化的眞實鏡象，並直接研究訓詁表層文化內涵的方法。

訓詁材料帶有極大的綜合性，它們不但包含了相當於現代語言學的各個部門，還包含了天文、地理、風俗、禮制甚至同古代生活、生產有關的所有方面的內容。正如許愼之子許沖在《上〈說文解字〉表》中所說的那樣：「六藝群書之詁，皆訓其意，而天地、鬼神、山川、草木、鳥獸、昆蟲、雜物、奇怪、王制、禮儀、世間人事，莫不畢載。」因此，訓詁學應以語義研究爲核心，但並不限於語義的範圍；訓詁學的目標既是一種語言研究，也是一種古籍的解釋；訓詁學的性質既是一門語言學科，也是一門綜合性的邊緣學科⑧。

訓詁學的文化鏡象法包括以下兩個層次：

1.通過名物訓詁透視中國古代物質層文化

鄭樵曾說：「古人之言所以難明者，非爲書之理意難明也，實爲書之事物難明也。」（《通志·藝文略》）名物是指範圍比較特定、特徵比較具體的專門名詞。辨別並解釋名物，探求其得名之源，是名物訓詁的工作。通過名物訓詁透視中國古代物質層文化，應是訓詁學的任務之一。例如，依據《說文》的《牛》、《馬》、《羊》、《豕》等部字透視游牧社會的畜牧業；依據《說文》的《禾》、《耒》等部字透視中國古代農業⑨；依據《金》部字透視青銅器時代的冶煉業；依據《玉》部字透視中國古代玉文化⑩。再如，依據通釋語義類名物訓詁發掘實用價值，依據《爾雅》中的《釋宮》透視古代民居文化和建築文化，依據《釋器》透視古代各種器制、股佈文化和飲食文化，依據《釋樂》透視古代音樂表現藝術，依據《釋天》推導先秦天文學史研究，依據《釋地》、《釋丘》和《釋山》推導先秦地理學史研究，依據《釋水》推導先秦水文學史研究，依據《釋草》、《釋木》、《釋蟲》、《釋魚》、《釋鳥》、《釋獸》和《釋畜》推導先秦生物學史研究，依據《毛詩草木鳥獸蟲魚疏》、《埤雅》和《爾雅翼》推導歷代生物學史研究，依據《石藥爾雅》推導唐代藥學史研究，等等。此外，如藏震《釋車》、程瑤田《釋宮》、《釋草》、《釋蟲小記》、錢坫《爾雅〈釋地〉四篇注》、宋翔鳳《釋雕》、任大椿《釋繒》、劉寶楠《釋谷》、王國維《爾雅草木蟲魚鳥獸釋例》等訓詁文獻，都是我們可借以透視古代物質層文化的寶貴文本⑪。

2.通過訓詁透視中國古代制度層文化

物質層文化是活躍的、經常變動的文化，而作爲心物結合的制度層文化則相對穩定一些，它規定著文化的性質，是文化中的權威因素。盡管如此，制度層文化仍較語言文化爲活躍，因而即使現實的人類社會制度已經發生變化，舊的消逝了的制度層文化的痕跡也仍然可以在語言中沈澱並保留下來。布龍菲爾德所說的「語言變化比生物的變化要快得多，但是比人類社會的其他制度的變化也許要慢些」也就是這個意思。

領域之一：依據《說文·女部》和《爾雅·釋親》透視中國古代社會制度和婚姻制度。

《說文·女部》是該書最大的部類一，其中大量說解蘊涵著原始社會制度文化。例如，「姓」的說解（「人所生也。古之神聖母感天而生子，故稱天子。從女從生，生亦聲。」）反映出姓氏產生於原始社會前期的母系社會階段。「生亦聲」的會意兼形聲結構表明，在母系社會中，人們只知其母，不知其父，只有婦女才有姓，氏族決定權縱在婦女手中。《說文》對「娶」、「婚」、「姻」三字的結構也都採取了「從某，某亦聲」這種會意兼形聲的分析方式。「娶」從女以取，取亦聲。取者捕取也（見《又部》），折射出原始社會的搶婚制。

《爾雅·釋親》是關於秦漢時代親屬稱謂最完備的記錄。其中盡管也殘存著一部分母系社會中伴侶婚制（如以「父」、「母」稱謂旁系血親）和交表婚制（如以「舅」、「姑」稱謂公、婆）的婚姻制度文化，但更主要的是記錄以父權制爲中心的親屬稱謂，反映父系社會的宗法制度文化。《釋親》的子目中，將父宗列爲宗族，將異姓親屬列爲母黨和妻黨，這表明「中國的家族是父系的，親屬關係只從父親方面來計算，母親方面的親屬是被忽略的，她的親屬我們稱之爲外親，以別於本宗」⑫。凡旁系血親的具體稱謂，通常被冠以「從」、「族」、「外」之類限定詞以示區別。

領域之二：依據《說文·示部》透視中國古代祭祀制度。

《說文》中與祭祀有關的字群多見於《示部》，其說解往往折射出中國古代祭祀制度文化。

例如，「祭」的形體結構分析是「從示，以手持肉」，說明中國古人的祭祀行爲主要表現爲牲並以肉獻神。「社」從示，土聲，與「土」諧聲同音，說解爲「地主也」，表明「社是在奴隸社會和封建社會用神權觀念來維護奴隸主和地主土地占有制度的一種禮制」⑬。另如陸宗達先生對「禘」的文化說解⑭，雷漢卿對「祀」、「祫」、「祚」、「祳」等字的文化說解⑮，均可見一斑。

㈡心理分析法

這是一種聯繫漢民族心理來研究訓詁的方法。與文化鏡象法自然透視表層文化相對，心理分析法更注重對深層心理文化的主動發掘和感悟。

心理層文化是最爲保守的深層次文化，包括審美趣味、價值觀念、道德規範、宗教信仰、思維方式和民族性格。心理層文化具有延時性，能非常恰當地通過具有時間跨度的訓詁表出來。

語言的表達職能（Expressive Function）盡管沒有任何表達經驗事實的作用，無所謂眞和假，但從人類社會生活方面來說，它們表述作爲主體的人的感情、意志和願望等內心世界，因而具有豐富的主體價值。從釋義學的角度來看，訓詁是一種相對於原始文本而言的、包括心理理解和解釋傳達內容的意義再構造。在此過程中，我們可以發掘到大量植根於對象之中的、滿足主體某些需要或利益的特性即主體價值。與此相應，有關功利價值、審美價值和倫理價值的評價也自然從中流露出來。

例如《說文》據形繫聯的編排方式和以形說義的說解方式，從根本上看是由中華民族先民效法天地萬物生機的情感與觀念決定的⑯。《說文》對「姜、姬、姚、朋、鳥、燕、乙、乳、孔、尾、旗、旌、硜、鳳、麟、虞」等字的解釋，蘊涵了許愼以生命的孕育和產生爲核心的有關圖騰崇拜的觀念，反映了圖勝文化對生命存在的深刻憂慮⑰。《說文》中的修身意象、舞蹈意象、文飾意象、酒神意象、辯證意象、弓矢意象、鬼神意象、玄鳥意象、夸父意象和葫蘆意象⑱，都是通過心理分析法發掘並感悟到的中國古代深層心理文化。

再如，《爾雅·釋詁》「類，善也」的訓釋，表明在中國古代的觀念中，尊祖孝父占有極重要的地位。遵先王之法，守先人之道，循已有之業，一切都以似先人爲善，逆先人爲惡⑲。又如《廣雅·釋詁》「善也」條，將「違」、「柔」、「順」列入「善」的範疇，我們由此得出結論：漢民族傳統文化持有的倫理觀蘊涵著主體的感情色彩和功利目的，它將行爲的美昇華爲理性的善，將主體的自我價值和情感生活融入了認識世界和評價世界的過程；在漢民族傳統文化裡，人是富有主動性和創造性的主體，人支配著對美和善等範疇的理解，而非範疇決定人的存在。「美也」條中，與食味有關的詞語有「甘」、「旨」、「甜」、「滑」等十一個之多，表明中國古人把味覺快感當作整體美感的來源和象徵。同條中，還有「皇」、「翼」、「蒸」、「將」四個詞語同高程度「大」義相關，表明中國古人早已把崇高美當成「美」的一種現象形態。

㈢文化參照法

中華文化內容的特點往往在訓詁中得到反映，其發展又總是使訓詁更加豐富和細密。因此，對中華文化的研究能夠擴大訓詁學的視野，對訓詁的探索則能加深對中華文化的研究。這就是訓詁學的文化參照法。

試以訓詁與中國古代歷史的互爲參照爲例。

1928年，胡樸安即已運用訓詁學同人類學互爲參照的方法研究《說文解字》⑳。1947年，馬叙倫明確提出，研究中國古代史，必須了解中國文字。1991年，宋永培提出，《說文》意義體系反映了以「堯遭洪水」事件爲起點的中國上古歷史文化，表現出中國上古史歷程、各事件及其各階段之間，都依據一定的條件，由兩兩對立經過推演而達到統一。這具體表現爲：1.在表述歷史文化事件的一個階段時，聲符相同的字兩兩結合爲一組，通過形符的對應，造成三組以上的排比；2.在表述某一歷史文化事件的開端階段與結尾階段時，兩個義係在意義上形成對立；3.在表述歷史文化事件的開端階段向著結尾階段過渡時，介於兩個對立義係之間的其他對係要發生意義上的推演，或在一個或多個義位上重合。由此造成兩個義係由對立走向統一。4.表述一個歷史文化事件，就有義係的一系列對立統一，這一系列對立統一之間，都有衆多義係在意義上複雜的推演與重合。這個意義體系對於中國傳統的歷史文化的表述與流播，對於後代漢語詞義的形成與演變同樣是影響深遠的㉑。

㈣多元解析法

指從多種角度、多種理解和闡釋的途徑來把握訓詁的多種含義。

同西方語言相比，漢語顯得靈活、多義，並具超含義。漢字本質上是象形文字的表形、表意的視覺文字，因此，它所儲存的信息便於通過視腦進行豐富的聯想、想像和直觀的構象。漢語的古詞並不是表達明確定義的概念，而是具有很含蓄力量的聲音符號。它可以使人聯想到畫畫形象和不確定的感情複合體。訓詁既包括側重於傳達的解釋，也包括側重於心理的理解。由於文本潛在的意義容量和能力的存在，也由於意義再構造者某些特殊的知覺和理解方式的存在，意義的多樣性問題不可避地呈現在訓詁面前。

例如，《論語》所載，孔夫子對著不同的聽話對象，對「仁」字有不同的解釋。他對顏淵說：「克己復禮爲仁。」具體含義是：「非禮勿視，非禮勿聽，非禮勿言，非禮勿動。」對仲弓說：「仁」是「出門如見大賓，使民如承大祭」、「己所不欲，勿施於人」、「在邦無怨，在家無怨」。對司馬牛說：「仁者，其言也訒。」對樊遲說，「仁」是「愛人」，是「居處恭，執事敬，與人忠」。對子路和子貢說：「管仲相桓公，九合諸侯，一匡天下，使中國不致論於夷狄，是爲仁。」對子張說：「行恭、寬、信、敏、惠五者於天下，爲仁。」由此可見，「仁」有「慈」、「信」、「忠」、「義」、「孝」、「悌」、「仁民」、「愛物」等多種含義，是一切德性的總稱。每一種具體含義都體現了「仁」的特定層次和側面。

從詞源來源，「美」的漢字結構及其意蘊足以說明中國古代文化中的價值觀。歷來對「美」的本義有幾種不同的訓解：第一種認爲「美」字由圖騰演化而來，具有審美的含義；第二種認爲是「美味」義，第三種看法，換了個角度，認爲原始以羊大爲美，人們從羊大之中看到了自身的力量，從而產生了美感。

那麼，哪一種看法才是正確的呢？

如果放到價值命題裡頭來考慮，那麼這個問題的提出是沒有意義的。這是因爲：首先，類似於「美是什麼」這樣的形而上學命題是被排除在知識領域之外的。美的對象所表現的意義，即不受邏輯的檢驗，亦不受實踐的檢驗；它所需要的是被情感感覺到存在和迫切而已。而多值邏輯和困思邏輯也允許在眞與假之間有其它眞値存在。其次，人旣是能動的、實踐的動物，又是感情的動物。人與自然的審美關係是由人對客觀世界進行的感情評價構成的。而感情作用是沒有是非可言的。旣然審美是這樣一種主觀的精神活動，那麼，它的範圍、形式和結論就不應當受到限制和拘囿。每一個人或每一個時代的人，都能通過主觀聯想從外界中發現一種使他感動的獨特意味。即使審美對象的初始狀態不必爲然，而具有主動創造能力的審美者又何不可以然呢？這就是說，美由心裁，「美不是事物本身的屬性」（休謨語）。所以，價値的每一次判斷，每一次解都可以被理解爲每一次新的美感的創造。正如鮑桑葵所說的那樣：「美首先是一種創造，一種新的獨特的表現，使一種新的情感從而獲得存在。」

運用多元解析法，我們把關於「美」字的第一種訓釋理解爲合適和效用是價値的最古老形式；把第二種訓釋理解爲美感是快感的發展、昇華和高級形態，知覺的善、知覺的眞和表象的眞能夠昇華爲美；把第三種訓釋理解爲強烈情感構成崇高美的基調㉒。

又如，蘇新春曾以古代漢語的動物詞爲對象，分析其各種人文意義。他不但分析了漢語動物詞與漢民族物質生活世界之間的關係，根據動物詞推導漢民族的動物接觸史和馴養史，揭示動物詞對漢民族社會生活的反映，而且分析了漢語動物種屬詞與漢民族精神生活世界之間的關係，指出動物詞是漢民族認識世界的一個觀照點，它寄托著漢民族的感情世界㉓。

㈤形式化方法

這本是現代邏輯的基本方法。它把概念轉換爲形式語言中的符號，把命題轉換的符號公式，把定理的推演轉換成符號公式的變形，並把證明轉換成符號公式的有窮序列。運用形式化方法，可以通過對具體符號的研究來把握訓詁學的抽象的概念、命題和定理。

試以「統言」「析言」之間關係的表現形式爲例：

從析言的結果來看，有義相近者，有義相反者。前者如上面所提到的「道」、「路」即是。後者如，《說文解字》一篇上示部〔祥〕：「福也。」段注元：「凡統言則災亦謂之祥，析言則善者謂之祥。」又如一篇下屮部〔毒〕：「厚也。」段注云：「毒兼善惡之辭，猶祥兼吉凶，臭兼香臭也。《易》曰：『聖人以此毒天下而民從之。』《列子》書曰：『亭之毒之。』皆謂厚民也。」表達格式：

統言—— $(X_1, X_2) \subseteq X$

析言—— $X \notin X$；$X_2 = X$

從統言的大集合的來源來看，有以析言內一詞爲代表者，有析言二詞皆可爲者，有另謀統言之詞者。

以析言內一詞爲代表者如一篇上示部〔齋〕：「戒絜也。」段注云：「齋戒或析言。如七日戒、三日齋是。此以戒訓齋者，統言則不別也。」又如同部〔祅〕：「地反物爲祅。」段注云：「按蟲部云，衣服歌謠草木之怪謂之祅。禽獸蟲蝗之怪謂之祅。此蓋統言皆謂之祅。」表達格式爲：

統言—— $X_1 = X$；$X_2 \in X$ 即 $X_2 \in X^1$

析言—— $X_1 \neq X$；$X_2 \notin X_1$；$(X_1, X_2) \subseteq X$

析言二詞皆可爲統言之詞者如上面提到的「道」、「路」這個例子即是。又如一篇上氣部〔氛〕：「祥氣也。」段注云：「謂吉凶先見之氣……玉裁按，統言則祥氛二字皆兼吉凶，析言則祥吉氛凶耳。許意是統言。」它如五篇上巫部〔覡〕：「能齊肅事神明。在男曰覡，在女曰巫。」段注云：「此析言之耳。統言則《周禮》男亦曰巫，女非不可曰覡也。」表達格式爲：

統言—— $(X_1 \vee X_2) = X$

析言—— (A)　$(X_1 \vee X_2) \neq X$；$(X_1, X_2) \subseteq X$

(B)　$X_1 = X_{\bar{1}}$；$(X_1, X_{\bar{1}}) \subseteq X$

另謀統言之詞者如一篇上玉部〔珩〕：「佩上玉也。」段注列璜、蠙、珠、琚、瑀、沖牙諸佩玉而後云：「統言曰佩玉，析言則各異其名物。」表達格式爲：

統言—— $(X_1, X_2 \cdots\cdots X_n) \in X$；$X_n \neq X$；$X = \cup \{X_1, X_2 \cdots\cdots X_n\}$

析言—— $X = \cap \{X_1, X_2 \cdots\cdots X_n\}$；$X_n \cap \overline{X}_n$；$X_n \notin \overline{X}_n$

㈥統計法

訓詁的統計法建立在對訓詁材料進行統計研究的基礎之上。它以語言的社會性和概率論爲理論依據。其內容包括對已知訓詁材料進行全面統計研究的描述統計和對未知詞義現象的性質進行邏輯判斷的推斷統計。

訓詁統計法從方式入手，可分爲以下類型：1.數據統計法——對研究對象在特定範圍內進行統計、分類，通過數據的形式，直觀地展示出研究對象各種性質的方法；2.分布統計法——針對研究對象在特定語言範圍內，在各種條件下的分布規律的統計研究；3.抽象統計法——在全部語言材料中抽取一部分具有典型意義的樣本進行統計分析，由部分語言材料的性質推知該語言的一般性質，再用已知的語言的一般性質去指導具體語言材料或語言現象的研究㉔。從對象入手，可分爲詞源統計分析法和詞用統計分析法㉕。

訓詁統計法應當充分利用現代電腦技術進行操作，王寧先生利用電腦測查《說文》「讀若」數庫及其性質，可作本法之樣板㉖。此前，她還提出了利用電腦測查詞語密度、詞義對立關係、詞對相關規律和詞語意義元素等內容的規劃，爲訓詁學方法論導入了全新的現代化手段㉗。

㈦語義成分分析法

爲了尋求語義的結構規則，迅速而準確地對語義進行分解和組合，結構主義分析法借鑒語音學中規定「音素的（Phonetic）」和「音位的（Phonemio）」的方法，在語義分析中也建立了「素層次的（etic）」和「位層次的（emic）」兩個層次。素層次是個別的實體表現，位層次則是由個別的同類元素歸納出的一般抽象。這樣，就產生了語義成分分析法。

語義成分分析的設想是本世紀四十年代，由丹麥語言學家葉姆斯列夫（L. Hjelmslev）提出的。五十年代，美國人類語言學家在分析親屬詞的關係時，正式提出了語義成分分析法並運用於實踐。

按照這種理論，所有詞的「意義」都可以分解成一些「語義成分」（Sense Components）（或稱「義素」（Semenes)、「語義特徵」（Semantic Feature）「語義標示」（Semantic MarkersI）它們在職能上相當於音位學中的區別特徵，是最小的語義單位。用較少的語義成分來構成大量的語義，就使語言顯示出結構性，從而便於進行描寫。與此相應，一束語義成分按一定規則組合起來，可以形成「義位」── 能夠獨立地跟一定語音相結合而構成的詞語的最小單位。不同義位間的聯繫與區別取決於語義成分。在同一（或鄰近）語義場內取一組有關的義位（即一個最小的子語義場），把語義分割成最小的對立成分，從而描寫語義的相互關係，就是語義成分分析（Componential analysis）（西歐則叫「義素分析」（Some analysis)）。它是一種聚合分析，是結構語言學的對此比性質原則在語義研究中的運用。

以《爾雅》和《廣雅》為主要代表的雅書系統是我國通釋語義類傳統訓詁的一支。它們是由採集諸書訓詁名物。進行客觀排比而成的。這種編纂體例決定了雅書同條訓詞與被訓詞，以及被訓詞與被訓詞之間關係的臨時性。因此，我們不可能以語義學嚴格意義上的義場或義位的定義來看待雅書的語錄。義場和義位都有固定和臨時之別，而臨時的義場和義位在一定條件下卻可以互相轉化，導致義場和各級子場層次之間沒有明確的界限。從雅書詞語的文獻來源來看，它們的確形成了由互相聯繫、互相制約和互相規定的各個義位構成的完整的集合（set）。而且似乎也是固有的。但是從雅書內部來看，每一語條又都是分別作為相對獨立的意義單位來運用。它們都有一個常用的詞語做典型代表來充當所謂訓詞，但同一語條內的各個詞語又都有各自的語源和語音形式。這些，決定了雅書詞語的每一語條既不相當於語義場，也不相當於義位，而是介於語義場和義位之間的語義子場單位（我們可以把它籠統地叫做 plereme—— 意義單位）。這種特殊的層次形態，決定了我們在對雅書詞語進行語義成份分析時時，爭取並非從最小子場開始的特有方式。

在語義那裡，語義成份分析是建立在結構主義「二項對立」原則的基礎之上的。但這個原則是以印毆語系的語言為基點的。它植根於西方二值互斥系統的形式邏輯，因而沒有進一步探究對立的二項之間有機構成的另一面—— 互補性。這個工作，卻比較適於在古代漢語詞義領域內展開，因為古代漢語詞義系統恰恰植根於東方素補辨證法邏輯的二值互補系統。所以，在雅書詞語言義成份分析中，所謂對比性原則不再是簡單的二項對比。而主要表現為與詞義範疇處於同一平面的語義成分在同條各詞裡的眞僞命題，這種命題是在子場裡全面展開的。

在雅書同一語錄的意義單位裡，處於互補關係的個體被當作同一意義單位在不同位置上的代表，是同一意義單位的不同變異形式，即變體。這些變體都只能特指概念的某一方面，而作爲子場整體的意義單位則似乎是某種代表了各個方面含義寬泛的概念。

某些在文獻言語中意義有區別的詞。一旦進入雅書成爲同一意義單位裡的個體，就不再起區別詞的意義的作用。這種現象的出現是因了雅書編纂體例的條件；而這種條件又受到意義的互補性和相似性的制約，因此可以叫做意義單位的條件變體。條件變體之間意義的互補性和相似性主要就表現爲詞義範疇的共切點。例如，《廣雅·釋詁》：「剖、判、礐……分也。」王念孫《疏證》引《爾雅》「象謂之鵠、角謂之觷」云。「此雖有治角、治象之不同，而同爲分析之義。」「鵠」、「觷」二變體在「活動」這個詞義範疇裡找到了共切點；「對象」則被忽略。

當然，雅書中還有另一種情況，即處在同一意義單位內部的幾個個體可以自由替換（或一個個體可以自由跨越詞義範疇）而不起區別詞的意義的作用，這種類型的變體叫做意義單位的自由變體。例如《廣雅·釋詁》「強也」條。王念孫《疏證》云：「此條強字有二義，一爲剛強之強，《說文》作『彊』，云，『弓有力也』；一爲勉強之強，《文》作『勥』，云，『迫也』。《集韻》、《類篇》引《廣雅》並作『勥』。『強』、『勥』、『彊』古多通用。《爾雅》：『竟、逐、彊也。』郭璞注云：『皆自勉彊。』是勉強之強與剛強之強義本相通也。」又如「痛也」條，意義單位內部又可分出「表心靈之痛」者和「表肉體之痛」者兩個子場。前者個體分別爲：惜、恫、怮、怛、哀、憯、悌、恖、悲、愍、殷、惄、譹、恫、惆悵、悈等；後者個體分別：瘩、荼、毒、蛆、痢藴、螫等。但後者之中，表肉體之痛的「毒」卻也可以用來表示心靈之痛的意思。《詩·小雅·小明篇》其毒大苦。鄭箋云：「憂之甚，心中如有藥毒。」「毒」憑借著程度這個詞義範疇的聯想機制在肉體之痛和心靈痛兩個子場之間得到自由變異的實觀。

雅書詞語的每一個意義單位，都有一個通常是常見的或能為同時代人所理解的變體充當訓詞。它可以被視為各人變體的典型代表。典型變體既制約和規定的變體，又受到別的變體的制約和規定，其間關係亦可用詞義範疇顯現出來。

三、訓詁學專門研究方法

(一)形訓

通分析字形結構來闡釋字詞本義。

運用形訓法有助於探求本義、歸納詞義範疇、掌握詞義引申系統。但是，由於非字之形、一形數用、一字多形和廣義分形等形義複雜關係，以及漢字的表音趨向和造形用字的矛盾，文字形體不斷增多與古今字形的差異等諸多因素的客觀存在，因此，如果單純拘執字形，就容易望文生訓是故黃季剛先生指出：「講小學不宜專究形體。」陸宗達、王寧先生也提出，以形索義的訓詁方法必須在本字、本義、筆意這三個條件具備的情況下才能使用㉘。

(二)聲訓

通過分析音義關係，用音同或音近的字來闡釋詞義，通過探求字音的源流來總結詞義演變的軌跡。

聲訓大興於漢代，成熟於清代，並成為訓詁的一大法寶。黃季剛先生更明確斷言：「凡以聲音相訓者，為眞正之訓詁；反是，即非眞正之訓詁。」㉙

聲訓的類型，章太炎先生《文始》區分出變易、孳乳和音近通借；黃季剛先生分出「與所釋之字生同聲同類之關係者」和「與所釋之字雖無聲之關係，然常有同聲同類之字與之同義者」兩類，內又各分「同聲」和「同類」兩種；沈兼士分出「相同」和「相等」，以與《文始》之「變易」對應，分出「相通」、「相近」和「相連」，以與《文始》之「孳乳」對應，分出「相借」，以與《文始》之「音近通借」對應㉛。依今看來，聲訓類型大致可分爲同音爲訓和音近爲訓兩種，前者包括雙聲爲訓和同部疊韻爲訓。廣義的聲訓（即因聲求義）材料，尙可從諧聲系統、聲符互換、讀若系統、異文和連綿詞中發掘。

㈢義訓

直接訓釋詞義的方法。包括單訓、同訓、互訓、反訓、遞訓㉜和義界等。前人有論，此不贅叙。

㈣觀境法

錢鍾書《管錐編》云：「乾嘉樸學教人，必知字之詁，而後識句之意；識句之音，而後通全篇之義，進而窺全書之指。雖然，是特一邊耳，亦只初桄耳。復須解全篇之義乃至全書之指(「志」)；或並須曉會作者立言之宗尙、當時流行之文風，以及修詞異宜之著述體裁，方概知全篇或全書之指歸。積小以明大，而又擧大而貫小；推末以至本，而又探本以窮末；交互往復，庶幾乎義解圓足而免於偏估，所謂『闡釋之循環』。」㉝所言即聯繫語詞所處的上下具體語言環境進行釋義。包括根據平行語句結對應位置中意義相關、相對或相反的詞（對文）、根據語法作用和語法意義、根據古人行文體例和用辭習慣、根據本文義理等內容來確定詞義，所謂「求心始得通詞，會意方可知言」㉞是也。

㈤引據法

黃季剛先生指出：「普通訓詁之事，不外引證舊典，以明詞義。」㉟引據法即是直接引用外部現成材料來幫助解釋語言，是一種通過已知求未知的訓詁法。它具體包括引經、引群書、引通人說等內容。在運用中，應注意擇善本、先校勘並注明出處。

㈥考證法

當沒有現成材料可引用時，間接利用外部材料，考求必要的證據，爲考證法。

本法理據從來源可分爲內證（與訓釋對象出自同一語言環境的理據）和外證（從本書以外獲得的理據），從性質可分爲書證（用作理據的書面文字材料）和物證（用作理據的實物材料）。在運用中，應注意先求內證、注重實證並力避孤證。

㈦異文訓校法

本處所指異文是校勘術語而非文字學術語。它具有多種類型㊱。

異文是訓詁的一種有效證據，它有助於訓釋詞義。例如，讀《戰國策·趙策》可利用《史記·趙世家》及馬王堆出土帛書《戰國縱橫家書》異文；讀《韓非子·十過》，可利用《戰國策·韓策》、《史記·韓世家》及《戰國縱橫家書》異文；讀《新序·雜事一》「魏武侯謀事而當」段，可利用《呂氏春秋·驕恣》及《荀子·堯問》異文；讀賈誼《退讓》，可利用《新序·雜事四》異文，等等㊲。又如，唐詩中，「思」與「愁」、「悲」、「怨」、「哀」，「爲」與「與」，「向」與「在」，「邊」與「中」，「剩」與「更」，「當」與「時」，「見」與「有」，「趁」與「逐」，「去」與「處」，「苦」與「甚」；杜詩中，「依」與「隱」，「促」與「整」，「曾」與「省」，「坐」與「空」，「私」與「恩」，「猶」與「獨」，「自」與「在」，「與」與「氣」，等等，都可依據其異文現象判定兩者之間同義或近義㊳。

㈧印證方言

《說文解字》中，引用了四十多種方言爲證。所證詞義一百七十多條，分別採自秦、晉、韓、宋、趙、齊、吳、楚等古國和梁、益、青、徐、汝南、陳留、河內、隴西等州郡，有的取材於《方言》。段《注》一方面繼承許愼的這一傳統，一方面受戴震《方言疏證》所開研究《方言》風氣之影響，每每印證方言以求訓詁㊴。淸人硏究《方言》及仿效《方言》風氣大開後，湧現了一大批方俗語著作，但據章太炎先生評估，雖有「略及訓詁者，亦多本唐宋以後傳記雜書，於古訓藐然無麗」。爲此，他根據聲韻通轉的規籥，以古語證今語，以今語通古語，考證八百餘條方言俗語的來源，成《新方言》。黃季剛先生稟承章太炎先生理論，作《蘄春語》，亦爲印證方言研究訓詁之典範。

1920 年，沈兼士將「現在方言學」（即「應用訓詁學總論所說的方法，耳治地研究現代各地方語言流變的狀況」）作爲橫向研究方法列爲訓詁學體系三大部分之一㊵。此後，印證方言研究訓詁成爲訓詁學工作者自覺運用的一種方法㊶。

小　結

訓詁學方法論中，存在著兩種關係。

一是各層次間關係。一般研究方法對於哲學方法，以及訓詁學專門研究方法對於哲學方法，都是特殊與普遍的關係。哲學方法貫串在一般研究方法和訓詁學專門研究方法之中，一般研究方法和訓詁學專門研究方法都受到哲學方法的制約，不能超越哲學方法。

二是個別運用與綜合運用的關係。各方法在理論上相對獨立，在實踐中又往往可以融彙貫通，綜合運用。這種關係，是由漢字形、音、義三位一體的語言事實和訓詁學集語義和文化於一身的學科性質所決定的。從理解和解釋意義的過程來說，充分運用觀察、統計、比較、歸納、演繹、分析、綜合、抽象、概括、程式化等多種方法，既有利於訓詁實踐的完善，也有利於訓詁學方法論體系的完善。

通過對以上兩種關係所進行的思考，我們又對如何認識和把握訓詁學研究方法的繼承與創新這個更爲本質的關係展開新的思索。

我們認爲，訓詁學既然總體上是一門傳統學科，那麼它的研究方法自然是傾向於對傳統方法的繼承。前人運用傳統方法，也曾做出令世矚目的成績，並將訓詁學推向鼎盛的巔峰。但是，傳統方法通常局限於專門研究方法；對於一般研究方法，缺之主動吸取和移植的精神；對於哲學方法，則更諱莫如深。自身內部新陳代謝機制的缺乏，加上外部西學沖擊和社會動蕩等因素，訓詁學在二十世紀特別是下半葉相對衰微㊷。時間和環境迫使我們在繼承傳統方法的同時，不拘一格，努力創新，激活訓詁學生機，提升訓詁學學科地位。事實上，前人已爲我們垂示了返本開新的典範。戴東原、章太炎先生，既是開代樸學大師，又是一代哲人；既師承傳統，又繼往開來，奮力開拓。或恐這恰恰是他們在中華學術文化史上留下光輝軌跡的根本原因所在。我們相信，經過當代訓詁學工作者的努力，訓詁學一定能夠爲闡釋與復興中華文化做出傑出貢獻!

【註　釋】

①據王力說。

②詳見《研究文字學「形」和「義」的幾個方法》，載《沈兼士學術論文集》，中華書局 1986 年版。

③詳見《訓詁方法論》，中國社會科學出版社 1983 年版。

④例如《史記·五帝本紀》之譯《尙書·堯典》、韋昭之注《國語》、李善之注《文選》，均依《爾雅》釋義，並收到了效果。

⑤詳見宋永培《從〈說文〉詞義系統探求古代社會統一多於分裂的思想依據》，載《語言·社會·文化》，語文出版社 1991 年版。

⑥詳見臧克和《〈說文解字〉的文化說解》，湖北人民出版社 1994 年版。

⑦詳見蘇新春《漢語詞義學》第 86 頁，廣東教育出版社 1992 版。

⑧誠然，離開文化研究訓詁的方向無疑仍應繼續作爲訓詁學的一個內容，但訓詁學不能無視作爲訓詁研究主體的人的文化行爲，就像理論化學不能無視元素的屬性一樣。在這個問題上，我們主張語義和文化兩個方面在訓詁學體系中相輔相承，得到完善的統，在具體研究時，採取兩條腿走路的辦法。

⑨詳見李裕《〈說文〉來、麥、麰之釋及其學術與文獻價值》(打印稿)。

⑩詳見范進軍《〈說文〉玉文化初探》，載《建設中國文化語言學》，《北方論叢》叢書，1994 年；參見朱瑞平《從〈說文〉玉部字看玉器在中國古代社會中的地位》(打印稿)。

⑪另如劉師培《物名溯源》(載《國粹學報》1907 年 6 冊 26 期、28 期)、《〈爾雅〉蟲名今釋》（載《國粹學報》1907 年 6 冊 29 期、30 期、33 期、34 期、37 期，1909 年 1 冊 50 期、2 冊 51 期、4 期 53 期)；薛蟄龍《毛〈詩動植物今釋〉》（載《國粹學報》1908 年 1 冊 38 期、2 冊 39 期、3 冊 40 期、4 冊 41 期、5 冊 42 期、7 冊 44 期、8 冊 45 期、10 冊 47 期、11 冊 48 期，1909 年 6 冊 55 期、7 冊 56 期、8 冊 57 期)；徐孚吉《〈爾雅·釋獸〉詁》(載《國學雜誌》1915 年 1 期、3 期)；章

奎森《釋〈爾雅·釋蟲〉》（載《國學雜誌》195 年 2 期）；章星垣《釋〈爾雅·釋鳥〉》（載《國學雜誌》1915 年 3 期、4 期）；劉盼遂《〈爾雅草木蟲魚鳥獸釋例〉補》（載《實學》1926 年 2 期）；王善業《讀〈說文〉虫、䖵、蟲三部札記》（載《燕京學報》1932 年 11 期）；顧頡剛《讀〈爾雅·釋地〉以下四篇》（載《史學年報》1934 年 2 卷 1 期）；馮汝琪《〈爾雅〉歲陽歲陰考釋輯存》（載《國學叢刊》1934 年 13 期）；般孟倫《〈果贏轉語記疏證〉叙說》（載《學原》1949 年 2 卷期），等等。

⑫語見瞿同祖《中國法律與中國社會》，第 1 頁，中華書局 1981 年版。

⑬語見陸宗達《說文解字通論》，第 201 頁，北京出版社 1981 年版。

⑭同上，第 195、196 頁。

⑮詳見《祭祀字群文化考察》，載《走向二十一世紀語言學論文集》，中華書局 1995 年版。

⑯參見宋永培《〈說文〉意義體系與成體系的中國上古史》，載《四川大學學報》1994 年第 1 期。

⑰詳見黃德寬、常森《漢字闡釋與圖騰遺風》，載《東南文化》1994 年第 1 期。

⑱同⑥。

⑲同⑦。

⑳詳見《在〈說文解字〉中所得的人類學資料》，載《中國學術周刊》1928 年第 2 期。

㉑詳見《論〈說文〉意義體系的內容與規律》，載《華東師大學報》1991 年第 6 期。

㉒詳見拙作《價值：由訓詁意義再構造想到的》，載《文化的語言視界—— 中國文化語言學論集》，上海三聯書店 1991 年版。

㉓同⑦，第 311 頁。

㉔詳見周復綱《論訓詁統計法》（打印稿）。

㉕詞源統計分析法的實踐，如許嘉璐《說「正色」——〈說文〉顏色詞考察》（打印稿）、何毓玲《〈說文·女部〉字窺古代社會之一斑》（打印稿）等等，詞用統計

分析法的實踐，如周復綱對《詩經》中「與」「及」二字用法分布的統計分析、對《楚辭》中「靈」「修」二字字義和「不」「弗」二詞語法功能分布的統計分析（詳見《論訓詁統計法》，打印稿）等等。

㉖詳見王寧等《〈說文解字〉計算機研究系統與各類屬性的測查》，載《中國古籍整理研究出版現代化國際會議論文集》，1995 年 7 月。

㉗詳見王寧《訓詁學與語義學—— 談理論訓詁學在八十、九十年的發展》，載《訓詁論叢》，1994 年版。

㉘同③。

㉙見《訓詁述略》，載《制言》第 7 期，潘重規先生記。

㉚同㉙。

㉛詳見《聲訓論》，載《沈兼士學術論文集》，中華書局 1986 年版。

㉜參見拙作《遞訓的眞值和原則》，載《訓詁教學與研究》1988 年第 1 期。

㉝卷一，第 171 頁。

㉞卷三，第 1056 頁。

㉟同㉙。

㊱異文的類型，先導師劉禾先生將其總結爲五種： 1.同書不同版本的異文； 2.同書不同篇的異文； 3.不同書載同類事的異文； 4.某書引他書的異文； 5.類書引語的異文。先師郭在貽先生將杜詩異文類型總結爲六種： 1.由於淺人的妄改而造成異文； 2.因同音假借而造成異文； 3.因聲相同相近而造成了異文； 4.因字形相近而造成了異文； 5.異文的兩方爲同義或近義詞； 6.異文的各種寫法實爲同一聯綿詞的不同變體。後將第 2 種改爲「異文的雙方爲異體字」，其餘皆同。

㊲詳見劉禾《異文與訓校》，載《東北師大學報》1986 年第 2 期。

㊳詳見郭在貽《杜詩異文釋例》，載《訓詁叢稿》，上海古籍出版社 1985 年版；《唐詩異文釋例》，載《郭在貽語言文學論稿》，浙江古籍出版社 1992 年版。

㊴段《注》引方俗語以釋許書的類型，先師郭在貽先生將其總結爲以下三種： 1.直接用方俗語證某一詞的意義； 2.聯繫《說文》探討方俗語中某一詞的本字； 3.以

《說文》與方俗語相證發，闡明語言之流變（詳見《從〈說文段注〉看中國傳統語言學的研究方法》，載《訓詁叢稿》，上海古籍出版社 1985 年版）。

㊵同②。

㊶例如何格恩《〈說文〉裡所見的方言》（載《嶺南學報》1934 年 2 卷 2 期）、丁興曠《文字學上中國古代方言勾沈》（載《學風》1935 年 5 卷 3 期、4 期）、李道中《許氏〈說文〉所稱別圖殊語與楊氏〈方言〉異同條證》（載《文瀾學報》1936 年 2 卷 2 期）、易祖洛《〈楚辭〉方言今證》（載《中華文史論叢·語言文字研究專輯》〔下〕，上海古籍出版社 1986 年版）、黃樹先《上古楚語詞語和黃陂方言詞語的比較研究》（打印稿）、駱偉里《方言研究的寶貴資料——〈說文解字注〉閱讀偶記》（打印稿）、師爲公《〈莊子〉若干詞語的方言訓詁》、拙作《〈說文〉所見吳語本字考》（手稿）等等，先帥蔣禮鴻先生《敦煌變文字義通釋》在這方面獲得較大成就，尤堪稱道。

㊷據統計，二十世紀上半葉，中國大陸發表古代漢語詞彙論文 848 篇，下半葉三十年，發表 472 篇，下降率 44%。詳見林歸思《當代漢語詞彙語義研究述評》，載《走向二十一世紀語言學論文集》，中華書局 1995 年版。

【參考文獻】

《中國訓詁學史》，胡樸安，北京中國書店 1983 年版。

《中國古代語言學史》，何九盈，河南人民出版社 1985 年版。

《中國小學史》，胡奇光，上海人民出版社 1987 年版。

《語言與文化》，羅常培，語文出版社 1989 年版。

《中國文化語言學》，申小龍，吉林教育出版社 1990 年版。

《中國語言學大辭典》，江西教育出版社 1991 年版。

《文化語言學》，申小龍，江西教育出版社 1993 年版。

《中國文化語言學辭典》，宋永培、端木黎明，四川人民出版社 1993 年版。

《論訓詁引據法》，周復綱，載《貴州教育學院學報》1991 年第 1 期。

《論訓詁考證法》，周復綱，載《貴州教育學院學報》1991 年第 4 期。
《訓詁研究中「史」的觀代和「境」的觀念》，李亞明，載《訓詁教學通訊》1986 第 3 期。
《古代漢語詞義「脫落」現象曠認識論分析》，李亞明，《社會科學學刊》1994 年第 4 期。
《關於「統言」「析言」的類型和本質》，李亞明，載《辭書研究》1987 年第 6 期。
《訓詁的「價值命題」》，李亞明，載《讀書》1987 年第 8 期。
《闡揚漢民族傳統文化真諦—— 論訓詁研究的價值系統取向》，李亞明，載《國文天地》1992 年第 6 期。
《傳統訓詁學「反訓」的認識論分析》，李亞明，載《雲夢學刊》1993 年第 2 期。
《論傳統訓詁學的現代化》，李亞明，載《傳統文化與現代化》1995 年第 2 期。

試論無著道忠對中國訓詁學的貢獻

梁曉虹

一、前　言

無著道忠（1653－1745）號葆雨，照冰堂，但馬（日本兵庫縣）人。關於他的介紹，如果辭典上有的，一般都說得很簡單：早年在妙心寺出家，後游歷諸方參禪，學習儒道、曆數，后退居妙心寺龍華院。博學，擅長文筆，著有《禪林象器箋》、《正法眼藏僣評》，爲日本江戶時代臨濟宗著名學僧之一。

這實在是不夠的，無著是日本佛教學界、甚而可說是日本學術界在整個佛教史、乃至東方人文史上留下最大功績的學者之一。他全心全意地爲學問耗盡了九十二年的一生，留下了二百五十五部、八百七十三卷的遺著。其學問領域涉及整個佛教史、進而與中國古代文獻研究相關、所謂經、史、子、集四部自不待言、即使對稗史小說也有深入的研究。特別是在中國古籍的校勘學、中國傳統訓詁學等研究方面都有突出的貢獻，甚至還有一些可謂在中國本土同時代亦尙未出現的成果，例如近代漢語口語的研究就是突出的方面。不僅如此，他的學術研究的立場、方法也與源遠流長的傳統的訓詁的精神一脈相承，並與近代西方人文科學的純學術性相同。日本著名禪學研究學者柳田聖山先生認爲，無著的「學術成果，即使以當今世界性的東方學水准來衡量亦毫無遜色，其中甚至還有今天的科學研究尙未涉足的領域」，因而，無著「作爲日本人，可以說是空前絕後的」。①日本學術界現已有學者稱無著爲「學聖」。②此絕非過譽之詞，說明人們已逐漸開始重視這位偉大的和尚的學術成果，並逐步進行公正的評價。

雖然如此，這位具有極強的國際性的偉大學者的成果還是鮮爲人知的，即使是在日本。這主要是因爲：無著的龐大的著作大部分是手稿，只有少數幾部經抄寫而流傳，很少有對一般學者公開的機會，更不用說介紹到國外了，所以，這位畢生以研究漢學爲主的日本學者的成果，卻未能在漢地得以公開、流傳、研究。另外一個原因是：因爲他是一位禪僧，而「不讀書」、「不立文字」一直是作爲禪宗的主要特色而被承認的，所以長期以來，學問被當作禪門之賊，一些高僧大德的學術成果常在禪門之內就因從宗門禁止外學的立場而難以得到正確對待，更何況無著的研究有許多的方面屬於中國文獻學、訓詁學，這樣的學者更被認爲是禪門不入流的弟子。種種的原因，如此的偏見，使得這位偉大的和尚的學術成果始終未得到眞正公正的評價。雖然如前所說，目前在日本學術界這種狀況已有所改變，但是，也多屬于佛學界，特別是禪學界。禪林之外還鮮少有學者注意無著的研究成果，更談不上對其成果進行研究了。這實在是十分令人遺憾的。

我從1994年5月開始參加日本花園大學國際禪學研究所電子禪典的部份工作，有幸有機會聆聽研究所所長柳田聖山先生的教誨。柳田先生聽說我的專業是訓詁學，非常高興，告訴我無著的著作中有很多關於訓詁的內容，很值得研究，並且對中國的學者參加有關無著的研究，表示極大的歡迎。

花園大學爲日本臨濟宗系大學，該校最早（1872年）爲臨濟宗妙心寺派創辦，而無著曾爲妙心寺龍華院第二代住持，所以花園大學保存了大半以上無著的手稿，這實在是研究無著學術成果的極爲珍貴的資料。有此「天時、地利、人和」之條件，我開始讀一些無著的著作，此文蓋可爲筆記心得。恰逢中國訓詁學研究會召開第二次學術討論會，能有此良機向諸位師長介紹一下這位偉大的日本和尚，我非常高興。然因自己也是剛開始學習，再加才淺學薄，只能簡單作一些介紹，且是片段零散的，遠不能眞正體現出這位偉大和尚的學術研究水平。但若能由此使無著的研究成果爲訓詁學的同行們所注意，感興趣，從而擴大訓詁學研究的領域，以使訓詁學研究的歷史得以有所充實並完善，這就是我最大的願望了。

二、從『教禪一致』到無著的訓詁精神

中國的禪宗是在完全消化了印度佛教的基礎上而發展起來的眞正的漢民族的宗教，其重要特色是：提倡心性本淨，佛性本有，覺悟不假外求，不讀經，不禮佛，不立文字，強調「以無念爲宗」和「即心是佛」，「見性成佛」，故一個「頓」字可以概括。然而禪宗發展到後來，逐漸又朝向了「教禪一致」「三教合一」的方向，爲了能與中國的傳統思想相調和，與漢民族文化相交融，以求得自身在新的發展時期的生存和發展。從傳教形式上，大部份高僧逐漸趨向說法用語，記錄爲文，在文字語言上下功夫，向大衆口語化發展，到了兩宋，蔚然形成一大文風，也因此而有了卷帙浩繁的禪典。

日本中世的禪正是再將這發展中的唐宋的禪作爲先進文化來學習的，因此「教禪一致」的精神，兩宋的禪林文風，自也隨禪而東渡來扶桑。又經南北朝、室町時代的吸收、消化，漢學已眞正溶入日本文化，所以當時的日本禪僧都普遍有很高的漢學休養，這已儼然成爲一種時代風尚，「五山文學」的蓬勃展開，正是其突出的標誌。

然而這種風尚遺流體現在無著的身上，並不僅僅是寫詩作文的表面時興，而是從本質上對傳統的漢學的領會。所以，他能以一個禪僧的身份，從禪典出發，去涉及遠在禪宗之外的更爲廣闊的研究內容。而其研究的方法自始至終都貫徹著他的訓詁的精神，這種精神正與源遠流長的中國訓詁「樸學」傳統一脈相承，這就是以實事求是的態度，運用訓詁的方法對禪錄乃至其它文獻進行考據，由此又產生正確的訓詁。而這種精神的具體形成，正是他九十二歲一生對學術的執著的追求過程。以下三個方面，大概可以幫助我們來領會無著的這種精神：

㈠源遠流長— 千仞之源學問的積累— 讀書

無著博大精深的學問體現在他那二百五十五部，八百七十三卷的巨著中，如此偉大的成就，自非平時一日之功，這首先在于他一生的勤奮讀書，源遠流長的知識的積累。此蓋從其幼年之時起，「師五歲初執筆抹紙學畫字」，六歲，「母請學士授大學，又學謠及舞」，有「神童」之稱。③八歲由其母攜至京都妙心寺拜謁伊曇首座，從此出家爲僧。而當時的禪林，五山學藝之風已經過時，然無著卻拾起一個時代前一脈相承的傳統，開始了其漫長的讀書生涯。

無著所讀的書自然首先在佛，即所爲經、律、論三藏「一切經」，這其中有經翻譯而成的印度佛教典籍，也有佛教傳入中土以後漢地佛教徒撰著的佛學著作，當然還有佛教又一次東渡，傳入東瀛，日本佛教學者所寫的種種佛學論著。這本身就是一個極爲廣闊的範疇。然而無著的讀書範圍卻遠遠超出于此，經、史、子、集，稗史小說，無不博覽涉獵。他從四十五歲的開始，一直到九十二歲入寂，四十七年中，將自己每年讀過的書名記下，編成《逐年閱書記》一卷。這對我們了解這位偉大的和尚有很大的幫助。雖然實際上其所讀書範圍遠超出其所記，但我們即使僅以此爲根據，也就夠令我們驚嘆的了。我們將其八十四歲、八十七歲兩年所讀的書目列一下，就可一目了然了。

八十四歲：

永平實錄　一卷　面山瑞方　正德五年刊

金剛寶戒章　三卷　源空

金剛寶戒通關記　一卷　慈脫

淨土指訣　二卷　大佑

五分律　三十卷

大乘入道章　二卷　唐　智周

毗尼母論　八卷

斷戒體章　三卷　護信

善見毗婆娑論　十八卷

毗尼摩得勒伽　十卷

薩婆多毗尼　八卷

續薩婆多　第九卷

西山座右鈔　行護鈔　學堂通規

余冬叙錄　六十卷　明　何孟春

心史　宋　鄭所南

千百年眼　十二卷　明　張燧

漁樵問答　一卷　宋　邵康節

困學紀聞　二十卷　宋　王應麟

藕益六種　三頌、教觀、同釋義、偶拈、梵室、見文

書經二典集

名義考　十二卷

膾余雜錄　五卷　永田道慶　承應二年刊

其中《膾余雜錄》在他三十七歲之際已讀過一遍，類似這樣反復閱讀一書之例在無著是常見的。

八十七歲：

二十三問答　一卷　夢窗疏石

六物圖依釋　四卷　湛堂慧淑

華嚴合論　二十卷　唐　李通玄

瑜伽論釋　一卷

瑜伽論　一百卷

唯識三論境選要　一卷　鳳潭僧濬

王法正理論　一卷

解深密經　五卷

醉菩提　二十四卷　清　張大復

江湖紀文　明　郭霄鳳

礦石集　四卷　蓮體　元祿六年刊

周易諸疏

禮記諸疏

搜神秘覽　三卷　宋　章炳文

三教出興頌注　宋　宗曉注

新歲記　一卷

民間歲時記　一卷　名古屋玄醫　寬文八年刊

其中《醉菩提》爲清初戲曲，無著在二十一年前就已讀過。此書源自明末《西湖佳話》，表述西湖淨慈寺醉僧濟癲之事，書中多當時口語。

就在他九十、九十一、九十二高齡，一生的最后三年中，他還閱讀了《佛本行集經》、《菩薩十地經》等佛典及中日佛教學者撰著的佛學著作八十部，三百六十五卷，以及以下藏外的書籍：

參寥詩籍　十二卷

癸辛雜識　前一卷　後一卷　續一卷　別一卷　宋　周密

西溪叢語　二卷　宋　姚寬

捫虱新語　十五卷　宋　陳善

搜神後記　十卷　晉　陶潛

稽神錄　六卷　拾遺一卷　宋　徐鉉

錄異記　八卷　五代　杜光庭

賓退錄　十卷　宋　趙與時

元史隱逸補　二卷　陳繼儒

事物初略　三十四卷　明　呂毖

赤城義臣傳　十四卷

卻掃編　三卷　宋　徐度

歲華紀麗　四卷　唐　韓鄂

玉蕊辯証　一卷　宋　周必大

程史　十五卷　附錄一卷　宋　岳珂

貴耳集　三卷　宋　張端義

泉志　十五卷　宋　洪遵

異苑　十卷　劉敬叔

如此的執著，無比的熱情，眞可謂不知老之將至，活到老，學到老的典範。正是如此一生的勤奮，源遠流長的積累，形成了無著如千仞之源滿蓄的洪流的學問。其結果就是在他的研究中，能以廣引博証的考証和詮釋，得出正確的訓詁。就像他在《禪林象器箋序》中所說的那樣：「大凡佛教儒典、諸子歷史、詩文小說，目之所及，意之所指，遠搜近羅。」他在這部早期著名的禪宗辭典中，引用的中國、日本的佛學、外學（佛學以外之學）典籍就達七百六十部，這正是最好的說明。

㈡述而不作── 廣博與精專的態度── 著書

無著是一位博學的學者，如以上所言，他以自己九十二歲的生命實踐，換得了廣博的學問。他不僅身體力行，且積極提倡。在《盌雲靈雨》卷五『僧人博學工文輔教』條中，雖都是轉引之語，但卻很明確地表明了他的態度。如他引明教嵩禪師的話道：「其可學也，雖三藏十二部、百家異道之書，無不知也；它方殊俗之言無不通也。祖述其法，則有文有章也。行其中道，則不空不有也。其絕學也，離念之清淨，純眞一如，不復有所分別也。僧乎其爲人，至其爲心溥，其爲德備，其爲道大，僧也如此，可不尊乎?」這在當時禪門以禁止學問爲慣例的無著的時代，無著如此明確地提出對一位優秀僧人的評判標準，更爲難能可貴。他向當時的禪林大聲疾呼：「儒唯究儒，佛唯究佛，律只究律，禪則庶幾可純粹矣。專敦于自宗，有余力則可暨於他家，方可稱博通也。」④

無著的博學，並非蜻蜓點水，泛泛而涉，他主張，眞正的博學，應當具有專業上本質性的深度，即博學必須建立在對本專業精專的基礎上。他在《盌雲靈雨》卷六『出家人異學棄光陰』條中，就指出，若是不能精專于本業，就成了「至老不識家里事，復是求解十四難而學馬乘，早歌者之流也」。另外，他又在同卷『學術詳博難』條中指出：「嵩明教不讀梁書，不能明決蕭昂事」，嵩明教即北宋云門宗著名僧人宗呆，無著以其實際的例子以及其它如《傳法正宗記》《普燈錄》等同類的錯誤，從而說明天下學問之廣，若不求于精，只求于博是極容易出差錯的。

從以上我們可以看出，無著的博學是貫穿著謙虛的實事求是精神的無限博學。『博學』與『精專』在他身上達到了統一。無著對『博』與『精』的正確態度，促使他提出要「鍛煉一家之言」，並且要「久久鍛煉」。而這實在是不容易做到的。于是無著又進而提出「述而不作」的治學原則。他在《盌雲靈雨》卷七『著書忌早』條中引《劉元城錄》所舉儒家大師孔子之事：孔子年五十餘方歷聘諸國，十四年而歸魯時，孔子年六十三歲，乃始刪《詩》，定《書》，繫《周易》，作《春秋》，只數年間，了卻一生著述。蓋是時學問成矣，涉世深矣，故其著述始可爲后世法。譬如積水于千仞之源，一日決之，滔滔汩汩直至于海，其源深也。若夫潢潦之水乍流乍涸，終不能有所至者，其源淺也。古人著書多在暮年蓋爲此也。「述而不作」正是一脈相承的中國訓詁傳統，體現著古代莘莘學子對學術嚴肅認眞的態度，而江戶時代的日本禪僧無著道忠也正是如此身體力行的。

《妙心寺六百年史》從三十六歲起划作無著的「接化著述時代」。如果說從三十六歲到四十三歲主要是講述接化的話，那麼無著的著書立說則主要在四十四歲以后。四十四歲這年，他撰寫《虎溪圖》一卷，附《甲游記》、《年禮阿彌陀寺鹽山圖》《築紫游記》，附錄《羅漢寺圖》、《博多崇福寺》、《人丸記》、《石云游記》《云樹所藏珍墨》、《神光寺袈裟記》。在此之後，每年都多有著述，勤勉不已。經長年的積累，歷久久鍛煉，正値壯年的無著，其學問已如千仞之源滿蓄的洪流，故從此源源不斷傾瀉而出。而他又實在是一個活到老學到老的人，永遠在學習，一直在鍛煉，所以他的學問又是一眼永不會乾涸的源泉。他的代表著作《禪林象器箋》、《敕修百丈清規左觿》、《佛祖通載略釋》、《虛堂和尙語錄犂耕》、《葛藤語箋》、《盌雲靈雨》等都是在其晚年著成完稿的，都是經久久鍛煉的弘著。特別是《禪林象器箋》、《葛藤語箋》可以說是無著的畢生大作，匯集了他對《敕修百丈清規》、《虛堂錄》、《臨濟錄》、《大慧書》、《五家正宗贊》等七部書的研究成果。

然而，無著一生雖著述極豐，但他並不是爲了能付梓文字，流通出版。所以無著的著作大多數都只是手稿。他在《盌雲靈雨》卷七『著書忌急行世』條中引了《余冬序錄》、《困學紀聞》、《野客叢書》中所記古人的例子發表自己的義論道：「古今人著書草草流世，上者欲疾益人，下者欲疾顯己矣。然躁流布者必有悔改者。……故草草流通者，不若久久鍛煉者也。」而他自己「活著時甘于不出版著作，是出於考慮到將要有所增益的執著無比的熱情，是體現著他是一個眞正不知老之將至的人，是顯示了死而后已的他的學問的不斷發展。」他的《禪林象器箋》、《葛藤語箋》等都是經久久鍛煉的傑作。《禪林象器箋》經過多次的改訂，直到八十九歲的晚年，他才作序到：「或對斜陽，或挑殘燈，多累歲月，稍覺無遺。」《葛藤語箋》最初脫稿于元文四年，他八十七歲的時候。而當他正式完稿，寫好總序，在書上署名時，已是「九十二翁葆雨忠題」，就在這一年他入寂遷化。元祿十二年，四十八歲之際，就已經完成了《敕修百丈清規》的注釋，但在此后的十七年中，即至正德六年他都在不斷地補欠、正誤。而又于此後的兩年中，進行多次再校補，終於于享保三年大成，題名爲《敕修百丈清規左觽》。

由此，我不由得憶起當年在徐復先生身邊讀書時，先生常教誨說，要成爲一個偉大的學者，一定要做到刊落聲華，甘于寂寞。並多次提起黃侃先生「五十不著書」的名言。繼承了戴震、王念孫以來的皖派治學精神的「章黃之學」之所以巍巍而成大家，原因之一就是這種對學術嚴肅認眞的態度。而這與無著──這位隔海相遙的日本禪僧的學術精神又是多麼一致。

㈢糾誤立正── 窮源竟委的探究── 校書

無著道忠一生的研究中心課題，主要是從文獻學的角度來解明唐宋時期的禪宗典籍。而禪宗文獻在佛敎典籍中是一個極爲有特色的部分，既與來自印度的經、律、論「三藏」有密切的關系，又因禪宗自身的特點，以及禪宗各派的不同特色，且又完全屬中國禪僧所撰，所以它涉及的範圍非常廣泛。這對一般的日本禪僧，又有了相當的時代之隔，自然不會是很容易的，更何況當時的日本禪宗還存在著輕視文獻的謬誤，這給無著的研究更造成了一定的困難，然而他卻正是知難而進，從正確地閱讀禪錄出發，對前人諸多錯誤之處進行綜合的批判與修正，從而建立起自己的學問體系。

無著一般總是從寫本及刊本中選取最有價値的古本，再根據其他異本校訛補缺，作爲定本進行考証。如他曾借出太和軒所藏的《梁書》，因此上有明人所記朱點批注，然後用宋版《梁書》進行校訛。又如他在五十歲時讀的《賢首碑傳》，是有一位叫濬鳳潭的人，把珍藏于栂尾高山寺的宋版本設法借出，私自書寫而后付梓的。在此本上，原本上本來脫字、倒字的地方，濬鳳潭都私自作了改刪。爲此無著將此刊本的宋版原本找出，進行逐一對校，使濬鳳潭之誤得以歸正，由此著成《新刊賢首碑傳正誤》一卷。我們再舉一例，就更可知他是如何漚心瀝血，爲求準確而努力的。享保十九年，無著應靈雲一派之請，爲《見桃錄》而作點檢校訛。翌年他開始搜集諸本，準備校訛。先從大龍山臨濟寺所藏的《見桃錄》臨濟寺本開始。第二年的三月十八日他又以養華院本《見桃錄》二冊進行校合，至四月十四日完成。接著他又以太嶺院本《見桃錄》一冊繼續進行校合，至五月五日完成。在此之后，他分別又以西川庵本《見桃錄》二冊、永久院本《見桃錄》二冊反復校証，終于於此年的八月二十日校定完畢，前往靈雲院呈塔主鑒明座元。然而元文二年七月八日，他又從靈雲院塔主鑒明座元處將其取回，從諸方設法借出《見桃錄》，進行綜合校勘，有衡梅本二冊、東林本二冊、靈光本二冊、西川本二冊、養華本二冊、德雲本二冊、永久本二冊、太嶺本一冊、計十四冊，到二十日完成清寫本的第三校，然後才應靈雲一派之請撰序，最后才呈塔主雙箭和尙，從而得以以準確無誤的寫本展示於靈雲一派尊衆之面前。他就是這樣認眞地一字字、一句句、不厭其煩，進行著窮源竟委的探究，不僅爲佛、禪典籍的整理，也爲一般古籍整理作出了具大貢獻。他讀過的所有古籍大多都附上了和漢文經籍史書原文的校勘記，所以他的著作有很多就是如此而獨立成書的校訛、校疑、疑誤、考証、語箋、目錄。他就是如此將古籍定本的作成和正確的訓詁的獲得作爲自己的目的而不斷地努力著的。

三、從順釋疏解到無著的訓詁實踐

訓詁學是中國學術史上一門古老而又極具生命力的學科，從漢代經師到淸時鴻儒，傳統訓詁學在對先秦兩漢古代典籍進行整理，對其中語詞、典制、名物進行訓釋方面都取得了輝煌的成就，特別是有淸一代的「乾嘉學派」繼承了漢儒樸實的學風，反對宋儒空談義理，提倡實事求是、無証不信的嚴謹的治學方法，形成了以考據爲主要特征的「樸學」。他們從校經書擴展到史集和諸子，從解釋經義擴展到小學、史學、天算、水地、典章制度、金石、校勘、輯佚等。在此中，「訓詁」被充分利用，「訓詁學」得到蓬勃的發展，成爲「集大成」的時期。也正因爲如此，質樸的學風被認爲是中國訓詁的一脈相承的傳統。

而與此差不多同時，準確地說還更早一些，在震旦以東的扶桑── 日本，也出現了一位偉大的訓詁學家，這就是偉大的和尚── 無著道忠。

無著在訓詁學上的最重要貢獻是將訓詁與佛學、禪學聯繫了起來，用訓詁的方法解決了許多佛、禪之典中的問題，而這實際一直是中國訓詁史上較薄弱的環節，盡管唐、遼之際也曾出現了像慧琳、希麟所著的那樣集大成的「佛典音義之學」，但實際上所謂正統的訓詁學界對佛、禪之典的重視還是很不夠的，即使可堪稱訓詁學鼎盛期的有清一代，清代大儒幾乎把所有留傳下來的古代文獻都重新作了文字和語言的上的考証，但那主要指的是儒家的經典。而此時無著在日本，卻尊崇著訓詁── 這門古老而又年輕的東方學問，將訓詁學另闢新徑，將訓詁的工作引入禪學的研究，從而使訓詁學、禪學的研究都擴展了範圍，取得了成果。

無著的訓詁實踐最重要的可從以下方面來考察：

㈠重文獻考據以解禪

前曾言及無著道忠一生的研究中心課題，是從文獻學的角度來解明唐宋時期的禪宗典籍。爲了達到解禪的目地，無著充分運用了中國傳統訓詁學的訓詁方法，其中最突出的就是文獻考據。即通過文獻的考據，進一步發展到禪錄的考據，從而產生正確的訓詁。因爲禪典具有既與印度佛典相通，又與經、史、子、集，稗史小說相連的特色，所以一個句子，或一句禪語，甚至一個詞，往往需要通過大量的文獻考據材料的旁搜博引，再通過歸納排比，從而得以確解。無著正是這樣做的。這樣的內容在他的著作中實在太多了，我們只能簡單舉例以作說明。如：

《虛堂和尚語錄》中有「天不文地不理，忽去忽來，如月印水」一語，對其中「天不文地不理」六字的解釋一直難盡人意。無著在《虛堂和尚語錄犂耕》『天不文地不理』條中先寫到：「此六字用《易》文字，其所轉用甚奇妙，而舊解總不得其意焉。天文，日月星辰；地理，山川江河也。謂世尊入滅之時，日月星辰失光，即是天不文也；山川江河沸湧震動，即是地不理也。」接著無著又引漢語古書和古注釋『天文地理』四字：「《周易注疏》七上『繫辭』曰：仰以觀於天文，俯以察於地理。《疏》：天有懸象而成文章故稱文也；地有山川原隰各有條理故稱理。《易經大全》十八曰：建安丘氏曰，天文謂氣之所成，日月星辰之類，以其在上仰觀則見；地理謂形之所成，高下流峙之類，以其在下俯察則知。」然後無著又引《大悲經》一以証「天不文地不理」之義：「爾時阿難爲如來於雙樹間安置敷具，即時三千大千世界所有泉流，大河小河、泉池波湖，佛神力故，止不流動，乃至三千大千世界所有日月星宿、火光明珠，乃至螢火，佛神力故，皆不顯現，無有光明，不能照耀。」這就是「天不文地不理」巧妙轉用，是靠大量語言材料的搜集、歸納、排比而得出來的，不爲猜測之說，可正舊解不得意之處。

又如：《盌雲靈雨》卷十七『老雷椎』條，無著引《東山外集》中『送樞兄之梅州偈』：「住庵人老雷椎，行脚士心孔開。」而古解者釋成：雷堆，猶郎當也。又曰：老雷堆，癡坐無所可否貌。又引『天境無規矩自贊』：此老雷堆全無見解，耳邊不聞毀譽音聲，胸中不立物我境界。

無著認爲：首先，椎作堆，爲字形之訛。其次，將此解爲「郎當」或看作是「癡坐無所可否貌」，「並爲臆解無據矣」。他認爲「雷椎者，擂，盆研物之椎也。老雷椎，蓋罵僧之語，僧首似雷槌也。」接著無著就廣引文獻以証之：《群談採餘》曰：于謙幼時，僧人蘭古春過學堂，見于梳三角髻，戲曰：三角如鼓架。于對曰：一禿似雷槌。又《西游記》第三十四回：你這嘴臉，生得各樣相貌，有些雷椎。……又《萬寶全書》『笑海部：一秀才往寺中躲雨，和尚曰：雨打儒冠好似盛油木勺。秀才對曰：雪飄僧頂，猶如椿粉擂槌。此本已可正臆解，但是無著並不滿足于此，又引《康熙字典》曰：槌，直追切。或作椎。《韻會》、《正韻》幷都回切，音堆。今東山押灰韻。接著又引《字典》，擂，《玉篇》力堆切，音雷，研物也。《集韻》作檑。

這裡有本証，有旁証，窮源竟委，不爲空疏皮傅之說。檢近人丁福保（1874－1952）《佛學大辭典》亦有『老雷槌』條，釋曰：「檑，又作礌，杵類也，以比老禿也。」幷也引了《群談採餘》例，還引了桃隱頌偈趙州臥雪頌：「苦哉，古佛老雷椎。」不難看出，此條與無著之『老雷椎』條相比較，無論是釋義，還是疏証，都差了一個層次。雖是「正解」，但卻不似無著那樣窮源竟委，實可信服。更值得注意的是，無著這里還用了康熙十五年（1716）初刻成的《康熙字典》中的成果來作証，而在大陸的，晚其二百多年的《佛學大辭典》倒有欠于此，實爲遺憾之事。

類似這樣內容，在無著的著作中實在是太多了。在正確的文獻考據的基礎上，得出正確的訓詁，這一切既能在其通釋語義的專著，也能在其隨文釋義的注疏、校勘等中體現出來。

㈡釋俚言俗語以解禪

無論是從訓詁學史，還是從漢語史研究的角度看，對漢魏六朝以來的方俗語詞的研究，一直可說是比較薄弱的環節。但近現代逐漸受到廣泛的重視，人們將研究的視野從稗史小說、詩詞戲曲擴及到敦煌變文、敦煌曲子詞、唐代白話詩、卷契文書、佛典、燈錄等更廣闊的範圍。我的博士導師蔣禮鴻先生的《敦煌變文字義通釋》、郭在貽先生的《訓詁學》⑦一書，把漢魏六朝以來的方俗語詞的研究闢爲專章，都被認爲是拓展了中國訓詁學、漢語詞匯史研究中的新領域。然而如果能早日讀到無著的著作的話，就可知，日本的無著禪師早在二百多年前也已非常重視這一點，並在其研究中取得了很大的成就。這應該可說是比在當時中國本土訓詁學界更爲寬闊的視野。這是因爲禪宗典籍中存在著大量的當時的俚語俗言，所以爲了閱讀禪典，就必須精通唐宋的口語。然而實際上，這一重要的方面，無論是于禪林，還是在語界，都未得到應有的重視，實在可說這幾乎是近于荒蕪的一塊領地，而無著卻在其上辛勤耕耘，並成果頗豐。

在前我們已經提到，無著終生都勤于讀書研究，且是經、史、子、集，稗史小說，無不博覽涉獵的，他有著廣闊的知識面，又深知「稗史小說中亦有眞理」，所以他能正確地運用訓詁的方法，通過方言俗語的訓釋，從而達到正確解讀禪典，理解聖賢之意的目地。在無著的著作中，有關俗語的研究很多，無論是在隨文所作的各種注疏、校點中，還是在各種類型的專著中，都有著豐富而精彩的內容，特別是像《禪林象器箋》、《葛藤語箋》、《虛堂和尙語錄犂耕》、《盌雲靈雨》、《禪林方語》、《支那俗語》、《支那俗語水滸隨遺》等著作中，皆雖隨處可見。我們可簡舉以下例以作說明：

「巴鼻」與「沒巴鼻」這是禪典中常見的兩個詞。無著先在《葛藤語箋》卷二『心肢·巴鼻』中引禪典及漢典中例，又引關于「巴鼻」的四處訓釋：《類書纂要》十二：「沒巴臂，作事無根據也。」《篇海》三：「巴，邦加切，音芭，尾也。」明僧獨立曰：「巴鼻，唐人常談巴者，如鼻端之可拿撮也，此可把之物。」《碧巖古抄》一：「巴鼻，來由義，登利惠。或曰：巴，《篇海》：尾也。鼻，始也。然則巴鼻者，終始之謂也。」對此，無著首先校証其第一：「忠按：臂訛鼻也。」而後又針對《碧巖古抄》一之訓，指出：「非也，中華俗語何得妄取韻書訓捏合作義耶。又如言：祖師巴鼻，衲僧巴鼻，向上巴鼻，豈是終始之義耶。故非也。」然後無著分析道：「《篇海》：尾也，訓亦通獨立義，尾亦可拿撮者也。《碧巖古抄》說合《纂要》根據義是也。予竊謂如獸之有尾有鼻，是體形之可把捉者。故事有根據言巴鼻，無根據言沒巴鼻也。」無著還不滿足于此，又在《葛藤語箋》卷六『愚滯·沒巴鼻』中引《后山詩話》五曰：「熙寧初，有人自常調上書，迎合宰相意，遂丞御史蘇長公戲之曰：有甚意頭求富貴，沒些巴鼻便奸邪。有甚意頭、沒些巴鼻，皆俗語也。」又引《堯山外紀》四十八曰：「熙寧未改科前，有吳儔賢良爲廬州教授，嘗許諸生作文須用倒語，如名重燕然之勒之類，則文勢自然有力。廬州士子遂作賦嘲之云：教授於廬，名儔姓吳。大段意頭之沒，全然巴鼻之無。注：沒意頭、無巴鼻皆當時俗語也。」如此，就以正確、恰當的材料糾正了前所誤者，並指出其根源，接近了禪典的本意。

又如：「做大」「做大」也作「作大」。《傳燈》十五『投字大同章』曰：「問：師子是獸中之王，爲什麼被六塵吞？師曰：不作大，無人我。」《傳燈鈔》一山曰：「大者，四大也。」無著在《葛藤語箋》卷四『動作·做大』中首先指出，此爲誤解。但禪典卻多處如此誤。爲証此誤，無著引《山庵雜錄》上：「方山問僧云：南泉斬卻貓兒時如何。僧下語皆不契。有一僕在旁云：老鼠做大。方山云：好一轉語，不合從你口裡出。」又引《虛堂錄·佛祖贊·大慧贊》曰：「前無釋迦，后無達磨，罵雨罵風，只要做大。」然後引《篇海》二十釋「大」：「大，又唐佐切，音惰，巨也。又吐卧切，音唾，猛也，甚也。」由此可証「大」非「四大」之義。接著無著指出：「做大者，俗語爲驕傲也，猶自大之大也。」然后引《應庵祿》以証：「從上佛祖無一念心，要做大漢。」又《鳴道集說》四：「上蔡曰：佛祖卻不敢恁地做大。」

類似的成果，既爲當時解讀禪典提供了可靠的依據，也爲后人留下了一份寶貴的研究資料，特別其中有一些還是中日古今都紛然欠辨明的「老大難」。如柳田先生提到的類似「羅睺羅兒」、「末頭」、「上梢」等俗詞及「退避三尺，不蹈師影」等俗諺的正解⑧，對禪學研究、漢語史研究、訓詁學研究都有著源遠流長的貢獻。

㈢綜合訓詁運用以解禪

無著是一位傑出的訓詁大家，他對訓詁方法的掌握利用是全方位的。柳田先生曾指出：無著在其訓詁實踐中出色地「貫徹著收集用例、確定來源、訂正前人謬誤、補充不足的訓詁方法」⑨。此絕非過譽之詞。這在他的著作中處處有體現。如：

《盌雲靈雨》卷十七『以佛語心爲宗、無門爲法門』條中，無著指出因爲有人將「以」錯寫成「云」字，使後人對本是馬祖禪師概括《楞伽經》的大意而得出結論的兩句話，誤認爲《楞伽經》中眞有，所以拼命在經中尋找，正應了俗諺「一字三寫，烏焉成馬。」然後無著又指出：「一個云字帶累古佛如此，鈔寫豈可欠精耶?」這實在是深有感觸之語。像這樣古典在流傳過程中，因傳寫、抄錄、刊行而錯的「誤字」「訛字」現象是很多的，故如何審辨字形、字音，糾正錯訛，使扞格難解的字義得以明了，實際也就成了傳統訓詁學者的任務之一。身爲禪僧的無著對此的認識很清楚，「所謂字經三寫烏焉成馬，於宗門雖無利害，不可不知。」這是他在《盌雲靈雨》卷十七『撈波訛作老婆』條中引《聯燈會要》之語。無著一再強調這一點，因往往一字之差，失之甚遙。如禪林中關于趙州何時行腳有二說：八十歲開始行腳。

行脚至八十歲。前「趙州八十方行脚」、后「趙州八十方罷行脚」(見同上卷十二『趙州八十行脚』條)。雖只是一字有別，意義卻迥然不同。而「眞假」會訛成「貢假」，（見同上卷二十『貢假』條)。「前」的草書似「知」草書，從而訛寫流布（見同上卷十三『知朝斷舌才』條)。對于這些問題，無著都一一以訓詁的方法進行解決，糾正了許多遺訛漏錯、疏通了不少扞格凝阻。

無著在其訓詁實踐中也很重視因聲求義，探求語源的訓詁方法，這一點也是與中國清代乾嘉學派相一致的。比如：《葛藤語箋》卷三『愚滯』中收有「垜根」、「埵根」、「揣根」、「跺跟」、「垜跟」「鞸跟」等條，無著將它們放在一起考釋，是因爲它們音同義也同。在「垜根」下，引《碧巖》六「下語垜根難敵手」。逸堂云：垜者，不可處處轉將去之物，故「垜根」爲滯在一處也。在「埵根」條中，無著指出：垜根亦作埵根。引《冷齋夜話》一、《續燈》十七中例。無著又指出：或訛作捶。捶同。在「根」條下，無著也指出：垜根亦作根。引《大慧書》例。然後引《玉篇》曰:，當果切，量度也。《小補韻會》紙韻曰：揣，果韻，都果切。又凡稱量忖度皆曰揣，或作揣，亦作捶。無著下結論道:，忖，度也。根如樹根，堅住也。揣根爲量度意停在一處也。「跺跟」條下，無著又指出：垜根亦作跺跟。先後引《擊節錄》上、《正宗贊》一等禪典文獻例，然後引一山語：跺跟，停留之意。《正字通》酉中曰：跺，俗字。又曰：跟，古亨切，音根。《說文》：足踵也。《字匯》曰：跺，都果切，音朵，行貌。又他果切，音妥，義同。最後，無著分析道：揣根、埵根、跺跟、垜根皆一，義依音近。文有異，今訂彼此，當作垜跟。《正字通》曰：垜，俗讀如妥，義同。蓋垜跟妥定足踵也。《冷齋》解埵根，《正宗贊》、《象骨巖》下跺跟一山停留義，皆通。又思量卜度者，停留思念，如妥踵，亦可言垛跟。《正字通》：垛，俗垛字。《續宿圓悟錄》曰：青嶂虛閑可踩跟。如此「垛跟」、「鞸跟」的問題自也就迎刃而解了。

又如《葛藤語箋》卷三『愚滯』：「鶻突」、「淈湣」、「糊塗」、「塗糊」、「搽胡」一組詞，也都因聲近而義通。糊塗，不明事理，模糊也。無著廣引字書、辭書、韻書及內外典籍，從聲韻入手，從而得獲正解。又如：「亂統」與「籠統」「儱統」、「儱侗」、「漆桶」與「漆突」等，都同樣有精到解釋。中國清代乾嘉考據學派深明因聲求義的重要性，並在訓詁實踐中加以廣泛的運用。無著對此精彩的分析，與以戴、段、王為代表的乾嘉學派的做法眞是妙曲同工。

四、簡短的結語

從身份上說，無著只是一位日本禪僧，而且他所處的江戶時代，禪林之中已把禁止學問作為慣例。然而無著卻以滿腔的熱情、畢生的精力執著于所從事的事業。他對訓詁學的理解，以及在訓詁領域的實踐，乃至為訓詁學史所作出的貢獻，完全可與中國有清一代訓詁大家戴震、段玉裁、王念孫等相媲美。他在海東之遙與大陸的乾嘉學派提倡的「樸學」之風遙相呼應，以傑出的成就為中國訓詁史增寫了輝煌的一頁。作為訓詁學界的後輩，如果能珍視這一份寶貴財富，一定能促進訓詁學的新發展，這是本文的心願。

【註　釋】

①《無著道忠的學術貢獻》柳田聖山著　載《俗語言研究》創刊號，日本禪文化研究所禪籍俗語言研究會編

②如飯田利行著有《學聖無著道忠》一書　日本禪文化研究所　昭和六十一年發行

③《妙心寺六百年史》(妙心寺開創六百年紀念) 大法會局　昭和十年發行

④《盌雲靈雨》卷五『僧人博學工文輔教』條

⑤同註①。

⑥唐代僧人釋慧琳著有《一切經音義》、遼代僧人釋希麟著有《續一切經音義》，深受歷代訓詁大家的重視。

⑦先師蔣禮鴻先生《敦煌變文字義通釋》曾四次增訂出版，第四次增訂本 1992 年獲吳玉章獎。1994 年蔣先生又主編出版了《敦煌文獻語言詞典》(杭州大學出版社)。先師郭在貽先生《訓詁學》，湖南人民出版社，1986 年版。

⑧同註①。

⑨同註①。

敦煌伯三六〇五號尚書寫本異文試論
—— 兼論各版本之異同

黃亮文

壹、前　言

觀四部古籍之中，經部爲歷代士人必讀之經典；而敦煌經部中，《古文尚書》又尤具特色，此因敦煌所存多爲隸古字尚書，其歷經唐玄宗詔衛包改古文爲今文、宋太祖令陳鄂刊陸氏《釋文》爲今字，而今隸古尚書已難一窺全豹，僅敦煌寫本可得其較全面之風貌。

前人論著中已有王有三、潘石禪、陳鐵凡與日本神田喜一郎、武內義雄、狩野直喜等學者對敦煌尚書進行研究，然或因其時敦煌寫卷整理工作未臻完善，或因其所處環境未克盡觀敦煌寫卷，故仍多有前人未研究之尚書寫卷。本文即試取前人未深入研究之伯希和三六〇五號寫本，復以台灣地區所藏之宋元善本、歷代石經及日本古寫本予以校讎比對①，並援引《說文》等字書及古音學理論釋其異文；期由敦煌寫本上溯隸古文字、下尋宋元俗字，而旁推東洋漢字，以明敦煌寫本之價值；另於篇中並兼論參校版本之異同，以考鏡各本之源流。

貳、伯三六〇五寫本異文論釋

個人曾對伯三六〇五寫本予以詳細校勘，但今因受限於篇幅，且為便於閱覽，茲將異文分為：古文、俗體、訛字、假借、脫文、衍文、諱字、或體、其他共九類；並於每類下分敦煌本、日本寫本、其他善本，擇取數例加以論述。以觀寫本異文大概：

一、存古文者：孔安國以隸書形式保存古文，傳至唐代，仍有古文間存於經書中；以下則約取數例，並援引字書以論釋之。

◎敦煌本

1.經：百獸率「舞」

△敦煌本作「𦏶」，餘各本作「舞」。

△《說文》舛部：「舞，樂也。用足相背，從舛，無聲。𦏶古文舞，從羽亡。」

△《玉篇》羽部：「𦏶，今作舞。」

△《汗簡》：「[illegible]舞。」

案：由《說文》、《玉篇》所云，可知「𦏶」為「舞」之古文，敦煌本之作「𦏶」，當是源自古文而變，此為敦煌本存隸古字之證。

2.經：惟「時」惟幾

△敦煌本作「旹」，日丁戊己本作「旹」，餘各本作「時」。

△《說文》：「時，四時也。從日，寺聲。旹，古文時，從日止作。」

段注：「之聲也，小篆從寺，寺亦之聲也。漢隸亦有用旹者。」

△《玉篇》日部：「時，……。旹，古文。」

△《汗簡箋正》日部：「旹，時。」

案：「旹」為「時」之隸古字，其作「旹」或「旹」。

3.經：元首「起」哉

△敦煌本、日丁戊己本作「䢾」，餘各本皆作「起」。

△《說文》走部：「起，能立也。从走，巳聲。䢗，古文起，从辵。」

案：「䢗」爲古文，「起」爲今文。

4.經：百工「熙」哉

△敦煌本與日丁戊己本作「𤇾」，餘各本作「熙」。

△《說文》火部：「熙，燥也。从火，𦣞聲。」

△《說文》𦣝部：「𦣞，廣頤也。从𦣝，巳聲。𢀈，古文𦣞从戶。」

段注：「又按九經字樣云：說文作𢀈，經典作𢀈。然則今本說文異於唐時也。」

△集韻：「熙，古作𤇾。」

案：「熙」字从火，𦣞聲，其聲子「𦣞」字古文作「𢀈」；是知「熙」之古文爲「𤇾」，敦煌等寫本所作，正爲古文；《集韻》字形或即源於《古文尙書》。

◎日本寫本

1.經：簫韶九「成」

△日丁戊己本作「㡬」，餘各本作「成」。　△《說文》戊部：「成，就也。从戊，丁聲。㡬，古文成，从午。」

案：日丁戊己本所作爲古文，字从戊午。

2.經：𠡠「天」之命

△日丁戊己本作「兲」，餘各本作「天」。

△汗簡天字作「兲」。

△《玉篇》一部：「天……。𠑺兲，並古文。」

△《廣韻》先韻：「天……。兲𠑺，並古文。」

案：日丁戊己本所作爲古文，然於《說文》未見此。

3.經：𠡠天「之」命

△日丁戊己本作「㞢」，餘各本作「之」。

△《說文》之部：「㞢，出也。象艸過屮，枝莖漸益大，有所之也。一者，地也。」

△《玉篇》之部：「之，……。㞢，古文。」

△《廣韻》之韻：「㞢，篆文，象芝草形，蚩從此也。」

案：「之」小篆作「㞢」，「㞢」爲隸古文字。

4.經：元「首」起哉

△日丁戊己本作「𦣻」，餘各本作「首」。

△《說文》首部：「𦣻，古文百也。巛象髮，髮謂之鬊，鬊即巛也。」

△《玉篇》𦣻部：「𦣻，……說文與百同，古文首也。……首，同上，今文。」

案：「𦣻」、「首」爲古今文，汗簡亦作「[illegible]」。

◎其他善本：無見

二、作俗體者： 下列俗體乃書寫時爲求簡便或美觀，而增減字形筆劃，然未與其他字形相混者。

◎敦煌本

1.經：鳥「獸」蹌蹌

△敦煌本作「[illegible]」，日丙本作「[illegible]」，日丁戊己本作「[illegible]」，餘各本作「獸」。

案：《說文》、《廣韻》皆作「獸」，未見其他二形，而皆以「獸」爲正字，敦煌變文中多作「[illegible]」或作「[illegible]」，蓋皆由「獸」演變。

2.經：鳳皇「來」儀

△日甲丙本與敦煌本同作「来」。日丁戊己本作「耒」，餘各本作「來」。

△《廣韻》咍韻：「來，至也，及也。……俗作来。」

案：《龍龕手鑑》卷一來部之字多作来，是當時俗寫已然如此。又蔡主賓亦言：「漢簡居延圖版一〇三頁 401、2 號作　，《大漢和辭典》：『来，來之略字。』」②。而「耒」或源自「来」。

3.經：「夔」曰

△敦煌本作「𡖐」，唐石經作「夔」，宋巾箱本作「夔」武英殿仿宋本作「夔」，王刊本與日甲乙本俱作「夔」，日丙本作「夔」，日丁本作「夔」，日戊己本作「夔」。

案：依《說文》篆體，字當以唐石經作「夔」爲正。敦煌俗字作「𡖐」，《玉篇》夊部：「夔，……。𡖐，同上，俗。」《干祿字書》所錄與此同，是敦煌　字之所出。蔡主賓言「夔作𡖐爲字書所無」似有未當。

◎日本寫本

1.（傳）：「備」樂九奏而致鳳皇。

△日丙本作「偹樂九奏而致鳳皇」，餘各本作「備樂九奏而致鳳皇」。

案：《玉篇》人部言偹爲備之俗，敦煌寫卷多作：偹、偹、俻、偹、偹③，此蓋其俗字。

2.經：惟時惟「幾」

△日甲本作「㡬」，日丁戊己本作「𢆯」，餘各本作「幾」。

△《干祿字書》：「㡬幾，上通下正。」

案：據《干祿字書》所言，「㡬」爲唐代「幾」字之通用字。「𢆯」則見於《宋元以來俗字譜》，蓋爲宋元即已通行。

3.（傳）：股肱之臣喜樂「盡」忠。

△盡字日甲本作「尽」，日丁戊己本作「尽」，餘本作「盡」。

案：《說文》《玉篇》《廣韻》《龍龕手鑑》等並未見「尽」，《漢和大辭典》云：「尽，盡之俗字。」《宋元以來俗字譜》亦多有此形，此或自草書寫法演變而來。

4.（傳）：敬其「職」

△日丁戊己本作「聀」，餘各本作「職」。

△《說文》耳部：「職，記𢼸也。從耳，戠聲。」

案：《玉篇》《廣韻》《龍龕手鑑》《干祿字書》并未見「聀」，《敦煌俗字譜》錄《宋元以來俗字譜》中乃有「聀」，足見宋元之際即有作此者。

5.（傳）：「屢」，數也。

△敦煌本作「婁」日丁戊己本作「屡」餘各本作「屢」

案：「屡」字不見於《說文》《玉篇》《廣韻》《龍龕手鑑》，而《敦煌俗字譜》與《宋元以來俗字譜》皆錄有此形，是唐以來即俗寫作此。

◎其他善本

1.經：「簫」韶九成

△宋巾箱本作「箫」，日丙本作「蕭」，餘各本「簫」。

△《說文》竹部：「簫，參差管樂，象鳳之翼，從竹，肅聲。」

案：依《說文》釋義，字當以「簫」爲正，作「箫」者，爲省簡筆劃。

2.（傳）：「靈」鳥也

△王刊本「靈」作「霊」，日丙本作「𩆜」，日丁戊己本作「灵」。

案：《說文》、《廣韻》、《集韻》不見「𩆜」、「霊」二形，王刊本將靈字中之三口省略成「一」，此爲行書寫法。

3.經：「夔」曰

△敦煌本作「夔」，唐石經作「夔」，宋巾箱本作「夔」武英殿仿宋本作「夔」，王刊本與日甲乙本俱作「夔」，日丙本作「夔」，日丁本作「夔」，日戊己本作「夔」。

案：依《說文》篆體，字當以唐石經作「夔」爲正。其作「夔」、「夔」者，形稍訛變。若宋巾箱本作「夔」，其所從上二角已失且偏旁「巳」訛爲「匕」矣。

由以上之例，可知宋刊本字體間有簡省偏旁筆劃之現象。

三、訛字：訛字爲傳抄或刊刻疏忽，而誤作其他字形者。

◎敦煌本

1.（傳）：「明」球絃鍾籥

△敦煌本作「助」，餘各本作「明」。

案：此當是敦煌本之訛。

2.（傳）：尹，「正」也。

△敦煌本作「止」，餘各本作「正」，

案：此應是敦煌本筆誤。

◎日本寫本

1.（傳）：言簫「以」見細器之備。

△日丁戊己本作「言簫臣見細器之備」。

案：「臣」當爲「以」字之訛。

◎其他善本

1.（傳）：信皆和諧，言神人「洽」也。

△敦煌本、武英殿本與日本諸寫本，「治」皆作「洽」，餘各本作「治」。

案：阮元《校勘記》云：「古本、岳本、宋板，治作洽。」依經文：「予擊石拊石，百獸率舞，庶尹允諧。」觀之，作「洽」字於義爲勝。

四、假　借

◎敦煌本

1.經：笙「庸」以間

△敦煌本作「庸」，餘各本作「鏞」。

△《周禮．大司樂》注引虞書作「庸」。

△《說文》：「庸，用也。從用庚。庚，更事也。易曰：先庚三日。」

又：「鏞，大鐘謂之鏞。從金，庸聲。」段注：「惟商頌字作庸，古文假借。」

案：此或當時先假借「庸」，其後又加「金」以爲類別區分，而成「鏞」。其後「鏞」則成大鐘之專屬字。

2.經：帝庸作「哥」

△敦煌本作「哥」，日丁本作「歌」，日戊己本作「歌」，餘各本作「歌」。

△《說文》可部：「哥，聲也。從二可。古文以爲歌字。」

案：「哥」依說文「古文以爲歌字」，知古文哥、歌二字皆可用爲歌曲之歌，此亦若上文「庸」字例，先以「哥」爲歌聲之字，其後又以「哥」爲聲符，加「欠」爲意符，造「歌」爲歌聲之專屬字。

3.經：「婁」省乃成

△敦煌本作「婁」，日丁戊己本作「屢」，餘各本作「屢」。

△《說文》女部：「婁，空也。從毋，從中女。婁空之意也。一曰：婁務，愚也。婁，籀文婁，從人中女，臼聲。婁，古文婁如此。」

△《玉篇》女部：「婁，說文云：空也，一曰婁務也。婁，同上，出說文。」

△《廣韻》虞韻：「婁，詩曰：弗曳弗婁。傳曰：婁，亦曳也」
《廣韻》遇韻：「屢，數也、疾也。」

案：說文中僅有「婁」而無「屢」，「婁」之義爲「空也」，其用爲「數也」之義爲假借，其後又造「屢」以爲區別，後世版本於此字皆從尸，僅敦煌隸古寫本作原假借字「婁」。

◎日本寫本

1.（傳）：「靈」鳥也

△王刊本「靈」作「靈」，日丙本作「霊」，日丁戊己本作「灵」。

△《廣韻》青韻：「灵，字類云：小熱貌。」

案：「灵」之意爲小熱，有別於靈字之義，然因同音（郎丁切）之故，而假借「灵」以爲「靈」；裘錫圭先生認爲，此是爲簡化字形，而用有本字之假借字④。

2.經：皐陶拜手「稽」首

△敦煌本作「䭫」，日甲乙丙本、宋巾箱本作「稽」，日乙本作「稽」，日丁戊己本作「㲋」，唐石經作「稽」，餘各本作「稽」。

△《說文》稽部：「稽，留止也。從禾，從尤，旨聲。」
《說文》首部：「䭫，䭫首也。從首，旨聲。」

段注：「周禮䭫首，本又作稽。許沖上書，前作稽首，後作首。恐今之經典轉寫訛亂者多矣。」

△《廣韻》薺韻：「䭫，首至地也。稽上同。」

△《干祿字書》：「稽稽上俗下正。」

案：依《說文》釋義，當以「䭫」爲本字，䭫、稽並從旨聲，聲音近同，故後乃假借「稽」以爲「稽首」。各本「稽」字當從禾，從尤，旨聲爲正體，日乙本所從之「九」爲

「尤」之訛，此正爲《干祿字書》所錄之俗字。

◎其他善本

1.經：合止「柷」敔

△漢孟郁修堯廟碑引作「祝圉」。

△周禮大司樂注引作「柷梧」。

△宋巾箱本作「祝敔」，餘各本作「柷」。

△《說文》木部：「柷，樂木椌也。所以止音爲節。從木，祝省聲。」段注：「臯陶謨：合止柷敔。鄭注云：柷狀如桼桶而有椎。合之者，投椎其中而撞之。……劉熙云：柷，祝也。故訓祝爲始，以作樂也。」

△《說文》示部：「祝，祭主贊詞者。從示，從儿口。一曰：從兌省。易曰：兌爲口、爲巫。」

△《廣韻》屋韻：「柷，柷敔，又音俶。亦作祝。」

案：《尚書》此處所言爲樂制，與祭祀無涉，故當作「柷」字爲長。

2.（傳）：明球絃「鍾」籥，各自互見。

△武英殿本作「鐘」，餘各本作「鍾」。

△《說文》金部：「鍾，酒器也。從金，重聲。」

△《說文》金部：「鐘，樂鐘也。秋分之音，萬物穜成，故謂之鐘。從金，童聲。古者垂作鐘。」

段注：「經傳多作鍾，假借爲酒器。」

△《爾雅．釋樂》：「大鐘謂之鏞。」

△《干祿字書》：「鍾鐘，上酒器，下鐘磬字，今並用上字。」

案：此處言樂制，故字當以「鐘」爲正；然依《干祿字書》所言，蓋唐時經傳並用「鍾」字。

五、脫　文

◎敦煌本

1. (傳)：明球紘鍾籥，各自互見。

△敦煌本「鍾」下缺「籥」字。

2. (傳)：信皆和諧，言神人洽也。

△敦煌本作「信諧言神人洽也」。

案：各本皆作「信皆和諧，言神人治也」，敦煌本脫「皆和」二字。

3. (傳)：用庶允諧之政，故作歌以戒，安不忘危也。

△敦煌本作「用庶允諧之，故歌以戒，安不忘危也。」

案：敦煌本缺「政」、「作」等字，當是誤脫。

◎日本寫本及其他善本無缺字

六、衍　文

1.經：帝曰

△敦煌本作「帝曰曰」，餘各本皆作「帝拜曰」。

◎其他版本無衍文

七、諱　字

◎敦煌本無見

◎日本寫本

1. (傳)：明球「弦」鍾籥，各自互見。

△敦煌本作「紘」，日乙本、武英殿本「弦」皆缺末筆，餘各本作「弦」。

案：宋之始祖諱玄朗，故浙東茶鹽司本避「弦」字，細川覆刻因之；武英殿本則因避聖祖諱而缺末筆，此由本卷傳文「敬其職事」之「敬」字，日乙本避諱而武英殿本不諱可知。

2. (傳)：「敬」其職。

△日乙本缺末筆作「敬」，餘各本作「敬」。

案：宋太祖之祖父諱敬，故宋官刻本諱之；日乙本爲覆刊宋茶鹽司本，因而存有原本之諱字。

◎其他善本

1.（傳）：明球「弦」鍾籥，各自互見。

△敦煌本作「絃」，日乙本、武英殿本「弦」皆缺末筆，餘各本作「弦」。

八、或體：或體蓋亦增減字形點劃、與正體有別，然卻爲當時所允許認同者。

◎敦煌本無見

◎日本寫本

1.經：下管鼓「鼓」

△日丁戊己本作「鼓」。

案：鼓字見於《廣韻》姥韻：「鼓說文曰：郭也。春分之音，萬物郭皮甲而出，故謂之鼓。周禮六鼓：……。亦作鼓。」是鼓亦爲鼓之或體，字從壴，從皮，會意。

2.惟時惟「幾」

△日甲本作「幾」，日丁戊己本作「幾」，餘各本作「幾」。

△《說文》：「幾，微也，殆也。從丝從戍，戍，兵守也。丝而兵守者危也。」

△《干祿字書》：「幾幾，上通下正。」

案：據《干祿字書》所言，「幾」爲唐代「幾」字之通用或體。

3.元首「叢」脞哉

△日丙本作「叢」，日丁戊己本作「叢」，餘各本作「叢」。

△《說文》丵部：「叢，聚也。從丵，取聲。」

△《干祿字書》：「　，叢。上通下正。」

案：依《說文》當以「叢」爲正，據《干祿字書》，「藂」爲「叢」之通用或體。

◎其他善本無見

九、其　他

1.（傳）：股肱之臣喜樂「盡」忠。

△盡字日甲本作「盡」，日丁戊己本作「尽」，餘本作「盡」。

案：日甲本作「盡」，缺末筆，或因活字版面不平整所致。

2.經：元「首」明才

△王刊本缺末筆，日甲本作「酋」。

案：「首」字經文前已有之，其字不誤；然此處王刊本缺末筆，疑爲刊刻時之誤，此訛誤未經校出，即已刊行；日甲本前處不誤，而此處訛爲「酋」，或活字排版時，版工不察而誤植。

3.（傳）：鳥獸化「德」。

△日丁戊己本作「[illegible]」，餘各本作「德」。

案：其他版本不見此，疑爲日本俗字，待考。

4.（傳）：儀有容「儀」。

△日丁戊己本作「伐」，餘各本作「儀」。

案：儀作「伐」者，諸字書及書法辭典、漢日辭典皆未見。

5.陶拜手「稽」首

△敦煌本作「𩠐」，日甲乙丙本、宋巾箱本作「𥡴」，日乙本作「稽」，日丁戊己本作「[illegible]」，唐石經作「稽」，餘各本作「稽」。

案：依《說文》釋義，當以「𩠐」爲本字，日丁戊己本作「[illegible]」，字書未見。

6.（傳）：堂下「樂」也。

△日丁戊己本皆作「[illegible]」，餘各本作「樂」。

案：日本寫本樂字多作「[illegible]」，字書及法書皆未見。

參、諸版本異同

一、敦煌本：除當時正體楷書之外，又保存古文，且雜用俗字。因唐代經書正處於由隸古楷化爲今文之際，故其字形雖以楷書爲主，然仍存古文；至若俗體過繁，乃因當時民間書寫習慣與正體已有差異，此正爲《五經文字》、《九經字樣》所由作也。又此本「治」字不缺筆，王重民據此定爲唐高宗以前寫本。

二、日甲本：爲明神宗時日本之活字本，間有刊印未清或版工誤植之字，如：「盡」作「[illegible]」、「首」作「[illegible]」，然存有部份俗字，如：「幾」作「[illegible]」、「叢」作「[illegible]」、「來」作「[illegible]」。因其「叢」字作「[illegible]」，爲唐時字書所未錄，而見於《宋元以來俗字譜》，故推測其祖本當是宋代以後之傳本。

三、日乙本：「弦」、「敬」缺末筆避諱，可知皆依宋本而來。此即阮氏《校勘記》之「古本」。

四、日丙本：爲日本室町末期抄本，此本全爲今字，間有俗字，古文已不復見，此或受宋代傳日版本之影響，因而主要爲今字，然因當時俗寫之例，乃多有俗字。

五、日丁戊己本：此三版本可謂出於同源，較之其他版本，此三版本之字體皆近同，此等版本亦古文、今字、俗體並存，與敦煌本相似，疑其祖本爲唐代日本留學生自中土攜回之寫本。

六、王刊本：此爲民間刻本，故諱字不若官刻本之愼，觀上文所論，「弦」、「敬」並不缺筆。尙書版本至此已與今本無大歧異，僅此本鳳凰字作「皇」，今本作「凰」。

七、巾箱本：爲單經本，與今本全同。

八、武英殿本：其仿相臺岳氏本而刻，「弦」字缺筆避康熙帝諱，除「信皆和諧言神人洽」之「洽」仍保存宋元版本之跡外，餘與今本皆同。

肆、敦煌本價值探析

依前節敦煌尚書寫本異文論證，茲將敦煌本之價值臚列於下：

一、上溯古文：此卷敦煌寫本所存之古文有：戚〔成〕、衛〔率〕、𦏶〔舞〕、礼〔禮〕、旹〔時〕、𦣻〔首〕、𨑢〔起〕、𤋮〔熙〕、咎繇〔皋陶〕、眘〔慎〕。據此可見唐代改字前之古文尚書風貌，進而對尚書學史有更明確之理解。

二、下尋俗字：依本卷所錄之文字觀之，其存唐代俗寫者有：數〔獸〕、来〔來〕、俻〔備〕、夔〔夔〕、勅〔勑〕。可知當時古文尚書非但保有古文字形，間亦受俗寫影響；而敦煌尚書寫本正處於古文、正體、俗字之交接世代，此於探求經典書寫流變，有其特殊之價值。

三、旁推日本漢字：觀上文之校讎，日本尚書寫本有依改字後之版本翻刻、抄寫者，然亦有若敦煌寫本古文、今字、俗寫並存者；其存古文者如：兲〔天〕、㞢〔之〕、旹〔時〕、𦣻〔首〕、𨑢〔起〕、𤋮〔熙〕、咎繇〔皋陶〕、𢪏〔拜〕、眘〔慎〕等；與敦煌寫本幾於全同，故知日本寫本中亦有由改字前之古文尚書一脈傳下者。然此等古文尚書或因流傳時間較久，非僅存有古文及唐代俗字，其中亦多有宋元以來之俗字，如：屡〔屢〕、聀〔職〕、叢〔叢〕等，爲歷時久遠而保有古文又有唐宋元之俗字，此與敦煌本風貌相似。

四、正訂字書說解：徐鉉以《說文》無脞字，而謂「元首叢哉」應以從目之睉字爲是；且以從肉之脞字爲誤字。今可以敦煌本爲證，而正訂字書之說解。

五、補證經傳之誤差：

1.信諧言神人洽也

敦煌本作「信諧言神人洽」，武英殿本、日本諸本皆作「信皆和諧，言神人洽」阮元《校勘記》亦言：「古本、岳本、宋板，治作洽」；今本則作「信皆和諧，言神人治」。敦煌本之年代早於其他各本，其作「洽」，異於今本而與宋元版本及日本諸本合；又此處經文爲「庶尹允諧」，傳文應以「洽」爲長，蓋「諧」字應釋爲「和洽」較爲合理，故應從敦煌本作「洽」爲是。

2.帝曰

敦煌本「曰」字重文，乃是筆誤，今本作「帝拜曰」。阮氏《校勘記》云：「古本無帝拜二字。」日丁戊己本「帝拜」二字亦爲增補而成；然朱廷獻先生言：「堯典及臯陶謨，凡『往欽哉』之上曰字無單用者，以此例之，則此處『帝拜』二字必不可缺。」但觀〈堯典〉中皆作「帝曰往欽哉」，未有「帝拜曰」者，恐此處本作「帝曰」，敦煌本衍一「曰」字，而後世傳本復增「拜」字。

六、有助於版本之研究

唐玄宗詔改《尚書》文字爲《尚書》學史之一大變革，今只能由敦煌本中得其較全面之風貌；而敦煌《古文尚書》寫本約可代表自六朝迄唐初改字前之大致情況，非但有助於經文大義之探討，抑且可藉此考察經籍改文及宋刊本出現前之《古文尚書》版本；而又可以此爲品評各版本之標準，如：上述之「信皆和諧，言神人洽」，阮元謂「古本、岳本、宋板，治作洽」，此與敦煌本同，可知此等版本爲近古而存眞者。阮氏所言之「古本」，即上文之「日乙本」,「岳本」則爲上述之「武英殿本」, 又據此可推知日本寫本亦有淵源長久者, 如本文之日丁戊己本, 是敦煌本足爲品評版本之標準。又如阮元〈校勘記〉言:「(古本) 其經皆古文, 然字體太奇, 間參俗體, 多不可信。」但與敦煌本相校, 卻可確定爲《古文尚書》之古寫本, 此爲敦煌本正定版本之例。

七、為辨偽之確證

《經典釋文．序》言:「尚書之字, 本爲隸古, 既是隸寫古文, 則不全爲古字; 今宋齊舊本及徐李等音, 所有古字, 蓋亦無幾, 穿鑿之徒, 務欲立異, 依傍字部, 改變經文, 疑惑後生, 不可承用。」是當時《尚書》寫本雖有古字, 然舊本古字無多, 僻異之文, 多出於後人改易。

自唐天寶三年玄宗詔令衛包改字之後, 古字《尚書》已漸易爲今字; 而《宋史．藝文志》乃著錄「古文尚書二卷孔安國隸」, 晁公武《郡齋讀書志》亦著錄「古文尚書十三卷」, 且云:「皇朝呂大防得本於宋次道王仲至家, 以校陸氏釋文, 雖小有異同, 而大體相類。」薛季宣又作《書古文訓》, 今尚見於《通志堂經解》, 其書滿篇古文。王應麟《困學紀聞》云:「宋景文筆記云: 楊備得古文尚書大喜, 書訓刺字皆用古文。案: 國史藝文志, 尚書唐孝明寫以今字, 藏其舊本, 此所謂古文者, 孔安國以隸寫古, 非科斗書也。此古文呂微仲得本於宋次道王仲至家。」據上述資料則可知宋代尚有《古文尚書》流傳於世。

王應麟又言:「釋文叙錄云: 尚書之字, 本爲隸古云云。然則今所傳古尚書, 未必安國本。……郭忠恕嘗定古文尚書並釋文, 今本豈忠恕所定歟?」是已疑當時傳本出於郭氏; 而王重民先生以《汗簡》所引《古文尚書》, 校薛季宣《書古文訓》, 謂其合者十九, 故確定薛本亦源於郭氏, 因而可推測宋代《古文尚書》出於郭忠恕。

自王應麟之後，亦有學者疑郭忠恕所定爲摭拾字書而僞作，如：段玉裁《古文尚書撰異．序》言：「此僞書益集說文、字林、魏石經及一切離奇之字爲之；傳至郭忠恕，作古文尚書釋文，此非陸德明釋文也，徐楚金、賈昌朝……王伯厚皆見之，公武刻石於蜀，薛季宣取爲書古文訓，此書爲僞中之僞。」然卻無確證以折之。迨敦煌本出，可見唐代《古文尚書》正若陸元朗所言，「所有古字蓋亦無幾」，可駁郭書、薛訓之滿紙奇字，亦可由此確證宋代以來傳本之僞者。

綜合上論，因敦煌本見世，可證宋志之《古文尚書》，薛季宣《書古文訓》，並呂大防、晁公武所傳，皆源自郭忠恕所定《古文尚書》及《釋文》，而亦皆爲僞書。此外，山井鼎《七經孟子考文》所錄，亦多古文奇字，疑其所參校之版本中，亦有宋代僞作之傳本。

伍、結　語

敦煌隸古尚書多存古文，其中Ｐ三六〇五號寫本之異文蓋如上文所釋，其文字非但可上考篆古文字，亦且可下通宋元俗字，而又可知日本俗字、古文之所作；藉由本卷之探索，除可知文字之變異外，尚可補證今本經傳之誤差，以此推究經文意義；而又能依敦煌寫本作其他《尚書》版本之研究，尤其可確定宋代《古文尚書》之僞。

【註　釋】

①參校之版本有一

一、唐開成石經：爲故宮所藏民國十五年掖縣張氏皕忍堂覆刊本。

二、巾箱本：故宮所藏，明嘉靖間覆宋刊巾箱本五經之一，爲單經本，無傳文，書眉刻有音切。

三、王刊本：宋乾道淳熙間，建安王朋甫刊本，計十三卷七冊，阮元《尚書注疏校堪記序》云：「宋十行本：案他本注疏每半葉九行，此獨十行，故世謂之十行本；溯其源蓋即岳珂《九經三傳沿革例》所謂建本，有音釋、注疏是也。」此即王刊本，爲中央圖書館善本書室所藏，已拍微卷。

四、武英殿本：清乾隆四十八年，武英殿仿刊元相臺岳氏本，今藏於故宮。

五、日甲本：爲日本慶長元和間（約西元1600年）活字印本，今存於中央圖書館。

六、日乙本：日本弘化四年，細川利和覆宋刊浙東茶鹽司本（約宋淳熙年間刻本），今存中央圖書館；此亦即「足利本」，書眉間有「足利學校公用」、「此書不許出學校閫外憲實」，每冊皆有上杉憲實之「松竹清風」藏書印。

七、日丙本：日本室町末近世初鈔本，今藏故宮。

八、日丁本：影鈔日本古寫本，書中有楊守敬校題之跡，爲中央圖書館所藏。

九、日戊本：爲日本室町期鈔本，今藏於故宮。

十、日己本：日本天正六年（西元1578年）釋圓秀鈔本，近人楊守敬校題。

所參校者爲相近於唐代敦煌本之宋元寫本，而日本寫本中亦多存古文，故并取之；至若舊雨樓漢石經，業由屈翼鵬先生考證爲僞（見《漢石經尚書殘字集證》），故本文不取。

② 《敦煌寫本儒家經籍異文考》頁一五七。

③ 《敦煌俗字譜》頁一二〇。

④ 《文字學概要》頁二一〇。

【參考書目】

石經尚書　　　　　　　　皕忍堂覆刊唐開成石經本

尙書　　　　　　　　　　明嘉靖覆宋刊巾箱本

尙書　孔氏傳	宋建安王朋甫刊本	
尙書　孔氏傳	武英殿仿刊相臺岳氏本	
尙書　孔氏傳	日本慶長元和間活字本	
尙書　孔氏傳	日本弘化四年覆宋刊浙東茶鹽司本	
尙書　孔氏傳	日本室町末期近世初抄本	
尙書　孔氏傳	楊守敬影抄日本古寫本	
尙書　孔氏傳	日本室町期抄本	
尙書　孔氏傳	日本天正六年釋圓秀抄本	
舊唐書	劉昫	鼎文書局
新唐書	歐陽修等	鼎文書局
宋史	脫脫	鼎文書局
經典釋文	陸德明	漢京文化事業抱經堂本
尙書注疏	孔氏傳　孔穎達正義	藝文印書館重刊宋本
書古文訓	薛季宣	台灣大通書局通志堂經解
古文尙書撰異	段玉裁	復興書局皇淸經解本
尙書集釋	屈萬里	聯經出版事業
尙書今註今譯	屈萬里	台灣商務印書館
尙書異文彙錄	屈萬里	聯經文化事業
漢石經尙書殘字集證	屈萬里	聯經文化事業
尙書異文集證	朱廷獻	台灣中華書局
尙書流衍及大義探討	李振興	文史哲出版社
尙書學述	李振興	東大圖書公司
說文解字注	許愼著　段玉裁注	漢京文化事業
玉篇	顧野王	台灣中華書局
干祿字書	顏元孫	藝文印書館
五經文字	張參	文淵閣四庫叢書

九經字樣	唐元度	文淵閣四庫叢書
集韻	丁度	學海出版社
宋本廣韻	陳彭年等	黎明文化事業
龍龕手鑑	行均	台灣商務印書館
汗簡箋正	鄭珍　鄭知同	藝文印書館
爾雅義疏	郝懿行	漢京文化事業
經籍纂詁	阮元	中新書局
古音學發微	陳新雄	文史哲出版社
文字學概要	裘錫圭	萬卷樓圖書公司
漢和大辭典		
歷代書法字彙		台灣大通書局
京都漢日辭典		三省堂有限公司
敦煌俗字譜	潘重規等編	石門圖書公司
敦煌古籍叙錄新編	黃永武編	新文豐出版公司
敦煌寫本儒家經籍異文考	蔡主賓	嘉新水泥基金會
敦煌殘卷古文尚書校注	吳福熙	甘肅人民出版社
古書版本鑑定研究	李清志	文史哲出版社
中國古籍版本學	曹　之	洪葉文化事業
漢籍在日本的流布研究	嚴紹	江蘇古籍出版社
困學紀聞	王應麟	台灣商務印書館
郡齋讀書志	晁公武	台灣商務印書館

期刊部份

敦煌本尙書述略	陳鐵凡	大陸雜誌二十二卷八期
敦煌本易詩書考略	陳鐵凡	孔孟學報十七期
虞夏商書斠理	廖雲仙	台灣師範大學碩士論文

管鼗鼓合止柷敔

笙鏞以閒鳥獸蹌蹌 簫韶九

成鳳皇來儀 韶舜樂名言簫見細器之備 備樂九奏而致鳳皇則餘鳥獸不待化

而率 夔曰於予擊石拊石百獸率舞庶尹允諧

尹正也衆正官之長信諧言神人治也 始於任賢立政以禮治成以樂所以太平 帝庸作歌曰勑天

之命惟時惟幾 用庶尹允諧之政故作歌以戒安不忘危 乃

也奉正天命以臨民惟在順時惟在慎微

歌曰股肱喜才元首起才百工熙才 元首君也股肱之臣喜樂盡忠

皋陶拜手稽首颺言曰念才

率作興事慎乃憲欽才 憲法也天子率臣下為起治之事當慎汝法度敬其職

屢省乃成欽才 屢數也言數顧省汝成功敬終以善無懈怠也 乃賡載歌曰

元首明才股肱良才庶事康才 庚續載成也帝歌 股肱義未足

又歌曰元首叢脞才股肱惰才

大略君如此則臣懈 言其功不成 帝拜曰俞

《周禮》井田制初探

黃靜吟

一、前　言

井田制度之內容及其目的，在戰國以前之典籍中，甚少記述，多僅言「井」或「井田」之名詞而已，井田制之具體敘述，係起自於孟子。在孟子以後，各書之解釋井田者，如《周禮》、《穀梁傳》、《韓詩外傳》、《漢書》等，已多有不同，甚至自相矛盾。①因之後人對於井田之有無，以及曾否有此土地分配制度，發生諸多疑問。本文擬透過《周禮》中有關井田之記載，試作分析，以能明瞭《周禮》一書對於井田之規畫，或許能有助於來日進一步探究周代農民受田制之實況。

二、《周禮》井田制之記載

《周禮》一書有關井田制之記載多見於〈地官〉當中，茲將相關經文一一引出，並略作說明：

㈠《周禮·地官·大司徒》：

> 凡建邦國……凡造都鄙，制其地域而封溝之，以其室數制之。不易之地，家百畝；一易之地，家二百畝；再易之地，家三百畝。

按：這段話最值得留意的，在於所謂的「不易」、「一易」、「再易」之地，何謂「易」呢？鄭衆注曰：

> 不易之地，歲種之地美，故家百畝；一易之地，休一歲乃

復種，地薄，故家二百畝；再易之地，休二歲乃復種，故家三百畝。

賈公彥疏曰：

云不易之地家百畝者，此謂上地年年佃之，故家百畝；云一易之地家二百畝者，謂年別佃百畝廢百畝；三年再易乃遍，故云再易。

由二人之說解可知，「易」字乃指休耕易地而言，隨其土地優劣規畫爲不休耕之地，休耕一年之地及休耕二年之地三個不同的等級；每一等級之地所授與百姓的畝數也不一律，分別是不休耕之地一家百畝，休耕一年之地一家二百畝，休耕二年之地一家三百畝。

㈡《周禮·地官·小司徒》：

乃均土地，以稽其人民而周知其數，上地家七人，可任也者家三人；中地家六人，可任也者二家五人；下地家五人，可任也者家二人……乃經土地而井牧其田野，九夫爲井，四井爲邑，四邑爲丘，四丘爲甸，四甸爲縣，四縣爲都，以任地事而令貢賦，凡稅斂之事。

按：〈小司徒〉此處亦提出三等地的說法，其三等分別爲「上地」、「中地」與「下地」，此三等所能任養之人口數也各自有別。經文於此可謂按照地質的好壞，家庭人口的多寡，分別授與不同等第的田畝。但是何謂「上地」、「中地」與「下地」，其區分標準何在呢？鄭注及賈疏於此無說，然而鄭玄於經文「井牧其田野」下注云：

此謂造都鄙也，采地制井田，異於鄉遂……今造都鄙授民田，有不易、有一易、有再易，通率二而當一，是之謂井牧。

鄭玄於此提出井田制，且井田制乃行於都鄙，鄉遂則異制；鄭氏並且將上地、中地、下地與〈大司徒〉之不易、一易、再易之地相比擬，觀其意似指上地即不易之地，中地即一易之地，下地則爲再易之地。賈疏更進一步解釋云：

> 井牧其田野者，井方一里，兼言牧地，是次田二牧當上地一井。授民田之時，上地不易，家百畝；中地一易，家二百畝；下地再易，家三百畝。通率三家受六夫之地，一家受二夫與牧地同，故云井牧其田野。

賈公彥則明白說出上、中、下地也就是＜大司馬＞所謂的不易、一易、再易之地，而井田制即建立在此上地不易、中地一易、下地再易的基礎上。

㈢《周禮·地官·遂人》：

> 遂人掌邦之野……辨其野之土，上地中地下地以頒田里。上地夫一廛，田百畝，萊五十畝，餘夫亦如之；中地夫一廛，田百畝，萊百畝，餘夫亦如之；下地夫一廛，田百畝，萊二百畝，餘夫亦如之。

按：〈遂人〉經文說明了鄉遂（邦之野）之受田制，也提出了上地、中地及下地三等，即每夫均領有宅地（廛）一份、田一百畝，三者之差異僅在於「萊」的多寡上，何謂「萊」呢？鄭玄注〈縣師〉云：

> 萊，休不耕者，郊內謂之易，郊外謂之萊。

鄭氏認爲不論上、中、下地，每夫每年固定耕種百畝，其餘則休耕，休耕之畝數則爲上地休耕五十畝，中地休耕百畝，下地休耕二百畝，此即爲鄉遂之受田制。

鄭玄、賈公彥二人均認爲〈小司徒〉所云之上地、中地、下地即爲〈大司徒〉所云之不易、一易、再易之地，且爲施於都鄙之制。至於〈遂人〉雖然亦標出上、中、下地三等，但此上、中、下地之田畝數似與〈大司徒〉所云之不易、一易、再易之地有異，二者主要差別在於〈遂人〉上地爲田萊合計一百五十畝，而〈大司徒〉不易之地則僅田百畝，少了五十畝萊。如此就產生了幾個問題，一是〈遂人〉上、中、下地與〈小司徒〉上、中、下地及〈大司徒〉不易、一易、再易之地在內涵上是否等同呢？其次，鄭玄認爲都鄙與鄉遂異制，二者差異爲何？復次，「萊」是否如鄭玄所釋爲休耕之地呢？若「萊」的確爲休耕之地，那麼是否表示都鄙與鄉遂受田制之差異，主要在於鄉遂之上地較都鄙之不易之地多五十畝萊呢？又鄭玄認爲井田行於都鄙，則鄉遂所行爲何呢？這些疑點將於下節再作討論，但可以肯定的是《周禮》有三等地制的存在。

㈣《周禮·考工記·匠人》：

> 九夫爲井，井間廣四尺、深四尺謂之溝；方十里爲成，成間廣八尺、深八尺謂之洫；方百里爲同，同間廣二尋、深二仞謂之澮。

按：經文於此提出「九夫爲井」，與〈小司徒〉所述同，然而何謂「夫」呢？〈小司徒〉經文「九夫」與「四井」、「四邑」……等並列，「井」、「邑」、「丘」、「甸」、「縣」均爲一區域、範圍，則「夫」亦當如是。至於〈匠人〉之「九夫」則與「十里」、「百里」並舉，更突顯出「夫」亦爲一土地面積。又〈地官．遂人〉曰：

> 上地夫一廛，田百畝，萊五十畝，餘夫亦如之……凡治野，夫間有遂，遂上有徑；十夫有溝，溝上有畛；百夫有洫，洫上有涂；千上有澮，澮上有道；萬夫有川，川上有路，以達于畿。

此處「夫一廛」之「夫」字當作「成年男子」、「壯丁」解，因其已有營生能力，故政府授與廛、田、萊。至於「夫間有遂」之「夫」字則不太可能釋爲「成年男子」、「壯丁」，否則怎麼可能「有遂」，且其上又有溝、洫、澮、川等溝渠呢？故「夫間有遂」之「夫」字也應該是一個區域，與〈小司徒〉、〈匠人〉「九夫爲井」的「夫」字同義；此「夫」字當爲「男子」之引申義，因〈遂人〉文中無論上地、中地或下地，其一夫（壯丁）所受田數均爲百畝，三者之差異僅在萊的多寡上，故疑「夫」字於此當爲一受田單位，領有百畝田之額。一夫百畝，則「九夫爲井」之井共有九百畝田之數。

綜合上引四條經文，可以歸納出以下兩點：

1.《周禮》將田畝依其優劣區分爲三等，分別爲不易、一易及再易之地三等，或是上、中、下地三等；而不論都鄙或鄉野，政府授田時乃視農民家庭人口數之多寡，再參照田地之等第，而頒與不同數額的配給。

2.《周禮》有井田制，一井爲九百畝。

在歸納出《周禮》的農民受田制有三等地制與井田制之後，接下來必須要面臨的問題有二，其一：《周禮》中都鄙、鄉遂之農民受田制究爲同制或爲異制？其二：《周禮》井田制的內涵爲何？三等地制如何與井田制配合施行？茲就此兩項分別討論。

三、《周禮》都鄙、鄉遂受田制之同異

鄭玄認爲「都鄙是采地制井田，異於鄉遂」，且〈大司徒〉所云之不易、一易、再易之地與〈小司徒〉所云之上地、中地、下地等同；然而〈遂人〉經文亦出現上地、中地、下地的名稱，就字面上看來，似乎可以與〈大司徒〉、〈小司徒〉系聯而等同，

如此，則都鄙與鄉遂似乎又同制。鄭玄、賈公彥並未指出〈小司徒〉與〈遂人〉二經文所云之上、中、下地在內涵上有何不同，且對於〈大司徒〉之不易、一易、再易之地與〈遂人〉之上地、中地、下地二者之關係也未提出解說。

查鄭玄注〈縣師〉云：「郊內謂之易，郊外謂之萊」，黃以周《禮書通故．井田通故》云：

> 大司徒造都鄙，不易之地家百畝，無萊；遂人掌邦之野，上地田百畝，萊五十畝，都鄙對邦國言。

孫詒讓《周禮正義》卷十九云：

> 案易即遂人之萊。不易之地美，既不須休耕，故有田無萊，家正得百畝，無副益。云一易之地休一歲乃復種，地薄故家二百畝者，謂一田一萊也……云再易之地休二歲乃復種，故家三百畝者，謂一田二萊也……詒讓案，此所謂易即彼所謂萊，但彼上地猶有萊五十畝，非全不易者，與此小異耳。

綜合三人之說，其意似謂郊內即指都鄙，而郊外即指邦國，因施行地域有別，故不易之地與上地二者有異，至於中地、下地與一易、再易之地，因其休耕情形完全相同，故中地與一易之地、下地與再易之地可等同；都鄙、鄉遂雖異制，其內涵實大同而小異。如此說來，則〈小司徒〉與〈遂人〉二經文所云之上、中、下地在意義上並非全然等同。

沈彤在《周官祿田考》一書（卷中）則提出不同的看法，其文云：

> 地之分不易、一易、再易也，惟見於大司徒制都鄙之條，今以概畿內及庶邦何也，曰無大小中外而各有厚薄，地力之常，故小司徒之均土地、遂人之辨野土、大司馬之以地

制賦皆分上中下三等，而通行畿內及庶邦。不易即上地、一易即中地、再易即下地豈獨爲都鄙之制也，其所均所辨所制果通行畿內及庶邦乎？曰小司徒稽國中及四郊度鄙之夫家九比之數，頒比法於六鄉之大夫，大比則受邦國之比，要大司馬布政於邦國都鄙皆兼畿內與庶邦，則其均土地及以地制賦可知矣。遂人制野達於畿，所謂野者乃城郭外之通稱，則其辨野土之兼鄉郊都鄙可知，而庶邦遂人之所辨亦可知矣。不易、一易、再易之爲上、中、下地何以知之……不易之地家百畝較上地之家不少萊五十畝乎？曰家止百畝則爲上地之上者，而終不易；百又五十畝則僅爲上地，而或易或不易。大司徒與遂人蓋各有二等，彼此相備，故畝數不同而同也。

沈氏認爲不論都鄙或鄉遂其所行之三等地制皆同，但因上地又有等級之分，故有所謂不易之地與上地之別。

都鄙與鄉遂究竟爲同制或異制，關鍵當在「萊」字上，若「萊」與「易」同指休耕，則都鄙與鄉遂似可謂爲同制；若「萊」字非當休耕地解，則都鄙與鄉遂異制。《說文》曰：

萊，蔓華也。從艸，來聲。

「萊」的本義爲一種草本植物，如《詩經．小雅．南山有臺》：「南山有臺，北山有萊……南山有桑，北山有楊……」萊與臺、桑、楊等植物並舉。其引申有「荒地」之義，如《詩經·小雅·十月之交》：「田卒污萊」，孔穎達正義曰：「萊者草穢之名……下田可以種稻，無稻則爲池，高田可以種禾，無禾則生草，故下則污高則萊。」《周禮》「萊」字數見，除〈遂人〉條外，尚有〈縣師〉：「而辨其夫家民人田萊之數」，〈山虞〉：「則虞山田之野」，〈大司馬〉：「虞人萊所田之野」等。〈山虞〉及〈大司馬〉之

「萊」字均釋爲「芟除其草萊」,②當動詞解。至於〈遂人〉及〈縣師〉之「萊」字，其確解爲何呢？除舊所釋之「休耕地」外，侯家駒認爲「萊」當釋爲荒地，也就是鄉遂之授田除頒給農民百畝田外，還依其所領受田之優劣，而允許其開墾不同畝數之荒地。③

若依舊釋，則都鄙與鄉遂實可謂同制；若依侯氏所釋，則都鄙與鄉遂異制。沈氏雖舉〈小司徒〉之頒比法及〈大司馬〉之以地制賦爲證，說明不論都鄙或鄉遂其所行之三等地制皆同，然而其說缺乏經文之直接證據，且農民受田法與比法、賦法實不可等而論之，因都鄙與鄉遂之土地狀況有別，故不可驟言二者同制。周代實行封建之制，天子將土地分封與諸侯。王畿內之土地，由天子委派農官負則管理；至於各封區，除農地、住地、囿地外，尙又山、林、川、澤及荒地。就常理分析，都鄙爲政治中心所在，土地多已開發，荒地甚少，頒授田地給農夫時只需考慮土地之美惡即可；反觀鄉遂，因開發較少，還保留許多荒地，甚至超過已開發田地之數，故政府除分配田地給農夫外，更鼓勵農民開墾荒地，以增加其收入。荒地與休耕之地在意義上是有分別的，荒地當指自來荒廢或荒廢了許久時日之地；休耕之地則是有計畫的荒廢，並定時復耕。「萊」作荒地解爲引申義，作休耕地解則爲引申的引申義了。若依此分析將「萊」釋爲荒地，便能解釋爲何〈遂人〉上地較〈大司徒〉不易之地多五十畝萊；若依舊釋，則於此便難通解。綜合上論可知，在《周禮》的規畫中，都鄙與鄉遂當爲異制。

四、《周禮》井田制的內涵

何謂「井田」呢？《孟子》最先對周代的井田制提出說明，

其文（〈滕文公上〉）云：

> 方里而井，井九百畝，其中爲公田，八家皆私百畝，同養公田。公事畢，然後敢治私事，所以別野人也。

考《孟子》之意，一塊九百畝的地分隔爲九小塊，每塊百畝，因其形狀像井，故稱之爲「井田」，《說文》釋「井」亦循《孟子》之意。查「井」字、「田」字甲骨文已數見，「井」字或作♯（京津2004）、♯（佚967）等形，「田」字或作田（粹1222）、田（粹1223）、田（拾6·1）、田（拾6·7）、田（前6·11·1）等形，其內部或一直一橫，或一直數橫，並不是都畫分爲均等的九塊，故「井」、「田」不可能象分配田畝之形，二字當取象於農地中溝洫縱橫之景，以表農地之義。鄭玄注《周禮．地官．小司徒》曰：

> 此謂造都鄙也，采地制井田，異於鄉遂，重立國。小司徒爲經之，立其五溝五塗之界，其制似井之字，因取名焉。

《周禮·考工記·匠人》賈公彥疏：

> 井田之法，畎縱遂橫，溝縱洫橫，澮縱自然，川橫其夫間，縱者分夫間之界耳。

觀二人之說，均認爲因田間溝洫縱橫，其形似井，故周代名之曰「井田」，此由〈匠人〉：「九夫爲井，井間廣四尺、深四尺謂之溝」之文亦可得證。就現實層面來考量，因地勢有高低起伏，要將每塊土地均分爲方正的百畝，這是不太可能的；因此「井田」當依鄭氏所釋，非指九塊百畝田合成一井。

《周禮》於農民受田制雖有都鄙與鄉遂之別，然而田間有溝洫是必須的，故《周禮》井田制亦爲溝洫之法，如〈匠人〉賈疏：

> 按遂人云「夫間有遂，遂上有徑」，彼溝洫法。此井田法

雖不同，「遂在夫間，遂上有徑」則同，故云亦有徑也。

〈大司徒〉:「凡造都鄙，制其地域，而封溝之。」之文正說明治理田地，首要工作爲設置溝渠，這是都鄙、鄉遂無別的，只是在內容上有些許差異罷了。

「井」字除代表農地，在《周禮》中尚有別的用法，如〈小司徒〉、〈匠人〉所提及的「九夫爲井」，「井」字於此爲一個範圍，一夫一百畝，一井計有九百畝之面積。

前人或囿於《孟子》之說，故有《周禮》的三等地制如何與井田制配合的疑問，因爲都鄙的休耕制是要與農地的質量相配合，良田每年播種，不必休耕，次等每兩年播種一次，再次者三年播種一次。若將農田畫爲井字形，分給農民，則該如何安排休耕制呢？這都是誤解《周禮》「井田」所引起的，其實這兩個措施是並行不悖的，不論是都鄙的不易、一易、再易之地，或是鄉遂的上、中、下地，其間都必須有灌溉溝渠的存在，故二者並不會有矛盾扞格之處。至於《孟子》所提及「方里而井，井九百畝，其中爲公田，八家皆私百畝，同養公田。」的土地分配制是否確實存在於周代，因非本文討論之範圍，故從略。

五、結　論

綜合以上的討論，有關《周禮》之井田制可以得到以下兩點結論：

㈠《周禮》有井田制，其井田制爲一整理農地，設置縱橫溝渠，以爲節制水潦及灌溉之措施；因溝洫之縱橫相錯，略如井字形，遂有「井田」之名。

㈡《周禮》之農民受田制，因都鄙與鄉野地域之別，而有兩種不同的三等地制；在都鄙是依土地之肥瘠進行不同之休耕，在鄉遂則又依土地之優劣而授與農民不等的開墾荒地權。這兩種三等地制均有其相應之溝洫法。

《周禮》雖有其一套措施，然而在先秦時期，戰亂頻仍，人口數難以掌握，政治制度崩壞，政策必須配合現實隨時作修正，故這一套農民受田制是不太可能完全施行的，這只能說是《周禮》作者的理想規畫罷了。

【註　釋】

①《穀梁傳·宣公十五年》釋「初稅畝」曰：「古者三百步爲里，名曰井田。井田者九百畝，公田居一。私田稼不善，則非隸；公田稼不善，則非民。」《韓詩外傳》「中田有廬，疆場有瓜」之條下曰：「古者八家而井，田方里爲一井，廣三百步，長三百步爲一里，其田九百畝。廣一步長百步爲一畝，廣百步長百步爲百畝。八家爲鄰，家得百畝，餘夫各得二十五畝。家爲公田十畝，餘二十畝爲廬舍，各得二畝半。」《漢書·食貨志》：「六尺爲步，步百爲畝，畝百爲夫；夫三爲屋，屋三爲井，井方一里，是爲九夫；八家共之，各受私田百畝，公田十畝，是爲八百八十畝，餘二十畝以爲廬舍……民受田：上田，夫百畝；中田，夫二百畝；下田，夫三百畝。歲耕種者爲不易上田，休一歲者爲一易中田，休二歲者爲再易下田，三歲更耕之，自爰其處。農民戶人已受田，其家衆男爲餘夫，亦以口受田如此。」《周禮》之言將於下節引述，故此不贅言。此外，有關《周禮》成書之年代，近之學者多認爲《周禮》創始於先秦，歷經後人增補，至戰國晚期始正式成書，故其年代當置於《孟子》之後。學者之意見請參考錢穆〈周官著作時代考〉(《燕京學報》11期)、史景成〈周禮成書時代考〉上、中、下（《大陸雜誌》32卷5、6、7期）等文。

②見於鄭玄注。

③參考侯家駒《周禮研究》一書。

【參考書目】(依書名筆畫排序)

《中國土地制度史》 王文甲 臺北：國立編譯館 1981：1 臺修二版

《中國土地制度史》 趙岡、陳鍾毅 臺北：聯經 1982：4

《中國經濟史》 馬持盈 臺北：商務 1980：12

《中國經濟發展史論文選集》 宗先等 臺北：聯經 1980

《中國歷代土地制度史的研究》 孫劍青 臺北：正中 1982：1 臺二版

《先秦兩漢經濟史稿》 李劍農 臺北：華世 1981：12

《均田制研究》 堀敏一 臺北：弘文館 1986：5

《周禮》 臺北：藝文十三經注疏本

《周禮正義》 孫詒讓 臺北：中華四部備要本

《周禮研究》 侯家駒 臺北：聯經 1987：6

《孟子》 臺北：商務 四部叢刊本

《春秋公羊經傳解詁》 何休 臺北：商務四部叢刊本

《評析本白話十三經》 王寧 北京：北京廣播學院出版社 1992：12

《詩經》 臺北：藝文十三經注疏本

《禮書通故》 黃以周 臺北：華世 1976：12

論倒言之訓

周 何

一、問題的提出

《詩·葛覃》:「葛之覃兮,施於中谷。」毛《傳》云:「中谷,谷中也。」毛《傳》只是簡單解釋「中谷」就是「谷中」,並沒有說明爲甚麼「中谷」就是「谷中」的原因。孔《疏》則說「中谷、谷中,倒其言者,古人之語皆然,《詩》文多此類也。」到了清、陳奐《毛詩傳疏》又說是:「中谷、谷中,此倒句法,『中谷有蓷』同,凡訓詁中多用此例。」陳奐很明顯的是承受了孔《疏》的影響,而且還認爲這是訓詁的方法之一。依照孔《疏》的話,這種訓詁的方法可以稱之爲倒言之訓。

其實孔《疏》類似這樣的說法頗爲多見,如:

《詩·汝墳》「不我遐棄」,孔《疏》:「不我遐棄,猶云不遐棄我,古之人語多倒,《詩》之類此衆矣。」

《詩·谷風》「不我能慉」孔《疏》:「不我能慉,當倒之云『不能慉我』。」

既有所謂的「倒」,相對的必然有所謂「正」;如果以「中谷」爲倒其言,那麼「谷中」就應該是正其言了。換句話說,就是認爲古代的人是倒其言,而後來的人反而是正其言;這種說法實在是有點奇怪。因爲世間的事應該是先有常,而後才有變;先有正,而後才有倒。如果認爲後來的是正,早先的是倒,至少是犯了以今律古的毛病。

也許有人認為倒句法是有的，故意顛倒其辭語，讓人一下子弄不清其含意，必須多看幾遍才能瞭解。多看幾遍，印象自會加深，於是作者的目的就達到了。這種故意彆扭的作法，當然不能說絕對沒有。但要說古代的人早已有此心機，而且說「古人之語皆然」，恐怕又犯了厚誣古人的毛病了。

閱讀古書，遇到某些障礙，前人有了一種解答之後，後人往往以為既有解答，就不大願意再加深思，於是就一路因循下去，而認為已是不成問題了。但就訓詁的立場來看，為甚麼「中谷」就是「谷中」的原因，就這樣馬馬虎虎以「倒其言」三字作為交代，總覺得有點不太對，因此提出來討論討論，並就教於方家。

二、古語有不同於今語者

現在人說「你不要騙我」，翻成文言就是「汝不我欺」，而不是「汝不欺我」。說「汝不欺我」並不是不可以，總覺得好像不如「汝不我欺」來得好些。如果一定要問是甚麼道理，只能說是以前看過別人這麼寫的，所以覺得「汝不我欺」似乎比較正確。這也就說明了所根據的是前人的使用習慣，誰也沒有注意到這習慣已經存在多久，而且早已大不同於現在了。

這種動詞和賓詞相互交換的習慣，在古書裏的確是多見，尤其是多見於一般的否定句或疑問句中。如《詩經》中所見：

《召南、行露》：「雖速我訟，亦不女從。」

《衛風、竹竿》：「豈不爾思？遠莫知之。」

《大雅、桑柔》：「倬彼昊天，寧不我矜。」

《小雅、沔水》：「民之訛言，寧莫之懲。」

「我訟」就是「訟我」，「女從」就是「從女」，「豈不爾思」就是「豈不思爾」，「寧不我矜」就是「寧不矜我」，「寧莫之懲」

就是「寧莫懲之」，都是動詞和賓詞相互交換的現象。在遇到動詞和賓詞之間夾有介詞時，還是有動詞和賓詞相互交換的情形，不過因爲中間的介詞仍然保留在中間，因此這種交換之後的句型，在我們現在的人看來確是相當的特殊，不太容易看得懂，如：

《左氏昭公十九年傳》：「諺所謂室於怒市於色者，楚之謂矣。」

《左氏昭公十九年傳》：「其一二父兄懼隊宗主，私族於謀，而立長親。」

《墨子．非樂上》：「於武觀曰：啓乃淫溢康樂，野于飲食。」

「室於怒」就是「怒於室」，「市於色」就是「色於市」，「私族於謀」就是「私謀於族」，「野于飲食」就是「飲食於野」。這裏不過是隨便舉一些例句，說明古代語法中動詞和賓詞習慣上的位，置有不同於後世的情形。這在語法學專家的心目中稱之爲詞序的問題，如張世祿所主編的《古代漢語》、何淑貞的《古漢語語法與修辭研究》等著作中，都曾談到這類的問題。不過張世祿的觀念，認爲古今詞序大體上是一致的，也就是主語在謂語之前，賓詞在動詞之後；但看到古代語法中也有賓詞前置的現象，張氏則仍認爲這是「倒句之例」。這種說法多少還是承受了前人的影響，因仍而不改。何淑貞也稱之爲「倒序句」，不過她又補充說明說：「古代漢語和現代漢語不一致的地方，如果在古漢語裏是一種普遍的現象，就不能算是倒序，只認爲是漢語語序的一種歷史變化。」這是非常平允公正的說法。

三、方位詞的不同用法

方位詞就是指東、南、西、北、中、上、下、內、外等設定事物方向或位置的名詞。現代語法的習慣，方位詞都是放在該事物的後面，如台北、台中、河南、山西、背朝東、面向上、坐北朝南，使用都很習慣，沒有任何問題。但當我們看到下面古代文獻的使用方式，就會覺得很奇怪如：

《禮記·曲禮下》：「執禽者左首。」

《儀禮·士冠禮》：「兄弟畢袗玄，立于洗東，西面，北上。」

《儀禮·士相見禮》：「摯、冬用雉，夏用腒，左頭奉之。」

《儀禮·大射儀》：「建鼓在胙階西，南鼓；應鼙在其東，南鼓。」

《儀禮·大射儀》：「賓致命，公左還北鄉。」

《儀禮·士虞禮》：「水尊在酒西，勺北枋。」

以現在的習慣來說，「左首」、「左頭」一定說是「頭在左手邊」；「西面」、「北鄉」一定說是「面向西」及「面向北」；「南鼓」、「北枋」一定是說「鼓朝南」及「枋朝北」，所有的方位詞全都移後。這是現語法的習慣，和古代語法顯然不同。雖然就句型組織上看來，上面所舉的例句，與《詩經》裡的「中谷」、「中林」、「中阿」、「中河」等似乎還是不完全相同，然而與現代語法一律改變爲「谷中」、「林中」、「阿中」、「河中」相比對，其方位詞原來在前面的，現在都移到後面的情形是一樣的。也就是說無論其句型組織有何不同，表達事物方面或位置所使用的詞語，其習慣的改變，則是明顯相同的。

四、結　語

從古至今，語言習慣的改變是自然的。其改變是過程，更是逐漸而緩慢的。因此所謂的改變，不見得能夠徹底地改得乾乾淨淨，總會保留下一些原有的語言習慣，和現有的語言習慣不同。但不能因此而認爲現有的是正常的，不同於現有的即是非常的，或者說成是倒的。必須承認那是既有的事實，是當時人的語言習慣。現有的語言習慣，則是由從前的語言習慣，經過逐漸緩慢的歷史演變所形成的結果。因此對於古代類似「中古」的詞語，由於其不同於現代「谷中」的習慣用法，而直接使用「倒其言」或「倒句法」這樣的觀念來作解釋，應該是不正確的。正確的訓詁，應該說「中谷」是古人的語言習慣，現在都是作「谷中」。

四、結 語

[illegible]

《文心雕龍》中「道」字的涵義

蔡宗陽

一、前　言

《文心雕龍》中的「道」字，雖有沈謙①、陳兆秀②、馮春田③三位學者撰文論述，但各照隅隙，鮮觀衢路，是以本文擬將《文心雕龍》全書，作地毯式蒐集，再加以分析、比較、歸納，深入闡釋。

《文心雕龍》全書，使用「道」字者，有〈原道〉七句，〈徵聖〉一句，〈宗經〉三句，〈正緯〉一句，〈明詩〉二句〈祝盟〉、〈銘箴〉、〈誄碑〉各一句，〈哀弔〉三句，〈雜文〉二句，〈史傳〉一句，〈諸子〉七句，〈論說〉一句〈封禪〉二句，〈啓奏〉、〈議對〉、〈體性〉、〈情采〉、〈比興〉各一句，〈夸飾〉、〈指瑕〉各二句，〈養氣〉、〈附會〉、〈總術〉、〈才略〉、〈序志〉各一句④；共二十六篇，計四十七句。茲依據上下文，斟酌文情，仔細推敲，分爲普通用語、特殊用語兩大類，再各分爲若干小類，加以闡析。

二、普通用語

《文心雕龍》使用「道」字，作爲普通用語者，可以再分爲下列若干小類：

㈠「道」字是「道路」、「途徑」、「方法」之意。例如《文心雕龍·銘箴》：

> 矢言之道蓋闕，庸器之制久淪，所以箴銘寡用，罕施後代。

此謂正直言語規諫的正道缺少，在器物上記功的制度久廢，因此箴銘很少用，後代也很少用它。⑤「矢言之道」之「道」字，含有「道路」、「途徑」、「方法」之意。又如〈哀弔〉：

> 或驕貴以殞身，或狷忿以乖道，或有志而無時，或行美而兼累，追而慰之，並名爲弔。

此言有些人因驕奢過度而喪失生命，如秦二世胡亥；有些人因狷介忿激而乖違正道，如楚國屈原；有些人因胸懷壯志而生不逢時，如東漢張衡；有些人因身負奇才而有失德之累；如魏武帝曹操。後人爲了追念他們，因此作文弔慰他們。這類文章，都叫做弔祭文。其中「乖道」之「道」字，也是含有「道路」、「途徑」、「方法」之意。又如〈哀弔〉：

> 及晉築虒臺，齊襲燕城，史趙蘇秦，翻賀爲弔，虐民搆敵，亦亡之道。

此言晉平公築虒祁宮，是勞民傷財，而鄭國宰相游吉卻前往道賀。晉太史史趙，認爲此事是可弔，而非可賀。又如齊宣王趁燕國辦理喪事時，攻下燕國十城，以後蘇秦游說齊國，先賀其取得燕國十城，後弔其將結怨秦國。這種虐待人民，製造仇敵的方法，也是亡國之道。「亦亡之道」之「道」字，也含有「道路」、「途徑」、「方法」之意。此外，又如〈史傳〉：「昔者夫子閔王道之缺，傷斯文之墜。」《封禪》：「雖復道極數殫，終然相襲。」〈啓奏〉：「王道有偏，乖乎蕩蕩。」〈議對〉：「對策揄揚，大明治道。」〈體性〉：「因性以練才，文之司南，用此道也。」〈指瑕〉：「左思〈七諷〉說『孝而不從』，反道若斯，餘不足觀矣。」「若夫立文之道，惟字與義。」其中「王道」、「治道」、「此道」、「反道」、「立文之道」之「道」字，皆含有「道路」、「途徑」、「方法」之意。

㈡「道」字是「某種思想」、「學說」、「學理」之意。例如《文心雕龍·諸子》：

諸子者，入道見志之書。

此言諸子的作品，是探究思想，展現抱負的著述。「入道見志之書」的「道」字，是「思想」之意，也是「學說」、「學理」之意。又如〈諸子〉：

述道言治，枝條《五經》。

此言不管是闡析學理，或論述治術，都是《五經》的枝葉條幹。「述道言治」的「道」字，是「學理」之意，也是「思想」、「學說」之意。又如《諸子》：

嗟夫！身與時舛，志共道申。

此言諸子百家自身雖然和當時潮流不合，可是他們的志趣和學說，卻在他們的著作中，得到申說。⑥「志共道申」的「道」字，是「學說」之意，也是「思想」、「學理」之意。此外，又如〈諸子〉：「至鬻熊知道，而文王諮詢。」「立德何隱？含道必授。」〈才略〉：「諸子以道術取資，屈、宋以《楚辭》發采。」「知道」、「道術」的「道」字，都是「思想」、「學說」、「學理」之意。

㈢「道」字是「道家思想」之意。例如《文心雕龍·明詩》：

及正始明道，詩雜仙心。

此言魏廢帝正始年間，玄學漸盛，學者推崇老莊思想，加以發揚光大，當時蔚成風氣，因此詩歌的內容，含有道家思想，雜有成仙得道的心。「及正始明道」的「道」字，是「道家思想」之意。又如〈諸子〉：

孟軻膺儒以磬折，莊周述道以翱翔。

此言孟子服膺儒家思想，以恭謹的態度行事；莊子闡述道家思想，以達觀的心情逍遙自適。「莊周述道以翱翔」的「道」字，是「道家思想」之意。

㈣「道」字是「情理」、「文情」、「內容」、「義理」之意。例如《文心雕龍·附會》：

道味相附，懸緒自接。

此言文章的辭藻和情理，互相依附，紛雜的思緒，自然銜接如一。「道」，是指內容，也就是文情、義理。「味」，是指形式，也就是辭藻風格。⑦因此，「道味相附」的「道」字，是「情理」、「文情」、「內容」、「義理」之意。

㈤「道」字是「一般的規律或法則」、「道理」之意。例如《文心雕龍·祝盟》：

然義存則克終，道廢則渝始。

此言保存義理才能夠貫徹到底，道德廢了就會改變原來的盟約。「道廢則渝始」的「道」字，是「一般的規律或法則」之意。誠如馮春田所說：「道和德，道指一般的規律或法則，德指具體的事物之理。」⑧又如〈雜文〉：

身挫憑乎道勝，時屯寄於情泰。

此言東方朔〈客難〉、揚雄〈解嘲〉，其內容莫不是作者敘述身受挫折，但依靠道德來戰勝困苦；時世雖然艱難，卻能保持心情的舒泰。⑨「身挫憑乎道勝」的「道」字，是「一般的規律或法則」之意。又如〈封禪〉：

夫正位北辰，嚮明南面，所以運天樞，毓黎獻者，何嘗不經道緯德，以勒皇蹟者哉？

此言天子治理天下，運用政權，推動國事，下撫民衆，化育賢能，莫不以道德爲依歸，來垂示皇上御宇的不朽政績。「何嘗不經道緯德」的「道」字，是「一般的規律或法則」。又如〈諸子〉:「及伯陽訪問,序道德,以冠百氏。」「道德」的「道」字,也是「一般的規律或法則」之意。此外,〈原道〉:「心生而言立,言立而文明,自然之道也。」「自然之道」的「道」字,是「道理」之意。張少康說:「『自然之道』之『道』字,即是一般說的『道理』之意。……此『道』字並非特殊術語。」⑩

㈥「道」字是「說」、「談」之意。⑪例如《文心雕龍·誄碑》:

論其人也,曖乎若可覿,道其哀也,悽焉如可傷,此其旨也。

此言作者論述死者生前的人品時,彷彿音客宛在,可以看見,說到生者的哀痛情感情,就傷心欲絕,這是寫作誄文的要領。「道其哀也」的「道」字,是「說」、「談」之意。

㈦「道」字是「人名」之意。例如《文心雕龍·明詩》:

回文所興,則道原爲始。

此言回文詩的興起,是道原所創始。陸侃如、牟世金說:「道原,可能是人名,所指不詳。明代梅慶生《文心雕龍音注》以爲「原」字是「慶」字之誤,「道慶」指朝宋代的賀道慶。……賀道慶之前已有回文詩出現,如東晉蘇蕙的〈璇璣圖詩〉等。《文心雕龍》中未講到過蘇蕙及其作品,可能劉勰當時還不知道。」⑫陸、牟二氏所言甚是。「道原爲始」的「道原」,是人名,但疑爲「道慶」之誤。

㈧「道」字是「言辭」、「文辭」、「文采」之意。例如《文心雕龍·養氣》:

夫三皇辭質,心絕於道華;帝世始文,言貴於敷奏。

此言三皇時代,語言質樸,根本沒有想到言辭、文辭的華麗;到了五帝才開始注重文采。「心絕於道華」的「道」字,是「言辭」、「文辭」、「文采」之意。

㈨「道」字是「傳統」、「作用」之意。例如《文心雕龍·比興》:

炎漢雖盛,而辭人夸毗,諷刺道喪,故興義銷亡。

此言漢朝的創作雖然興盛,但是辭賦作家喜歡阿諛諂媚,《詩經》諷刺的傳統喪失了,起興的手法也銷聲匿跡了。「諷刺道喪」之「道」字,是「傳統」之意,也可以解爲「作用」之意。周振甫《文心雕龍今譯》、陸侃如、牟世金《文心雕龍譯注》皆以「道」字爲「傳統」之意。王師更生《文心雕龍讀本》則以「道」字爲「作用」之意。二解皆可通,且上下文意亦可貫串。不論是說《詩經》諷刺的傳統喪失了,或是說《詩經》諷刺的作用銷聲匿跡,二者意義相通。

《文心雕龍》中的「道」字,作爲普通用語者,經過分析、比較後,可以歸納爲九小類:一是「道路」、「途徑」、「方法」之意,二是「某種思想」、「學說」、「學理」之意,三是「道家思想」之意,四是「情理」、「文情」、「內容」、「義理」之意,五是「一般的規律或法則」、「道理」之意,六是「說」、「談」之意,七是「人名」名意,八是「言辭」、「文辭」、「文采」之意,九是「傳統」、「作用」之意。

三、特殊用語

《文心雕龍》中的「道」字,除普通用語有九種不同的涵義外,還有特殊用語又可以分爲文學藝術源於自然規律的自然,儒家聖人經典所體現的自然兩小類。

㈠「道」字是「文學藝術源於自然規律的自然」之意。例如《文心雕龍·原道》:

文之爲德也，大矣！與天地並生者，何哉？夫玄黄色雜，方圓體分，日月疊壁，以垂麗天之象；山川煥綺，以鋪理地之形；此蓋道之文也。

此言天文如日、月，地理如山、川，都是源於自然規律所產生的文采。劉勰從「自然規律」探究日、月、山、川的「道之文」，再進一步討論人參天地，「心生而言立，言立而文明」的「人之文」，也可以叫做「情文」；又研討龍鳳藻繪，虎豹凝姿，雲霞雕色，草木賁華的「物之文」，也可以稱爲「形文」；再深入探討林籟結響，泉石激韻的「聲之文」，也可以簡稱「聲文」。⑬不論是情文、形文、聲文，都是根源於自然的規律。因此，〈原道〉說：「文之爲德也，大矣！與天地並生。」〈情采〉也說：「立文之道，其理有三：一曰形文，五色是也；二曰聲文，五音也；三曰情文，五性是也」。這更具體地呈現文學藝術根源於自然規律的道理。因此，「道」字是「文學藝術根源於自然規律的自然」之意。又如〈序志〉：

蓋《文心》之作也，本乎道。

此言《文心雕龍》的寫作體例，乃是本於自然。「本乎道」之「道」字，是指文學源於自然。此自然是上自天文，下至地理，而人文參立其中，與韓愈「文以貫道」、柳宗元「文以明道」、周敦頤「文以載道」、朱熹「文便是道」的儒家之道，是截然有別的。⑭

㈡「道」字是「體現自然之道的儒家聖人經典之道」之意。例如《文心雕龍·宗經》：

經也者，恆久之至道，不刊之鴻教也。故象天地，效鬼神，參物序，制人紀，洞性靈之奧區，極文章之骨髓者也。

此言經的意義，是永久不變，至高無上的眞理；經的作用，是效法天地的文理，檢驗鬼神的靈明，深究事物順序，制定人倫的紀綱，深察人性精微深奧的地方，探索文章創作的精華。因此，「恆久之至道」的「道」字，是指能體現自然之道的儒家聖人經典之道；換言之，是聖人述道的經典，旣是永恆不變的眞理，又是不可磨滅的偉大教誨。又如〈雜文〉：

> 唯〈七厲〉敘賢，歸以儒道，雖文非拔群，而意實卓爾矣。

此言馬融撰〈七厲〉，敘述賢良，以儒家聖人經典之道爲依歸，雖文辭並非出類拔萃，但揭示的意旨，卻是卓然特立，不同凡響。「歸以儒道」之「道」字，是指能體現自然之道的儒家聖人經典之道。⑮此外，如〈原道〉：「道心惟微，神理設教。」〈宗經〉：「然而道心惟微，聖謨卓絕。」〈正緯〉：「沛獻集緯以通經，曹褒撰讖以定禮，乖道謬典，亦已甚矣。」〈夸飾〉：「夫形而上者謂之道。」〈總術〉：「常道曰經，述經曰傳。」這些詞句中的「道」字，也是指能體現自然之道的儒家聖人經典之道。

《文心雕龍》中的「道」字，作爲特殊用語者，經過分析、比較後，可以歸納爲兩小類：一是「文學藝術源於自然規律的自然」之意，二是「體現自然之道的儒家人經典之道」之意。

四、結　論

《文心雕龍》中「道」字的涵義，分爲普通用語、特殊用語兩大類。「道」字作爲普通用語者，有九種意義，也是常見義。這九種意義是：㈠「道路」、「途徑」、「方法」之意。㈡「某種思想」、「學說」、「學理」之意。㈢「道家思想」之意。㈣「情理」、「文情」、「內容」、「義理」之意。㈤「一般的規律或法則」、「道理」之意。㈥「說」、「談」之意。㈦「人名」之意。㈧「言辭」、「文辭」、「文采」之意。㈨「傳統」、「作用」之意。「道」字作為特殊用語者，有兩種意義，也是《文心雕龍》中的特殊義。這兩種意義是：㈠「文學藝術源於自然規律的自然」之意。㈡「體現自然之道的儒家聖人經典之道」之意。因此，《文心雕龍》中「道」字的涵義，共有十一種不同的意思。

【註 釋】

①沈謙《文心雕龍批評論發微》論「道」字的涵義，見於該書頁二十九至三十九，聯經出版事業公司印行，民國六十六年五月初版；又見於沈謙《文心雕龍之文學理論與批評》，頁二十二至三十二，華正書局印行，民國七十九年七月再版。

②陳兆秀《文心雕龍術語探析》論「道」字的涵義，見於該書頁七十九至八十八，文史哲出版社印行，民國七十五年五月初版。

③馮春田《文心雕龍語詞通釋》論「道」字的涵義，見於該書頁四○二至四○三，明天出版社印行，民國七十九年十月初版。

④臚列《文心雕龍》使用「道」字的篇名順序，是依照《文心雕龍》原來的順序，以便檢視。若依照使用「道」字的少多作為順序，則有〈徵聖〉、〈正緯〉、〈祝盟〉、〈銘箴〉、〈誄碑〉、〈史傳〉、〈論說〉、〈啓奏〉、〈議對〉、〈體性〉、〈情采〉、〈比興〉、〈養氣〉、〈附會〉、〈總術〉、〈才略〉、〈序志〉各一句，〈明詩〉、〈雜文〉、〈封禪〉、〈夸飾〉、〈指瑕〉各二句，〈宗經〉、〈哀弔〉各三句，〈原道〉、〈諸子〉各七句，共二十六篇，計四十七句。

⑤闡述引文之大意，多半參閱王師更生《文心雕龍讀本》，文史哲出版社印行，民國七十三年三月初版。自此以下，若參閱王師之說不再加註。

⑥參閱周振甫《文心雕龍今譯》，頁一六二，北京中華書局印行，民國七十五年十二月初版。

⑦參閱陳兆秀《文心雕龍術語探析〉，頁八十八。

⑧見馮春田《文心雕龍語詞通釋》，頁四〇三。

⑨參閱周振甫《文心雕龍今譯》，頁一二五。

⑩見齊魯書社編《文心雕龍學刊》第一輯，頁一五八至一五九，齊魯書社印行，民國七十二年七月初版。

⑪見馮春田《文心雕龍語詞通釋》，頁四〇二。

⑫見陸侃如、牟世金《文心雕龍譯注》，頁七十一，齊魯書社印行，民國七十年三月初版。

⑬參閱陳兆秀《文心雕龍術語探析》，頁七十九。

⑭參閱陳兆秀《文心雕龍術語探析》，頁八十一。

⑮參閱陳兆秀《文心雕龍術語探析》，頁八十六。

【參考書目】舉隅

文心雕龍研究　王師更生　文史哲出版社

文心雕龍讀本　王師更生　文史哲出版社

文心雕龍批評論發微　沈謙　聯經出版事業公司

文心雕龍之文學理論與批評　沈謙　華正書局

文心雕龍術語探析　陳兆秀　文史哲出版社

文心雕龍文論術語析論　王金凌　華正書局

文心雕龍語詞通釋　馮春田　明天出版社

文心雕龍今譯　周振甫　北京中華書局

文心雕龍譯注　陸侃如、牟世金　齊魯書社

文心雕龍學刊第一輯　齊魯書社編　齊魯書社

文心雕龍選析　祖保泉　安徽教育出版社

文心雕龍新書　王利器　成文出版社

文心雕龍選　穆克宏　福建教育出版社

文心雕龍選注　周康燮　香港龍門書店

文心雕龍義證　詹金英　上海古籍出版社

文心雕龍文學理論研究和譯釋　杜黎均　曉園出版社

釋『貞』

朱歧祥

一、前 言

殷墟甲骨文是殷人問卜的記錄。大量早期的成組對貞卜辭，正是當日殷人對於猶疑不決的事情，站在正反或重複詢問的角度去祈求鬼神判定吉凶取捨。甲骨學界自董彥堂以降，都一直把卜辭理解爲問句。唯近年西方學者對於卜辭性質卻有不同的看法，其中關鍵的問題便是對於卜辭中常見的「貞」字的理解。

北京大學中文系的裘錫圭教授於1987年發表〈關於殷墟卜辭的命辭是否問句的考察〉一文①，曾轉述美國加州大學伯克萊分校的吉德煒教授（David N.Keightley）和華盛頓大學的舒球教授（Paul L. M. Serruys）兩位對於「貞」字用義的看法：吉教授在1972年一篇〈釋貞－商代貞卜本質的新假設〉的文章裡，提出《說文》釋「貞」爲「卜問」乃屬後起的解釋，他將「貞」「正」連結，而釋卜辭前辭中的「某（貞人）貞」爲「由某（貞人）正之」；舒教授則在1974年發表於《通報》卷60的一篇〈商代卜辭語言研究〉中，也以「正」「定」一類意義來解釋貞卜的「貞」，他認爲「貞」的意義近於檢驗、校正，命辭所說的就是需要檢驗、校正的行動方針等等②。1989年芝加哥大學的夏含夷教授（David N.Keightley）在他主編的〈Early China〉第14期中，發表了裘錫圭教授大文的英譯，並由David. S. Nivison、范毓周、饒宗頤、Jean A. Legeuvre、李學勤、王宇信和夏含夷諸先生分別撰文評述。其中除了范毓周先生外，諸位學者似乎都支持命辭有屬非問句的說法③。

關於卜辭中的命辭是否屬於問句，本人曾撰寫〈殷墟卜辭的命辭是問句考辨〉一文回應④，支持傳統命辭是屬於「問句」的看法。本文嘗試就「貞」字在殷卜辭的用法，進一步討論訓貞爲正、爲定的不確，反而《說文》解釋「貞，卜問也」應是有其歷史根據的。

二、論貞、卜的關係

一條完整的卜辭，理論上可分作前辭、命辭、固辭、驗辭四部份。「貞」字常見用於前辭的後面，以帶出命辭貞問的內容。殷墟卜辭中前辭的形式大致有如下幾種：

1.干支卜：——

2.干支卜，貞人：——

3.干支貞：——

4.干支卜，在某地貞：——

5.干支卜，在某地：——

6.干支卜，貞：——

7.干支卜，某（貞人）貞：——

8.干支王卜，貞：——

9.干支王卜，在某地貞：——

10.干支卜，曰：——

11.干支卜，貞曰：——

12.干支卜，曰貞：——

由以上諸前辭類型，可見卜辭是先卜而後貞。貞字的功能是帶出命辭，與前辭中的「卜」「曰」關係密切，彼此有互相替代的用法。卜，《說文》：「灼剝龜也。象灸龜之形。一曰象龜兆之從橫也。」卜字作ㄅ、卜，本義爲灼甲骨的裂紋，引申有就卜兆而問吉凶的意思。本音當爲灼甲骨爆裂的聲音。貞，《說文》：「卜問也。從卜，貝以爲贄。一曰：鼎省聲。」貞字作[illegible]、[illegible]、本象鼎形，借用爲貞卜之義。字有作[illegible]，增從卜，強調字與卜問的關係。卜與貞不但在字形上有關聯，由以下九項互較二者在卜辭的句型用法，亦明顯有互見的現象。

1.貞、卜同版例。

卜辭中前辭常見的「干支卜」「干支貞」，多見用於同一版甲骨⑤。其中復有同版卜辭分用貞、卜二字貞問相同性質的命辭。如：

〈屯 109〉 甲子卜：雨？

乙丑貞：雨？

此同版二辭的命辭都在問會降雨否，前辭一用卜、一用貞。

〈屯 1062〉 丙寅貞：又于[illegible]，尞小宰，卯牛一？茲用。不雨。

癸酉卜：又尞于六云：五豕，卯五羊？

〈屯 675〉 辛卯卜：于宜伐？

辛丑貞：酢大宜于宜？

由以下〈屯 10〉一版同組對貞並用貞、卜的辭例，更可以証明貞、卜二字通用的現象。

〈屯 10〉 壬午卜：其[illegible]？㈢

壬午貞：[illegible]弗其[illegible]？㈢

此組正反對貞的前辭，一作「壬午卜」、一作「壬午貞」，是知「卜」和「貞」的性質相當。貞字的用意應與卜字相同。

2.卜、卜貞同版例。

卜辭中「干支卜」「干支卜貞」有出現於同版的例子。如〈甲 2419〉、〈甲 2902〉等是。由以下兩組對貞中兼用「卜」「卜貞」的辭例，更可見二者的用法相同。

〈甲 3919〉丁丑卜：王田，叀乙？

丁丑卜貞：王田，叀丙？

此辭組是在丁丑日占問殷王田狩的時間是乙日抑丙日，二前辭分別用「卜」和「卜貞」。

〈丙 613〉 丁亥卜：汝㞢疾，于今二月弗水？

丁亥卜貞：㞢疾，其汝水？

此組對貞二前辭分別用「卜」和「卜貞」。

3.貞、卜貞同版例。

卜辭中「干支貞」「干支卜貞」二句型有見於同版。〈甲 2094〉一版復有「卜」「貞」「卜貞」同時出現。

〈甲 2094〉癸酉卜貞：其自𡆥㞢來𡚭？

貞：不自𡆥㞢來 ？

甲戌卜：翌乙亥㞢于祖乙？

貞：其㞢于祖乙牢？

丁未貞：王往于田，亡巛？

貞：勿往？

其中的第三、四辭對貞分別互用「卜」、「貞」，更可証二字用意的密切相通。

此外，由〈乇 2182〉一版亦可以看出「貞」與「卜貞」的用法相同：

〈乇 2182〉己酉卜貞：王其田，亡巛？在黃 。

庚戌貞：王其田，亡巛？

辛亥貞：王其田，亡巛？

此版三條命辭內容相同，用法一致，前辭則分用「貞」和「卜貞」。

4.卜貞、卜某貞同版例。

卜辭中「干支卜貞」「干支卜，某（貞人）貞」的同版成組用法十分普遍⑥，是知「卜貞」的用法可合書，可分言。「卜」前強詞時間語詞，言某日進行占卜，「貞」前由貞人帶出，表示某史官進行占問。「干支卜貞」和「干支卜某貞」同版，有貞問完全相同內容的例子，如：

〈甲 2066〉 戊午卜，貞：王其田，往來亡巛？

戊辰卜，狄貞：王其田，往來亡巛？

〈甲 1659〉 乙巳卜，[illegible]貞：今夕亡囗？

辛亥卜，貞：今夕亡囗？

復有「卜貞」和「卜某貞」用於同一組對貞卜辭中的。如：

〈甲 3913〉 壬戌卜，狄貞：其遘方？

壬戌卜，貞：不遘方？

此版對貞肯定句用「卜某貞」，否定句則用「卜貞」，省貞人名。卜問的內容是會否遇見外邦。

〈甲 3918〉 庚申卜，狄貞：叀辛田？

庚申卜，貞：叀壬田？

此版是在庚申日卜問辛日抑壬日田狩。前辭一用「卜某貞」，一用「卜貞」。

由命辭辭例証卜、貞、卜貞、卜某貞同用例。

(a)「王往田，亡𢦏」、

〈屯 2298〉 戊午卜：王往田，亡𢦏？

〈屯 2319〉 戊子貞：王往田，亡𢦏？

〈屯 634〉 辛巳卜，貞：王其田，亡𢦏？

以上三版的命辭相同，前辭分別用卜、貞、卜貞。可見卜、貞在實際的用法上是可以相通的。

(b)「旬亡囚」。

〈甲1055〉口丑卜：旬亡囚?

〈屯2353〉癸丑貞：旬亡囚?

癸亥貞：旬亡囚?

癸酉貞：旬亡囚?

癸未貞：旬亡囚?

〈甲2410〉癸丑卜貞：旬亡囚?

〈甲2106〉癸酉卜，爭貞：旬亡囚？十月。

癸巳卜，賓貞：旬亡囚？十一月。

癸卯卜，𡆥貞：旬亡囚？十一月。

癸丑卜，㽙貞：旬亡囚？十一月。

以上四版的命辭相同，前辭分別用卜、貞、卜貞、卜某貞。由以下諸例，復見貞與卜貞、卜貞與卜某貞等用法出現於同版。

〈屯2568〉癸卯貞：旬亡囚?

癸丑貞：旬亡囚?

癸亥卜貞：旬亡囚?

癸酉卜貞：旬亡囚?

〈甲2783〉癸酉卜，𡆥貞：旬亡囚？九月。

癸巳卜貞：旬亡囚?

癸丑卜貞：旬亡囚?

〈甲2650〉癸丑卜貞：旬亡囚?

癸丑卜，狄貞：旬亡囚?

癸丑卜，狄貞：旬亡囚?

癸丑卜，貞：旬亡囚?

(c)「今夕亡𡆥」

〈甲 959〉 甲寅卜：今夕亡𡆥?

今夕又𡆥?

乙卯卜：今夕亡𡆥?

今夕又𡆥?

〈甲 2004〉 己丑卜，貞：今夕亡𡆥?

〈甲 2110〉 壬申卜，壴貞：今夕亡𡆥?

以上三版命辭相同，前辭分別用「卜」「卜貞」「卜某貞」。由以下諸例，復見卜與卜貞、卜貞與卜某貞出現於同版。

〈甲 336〉 庚口卜，貞：今夕亡𡆥?

口戌卜：今夕亡𡆥?

〈甲 1659〉 乙巳卜，[illegible]貞：今夕亡𡆥?

辛亥卜，貞：今夕亡𡆥?

〈甲 3917〉 己酉卜，狄貞：今夕亡𡆥?

庚戌卜，貞：今夕亡𡆥?

(d)「雨」

〈屯 2674〉 癸巳卜：雨?

〈屯 2088〉 丁卯貞：雨?

互較以上二辭，前辭分別用「卜」、「貞」。此辭例復見以對貞的型式分別出現。如：

〈屯 681〉 壬午卜：癸雨?

不雨?

癸未卜：甲雨?

不雨?

〈屯 644〉 戊辰貞：雨?

戊，不雨?

亦嘗見於同一版甲骨上，如：

〈丙 527〉　丁酉貞：其雨？一二三

丁酉貞：不其雨？一二三

壬子卜：其雨？一二三

壬子卜：不雨？一㈡㈢

吾人由〈屯 109〉一版中見殷人連續二日卜問雨否，分用卜、貞，可知二字用意相合是無容置疑的。

〈屯 109〉　甲卜子：雨？

乙丑貞：雨？

(e)「桒年」

〈屯 2667〉　丁未卜：其桒禾于岳：牢？

庚戌卜：其桒禾于河：沈三牢？

〈屯 3041〉　己亥貞：桒禾于河，受禾？

以上二版命辭相同，前辭分用卜和貞。

(6)「王受又」

〈屯 4510〉　甲午卜：父甲夕歲，叀囚，王受又？

〈甲 1632〉　口口卜貞：其㞢口，王受（又）？

以上二版命辭相類，前辭分用卜和卜貞。

6.卜、貞後接對貞例。

卜辭的命辭常以成組對貞出現，一般爲正反對貞，偶亦有正正對貞及反反對貞。吾人核對對貞卜辭，見有分別用卜、貞或卜貞帶出命辭的例子。如：

(a)正反對貞。

〈屯 457〉　癸己𡆥貞：旬亡囚？

又囚？

〈屯 100〉　壬午卜：今日雨？允雨。

不雨?

〈屯 423〉 辛酉卜貞：今歲受禾?

不受禾?

以上三版對貞，其前辭分別使用貞、卜和卜貞。

(b)正正對貞。

〈屯 171〉 癸未貞：叀乙酉征方?

癸未貞：于木月征方?

〈屯 2091〉 癸酉卜：𠁁甲歲，叀牝?

牡?

以上二版對貞，其前辭分別使用貞和卜。

7.卜、貞後接驗辭例。

驗辭爲占卜某事後追刻的結果，往往附於卜辭的後面。由以下諸例，見卜、貞、卜貞、卜某貞等前辭後都有帶出驗辭的用法。

〈屯 1009〉 戊寅卜：攼？己卯允攼。

不攼?

〈屯 2224〉 口申貞：王步？甲王不步。

〈屯 3663〉 壬戌口貞：王其田牢，亡戋？𠂤兕。

〈屯 2113〉 丙午卜，㇉貞：羽丁未步，易？丁未王步，允易。

8.卜、貞後接兆語例。

兆語爲貞人審視卜兆後的判斷語，如吉、茲用、不用等是。由以下諸例，見卜、貞句後都有接兆語的用法。

〈屯 1031〉 癸酉卜：父甲夕歲，叀牡？茲用。

〈屯 856〉 丙寅貞：又𠂈歲于中丁？茲用。

〈屯 139〉 庚子卜：祖辛歲囚？吉。不用。

〈屯 723〉 辛酉貞：癸亥又父口，歲五牢？不用。

9.卜、貞省略例。

前辭中卜和貞均有省略的例子。如：

〈屯 4513〉 癸丑卜：又小卜辛？

癸丑卜：又小卜辛：羊、豕？四月。

癸丑：又小卜辛：羊、豕？

互較同版三辭例，第三辭的前辭省「卜」家。

〈丙 177〉 壬午卜，㱿貞：亘允其𢦏鼓？八月。

壬午卜，㱿貞：亘弗𢦏鼓？

癸未卜，㱿：𡩜黃尹一豕、一羊，卯二牛，𠕋五十牛？

互較同版三辭例，第三辭明顯的省略「貞」字。

根據以上九項辭例的互較，卜辭中「貞」和「卜」用法的一致和緊密交錯是不容置疑的。因此，貞字作「卜問」解，強調占卜而問鬼神的意思，下開命辭問卜的內容，這在殷卜辭上下文中的理解是毫無問題的。反而如以晚出文獻的「正」「定」意來訓解甲骨中的貞字，則是無視「卜」「貞」二字相互扣連、代用的存在。

三、論貞、曰的關係

卜辭占辭常見「王 曰」例，是殷王根據卜兆而提出擬測的語言。互較下例「王 卜曰」，是知「卜曰」又可省作「曰」，見「卜」與「曰」二字用法的緊密。

〈英 1117〉 王固卜曰：子昌其隹丁娩，不其妫。

〈丙 382〉 王固卜曰：我其田䒑耤在始年。

卜辭中習見「卜貞」連用，間亦有「卜曰」連用的例子，

「曰」字取代「貞」字在前辭中的位置，下開命辭的用法。是以，貞、曰二字的用義亦應相類。如：

〈甲 2271〉 辛丑卜，曰：缶亡以口㞢奴？

〈甲 3104〉 丁卯卜，曰：𢀛功㞢𥁕𠂤允𥁕。

前辭亦有「卜貞曰」「卜曰貞」連用的例子，貞和曰並排出現。如：

〈甲 2498〉 壬子卜，貞：于𩁹𡆥？

己未卜，貞曰：翌𡆥？

〈甲 2577〉 ロロ卜，王曰貞：其雨？

「王曰貞」可省作「王曰」，如：

〈甲 2907〉 癸亥卜，王曰：叀余自口𡗜丁亥？

曰，本有「說」的意思。《說文》：「詞也。從口乙聲。亦象口出氣也。」由〈甲 2498〉復互見「貞」和「貞曰」同版，更可以證明二字用義的密切。「貞」字既有「曰」的意思，在卜辭中作爲「問說」解，顯然比理解爲「正」爲「定」來得合理。

四、結　論

卜辭中貞字用爲動詞，乃殷史官或殷王灼甲骨問卜時帶出命辭的習用語。貞和卜用法一致。混言之，貞、卜是同義詞；細審之，卜強調灼甲骨的過程，貞則強調占問。西方學者釋甲骨的貞爲正爲定，均無法合理的解釋以上無數卜、貞、曰互見的關係。《說文》訓「貞，卜問也」所代表的，應該不只是東漢時人對於貞字的了解。由本文對卜辭中貞字的分析，它作爲「卜問」的傳統用法是有其堅實根據的。貞字既屬卜問之詞，貞字下開的命辭屬於疑問句式自然更不容置疑了。

【註　釋】

①裘文是 1987 年安陽召開的中國殷商文化國際討論會的論文，發表於《中國語文》1988 年第 1 期；又收入裘著《古文字論文集》249～276 頁。中華書局。1992 年 8 月版。

②吉、舒二教授的文意轉引自裘文。釋貞爲正爲定的說法，早見於饒宗頤先生《殷代貞卜人物通考》71 頁。香港大學出版社。1959 年。唯對於饒先生所引錄的甲骨用例，中研院史語所的張秉權先生已在《殷墟文字丙編》中輯㈡〈丙 381〉（444～447 頁）提出詳細的商榷。

③詳見 Early China（1989）152～172 頁。

④拙文於 1994 年廣州東莞召開的古文字研究會第十屆年會中發表。

⑤「干支卜」「干支貞」同時出現於一版甲骨上，例子十分普遍。如以《小屯南地甲骨》爲例，書中的 10、51、109、243、441、565、580、675、919、921、935、961、974、1062、1099、1111……等版均是。

⑥「干支卜貞」「干支卜某貞」同版互見的例子，如《殷墟文字甲編》的 1659、1784、1829、2424、2063、2460、2039、2066、2082、1849、2011、2488、2495、2499、2510、2512、2537、2571、2581、2649、2611、2614、2650、2633、2657、2660、2680、2699、2796、2811、2812、2839、2841、2846、2849、3913、3915、3917、3918……等版均是。

「干關」方足布考

— 干關、扞關、挺關、麋關異名同地

黃錫全

一、前　言

美邱文明先生所著《中國錢幣百科辭典》卷三《周代布錢》196 頁著錄一枚下列方足布（圖一）①。此種面文之布，又見於丁福保《古錢大辭典》圖 333（圖二）。

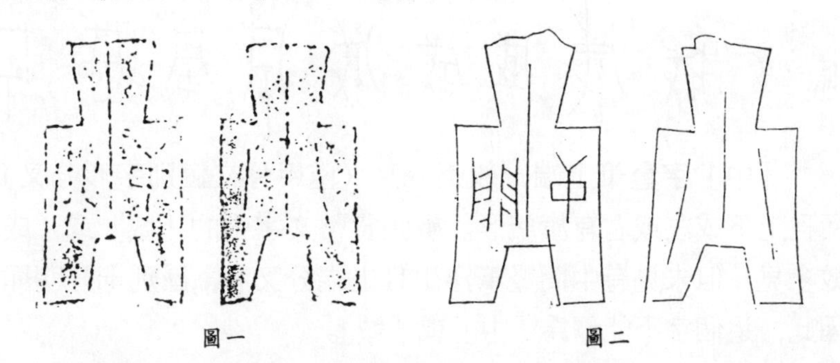

圖一　　圖二

根據布幣形制特點，應屬眞品。前一品係拓本，足寬 2，通長4．4 釐米。後一品爲摹本，足寬2.2，通長約4.4 釐米。面文二字，李佐賢《古泉匯》釋爲「關中」，屬秦地。或釋爲「關城」，在河北陘縣南，屬趙②。

今按，布文左邊一字，釋「關」是也。其形與下列「關」字類同③：

陳猷釜　左關鉌　陶　文　鄂君啓節

但與楚國的「關」字不同。

《說文》關，「以木橫持門戶也。从門，𢇍聲」。楚國的關字則變从串即貫聲。

右邊一字，與古文字中的「中」、「城」或「成」構形並不相同。如下舉之例④：

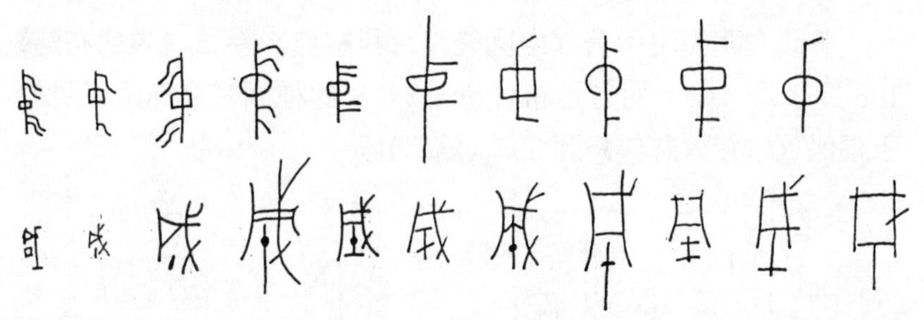

「中」字豎筆上端一般不分叉（僅甲骨文個別字形分叉），而且上下或左或右有旗旒形。戰國貨幣文字中的「城」或「成」較多見，但未見有中間豎筆穿出且上端分叉者，區別十分明顯。因此，這個字不能釋爲「中」或「城」。

古文字中的「干」或从干之字有下列形⑤：

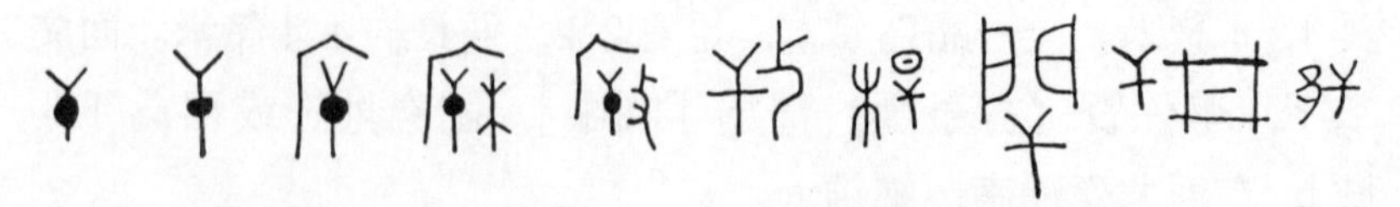

與「干」形體十分相近的「單」有下列形⑥：

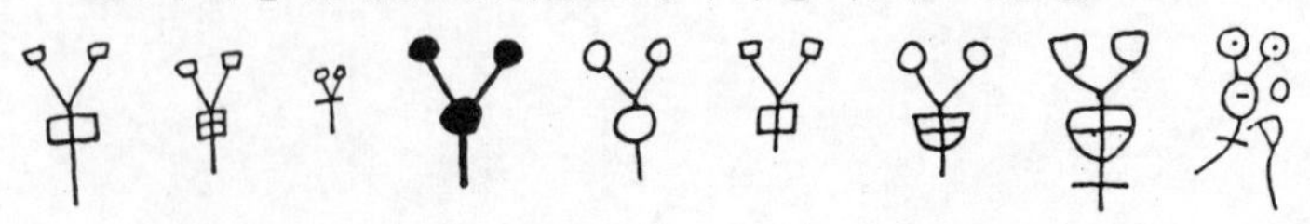

甲骨文獸或狩字从單作

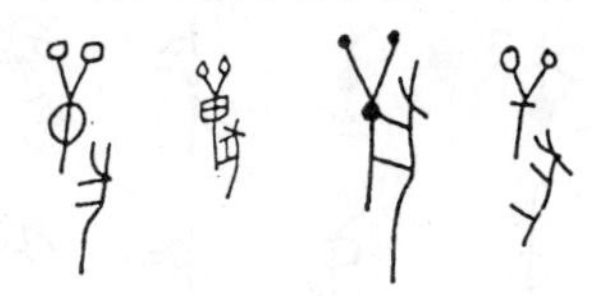

也省作

關於「干」與「單」的構形，學術界有不同意見。高田忠周、郭沫若先生等認爲¥像盾形。其上之分叉，郭氏認爲像羽飾，與非洲朱盧族之土人所用之盾形同，後簡省从「一」作¥⑦。楊樹達先生認爲干「像器分枝可以刺人及有柄之形」⑧。林義光先生認爲「¥實竿之古文，梃也」⑨。丁山先生認爲單與干爲古今字，僅繁簡之別。單有障蔽之義，干爲楯，亦以扞身蔽目，形音義俱合⑩。郭沫若先生又認爲單爲 罕(罕)，捕鳥之器，與「畢」義近字別，以聲求之則爲罕之初文⑪。徐中舒先生認爲「干應爲先民狩獵之工具」，分叉兩端及中部所从的。、口爲石片和石塊，干單爲一字之異形，「金文干字作¥應即¥形之譌」⑫。

不論怎樣理解干與單的本義，二字的構形有密切的關係則是可以肯定的。其區別主要是上部分叉之兩端有無「·」或「口」。作¥、¥者爲干，作¥、¥、¥者爲單，「單」作爲偏旁或可簡省¥ 、¥ 或丫。干、單同屬古韻元部，僅聲母小別⑬。

古文字中塡實與中空每不別，除上列「單」形外，還如下列之字⑭：

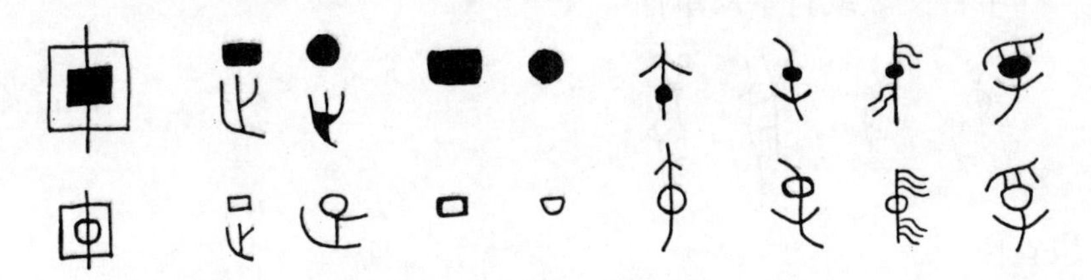

因此幣文之　即　，應釋爲「干」。

《說文》干，「犯也。从反入，从一」。「从反入、从一」之說不確切，這是許愼個人對字形的理解。「犯也」之說也非朔義。侵犯、違犯之「犯」應是作爲武器「干」之引伸義。典籍「干」多訓「盾」，義爲「扞」。《方言》卷九盾，「自關而東或謂之瞂，或謂之干，關西謂之盾」。由於「干盾」是以防禦爲主，故引伸之則有扞蔽、扞衛之義。如毛公鼎「干吾王身」，即「扞禦王身」。《詩·兔罝》:「公侯干城。」《孔疏》云:「干城者，公侯自以爲扞城，言以武夫自固，爲扞蔽如盾，爲防守如城然。」《詩·采芑》:「其車三千，師干之試。」《毛傳》:「干，扞。」《鄭箋》:「其士卒皆有佐師扞敵之用爾。」《左傳》襄公二十五年「陪臣干掫」。《史記·齊太公世家》《索隱》引「干」作「扞」。

古地名中不見有「干關」而有「扞關」，我們認爲，幣文「干關」應釋讀爲「扞關」。

「扞關」於古有三。一爲楚之扞關，見《史記·楚世家》，「肅王四年，蜀伐楚，取茲方，楚爲扞關以拒之」。其地在湖北長陽縣西。二爲巴之扞關，見《水經注》卷三十六「東限扞關」，是因巴楚數相攻伐，巴藉險置關以相防捍，其地在四川奉節縣東赤甲山。三爲趙之扞關，見《戰國策·趙策一》，在趙之西境（詳下）。據目前的資料，這種形制的方足小布主要是戰國時期「三晉」的貨幣，「關」字的寫法也非楚系文字特點。因此，可以肯定幣文「干關」就是趙之「扞關」。

《戰國策·趙策一》：趙收天下，且以伐齊。蘇秦爲齊上書說趙王曰：「……今燕盡韓之河南，距沙丘而至鉅鹿之界三百里，距於扞關至於楡中千五百里……。」此段記載又見於《史記·趙世家》趙惠文王十六年，「……燕盡齊之北地，去沙丘、鉅鹿斂三百里，韓之上黨去邯鄲百里，燕、秦謀王之河山，閒三百里而通矣。秦之上郡，近挺關，至於楡中者千五百里，秦以三郡攻王之上黨，羊腸之西，句注之南，非王有已……」。值得慶幸的是，這段記載又見於長沙馬王堆漢墓帛書《戰國縱横家書》「蘇秦獻書趙王章」簡228，作「距麋關北至于〔楡中〕者千五百里」⑮。三段文字記載互有出入，我們暫且不去討論，但所記內容則大同小異，是講秦之上郡近趙之扞關，距趙之楡中有一千五百里。那麽，扞關、挺關、麋關無疑是指同一地點。爲何扞關又別作挺關、麋關呢？這還是一個需要討論的問題。

過去一般多認爲「扞」乃「挺」之形譌，以爲「挺關」是正字。也有認爲「扞關」屬楚；麋關，未詳。如張琦《戰國策·釋地》引《史記》「挺關」下云：「諸書所引，皆作扞關，蓋字之譌也。」《史記會注考證》「挺關」下云：「《策》作扞關。扞關，楚北境，與趙無干涉。」有的中國古代地圖也多標「挺關」，不取「扞關」之說。馬王堆漢墓帛書整理小組於「麋關」下注云：「地名，未詳。」

其實，趙不僅有扞關，而且挺關、麋關均爲幣文「干關」之借字。

吳師道《地理通釋》云：「此趙扞敵之關，非獨楚有之。趙之扞關，陸地之關；楚之扞關，水道之關也。」程恩澤《國策地名考》：「以地形考之，趙之扞關，當在今陝西膚施縣一帶。此本趙地，而亦秦上郡邑，設關於此，所以扞秦、胡也。或曰趙扞關在晉陽以西。」《史記·趙世家》趙武靈王「二十年，王略中山地，至寧葭；西略胡地，至楡中」。楡中，即楡林塞，又名楡谿。唐張守節《正義》認爲在「勝州、北河北岸也」，即今之內蒙古河岸東北岸⑯。這一地帶戰國時屬趙。是扞關與楡中爲趙西境之重要地點，相距約一千五百里。如依陳恩澤說，「扞關」當在今陝西膚施一帶。

扞關，又作挺關，是因其地原本如幣文作「干關」。干亦即竿、杆⑰，有挺、直等義。如《說文》竿，「竹梃也」。段玉裁注曰：「按梃之爲言挺也。謂直也。《衛風》曰：『籊籊竹竿』。引伸之木直者亦曰竿。凡干旄、干旟、干旌，皆竿之假借。」錢坫《說文斠詮》作「竿，竹挺也」。《左傳》襄公五年引逸《詩》曰「周道挺挺」。杜注：「挺挺，正直也。」《正字通》杆，「木挺也」。是竿、挺義近。故「干關」讀如「竿關」，可作「挺關」。

《說文》梃，「一枚也」。段注云：「凡條直者曰梃。梃之言挺也。一枚，疑當作木枚。竹部曰：箇，竹枚。則梃當云木枚也。」《說文繫傳》箇下徐鍇云：「人言一箇一枚，依竹木而言之也。竹璞曰竿曰梃曰橦。」《周禮·考工記·梓人》：「上兩个與其身三，下兩个半之。」鄭注：「个讀若齊人搚幹之幹。」《釋文》「个讀爲幹」。幹亦即榦。竹木挺生者曰榦。《說文》：「枚，榦也。」是枚與梃、或挺、榦、幹、箇、个等義近互訓。

枚，明母微部。麋，明母脂部。枚、麋二字雙聲，微、脂二部相近。《詩·東山》：「製彼裳衣，勿士行枚。」《毛傳》：枚，「微也」⑱。《公羊傳·莊公二十八年經》「冬築微」，《釋文》「微，左氏作麋」，今本左氏作郿。《爾雅·釋草》：「蘄茝蘼蕪」。《釋文》引《本草》云：「蘼蕪一名薇蕪。」郝懿行《爾雅義疏》云：「微古讀如櫜也。」

因此，櫜關即枚關，亦即挺關，是假櫜爲枚。

根據如上分析，趙之西境的確有地名「扞關」，古本作「干关」。別作「挺關」、「櫜關」者，皆因「干」義之引伸、假借。依幣文，有關地圖或著述應以「干關」或「扞關」爲正字。「扞」非「挺」之形譌至爲顯明。「櫜關」之「櫜」因此也得到合理解釋。分析當時形勢，趙之西境約在公元前 280 年前已爲秦有⑲，故「干關」之布的鑄行年代應在公元前 280 年之前。

【註 釋】

①Encyclopedia of Chinese Coins, Volume 3. Spade Coin Types of the Chou Arthur. Braddan Coole, Quarterman Publications, Inc. Boston. July 1972.

②朱活《古錢新探》62頁，齊魯書社，1984年6月。徐中舒主編《漢語古文字字形表》452頁「關」下从此說，四川人民出版社1981年。

③陶文見高明、葛英會《古陶文字徵》252頁，中華書局，1991年。

④見《甲骨文編》、《金文編》及張頷《古幣文編》。

⑤見《金文編》（1985年本）130、659、402、222、214、403、768、352等頁及《包山楚簡》269、184、189等號。

⑥見《甲骨文編》、《金文編》附錄（1124—1125頁），及俞偉超《中國古代公社組織的考察── 論先秦兩漢的單—僤—彈》（文物出版社，1988年）。

⑦高田忠周《古籀篇》十六第一六頁，又見周法高《金文詁林》卷三·一一六七「干」字條。郭沫若《金文叢考》釋干鹵。

⑧楊樹達《積微居小學述林》六八頁，六九頁釋干。

⑨林義光《文源》。

⑩丁山《說文闕義箋》，又見《金文詁林》卷二「單」字條。

⑪郭沫若《金文叢考》壴卣釋文，又見《金文詁林》卷二「單」字條。

⑫徐中舒主編《甲骨文字典》，209頁「干」字條，四川辭書出版社，1989年。

⑬干，見母元部；單，端母元部。

⑭見《金文編》1114、88、963、998、31、29、174等頁。

⑮馬王堆漢墓帛書整理小組編《馬王堆漢墓帛書》（參），文物出版社，1983年。

⑯此地說法不一：三國魏蘇林以爲在上郡，指今陝西東北部；晉徐廣、北魏酈道元說在金城，即今甘肅蘭州市榆中縣一帶；唐張守節認爲在勝州北河北岸，即今內蒙古河岸東北岸。比較諸說，以張說接近事實。

⑰干通竿。《詩·鄘風·干旄》：「孑孑干旄，在浚之郊。」朱熹《集傳》：「干旄，以旄牛尾著於旗干之首，而建之車後也。」陳奐《傳疏》「干，讀如『籊籊竹竿』之

『竿』。」《左傳》定公三年引《詩》作「竿旄」。

⑱朱駿聲《說文通訓定聲》認爲是枚假借爲 ，「微者，徽之誤字。行軍，將師以下，衣皆有題識，今無事制此間衣也」。徽从巾，微省聲。

⑲趙武靈王二十年「西略胡地，至楡中」，時在公元前 305 年。趙惠文王十六年，爲公元前 283 年。據《史記·趙世家》：趙惠文王十七年，「秦怨趙不與己擊齊，伐趙，拔我兩城。十八年，秦拔我石城……十九年，秦取我二城」。因此，近秦地之趙「扞關」，很可能在公元前 282 年已爲秦有，至遲也晚不過公元前 280 年。

讀《睡虎地秦墓竹簡》札記兩則

蔡哲茂

前 言

一九七五年十二月在湖北省雲夢睡虎地秦墓出土的秦簡，經過大陸的學者們的整理，由文物出版社在一九九〇年出版了精裝本的《睡虎地秦墓竹簡》已取得重大成果，本文提出兩則文字的訓讀，以就教於方家學者。

一、〈爲吏之道〉的「寬俗忠信」之「俗」讀作「裕」，不讀作容，寬裕即寬大，寬容之意。

二、〈日書〉甲、乙種出現的「龍」或「龍日」，「龍」讀作「良」，其義即「好」或「吉」和「忌」或「忌日」相對，《淮南子·要略》「各有龍忌」及《後漢書·周舉傳》的「有龍忌之禁」，龍亦應讀作「良」，「龍忌」的意思和「禁忌」相同。後代用「請龍」及「殺青龍」解釋「龍」或「龍忌」恐非正詁。

一、〈為吏之道〉

「凡爲吏之道，必精絜（潔）正直……寬俗忠信。」

由於睡虎地秦墓竹簡小組所作的釋文，在「俗」字下加上「（容)」。很顯然的是把「寬俗」讀作「寬容」。此一意見廣被採用，如張世超、張玉春先生合撰的《秦簡文字編》①611 頁說：「假爲容」，張守中先生的《睡虎地秦簡文字編》127 頁說：「通容」②，陳振裕、劉信芳先生的《睡虎地秦簡文字編》9 頁說：

「按俗同容。」③日人大川俊隆、高橋庸一郎、福田哲之所編的《雲夢睡虎地秦簡通假字索引》113頁④也以爲俗假爲容。而吳福助先生在《睡虎地秦簡論考》191頁⑤上也說：

> 「〈爲吏之道〉強調對待百姓要『惠以聚之，寬以治之。』必須講究『寬俗（容）忠信』，不如此就『有嚴不治』，所謂『寬』是寬容，『惠』是慈愛之惠，這和孔子所謂『寬則得衆』、『惠則足以使人』，又說子產『其養民也惠』，意思全然相同。」

案把「寬俗」的「俗」字讀作「容」是非常可疑的，因爲睡虎地秦墓竹簡中的〈法律答問〉：「容指若抉」及《日書甲種》：「卧者容席以臽」的「容」字作「容」，和秦漢以來金文中的容字相同⑥，並不作「俗」而且「俗」字在睡虎地秦墓竹簡中，出現四次，俱作「習俗」之義，如：

> 「古者民各有卿（鄉）俗」
>
> 「除其惡俗」
>
> 「私好、卿（鄉）俗之心不變」
>
> 「卿（鄉）俗淫失（泆）之民不止」

而西周金文中的「俗」或「谷」讀作「欲」或「裕」，如：毛公鼎：（《集成》2841A、B）

> 「俗（欲）我弗作先王憂」
>
> 「俗（欲）女（汝）弗以乃辟函（陷）于囏（艱）」

師訇（詢）簋：（《集成》4342）

> 「谷（欲）女（汝）弗以乃辟函（陷）于囏（艱）」

何尊：（《集成》6014）

> 「隹（唯）王德谷（裕）天」

「俗」字在金文中除了俗季鼎、師晨鼎、五祀衛鼎、永盂等作人名的用法之外，作「習俗」的意義有「堇夷俗」（駒父）⑦而自孫詒讓將俗、谷讀作「欲」（注 8）學者率從其說，而何尊之谷讀成裕，學者亦無異辭。

在〈爲吏之道〉中也有「浴」字讀成「俗」，如「變民習浴(俗)」，又馬王堆帛書《老子》乙本〈德經〉「鬻人察察，我獨閩閩呵。」今本作「俗人察察，我獨悶悶。」既然俗、谷可讀作「欲」或「裕」，「浴」可讀作「俗」，「鬻」與「俗」又是異文，從音理上看「俗」爲邪母屋部，「裕」爲餘母屋部，容爲餘母東部，俗讀作裕，比讀作容更合理。那麼「寬俗」，也許應該讀作「寬裕」才正確，「寬裕」一詞屢見先秦古籍，如下：

《國語·晉語四》：

「今君之德宇何不寬裕也。」

《荀子·君道》：

「其於人也，寡怨寬裕而無阿。」

《管子·五輔》：

「爲人兄者，寬裕以誨。」

《管子·內業》：

「人能正靜，皮膚寬裕，耳目聰明。」

《呂覽·音律》：

「夾鐘之月，寬裕和平，行德去刑。」

《禮記·儒行》：

「慕賢而容衆，毀方而瓦合，其寬裕有如此者。」

《禮記·儒行》：

「寬裕者，仁之作也。」

《禮記·中庸》：

「寬裕溫柔，足以有容也。」

《禮記·樂記》:

「寬裕、肉好、順成、和動之音作,而民慈愛。」

《禮記·內則》:

「必求其寬裕、慈惠、溫良、恭敬,愼而寡言者,使爲子師。」

《韓詩外傳》:

「吾聞德行寬裕,守之以恭者榮。」

從上舉諸文可知「寬裕」的意義有「寬大」、「寬容」。「寬容」一詞,雖然亦見於先秦古籍,如《莊子·天下》:「常寬容於物」《荀子·不苟》:「寬容易直,以開道人。」《韓詩外傳》:「溫良而和,寬容而愛。」但從古文字及文獻異文等資料來看〈爲吏之道〉的「寬俗」應讀成「寬裕」,而不能讀作「寬容」,一間之差,不可不辨。

二、〈日書甲種〉

「禾良日,己亥、癸亥……禾忌日,稷龍寅、秫丑。」

《睡虎地秦墓竹簡》注釋云:

「《淮南子·要略》:『操舍開塞,各有龍忌。』注:『中國以鬼神之日忌,北胡、南越皆謂之請龍。』故龍意即禁忌。」

劉樂賢氏《睡虎地秦簡日書研究》⑨云:

「按:甲種《日書》的『禾忌日』在乙種中叫『五穀龍日』,可證龍是禁忌的意思。龍的這種用法比較特別,古書中除整理小組所引《淮南子》外,還有兩處《論衡·難歲篇》: 『俗人險心,好信禁忌。』黄暉《校釋》云:『「忌」,宋本作「龍」,朱校元本同。按:作「禁龍」是也。』《後漢書·周舉傳》:『太原一郡,舊俗以介子推焚骸，有龍忌之禁。』禁龍、龍忌，都是禁忌的意思。龍何以有禁之義？黃暉認爲與《墨子·貴義篇》『帝以甲乙殺青龍於東方』一段有關，並説是移徙家禁龍之本。黃氏此説有待於進一步論證。」

劉氏後來在〈睡虎地秦簡日書注釋商榷〉⑩一文，也有相同的意見，而賀潤坤氏在〈從《日書》看秦國的穀物種植〉⑪一文上也說：

「《日書》甲、乙種于四處記載了五穀（或五種）的良日和忌日，還有龍日。……所謂『龍日』參照《日書》其他記載可知，其意仍是忌日。」

按《日書》中「龍」字出現的地方如下：

男子龍庚寅女子龍丁	八一正貳
取（娶）妻龍日	一五五正
祠史先龍丙望	一二五背（甲）
	五二貳（乙）
祠囗日，己亥，辛丑，乙亥，丁丑，吉，龍，辛囗	
	三九貳（乙）
五穀龍日	六五（乙）
行龍戊、己，行忌。	一四三（乙）
祠室中日，辛丑，癸亥，乙酉己酉，吉。龍，壬辰、申。	
	三二貳（乙）
行龍戊、己，行忌。	一四二（乙）

龍字是否如注釋所説的即禁忌之義，以及劉氏所説的「禾忌日」與「五穀龍日」對比，來證明注釋的說法，不無可疑，因爲在古書上除了《淮南子·要略》及《後漢書·周舉傳》的「龍忌」之外，要解釋何以「龍」有禁忌的意義，不管是高誘注的「請龍」

之說，或黃暉注引《墨子·貴義》的「殺青龍」之事，皆扞格難通。即日書中的「龍」及「龍日」和文獻上的「禁龍」、「龍忌」固可比對了解，但是拿文獻上的「請龍」、「殺青龍」來作比附詮釋，就恐怕有商榷的餘地。如果拿「五穀龍日」和「五穀良日」「禾良日」對比，以及「取妻龍日，丁巳、癸丑、辛酉、辛亥、乙酉、及春之未戌，秋丑辰，冬戌亥。丁丑、己丑取妻，不吉。」「龍日」和「不吉」相對，龍日顯然是吉利的，再從日書中的「馬良日……其忌」「木良日……其忌」「牛良日……其忌」等例來看良日和忌日是相對的，猶如上舉「龍忌」相對言，很可能「龍」字要讀作「良」。龍字上古音是來母東部，良字上古音是來母陽部，而東部與陽部在日書中是合韻的，如〈馬禖〉祝辭中從「大夫先牧」一句開始，全辭協古東、陽二部韻，其辭云：

「大夫先𢼸（牧）兕席，今日良日，肥豚清酒美白粱，到主君所。主君笱屏詷馬，毆（驅）其央（殃），去其不羊（祥），令其口耆（嗜）口，口耆（嗜）飲，律律弗御自行，弗毆（驅）自出，令頭鼻能糗（嗅）鄉（香），令耳（聰）目明，令頭爲身衡，𠠱（脊）爲身剛，腳爲身口，尾善毆（驅）口，腹爲百草囊，四足善行。主君勉飲勉食，吾歲不敢忘。」

關於上古音東、陽二部協韻，清江有誥在《先秦韻讀》（見《音學十書》中已有舉例，高本漢在〈老子韻考〉，也同樣提出東陽二部可押。

又朱德熙先生在〈壽縣出土楚器銘文研究〉一文中的「剛市考」⑫上也說：

東陽二部通轉是古代楚方言的特徵，如《老子》十二章：

五色令人目盲，五音令人耳聾，五味令人口爽，馳騁畋獵，使人心發狂，難得之貨，令人行妨。

以盲、聾、狂、妨爲韻。《莊子·天地》：

一曰五色亂目，使目不明；二曰五聲亂耳，使耳不聰；三曰五臭薰鼻，困惾中顙；四曰五味濁口，使口厲爽；五曰趣舍滑心，使性飛揚。

以明、聰、顙、爽、揚爲韻。《楚辭·卜居》：

夫尺有所短，寸有所長，物有所不足，知有所不明，數有所不逮，神有所不通。

以長、明、通爲韻。這些韻腳裡，聾、聰、通三字東部，其餘都是陽部。

東陽合韻的現象，甚至可以上推至西周，如金文史墻盤銘文：

「曰古文王，初敹龢（和）于政，上帝降懿德大甹（屛），匍（撫）有上下，受萬邦，𩰫（訊）圉武王，遹征四方，達殷畯民，永不巩狄虘，㣇（懲）伐尸（夷）童，憲聖成王，左右𦃦（綏）𩰬剛鯀，用肇𢿢（徹）周邦，淵哲康王，分（遂）尹億疆，弦（宏）魯卲（昭），廣𢿡（笞）楚荆，隹（唯）寏（貫）南行。

裘錫圭先生在〈史　盤銘解釋〉⑬提出：

「自『曰古文王』至『隹　南行』一段，可以認爲是東陽合韻。」

而《詩經》中東陽合韻的地方更是常見，如〈周頌·烈文〉：

烈文辟公，錫茲祉福，惠我無疆，子孫保之。無封靡于爾邦，維王其崇之，念茲戎功，繼序其皇之。

公、邦、功屬東部，疆、皇屬陽部，東陽合韻。

從上述，既然東陽合韻是西周以來就有的現象，而古代楚方言也不乏其例，《日書》的〈馬禖〉祝辭也有東陽協韻，那麼與其把「龍日」的「龍」作禁忌的意思，不如把它讀作「良」，來得文從字順。

【注　解】

①《秦簡文字編》張世超、張玉春合編，京都，中文出版社　1990年

②《睡虎地秦簡文字編》張守中撰集　北京文物出版社　1994年

③《睡虎地秦簡文字編》陳振裕、劉信芳編著　武漢湖北人民出版社　1993年

④京都　朋友書店　平成二年

⑤《睡虎地秦簡論考》吳福助著　台北文津出版社文史哲大系〇七七　民國83年

⑥見《金文續編》第七頁十五「容」字容庚撰　中央研究院歷史語言研究所專刊之八民國二十四年初版

⑦駒父簋銘之「堇夷俗」，將俗字解作「風俗習慣」的有黃盛璋「駒父盖銘文研究」（考古與文物1983年4期）及陳邦懷《嗣樸齋金文跋》65頁，香港中文大學吳多泰中國語文研究中心1993年。也有將「俗」讀作「欲」，如李學勤〈兮甲盤與駒父盨〉人文雜誌叢刊第2輯《西周史研究》，後收入《新出青銅器研究》一書文物出版社　1990年。又戰國記容銅器刻銘中如梁上官鼎、信安君鼎、平安君鼎等容字作「㝐」。

⑧見孫詒讓《籀膏述林》卷七頁四、五。台北廣文書局　民國六十年影印本

⑨《睡虎地秦簡日書研究》42頁　劉樂賢　台北文津出版社　民國84年

⑩文物1994年第10期39頁

⑪文博　1988年第3期　65頁

⑫《朱德熙古文字論集》11頁　北京中華書局　1995年

⑬《古文字論集》372頁　北京中華書局　1992年

談考古資料
在《說文》研究中的重要性

劉 釗

本文所謂考古資料，泛指古代遺留下來的甲骨、金文、戰國文字、秦漢簡牘帛書斗文字資料及各種器物資料。這些資料對於校讀傳世古籍具有十分重要的意義，①對於《說文》研究也能起到非常重要的作用。《說文》成書於東漢，總體上反映的是漢代的語言文字狀況，所以秦漢時期的考古資料在《說文》研究中的重要性就顯得更爲突出。本世紀七十年代以來秦漢簡牘帛書文字資料的大量出土，爲《說文》研究提供了許多寶貴的對比素材，已經引起學術界的密切關注。從歷史上看，歷代學者就已經注意用考古資料與《說文》相印證幷，取得了一定的成績。清代以來用甲骨、金文、戰國文字子及後世發現的古字書校讀《說文》的學者已大有人在。②特別近幾十年，在利用考古資料，尤其是古文字資料研究《說文》方面更是取得了豐碩的成果。不過從整體上看，學術界至今仍存在著在研究《說文》時，對於考古，資料中可與《說文》比照印證的例子，從名物形制、文字的形、音、義等幾個角度進行一些對比分析，旨在進一步強調考古資料在《說文》研究中的重要性。

一

《說文》對於許多名物的訓釋簡略概括，當時人看去可能一目瞭然，而作爲去古已遠的後人則無法得其詳。好在考古資料中常可以提供許多實物佐證，使今天的我們能夠看到一些具體的實物或圖像，增強了我們對一些名物的理解和認識。這些用考古實物或圖像印證《說文》的例子屢見不鮮。如：

⑴《說文·匚部》：「匫，古器也，从匚曶聲。」又《說文·曰部》：「曶，出气詞也，从曰，象气出形。」《玉篇》：「匫，古器也。」西周曶鼎銘文中的「曶」字作「」，淸人劉心源、阮元、吳大徵等認爲曶鼎之「曶」，即《說文》之「曶」。③1977 年發掘的曾侯乙墓中出土有漆木衣箱 5 個，上刻有「狄匫」「䂭匫」「之匫」「後匫」等文字，「匫」字寫作「」，證實了淸人的考釋是正確的。這既可以使我們明白《說文》曶字小篆作「」是「」形之僞，也可以在《說文》訓「匫」爲「古器」的基礎上進一步知道「匫」是盛一箱。④

⑵《說文·斗部》：「魁，羹斗也。斗鬼聲、」又《說文·匚部》：「匜，似羹魁，柄中有道，可以注水，匚也聲。」可見魁的形狀和匜接近。魁在漢代考古工作中已多有發現，不過已往常常將其混同于勺或匜。其實魁與勺或匜的區別很大，不應混同。魁的口徑一般都大於勺，而且是平底；而勺是圜底，無法置於案上。魁柄短，裝柄的角度也與勺不同，祇宜捉取，不便挹注。魁無流，而匜有流。⑤

⑶《說文·金部》：「鋞，溫器也，圜直上，金巠聲。」以往對「鋞」這種器物一無所知。在漢墓所出銅器中有一種三足提梁筒形器，器身作直上直下的圓筒行，上有盖，下有三矮足。過去誤稱爲「卣」「樽」「奩」等。經學者考證其實這種銅器就是《說文》所說的「圜直上」的「鋞」，其主要功能是用來溫酒。⑥

⑷《說文·瓦部》：「瓵，冶橐榦也。从瓦金聲。」字又僞作

「瓬」，《廣韻·覃韻》：「瓬，排囊柄也。」「冶橐榦」即「冶橐管」，是連接鼓風橐和煉爐的陶風管。因爲用陶制成，故字從瓦。中國歷史博物館藏有陝西出土的陶風管，上有押印「霸陵過氏瓬」五字，印證了《說文》的訓釋。⑦

⑸《說文·木部》：「柳，馬柱，木卯聲。一曰堅也。」《玉篇》：「柳，繫馬柱也。」《三國字·蜀志·先主傳》：「解綬繫其頸，著馬柳。」《沂南畫像石墓發掘報告》中有一幅「馬廄圖」畫像石，畫像上有一匹正在食芻料的馬，馬旁站立一人在爲馬刷毛，繫馬的柳用四方木制成，上端橫出一木條，木條上挂有馬（《說文·竹部》：「篼，飤馬器也。」）。這一資料爲我們提供了具體細微的「柳」的形象。⑧

⑹《說文·衣部》：「褽，衽也，衣尉聲。」《玉篇》：「褽，衽衣也。」《廣韻·未韻》：「褽，衣衽也。」衽就是袖，古人的衣袖很長，可以蓋住手保暖。如果單獨做一個袖領，也可以起到保暖的作用。而手套就是由這種袖頭演變來的。馬王堆一號漢墓遣策中曾提到「褽」：「素信期尉（褽）一兩赤緣千金條飾」（簡 251）「沙綺斶（褽）一兩素緣千金條飾」（簡 252）「盭綺斶（褽）一兩素緣千金條飾」（簡 253）。文中所提的三雙「褽」經與墓中出土實物對照，得知就是指飾有千金條的三雙手套。而這種手套正是類似袖頭的形式，祇是把拇指單獨分開了而已。⑨

⑺《說文·竹部》：「策，馬箠也，竹朿聲。」「馬箠」人人明白，但是其形狀細節卻無人知曉。秦始皇陵出土的 2 號銅車伴出有「策」。器爲銅質，竿形，有節，前端有短刺（短刺名「錣」）。《淮南子·道應訓》：「白公勝慮亂，罷朝而立，倒仗策，錣上貫頤，血流至地面弗知也。」高注：「策，馬捶，端有針以刺馬，謂之錣。倒仗策，故錣貫頤也。」看了秦始皇陵出土的銅策，會更

深切地領會《淮南子》的這段描寫。⑩

(8)《說文·竹部》:「箣,搔馬也,竹剡聲。」《說文繫傳》:「搔馬也,从竹剡聲。臣鍇曰:竹有齒,以搔馬垢污。」《廣韻·談韻》:「箣,刮馬篦也。」刮馬篦稱「箣」,用「箣」搔馬亦稱「箣」。睡虎地秦簡《法律答問》有一段說:「者(諸)侯客來者,以火炎其衡厄(軛),炎之可(何)?當者(諸)侯不治騷馬,騷馬,蟲皆麗衡厄(軛)鞅韅轅靷,是以炎之。」文中「騷馬」即「搔馬」,指用「箣」爲馬刮毛。《沂南畫像石墓發掘報告》所載「馬廄圖」畫像石上,畫有一人正在搔馬,手中所持之「箣」的形狀約略可見。⑪

二

《說文》經歷代輾轉傳鈔翻刻,漏掉了許多字,清人曾作過一些逸字的輯捕工作。有一些逸字見於早期典籍和古文字,無疑是後來遺漏的。如:

(9)戴侗《六書故》引唐本《說文》有「亮」字,其訓釋爲:「亮,明也,从儿,高省。」今本《說文》無。段玉裁《說文解字注》據《六書故》捕亮字於儿部。案亮字見於早期典籍和古文字。《古璽匯編》1692號收有戰國古璽「亮褱」印,1693號收有「亮疰」印,1695號收有「亮亡塊(畏)」印,1697號收有「亮遊」印,「亮」字在印文中用爲姓氏字。⑫古有亮氏,字又作「諒」。《漢印文字徵》八·二十收有「徐亮」「馮亮」「將匠亮」「任亮」等印,說明漢代有不少以「亮」爲名的。從古文形體看,亮字可以六書分析爲「人京省聲。」

(10)《說文》咥、啞、噱、欣、欸等字訓釋中有笑字,按理《說文》應收爲字頭,而大徐本《說文》卻列笑爲新附字,形體作竹夭，謂：「此字本闕，臣鉉等按，孫愐《唐韻》引《說文》云：「喜也，从竹从犬。」而不述其義。今俗皆犬。又案李陽冰刊定《說文》，竹夭，義云：「竹得風，其體夭屈如人之笑。」未知其審。」案遼釋希麟《續一切經音義》卷四《守護國界主陀羅尼經》卷九「啞啞而笑」條引《說文》：「大（犬之誤）戴其竹，君子樂然後笑也。」又同書卷九《根本說有部毘奈耶破僧事》卷十「咍然笑」條引《說文》：「欣笑也，犬戴其竹，樂然後笑。」可見多種傳本笑字都作「竹犬。所以清人如段玉裁、朱駿聲等就已據《唐韻》將笑字篆書改爲从竹从犬。馬王堆漢墓帛《老子》乙本、《老子》乙本卷前古佚書、《戰國縱橫家書》、銀雀山漢墓竹簡《孫子兵法》都有笑字，結構都作「从艸从犬」。⑬這應該是笑字的最早構形。後來艸旁譌混爲竹（篆隸階段艸、竹兩個偏旁時常譌混），犬旁音化爲夭，故字形變爲「竹夭」。從漢代簡牘帛書材料看，古傳本謂笑字「犬」是正確的。

⑾甲骨文、金文、戰國璽印文字皆有「羍」字，戰國中山器銘文有「譯」字。羍應是一個獨立形體。《說文》角部有「觲」字，土部有「垶」字，馬部新附字有「騂」字，但卻無「羍」字。「羍」應爲後世所遺漏。

⑿《說文》有「朕」「俟」「眹」「栚」諸字，皆从「灷」聲，又有「媵」「騰」「滕」「縢」「螣」「謄」「黱」「塍」「賸」「勝」諸字，皆以从「灷」爲聲的「朕」爲聲，但卻無「灷」字。「灷」字見於甲骨文、金文、戰國文字，《說文》「灷」顯然爲後世所遺漏。

《說文》所收字中有一些形體來源較早，由於各種原因，在《說文》產生時代的語言文字中已經不再使用，在古書中也找不到這些字的實際用例。但這些字往往能在古文中找到蹤跡，再現這些字在文字中的用法。對於《說文》這一部分字的研究，祇有古文字資料才能提供佐證。僅從這一點來說，考古資料在《說文》研究中的重要性也就不言而喻。例如《說文》卷二的「[illegible]」「竒」「暜」，卷三的「丮」「[illegible]」「癹」「[illegible]」「冓」「䇂」「[illegible]」，卷四的「旻」「𣦼」，卷五的「甹」「壴」「皀」，卷六的「[illegible]」「[illegible]」「[illegible]」，卷七的「[illegible]」「[illegible]」「[illegible]」，卷八的「[illegible]」，卷九的「[illegible]」，卷十的「[illegible]」，卷十一的「[illegible]」「[illegible]」「[illegible]」「[illegible]」，卷十二的「[illegible]」「[illegible]」「匠」「[illegible]」，卷十三的「[illegible]」，卷十四的「[illegible]」等等、這些字在古書中都找不到具體的用例，但卻或見於甲骨文，或見於金文，或同時見於甲骨文和金文。這樣的字數很多。下面舉兩個《說文·卜部》的例子。

⒀《說文·卜部》:「𠦪，易卦之上體也。商書：曰貞，曰𠦪。卜每聲。」《玉篇》:「外卦曰𠦪，內卦曰貞，今作悔。「𠦪」字不見於古書用例，但見於金文小臣　鼎，證明此字早已存在。⒁

⒁《說文·卜部》:「卲，卜問也，从卜召聲。」卲字不見於古書用例，段玉裁曾疑爲後人所增。周原發現的西周甲骨文中屢見有「卲」字。如：「卲曰：子」（H11：5）「卲曰：母（毋?）」（H 31：4）「卲曰：並囟克叓」（H11：67），其用法正是《說文》所釋「卜問」之義。這說明「卲」字起源很早，絕非後人所增。⒂

《說文》保存了許多古文、籀文、奇字等形體，這其中尤其是古文形體，對於研究戰國文字十分重要。反過來說，《說文》這些古文、籀文、奇字等祇有用戰國文字才能的到證明。近幾年戰國文字研究的長足進展，使得我們對《說文》中的古文、籀文有了更爲清楚的認識，許多以往不清楚的構形已在戰國文有或甲骨金文中找到了若合符節的形體證據。以古文爲例，如「社」

「荆」「造」「牙」「信」「綠」「鞭」「目」「智」「平」「亘」「虐」「乘」「旅」「保」「吳」「淵」「雹」「奴」「彝」「堂」「恆」「倉」「南」「席」「比」「銳」「斷」「已」「申」「屋」「簋」「徵」「言」字旁等字古文都已得到明確的驗證，進一步說明《說文》保存的這些古文資料的準確可靠。《說文》保存的古文中有些還可以同戰國文中相比較，揭示出某些地域性的特點。如「目」、「亘」、「已」、「言」字旁等字古文，具有明顯的齊系文字特徵，可與已知的戰國文字分域研究的成果相對應。這會令我們推想這些古文資料有可能出自孔子壁中書。

《說文》以後世的小篆形體立說推闡文字早期的本形本義，常常會犯結構分析上的錯誤。而古文字是糾正這些錯誤的最好資料。在這一點上秦漢時期的一些篆隸資料有時會引起關鍵的作用。這是因爲勤漢時期的篆隸資料其時代與《說文》最近，而且保存了許多文字的早期構形，許多字形比小篆更加近古，可以用來糾正或印證《說文》。在考釋甲骨文、金文等早期文字時秦漢時期的篆隸資料有時會提供形體上的直接證明和啓發。如甲骨文「戚」字（[illegible]）在金文、戰國六國文字中尚未找到其流變，但在秦詛楚文和馬王堆帛書《老子》中卻可以找到承襲的字形（作「[illegible]」「[illegible]」）。⑯甲骨文「[illegible]」（蚤）字的認定，完全是由秦漢的篆隸資料上　到甲骨文的結果。⑰而甲骨文「[illegible]」（應隸作「[illegible]」，即「害」字字的本字）字的考釋，也顯然是由於受了秦簡「[illegible]」（即甲骨文「[illegible]」字進一步演變）字字形及「[illegible]」與「害字」可以互換的啓迪。⑱下面舉一些古文字資料可以糾正或印證《說文》字形結構的例子。

⒂《說文·竹部》：「替，廢也。一偏下也。从竝臼聲。」清多以爲「一偏下」是訓釋「替」字字義，。其實「一偏下」是指替

字的結構。唐釋慧琳《一切經音義》卷一《大唐三藏聖教序》「隆替」條引《說文》:「替，廢也。並兩立，一偏下曰替。」比較可知今本《說文》脫「並兩立」三字。甲骨文替字作「」(《甲骨文合集》32892「丁丑貞其替𠃬自萑」，戰國中山器銘文作「」，⑲結構正是「並兩立，一偏下」之像。

⒃《說文·竹部》:「筋，肉之力也，力肉竹，竹，物之多筋者。」唐釋慧琳《一切經音義》卷二《大般若波羅蜜多經》第五十三卷「筋脈」條引《說文》:「筋，肉之力也，肉竹，竹者，物之多筋者也，力，力象筋也。」《一切經音義》引《說文》的訓釋比今本詳盡，疑今本有脫文。目前已發現的古文字筋字形體作「」(秦簡《秦律十八種》)「」(秦簡《日書》甲種)「」(馬王堆帛書《老子》乙本)「」(馬王堆帛書《相馬經》)「」(漢印《漢印文字徵》5·3，舊不識)，字皆「刀」(漢印一例「刃」，「刃」「刀」可通)不力。⑳漢隸階段「刀」「力」二旁經常相混，如漢印「動」字或作「𠛱」，「勳」字或作「𠞰」(見《漢印文字徵》卷十三)，漢簡「㔹」字或作「㔹」(見《秦漢魏晉篆隸字行表》990頁)等。從秦簡筋字皆「刀」作來看，筋字最初很可能就是「刀」作的。《說文》「力」的訓釋是在「刀」譌爲「力」以後的形體分析。同理，秦簡「㔹」字也皆「刀」作，後「力」也可能是「刀」之譌。至於筋字「刀」如何解釋，則還有待研究。

⒄《說文·尸部》:「㞋，伏皃，从尸辰聲，一曰屋宇。」歷來研究《說文》者對訓爲「伏皃」的「㞋」爲何「尸」不得其解。「㞋」見於今文大簋和大鼎，作「」「」「」，所以之「」並不是「尸」而是「勹」，即「伏」字的本字，本象人俯伏之形。㉑可見从「㞋」本「勹」不从「尸」，從「尸」乃後來的譌變。

如此㞋字「勹」(伏）訓爲「伏皃」形義正好切合。㉒

⒅《說文·革部》：「靷，引軸也，从革引聲。[illegible]，籀文靷。靷字籀文形體其所不易理解。王國維在《史籀篇疏證》中說：「[illegible]」未詳何字,《玉篇》靷字籀文作「[illegible]」，从[illegible]，疑[illegible]之譌，又部：「[illegible]，引也，从又[illegible]聲。[illegible]，古文申。」[illegible]本訓引，又與引同部，籀文靷字或此作，然未可專輒定之也。「王國維對𩍿字籀文構形的分析字已」未可專輒定之，學術界也未引起重視。1978年發掘的曾侯乙墓出土遺策竹簡中用爲「靷」字的「紳」字或作「[illegible]」(簡 15)，所之「[illegible]」就是《說文》的「[illegible]」字。這證說明王國維對「靷」字籀文構形的分析是正確的。㉓

⒆《說文·米部》：「竊，盜自中出曰竊，从穴从米，禼、廿皆聲，廿，古文疾；禼，古文偰。」《說文》對「竊」字結構的分析不可信，然而歷來都有人以「竊」爲一字有兩個聲符的點型字例而經常稱引。清徐灝《說文解字注箋》說：「此一字而兼用禼、廿二聲，六書所少有，戴氏侗云从穴从糲聲，萬之省僞爲廿，似是也。」案徐氏所引戴侗的說法是正確的。馬王堆漢墓帛書《老子》乙本卷前古佚書和《縱橫家書》竊字作「[illegible]」「[illegible]」，字从「宀」从「糲」。漢隸階段「宀」「穴」二旁相混嚴重，从「穴」應是从「宀」之變。戴侗謂「竊」从「糲」聲雖不一定可信，但他指出「竊」从「糲」這一點卻能與今日的發現相冥合，可謂誰神識。又戴侗認爲「萬」之省譌爲「廿」也是正確的，漢簡離字艸作「[illegible]」，又作「[illegible]」,「艸」形也譌爲「廿」就是例證。㉔

三

古文字中㘨逼些形聲字因形體的譌變，發展到《說文》小篆時已看不出形聲結構，於是常常被《說文》誤以爲是象形字或會意字。還有一些形聲字的聲符在形體發展中因形變而變成了另一個字，使得聲符與這個字的讀音不合，爲後來分析其結構造成了障礙。古文字資料中經常可以找到解決這些問題的線索。如：

⒇《說文·口部》：「局，促也，从口在尺下復局之，一曰博所以行棋，象形。」《說文》對局字以象形解之，訓釋牽強附會。唐釋惠琳《一切經音義》卷五〇《業成就論》「知局」條引《說文》：「局，促也，口在尸下復句之，一曰博局所以行棋，象形字也。」《說文》作「句」。按以作「句」爲是。《干祿字書》引局自俗體或作「局」，正「句」作。六朝和隋唐時的局字還經常作此結構，㉕其實局字是形聲字，應分析爲「从尸句聲」。睡虎地秦簡局字作「□」（《爲吏知道》），漢印作「□」（《漢印文字徵補遺》八·五），說明局字早就「句」得聲，所謂後世俗書「局」字其實是來源有其目的。局字淸人或歸入幽部，或歸入侯部，或歸入屋部，由局字「句」得聲可知應歸侯部。

㉑《說文·𠦬部》：「脊，背呂也，从𠦬从肉。」《說文》以「脊」爲會意字甚誤。所謂象「背呂」的「𠦬」字從未見於早期文字，「𠦬」其實是「朿」字的形變。因《說文》已不淸楚由「朿」字形變的「𠦬」的來源，故強爲之說，并因「脊」無法歸屬而生造了一個「𠦬」部。背字戰國璽印文字作「□」（《古璽匯編》2659、1208、1730）㉗，楚帛書作「□」，皆从肉从朿。秦簡「脊」字作「□」（《法律答問》）漢簡作「□」（《縱橫家書》），漢印作「□」（《漢印文字徵補遺》附錄一），所以之「朿」已僞爲「□」形，並由此僞爲小篆之「𠦬」。朿字寫作「□」正如从「朿」的責字秦簡作「□」（《效律》），漢帛書作「□」（《老子》甲本），所以「脊」字其實是個从肉朿聲的形聲字。㉘

⑵《說文·片部》:「牖,穿壁以木爲交窗也,从片、戶、甫。譚長以爲甫上日也,非戶也,牖所以見日。」前人多以爲譚長的說法不可信。秦簡牘字作「牖」(《日書》甲種)「牖」(《日書》甲種),馬王堆漢墓帛書《老子》乙本卷前古佚書、阜陽漢簡《蒼頡篇》和《詩經》皆有 字,皆以「日」作「牖」「牖」,可見譚長的說法是有根據的。「日」與「戶」形極近,牖字或「戶」應是「日」之譌。「牖」字「甫」無義可說,從上引秦漢篆隸字形看,牖字本「用」不「甫」,「甫」乃「用」之譌,牖很可能是以「用」爲聲的。

⒆《說文·巾部》:「席,籍也,禮,天子諸侯席有 黼純飾,巾,庶省,𢂪,古文席石省。」小徐本「庶省」下有「聲」字。按有聲字是。庶从石聲,此云以「庶省聲」,也就是「石」聲。古文形體「𢂪」即「石」省聲,戰國楚文字席字作「席」(曾侯乙墓竹簡 54)「席」(包山楚簡 259),正从石聲或石省聲。㉙

⒇《說文·广部》:「庶,屋下衆也,从广炗,炗,古文光字。《說文》認爲庶爲會意字非是。甲骨文庶字作「庶」,今文作「庶」,字皆从石从火,乃从火石聲的形聲字。㉚

㉕《說文·又部》:「度,法制也,从又庶省聲。」「庶省聲」也就是从「石」聲。戰國璽印文字有字作「度」(《古璽匯編》3211),有學者釋爲「度」。㉛字即从「石」聲。

㉖《說文·龍部》:「龕,龍皃,龍合聲。按合聲與龕聲不諧。清人據《玉篇》、《九經字樣》及戴侗《六書故》引唐本《說文》改爲「今」聲。段玉裁、朱駿聲直接將篆文改爲「今」。按从「今」聲是。金文眉壽鐘、牆盤龕字作「龕」「龕」,正从「今」聲作。

㉗《說文·辵部》:「迹,步處也,亦聲。蹟,或从足責,速,

籒文迹。案迹在精紐錫部，亦在喻紐鐸部，迹無由从「亦」爲聲。唐李陽冰曾謂「蔡中郎以豊同豐，李承相持朿作亦。」揭示出漢代「豊」「豐」相混，秦代寫「朿」近「亦」的現象。這種寫「朿」近「亦」的現象在秦簡文字中表現得很突出。如勑字作「勑」(《日書》甲鍾蓊159背)，脊字作「脊」(《法律答問》75)，漬字作「漬」(《日書》甲種113)，積字作「積」(《效律》34)，責字作「責」(效律》60)「責」(《秦律雜抄》5)，刺字作「刺」(《日書》甲種35背)「刺」(《日書》甲種62)，迹字作「迹」(《封診式》67「迹」(《封診式》76)，所从之「朿」都已與「亦」形很接近，并由此進一步譌混爲「亦」，於是本从「朿」得聲的「速」便出現了比「亦」爲聲的寫法。㉜

考古資料有時能對語言文字中的一些特殊現象提供佐證。如古書中有一字異讀的現象，學者稱其爲「因隨義轉」、「義同換讀」或「同義換讀」。這種現象在戰國秦漢文字中也能找到例證。㉝下面舉量個這方面的例子。

⑵⑻《說文·衣部》：「褎，袂也，从衣采聲。」按采在質部，褎在幽部，二部遠隔，褎似不應以「采」爲聲。所以淸人或以褎从采聲爲不可解，或以「采聲」之「聲」爲衍文，而謂「衣」之有褎猶禾之有采，以「褎」爲會意字。其實「采」字應有另外的異讀，即同義換讀爲「秀」。《說文·禾部》：「采，禾成秀也。」采、秀義同，故采可讀「秀」。睡足地秦簡《日書》甲種「稷辰」說：「正月二月，子秀，丑戌正陽……」《日書》乙種「秦」篇有相同的一段話，作：「正月二月，子采丑戌正陽……可見「采「秀」可以替換。戰國古璽有「郛」(《古璽滙編》4073) 字，字从采从邑，「邑」乃姓氏字纍加之意符，字即用爲「秀」氏之秀」。又有字作「誎」(《古璽滙編》1)，从言从采，如隸作「䛩」則不見於

字書，其實就是「誘」字。《古璽匯編》0552號璽薇一方姓名私璽，璽面面文爲「王疾采」。「疾采」應與戰國常見的「疾巳(已)」「去疾」等名相類。「采」在此即用爲「秀」字，讀爲「抽」或「瘳」。抽（或體作搊）、瘳皆在喻紐幽部，在敦煌古醫中常常相通。㉞「疾瘳」即「疾愈」之意。㉟秀與褎音很近，典籍「褎」或可讀爲「秀」。《漢書·董仲舒傳》：「今子大夫褎然爲舉首，朕甚嘉之。」詹晏曰：「褎，進也，爲舉賢良之首也。」師古曰：「褎然，盛服貌也。師邶風旄丘之篇曰（褎如充耳）。王念孫《讀書雜志》卷五漢書第十「逨然」條說：「念孫案褎然者，出衆之貌，故曰褎然爲舉首……」按王念孫謂「褎」義爲「出衆之貌」極是，但「褎」其實應讀爲「秀」，而「秀」正是「出衆」之義。既然在古文中「采」可換讀爲「秀」，而秀與褎音又很近，則《說文》以「采」爲「褎」字的聲符自然也就毫無問題了。㊱

⑵《說文·日部》：「睹，且明也，日者聲。」李善注《魏都賦》引《說文》：「曙，且明也。」《集韻》以「睹」「曙」爲一字。徐鉉因不知「睹」即「曙」而新附「曙」字。「睹」「曙」與「且」同義，故可換讀爲「且」。《呂氏春秋·重己》：「論其安危，一曙失之，終身不復得。」「一曙」即「一且」也。睡虎地秦簡《爲吏之道》說：「口，關也；舌，機也。一堵失言，四馬弗能追也。」「一堵」即「一睹」，也即「一且」也。㊲

四

《說文》經過歷代傳抄刪改，說解的文字產生了許多僞誤，考古資料有時可以起到校正《說文》的作用。如：

⑶《說文·米部》：「粲，稻重一秙，爲粟二什斗，爲米十斗曰毇，爲米六斗大半斗曰粲。从米㕛聲。」又《說文·麥部》：「麴，

麥覈屑也。十斤爲三斗，从麥啻聲。」睡虎地秦簡《秦律十八種》倉律」條有一段說：「稻禾一石，爲粟廿斗；十斗粲，毇米六斗大半斗。麥十斗，爲麴三斗。」根據這段簡文，《說文》「粲」字訓釋中的「毇」「粲」二字應戶易，「麴」字訓釋中的「斤」字應改爲「斗」。㊳

⑶《說文·手部》：「撮，四圭也，一曰兩指撮也，撮手最聲。」小徐本「兩」字作「二」。《玉篇》：「撮，三指取也。」《漢書·律歷志》：「量多少者不失圭撮」應劭注：「圭，自然之形，陰陽之始也。四圭之撮，三指撮之也。」唐釋惠琳《一切經音義》卷五十三《起世因本經》卷第二「多撮」條下引《說文》：「四圭也，三指撮也。」清人已經指出《說文》「兩指撮」「二指撮」爲「三指撮」之誤。馬王堆帛書《五十二病方》等醫書中屢見有「三指撮」一語，是指將姆、食、中三指指頭合并　取藥物的一種估量單位，爲醫學用語。這爲清人對《說文》的校正提供了新的證據。

《說文》對一些字義的訓釋，有時會因句讀的不同而產生歧義。考古資料有時可以解決問題。如：

⑶《說文·馬部》：「騑，驂旁馬。馬非聲。」典籍常常以「騑」「驂」互訓，於是清人研究《說文》者便將《說文》騑字的訓釋斷句爲：「騑，驂，旁馬也、」或如段玉裁改爲：「騑，驂，旁馬也。」其實「騑」「驂」二字散言則通，對文則別。曾侯乙墓竹簡遣策記載葬儀所用的馬車甚詳，每車所駕馬數有兩、三、四、六四種。駕兩馬時稱左服、右服；駕三馬時稱左騑、左驂、右服；駕四馬時稱左驂、左服、右服、右驂；駕六馬時稱左騑、左驂、左服、右服、右驂、右騑。可見「騑」「驂」對文有別。服馬外邊的馬稱「驂」，驂馬外邊的馬稱「騑」，這正合於《說

文》「騑」，驂旁馬也「的訓釋。可見清人對「騑」字訓釋的斷句是錯誤的。㊴

⑶《說文·竹部》：「等，齊簡也，从竹从寺，寺，官曹之等平也。」以往研究《說文》者都認爲「秦簡」是「齊平簡牘」之意。在戰國包山楚簡中，「等」字常用爲「簡牘券書」一類意思。如「大邑丑入致等」（簡13。爲印刷方便，簡文難字皆換成通用字）「衰尹作馹郢以此等郵」（簡132友）「女少宰尹兆詨以此等致命」（簡157反）等。由此可以推測《說文》「齊簡也」很可能應讀作「齊、簡也。」即「等」字有「齊」和「簡」兩個義項。㊵《廣韻·等韻》：「等，齊也。」說的就是第一個義項。《說文》說解一個字往往有連載二義者。如晨部晨「早昧爽也」即「早也，昧爽也。」長部　「極陳也」即「極也，陳也。」谷部睿「深通川也」即「深也，通川也。」土部瘞「幽薶也」即「幽也，薶也。」子部孳「汲汲生也」即「汲汲也，生也。」等字的訓釋同上引諸例相同，「齊簡也」也就是「齊也，簡也」。

《說文》，對一些字的訓釋，即被稱之爲「本義」者，其中幽些往往罕見於后世字書或缺乏典籍中的用法，但是在考古資料中卻偶而可見及用例。這些資料可以印證或闡發《說文》的訓釋，爲字典辭書提供活提前書證，對於古代詞義的研究和字典辭書的編纂十分重要。如：

⒁《說文·隹部》：「隹，鳥之短尾總名也，象形。」這一用法不見於典籍。馬王堆帛書《雜禁方》說：「取兩雌隹尾，燔冶，自飲之，微矣。」又：「夫妻相去，取雄隹左蚤（爪）四，小女子左蚤（爪）四，以鍪熬，并治，傅，人得矣。」文中「隹」字即用爲「鳥」義。

⒂《說文·自部》：「自，鼻也，象鼻形。」「自」之「鼻」義

不見於其它任何字書，典籍也無此用法。《甲骨文合集》11506正說：「貞㞢（有）疾自，隹（唯）㞢（有）蚩（害），貞㞢（有）疾自，不隹（唯）㞢（有）蚩（害）。」文中「自」即用爲「鼻」義，「疾自」猶言「鼻子有病」。

(36)《說文·日部》：「昔，乾肉殭，殘肉，日以晞之，與俎同意。」這一用法不見於典籍。睡虎地秦簡《日書》乙種說：「以大牲兇，小牲兇，以昔肉吉。」「昔肉」即「乾肉」也。

(37)《說文·疒部》：「瘍，目病，一曰惡氣著身也，一曰蝕創，从疒馬聲。」《廣雅·釋詁》：「瘍，創也。」《說文》對「瘍」的解釋三說并存。馬王堆帛書《五十二病方》中有《治瘍方》，從方中主治來看，「瘍」似指「痤疽」之類疾病，與《說文》所釋「一曰蝕創」接近。

(38)《說文·手部》：「捉，搤也，从手足聲，一曰握也。」《說文》「捉」「搤」互訓，「捉」亦「搤」也。《漢書·王褒傳》：「昔周公躬土捉之勞，故有周室之隆。」顏注：「一飯三土飡，一沐三捉髮……」「一沐三捉髮」之「捉」是攥緊頭髮擠出水的意思。後世字書辭典乎略了「捉」的「緊攥」義，而將其視爲一般的「卧持」義，有乖於《說文》本旨。」馬王堆帛書《五十二病方》和《雜療方》中有「以布浞取，出其汁」「即以布足（捉）之，予（抒）其汁」「熟捉」，令無汁等語，「捉」即指用布包裹藥品並　緊壓出汁的意思，與《說文》訓釋相合。

(39)《說文·肉部》心附字：「朘，赤子陰也。从肉夋聲，或从血。」《老子》五十五章云：「未知牝牡之合而峻作。」馬王堆帛書本《老子》「峻」作「朘」。按「朘」訓爲「赤陰子」比往祗有《老子一條書證。馬王堆帛書《十問》謂「人氣莫如竣（朘）精」「竣（朘）氣宛閉」「竣（朘）氣不成，不能繁生，故壽盡在竣

(朘)」「竣(朘)之葆愛，兼予成佐」「乃翕竣(朘)氣；與竣(朘)通息，與竣(朘)飲食，飲食完竣(朘)，如養赤子。」以上文中竣字皆讀爲「朘」，用爲「男子陰」之義。

㈣《說文·巾部》：「𢅮，墀地，以巾撋之。巾聲，讀若水溫䰙也，一曰著也。」按大徐本「𢅮」所从之「夒」乃「𡠓」字之譌。「𡠓」即「聞」之本字，又借爲「婚」。「𢅮」聞(婚)聲，故讀「乃昆」切。「以巾撋之」典籍不見其用法。馬王堆帛書《養生方》說「并以涂新布巾。卧，以抿男女。」「卧而漬巾，以抿男，令牝亦……」《雜療方》說：「用布抿揗中身及前，舉而取也。」諸家訓釋皆讀「抿」爲「捪」。《說文·手部》：「抿，撫也，手昏聲，一曰摹也。」其實上引文中諸「抿」字正是「以巾撋(同捪)之」的意思，讀爲「𢅮」字應更爲合適。

㈣《說文·手部》：「摶，索持也，一曰至也，从手尃聲。」「索持」猶言「細拿」。《周禮·地官·司虣》：「若不可禁，則摶而戮之。」後世以「捕」代「摶」，「摶」則多用爲「摶擊」之「摶」。戰國包山處簡說「博得冒」(簡 135 反)「州人將摶小人」(簡 144)「小人將摶之」(簡 142)「命爲僕摶之」，諸「摶」字皆爲「索持」之義。

㈣《說文·目部》：「睘，目驚視也，目袁聲。」《黃帝餕經·素問·診要經終論》：「少陽終者，耳聾，百節皆縱，目睘絕系。」王冰注：「睘，謂直視如驚貌。」馬王堆帛書《陰陽脈死侯》說：「面黑，目環視袤，則氣先死。」文中「環」即讀爲「睘」，謂直視如惊貌。

㈣《說文·足部》：「跳，蹶也，足兆聲，一曰躍也。」《說文》跳訓爲蹶，而蹶訓爲僵，則「跳」亦應有「僵」義。馬王堆帛書《陰陽十一脈灸經》中或說：「腹外穜(腫)、陽(腸)痛，膝跳，付（跗）……」「膝跳」即「膝僵」也。此句《陰陽十一脈灸經》乙本作「膝足箐（痿）湃（痺）」，「痿痺」與「僵」詞異而義同。

⑷《說文·匚部》：「匴，淥米籔也，从匚算聲。」「淥米籔」之義典籍不見用例。睡質地秦簡《日書》甲種「詰」篇有「凡鬼恒執　以入人室，曰：『氣（餼）我食。』云，是是餓鬼。」句。鬼執「匴」以乞食，「匴」正用爲「淥米籔」義。

⑸《說文·韋部》：「韓，井垣也，从韋取其帀也，倝聲。」典籍「韓」之「井垣」義借「榦」或「幹」爲之。睡虎地秦簡《日書》甲種說：「廡居東方，鄉（嚮）井，日出炙其韓，其後必肉食。」文中「韓」正用爲「井垣」義。

⑹《說文·竹部》：「簜，大竹筩也，从竹昜聲。」這一用法典籍不見用例。大　頭一號漢墓木牘所記隨葬物中有「竹簜四」，指的就是墓中所出用成節得竹子作成的竹筒。江陵鳳凰山8號和168號墓出土有多個竹筒，竹筒背面有墨書的「芥一篙」「蝙醬一篙」「肉醬一篙」「甘酒一篙」等，「篙」即「簜」自異體，指「竹筒」而言，與《說文》訓釋正合。㊶

⑺《說文·艸部》：「藺，莞屬，从艸藺聲。」《玉篇》：「藺，似莞而細，可爲席。」《急就篇》第三章：「奴婢私隸枕床杠，蒲蒻藺席帳帷幢。」《居延漢簡甲乙編》511．39號簡說：「元康元年計毋餘藺席。」按「藺」俗稱燈蕊草，因莖中之蕊可做燈蕊之故。藺莖可用於編席，故稱「藺席」，又稱「燈草席」。㊷

⑻《說文·巾部》：「帣，囊也，今（疑爲令字之僞）鹽官三斛爲一帣，从巾𢍏聲。」帣之「囊」義不見典籍用例。《居延漢簡甲乙編》有「入帣七枚，燧長安國受尉……」（275·1）「卒陳偃　粟一卷三斗三升」（57·19）「士吏尹忠　糜一卷三斗三升，自取。又二月食，糜一卷三斗三升，卒陳褁取。」（57·20）文中

「帣」和「卷」(帣) 正是指「囊」而言。㊸

在《說文》產生之前，已有《史籀》、《蒼詰》、《爰歷》、《博學》、《訓纂》、《磅喜》、《急就》等字書問世。這些字書是爲學童識字而編寫的課本，書中所收都是當時常見習用，與社會生活關係密切的文字。秦代嚴刑峻法，「官獄職務繁」，漢仍秦制，法律在日常生活中都占有十分重要的地位。《說文·叙》說：「學僮十七以上始試，諷籀書九千字乃得爲吏。」國家規定需要熟悉法律條文才能爲吏。所以做爲選拔官吏考核標準的識字課本，比然會講求其實用性而收有法律方面的內容。唯一流傳下來的早期字書《急救篇》，卷四就收有法律方面的字詞。《說文》正是在借鑒秦漢時期的各種字書的基礎上編纂而成的，自然也會保留許多有關法律方面的字詞和解釋。一些字的解釋是依據法律條文出的。《說文》中有些字罕見於後世字書或缺乏典籍中的用法，但卻可在考古發現的秦法律文獻中找到證明和用例，就充分地說明了這一點。如：

⑷⑼《說文·糸部》：「終，絿絲也，从糸，多聲。」終字這一用法不見於典籍。《說文·糸部》：「絿，急也。」「急」有「緊」的意思，直到中古漢語還是如此。㊹所以「絿絲」就是「纏緊絲」。章太炎《文始》卷七說：「絿訓急，則終爲纏絲急也。」睡虎地勤簡《封診式》「經死」條有「旋通繫頸，旋終在項」「索上終權，再周結索」「堪上可道終索」等句，文中「終」字皆用爲「束緊」之義，此乃《說文》「絿絲」之義的引申。

⑸⑽《說文·土部》：「堪，地突也。从土甚聲。」此用法不見於典籍。睡虎地秦簡《封診式》「經死」「條有」西去堪八尺「堪上可道終索」句，文中堪字即用爲「地突」之義，指地上突起的土臺。

⑸《說文·貝部》:「貱,迻予也,从貝皮聲。」以往對「迻予」之義不得其解。睡虎地秦簡《秦律十八種》說:「禾、芻稾積廥,有羸,不備而匿弗謁及者(諸)移羸(償)不備,群它物當賞(償)而僞出之以彼(貱)賞(償),皆與盜同法。」文中「彼(貱)賞(償)」用爲「移此物補墊他物」的意思,與《說文》「迻予」義合。

⑸《說文·田部》:「暘,不生也,从田易聲。」睡虎地秦簡《秦律十八種》「田律」條說:「雨爲澍,及誘(秀)粟,輒以書言澍稼,誘(秀)粟及豤(墾)田暘毋(無)稼者頃數。」文中「暘」即指不出苗的田地。

⑸《說文·貝部》:「貲,小罰以財自贖也,从貝此聲。漢律:民不繇,貲錢二十。」「小罰以財自贖」以往不見典籍用法,但在秦簡中卻多見。如《秦律十八種》:「公器不久刻者,官嗇夫貲一盾。」《秦律雜抄》:「采山重殿,貲嗇夫一甲,佐一盾。」《效律》:「馬牛誤職(識)耳,及物之不能相易者,貲官嗇夫一盾。」文中「貲」皆「以財自贖」之義。

⑸《說文·馬部》:「篤,馬行頓遲也,从馬竹聲。」此用法不見於後世字書和典籍。睡虎地秦簡《秦律雜抄》說:「膚吏乘馬篤,𦍩(胔),及不會膚期,貲各一盾。」文中「篤」正用爲「馬行頓遲」義。㊺

⑸《說文·衣部》:「裝,裹也。从衣壯聲。」段注謂:「束其外曰裝,故著絮於衣亦曰裝。」「著絮於衣」今俗稱「絮」。睡虎地秦簡《封診式》「穴盜」條說:「乙以迺二月爲此衣,五十尺,帛裏,絲絮五斤蓑(裝),繆繒五尺緣及殿(純)。文中「蓑」(裝)即「著絮於衣」的意思。

⑸《說文·辛部》:「辭,訟也,从𤔔;𤔔猶理辜也。𤔔,理

也。」典籍「辭」或用爲「訟辭」義，乃由「訟」義引申。睡虎地秦簡《法律答問》說：「辭者辭廷，今郡守爲廷不爲？爲殹(也)。」文中「辭」即用爲「訟」義。㊺

(57)《說文·部》:「遂，亡也。从辵㒸聲。」遂有「亡」義不見於後世字書和典籍。《說文》遂字前兩字爲「逋」和「遺」，後一字爲「逃」。此四字皆訓爲「亡」。遂訓「亡」應與「逋」「逃」同義，指「逃亡」而言。睡虎地秦簡《秦律雜抄》說：「豹旞(遂)，不得，貲一甲。」文中「旞」(遂)即用爲「亡」義。

(58)《說文·女部》:「姅，婦人污也，女半聲。漢律曰：見姅變不得侍祠。」《玉篇》:「姅，婦人污，又傷孕也。」「傷孕」即「小產」，後世醫書稱之爲「半產」。「半產」之「半」即「姅」字。睡虎地秦簡《封診式》「出子」條說：「爰書：某里士五(伍) 妻甲告曰：「甲懷子六月矣，自晝與同里大女子丙鬪，甲與丙相捽，丙僨㢋甲。里人公士丁救，別丙、甲。甲到室即病復(腹) 痛，字宵子變。」文中「子變出」之「變」即《說文》姅字訓釋「姅變」之「變」，指流產而言。

《說文》在說解文字中引有一些漢代的律令如卷一「祉」「𧀼」；卷二「赾」；卷四「殊」；卷五「簞」；卷六「眥」；卷八「褭」「舳」；卷九「貀」「髳」；卷十一「湝」「鮚」；卷十二「威」、「姅」；卷十三「紲」「絩」「縵」「繻」等。這些字下都引有漢代律令條文。其它還有一些文字的訓釋也是以《漢律》爲依據的。上面已經列舉了秦代法律文獻與《說文》相對照的例子，下面再舉幾個漢代法律文獻印證《說文》的例子。

(59)《說文·糸部》:「繻，絆前兩足也。从糸須聲。漢令蠻夷足有繻。」「絆前兩足」之義典籍皆用之於禽獸。1990 年出土，1993 年公布的湖北江陵張家山漢簡《奏讞書》十九說：「㔟

(赦) 悍，完爲城旦舂，鐵纍其足，輸巴縣鹽。」文中「纍」施於人，與《說文》謂「漢令蠻夷足有纍」正合。

(60)《說文·貝部》：「磬，堅也，从石殸聲。」這一用法不見於後世字書和典籍。江陵張家山漢簡《奏讞書》十九說：「桑炭甚美，鐵盧（爐）甚磬。」文中「磬」正用爲「堅」義。

(61)《說文·貝部》：「賨，南蠻賦也，从貝宗聲。」又《說文·巾部》：「幏，南蠻郡蠻夷賨布也。」《晉書·李特載記》：「巴人呼賦爲賨，因謂之賨人焉。」江陵張家山漢簡《奏讞書》一說：「詰毋憂：律，彎（蠻）夷男子歲出賨錢，以當繇(徭)賦……毋憂曰：有君長，歲出賨錢，以當繇（徭）賦……」文中「賨」用法可爲《說文》訓釋提供佐證。

(62)《說文·髟部》：「髳，髮至眉也，从髟敄聲。詩曰：彼兩髳。髳，髳或省，和令有髳長。」按「髳」乃羌地名，見於《尚書·牧誓》和《詩·角弓》典籍作「髳」或「髦」，字亦見於西周金文牆壁和克罍克盉，何學者或釋爲「髟」。㊼羅福頤主編的《秦漢蠻北朝官印徵存》479、480號印印文分別爲「敄長」和「瞀長」。「敄（瞀）長」即「髳長」。江陵張家山漢簡《奏讞書》十六有「髳長蒼」。此即髳方酋長而名「蒼」者。《奏讞書》中出現「髳長」，與《說文》說「漢令有長」正合。

類似以上所舉可與《說文》相印證的考古資料中，有的例子還可以對以往有爭議的問題提供傾向性的證據。如：

(63)《說文·禾部》：「稷，齋也，五穀之長，从禾畟聲。」稷字的訓釋歷來有爭議、一種意見是認爲稷指穀子，一種意見是認爲稷指高粱。睡虎地秦簡《秦律十八種》說：「計禾，別黃、白、青。禁（秫）勿以稟人。」這句話中所提到的作物都指穀子，「黃」「白」「青」是對穀子種類的區別，而「禁」（秫）是指黏穀子。這條材料爲「稷」爲穀子說提供了佐證。

有些資料通過與《說文》的比照，可以讓我們修正或加深對《說文》訓釋的認識。如：

(64)《說文·土部》：「埱，气出土也，一曰始也，土叔聲。」以往皆理解「气出土」爲「气土中出」之義。睡虎地秦簡《封診式》「穴盗」條說：「其所以埱者類旁鑿。」《法律答問》說：「可（何）謂『盗埱厓?』王室祠，貍（薶）其具，是謂『厓』? 文中「埱」都是「挖掘」的意思，與《說文》訓釋中的「出土」相符。疑《說文》訓釋中「气」字有誤。

(65)《說文·日部》：「晏，天淸也，从日安聲。」《漢書·郊祀志》如淳注謂：「三輔謂日出淸濟爲晏。」睡虎地秦簡《日書》甲中「吏」篇說：「子，朝見，有，聽。晏見，有告，不聽。晝見，有美言。日虒見，令復見之。夕見，有美言。」以下是類似的話按地支順序以相同的格式重復多次。值得注意的是句中的「晏」是個與「朝」「晝」「日虒」「夕」幷列的一個時間分段。「晏」字的這一個用法以往不曾見過。1980年出土的天水放馬灘秦簡中有與睡虎地秦簡《日書》甲種「吏」篇類似的內容，㊽祇是「吏」篇的「朝」字放馬灘秦簡作「旦」，「吏」篇的「晏」字放馬灘秦簡作「安」或「安食」。「安」和「安食」也就是「晏」和「晏食」。「晏食」一詞見於《淮南子·天文訓》和《黃帝內經·素問·標本病傳論》，其具體時間相當於「巳」時，即上午九時至十一時之間。㊾「晏」這一時間內「日上三竿」，天已大亮，這與《說文》訓晏爲「天淸」，即「日出淸濟」正可對應。一般理解「晏食」之「晏」爲「晚」義，恐非是。古人作事一般皆在「旦」「朝」時開始，「晏」相對「旦」「朝」來說已經稍晚，故「晏」後有引申出「遲」「晚」「暮」的意思。知道了「晏」字早期可用來指一個具體的時間分段，可以讓我們對典籍中的個別「晏」字進行重新的解釋。《後漢書·方術列傳》：「李南字孝山，丹陽句容人也。少篤學，明於風角。和帝永元中，太守馬棱坐盜賊事被徵，當詣廷尉，吏民不寧，南特通謁賀。棱意有恨，謂曰：『太守不德，今當即罪，而君反相賀邪?』南曰：『旦有善風，明日中時應有吉問，故來稱慶。』旦日，棱延望景晏，以爲無徵；至晡，乃有驛使　詔書原停棱事。」按以往皆將「景晏」二字屬上讀，似非是。「景」字典籍訓爲「日」「日光」，「景晏」即「日晏」也，揚雄《羽獵賦》有：「天淸日晏」句。「景晏」應指「晏」這一時間分段。此句應斷作：「旦日，棱延望；景晏，以爲無徵；至晡，乃有驛使　詔書原停棱事。」李南謂明日中應有吉問，故貫棱第二日旦時起即開始等待延望，至宴時已近日中之時，故馬棱「以爲無徵」，而至晡時方有使持詔書來。這一段中「旦日」「景晏」「晡」分別指三個時間分段，按之原文結構淸楚，文意順暢。又《世說新語·雅量》：「過江初，拜官輿飾供饌。羊曼丹陽尹，客來蚤者，並得佳設，日晏漸罄，不復及精。」文中「日晏」以往皆理解爲「日暮」，似非是。「日晏」似亦應指「晏」時，是說早來者得到佳饌，而晏時以後接近中午則佳餚漸罄，非謂直到暮時方盡也。

五

以上列舉了六十個考古資料可與《說文》相印證的例子，從名物、文字的形、音、義幾個角度進行了對比分析。這樣的例子在考古資料中還有很多，本文所列不過是舉例而已。通過這些例子的分析，可以充分體會到考古資料，尤其是秦漢時期的考古資料在《說文》研究中的重要性。

利用考古資料，尤其是秦漢時期的考古資料《說文》，清人和近人已經做出了極大的貢獻。而越來越多的出土考古資料更預示著這一研究的必然前景、我們今天如果還對考古資料重視不夠或干脆不理會，則在研究方法上連清人尚且不如，更談不上前人研究的基礎上取得更大的成就。以現今的學術研究水平衡量，在《說文》研究中摒棄考古資料的研究方法，必將是孤陋寡聞，有失偏頗的。而爲了糾正這一偏差，就必須充分認識到在《說文》研究中考古資料，尤其是秦漢時期考古資料的重要性。這就是本文的宗旨所在。

【注釋】

①關於用考古資料校讀古籍，請參見裘錫圭《考古發現秦漢文字資料對於校讀古籍的重要性》;《談談地下材料在秦漢古籍整理工作中的作用》;《閱讀古籍要重視考古資料》等文。以上三文收於作者《古代文史研究新探》一書，江蘇古籍出版社 1992 年。還可參見學勤《秦簡的古文字學考察》、《秦簡與〈墨子〉城守各篇》二文。以上二文載於《雲夢秦簡研究》一書，中華書局 1981 年。用古文字印證《說文》的學者，清代主意有劉心源、方濬益、吳大澂、王筠。孫詒讓、羅振玉、王國維等，當代學者不勝枚舉。

②用古字書校讀《說文》的著作主要有丁服寶《〈正續一切經音義〉提要》，載《正續一切經音義》一書，上海古籍出版社 1986 年；張舜徽《唐寫本玉篇殘卷校說文記》，載《舊學輯存》(中)，齊魯書社 1988 年，周組謨《唐寫本說文與說文舊音》、《論篆隸萬象名義》，載《問學集》，中華書局 1966 年，陳邦懷《唐寫本說文解字木部殘卷跋》、《原本玉篇水部殘卷跋》、《原本玉篇系部殘卷跋》，載《一得集》，齊魯書社 1989 年。

③見周法高主編《金文詁林》第六冊 2940 頁，香港中文大學出版社 1974 年。

④《說文·曲部》有字作「[illegible]」，小徐本作「[illegible]」，訓爲「古器也」，讀「土刀」切。

此字疑即「訠」字之僞。訠、舀形近致僞。讀「土刀」切乃僞爲「舀」後之音隨形變。

⑤魁的考定見王振鐸《論漢代飲食器中的卮和魁》,《文物》1964 年 2 期;孫機《漢代物質文化圖說》頁。

⑥見裘錫圭《鋞與桱桯》,《文物》1981 年 9 期,又收入作者《古代文史研究新探》一書。

⑦見孫機《漢代物質文化圖說》40 頁。

⑧見孫機《漢代物質文化圖說》214 頁。典籍中「栁」或僞爲「柳」,如《水經注》卷三十六「存水」:「益州大姓雍　反,結壘於山,繫馬柳柱,柱生成林,今夷人名雍無梁林。文中「柳」即「栁」之僞。

⑨見唐蘭《長沙馬王堆軑侯妻辛追墓出土隨葬遣策考釋》,載《文吏》第十輯,中華書局 1980 年。

⑩見孫機《始皇陵 2 號銅車對車利研究的新啓示》,《文物》1983 年 7 期,又收入作者《中國古輿服論叢》一書,文物出版社 1993 年。

⑪秦簡「騷馬」的解釋見裘錫圭《讀簡帛文字資料札記》,載《簡帛研究》第一輯,法律出版社 1993 年。

⑫古璽亮字考釋見無振武《〈古璽文編校訂》,吉林大學 1994 年博士論文。

⑬見《秦漢魏晉篆隸字形表》300－301 頁,四川辭書出版社 1985 年。

⑭參見李學勤《周易經傳溯源》23 頁,長春出版社 1992 年。

⑮參見李學勤《續論西周甲骨》,《人文雜志》1996 年 1 期。

⑯見林澐《說戚、我》,《古文字研究》第十七輯,中華書局 1989 年。

⑰見裘錫圭《殷墟甲骨文字考釋(七篇)》,《湖北大學特報》(社會科學版)1990 年 1 期。

⑱見裘錫圭《釋𧊒》,載香港中文大學《古文字學論集》初編,1983 年,又收入作者《古文字論集》一書,中華書局 1992 年。

⑲中山器替字考釋見政烺《中山玉譽壺及鼎銘考釋》,《古文字研究》第一輯,中華

書局 1979 年。

⑳《秦漢魏晉篆隸字行表》277 頁「筋」字下收有秦簡「筋」字「力」乃誤摹。

㉑參見于省吾《甲骨文義釋林》374 頁，中華書局 1979 年。又裘錫圭《甲骨文字考釋（八篇）》，《古文字研究》第四輯，中華書局 1980 年。

㉒見拙見《古文字構形研究》，吉林大學 1991 年博士論文。

㉓參見《曾侯乙墓》（文物出版社 1989 年）一書第三章大八節「竹簡」（由裘錫圭、李家浩撰寫）。

㉔參見拙作《說文解字匡謬（四則）》，《說文解字研究》第一輯河南大學出版社 1991 年。

㉕參見郭在貽、張涌泉《俗字研究與古籍整理》，載《古籍整理與研究》第五期，中華書局 1991 年。又收入《郭在貽語言文字學論稿》，浙江古籍出版社 1992 年。

㉖同㉔

㉗參見林澐《釋古璽中从「束」的兩個字》，《古文字研究》第十九輯，中華書局 1992 年。

㉘同㉔

㉙席字考釋見饒宗頤《戰國楚簡箋證》，載《今匱論古綜合刊》第一期 64 頁。又林澐《釋笞》，香港中文大學《中國語文研究》第八期，1986 年。

㉚參見于省吾《甲骨文字釋林》431 頁，珠中華書局 1979 年。

㉛見裘錫圭《古璽印考釋四篇》，《文博研究論集》，上海古籍出版社 1992 年。

㉜參見李學勤《周易經傳溯源》61 頁。

㉝參見李家浩《從戰國「忠信」印談古文字中的異讀現象，《北京大學學報》1987 年第 2 期。

㉞見馬繼興只編的《敦煌古醫籍考釋》，江西科學出版社 1988 年。

㉟見拙作《璽印文字釋叢〈二〉》，《考古與文物》特刊。

㊱參見裘錫圭《甲骨文中所見的商代農業》，《全國商史學術倫文集》，《殷都學刊》1985 年增刊，又收入作者《古文字論集》一書。

㊲參見李學勤《秦簡的文字學考察》，《雲夢秦簡研究》，中華書局 1981 年、

㊳參見裘錫圭《考古發現的秦漢文字資料對於校讀古籍的重要性》，《中國社會科學》1980 年 5 期，又收入作者《古代文史研究新探》一書。

㊴同㉓

㊵參見湯餘惠《包山楚簡讀後記》，《考古與文物》1993 年 2 期。

㊶同⑥

㊷參見于豪亮《居延漢簡甲編考釋》，《于豪亮學術文存》，中華書局 1985 年。

㊸參見裘錫圭《漢簡零拾》，《文史》第十二輯，又收入作者《古文字論集》一書。

㊹參見江藍生《魏晉南北朝小說詞語匯釋》86 頁，語文出版社 1988 年。

㊺參見裘錫圭《〈說文〉與出土古文字》，《說文解字研究》第一輯，河南大學出版社 1991 年。

㊻張家山漢簡《奏讞書》釋文及考釋及考釋見《文物》1993 年 8 期和 1995 年 3 期。

㊼見林澐《釋史強盤銘文中的「狄」「虘」「髟」》，載《陝西歷史博物館館刊》第一輯，三秦出版社 1994 年。

㊽放馬灘秦簡見《天水放馬灘秦簡甲種〈日書〉釋文》，載《秦漢簡牘論大集》，甘肅人民出版社 1989 年。薛英群在《居延漢簡通論》（甘肅人民出版社 1991 年）中認爲這批簡不是秦簡而是漢簡。

㊾參見劉樂賢《睡虎地秦簡日書注釋商榷》、《文物》1994 年 10 期。又宋鎮豪《試論殷代的記時制度—— 兼論中國古代分段記時制度》，載《國國商史學術討論會論文集》，《殷都學刊》1985 年增刊。

尺、尾、尿、屈新解

王瑞生

尺

說文：十寸也，人手卻十分動脈爲寸口，十寸爲尺，尺所以指尺規榘事也。從尸從乙，乙所識也，周制寸、尺、咫、尋、常、仞，諸度量皆以人之體爲法。

段注：指尺當作指斥、聲之誤也。「指斥猶標目也，用規榘之事，非尺不足以爲程度，尺居中、下可晐寸分，上可包丈引也。「從乙」，會意。乙所識也：漢武帝讀東方朔上書未盡，輒乙其處，題識之意也。以 尺記識所度故從乙。

研究說文者，皆在「指尺規榘事也」、「乙所識也」打轉，怎麼轉都轉不出來，唯有幾家之說法較爲新鮮，然亦不對，今試錄其說以供參考。

清張文虎舒藝室隨筆，云：

> 案疑古尺如今之規，兩股可開合（今亦謂之旋尺），　乃象形。今木工營造尺亦縱橫兩股，但不能開合耳。

按張文虎以　爲象形，類似今之圓規兩股可開合，其說雖新，然無佐證，故不可信也。

宋芸子說文部首訂，云：

> 按寸從又，以一指其十分之所在。尺當從乚，以乀指其十寸之所在，靈素經有穴名，當手卻一寸者，曰寸口。卻一尺者，曰尺澤。夫穴名尺澤。正當人手肱之處。其尺字從

ᒐ固無疑，古老子尺作ㄢ。六書統尺作ㄒ，古文尺作ㄟ，六書精蘊局作ㄡ，其所從之尺，形同古文厷，而皆與尺篆相反。惟從丨有邪正不同，汗簡尺作ㄗ。從乁從肱之古文ᒐ反書之，其形遂與今篆相似，所以説解云從尸也。其下雖有從乁從㇏之異，而實與寸從一指事例合。丨乁皆一之變體知一變爲　者，王下引孔子曰一貫三爲王則一即丨也。知一變爲乁者，卜篆作　。象龜兆之縱横，而古文卜作ㄏ，則乁即一也。部屬咫，即尺之別義加聲字，又周制以八寸爲尺之轉注，然則咫亦尺矣。

林義光文源，云：

從尸猶從人，尺以人體爲法，故於脛下以乙識之，寸以手卻十分爲法，然則尺以足上十寸爲法也。」兩説各有所見，並引參證。

宋育仁說文解字部首箋正，云：

會意也，十髮爲程，十程爲分，十分爲寸，十寸爲尺。度始於髮成於尺，班固説：尺，蒦也，蒦即矱。謂榘矱也。至尺而度成，可以度量長短，故説尺，所以指尺規榘事也，周尺以八寸爲尺，人長十尺謂之丈夫，人身以尺計者也。孟子，五尺之童。趙岐説，二歲半爲一尺，故尺從尸，乙所以識，謂度人身每尺畢，輒乙其度，度物亦然。以爲度之標識，古者聖人身以爲度，故周制諸度量皆以人之體爲法，十髮爲程，十程爲分，分取於髮也，人手卻十分爲寸口，寸取於手也，人身以尺計，尺從尸爲識，尺取於身也，中婦人手，長八寸爲咫，咫取於手也，人伸兩臂長八尺爲尋，尋取於臂也，倍尋爲常者，八寸爲尺，人長八尺爲丈，合縱與横爲丈有六尺，故倍尋爲常，常取於人之直體與橫體也，仲臂一尋爲仞，與尋同例。

王筠說文釋例，云：

尺下云十寸也，從尸從乙，乙所識也，然則非甲乙之乙，與寸之一同，尸與寸之又同。蓋脈有寸關尺，自擊起算爲寸，自肘起算爲尺，尺字向右，寸字向左，聊以爲別。尸衹是人，故許君曰以人之體爲法。

王筠說文句讀：

識當作職，耳部，職記微也，桂氏曰，乙即ʃ部之乚，鉤識也，音居月切。繫傳曰，漢書，武帝讀東方朔上書，止輒乙其處是以乙爲記識也，考工記輪人，凡斬轂之道，必矩其陰陽注，矩謂刻識之也，案經謂識爲矩，是即指斥規矩之證。昌石切。

按許愼與段玉裁對尺之解釋均不能令人滿意。許愼謂「所以指尺規榘事也。」不知所云。段玉裁謂「指尺當作指斥言，猶標目也。」則錯上加錯，不過許愼謂「周制寸、尺、咫、尋、常、仞諸度量皆以人之體爲法。」之句卻十分正確，最少寸、尺是如此，至於咫、尋、常、仞，則非本論文範圍，故不加論述。

按許愼云：尺從尸從乙，乙所識也。雖不錯，然語焉不詳。故段玉裁誤解爲從榘尺記識所度故從乙，蓋尺小篆作尺，余以爲尸，人也，乁非乙也，若以人體爲法，此乃謂男性生殖器之長度也。

論語泰伯篇：「可以託六尺之孤。」

劉寶楠正義：六尺之孤以古六寸爲尺計之，當今三尺六寸。

又周禮地官：鄉大夫以歲時登其夫家之衆。疏，六尺謂年十五。琅琊代醉編尺，仲尼之門，五尺之童羞稱五霸，古以二歲半爲一尺，言五尺爲十二歲以上。

禮記王制：古者以周尺八尺爲步。

鄭玄注：周尺之數未詳聞也，按禮制周猶以十寸爲尺。

蔡邕獨斷上：夏以十寸爲尺，殷以九寸爲尺，周以八寸爲尺。

通鑑外紀：禹十寸爲尺，湯十二寸爲尺，武王八寸爲尺。

按一尺於古代到底等於多少寸，於今很難詳考。尤其到了春秋戰國時，諸侯力征，分爲七國「田疇異畝，車塗異法，其度量衡之制度固將不同，故有一尺有十二寸、十寸、九寸、八寸、六寸之說法。

以今觀之，以一般人之生殖器長度大約六寸，則劉寶楠之說似較接近，故尺乃從尸、從乙，此乙即生殖器之長度也，此許慎謂以人體爲法也。若以從乙爲乙所識也，則非以人體爲法也，此又可從尾字得到旁證。

尾：小篆作尾

許愼云：

尾微也，從到毛在尸後，古人或飾系尾，西南夷皆然。

段玉裁注：

到者，今之倒字，今隸變作尾於古人或飾系尾句。段玉裁曰：未聞。鄭說　曰，古者佃、漁而食之。衣其皮。先知蔽前，後知蔽後，後王易之以布帛，而獨存其蔽前者，不忘本也，按蔽後，即或飾系尾之說也。

西南夷皆然句，段玉裁注曰：「後漢書西南夷列傳曰，槃瓠之後，好五色衣服，製裁皆有尾形。按尾爲禽獸之尾，此甚易解耳。而許必以尾系之人者，以其字從尸，人可言尸，禽獸不得言尸也。凡全書內嚴人物之辨每如此，人飾系尾，而禽獸似之，許意如是。」

按尾字由於許慎云，從毛在尸後，古人或飾系尾。故一般注解者皆在從「尸」及「飾系尾」上作文章，然皆未搔到癢處，今試錄幾家較有見解，然亦非正詁者，供大家比較。

王筠說文釋例云：

> 許君說字義字形，必使之相爲表裡，如肉下云胾肉也，字形如胾肉。故以鳥獸之肉爲說。若人肉，無由作臠也。血下云祭所薦牲血也，以人血無由盛以皿也，皆寓尊人之意。而形義實有不比附者。古義失傳也。惟尾字，誤謂其從尸，因致周章。請以尸字諸義言之，尸象臥之形，臥時無取乎飾系尾也，尸象屋形，人不可以爲屋也，㞋訓柔皮而從尸。人之皮不可柔也，知此爲獸皮矣，而尻屍扂乃在人之後者也，尾之在禽獸後似之，且㞋之爲獸皮也。又可即說解以爲徵。云或從又，是[篆文]篆亦作[篆文]也。屍柔皮也，其篆文從瓦而說曰從皮省。蓋當作[篆文]，而篆與說皆僞也。皮有[篆文][篆文][篆文]三文，皆從[篆文]，則尸字亦象獸皮，有明徵也。不妨一字象兩形也，如匕字既爲比敘，又爲　。余又見其象畢載牲體之畢矣，且欲以尾強屬之人。試問禽獸之尾天生之，人飾系尾，人爲之，孰爲先後，皦然可知。而謂尾字爲人而作乎。字從到毛，尾毛與身毛同向後，不見其到也。云到者，垂於身之後也，惟麋鹿犬豕之竭其尾者，則眞到矣。　以尸象臥形推之，知[篆文]當[篆文]作，以[篆文]從[篆文]推之，知尾當從[篆文]，蓋皮之省文，非尸也，似許君誤合之，古人於禽獸言皮，故傳曰。譬之於禽獸。吾食其肉而寢處其皮矣。於人言膚，故孝經曰身體髮膚，尾亦屬禽獸，故字從皮省也。屋從尸者，直是從人至會意，若尸已是屋，

則籀文□，當從广，從广以象屋形。無緣屋上架屋也。屖扁二字下，皆曰尸者屋也，蓋以屋字從尸。故云然，非以字形與广相似也。

宋育仁說文解字部首箋正：

會意也，尾，微也。猶髮拔也，髮之爲拔，謂其拔起也尾之爲微，謂其微末也，說其名以見義，楊雄書，尾盡也，稍也，與微義通，古尾微通借，尾生或作微生，論語微生高本亦作尾生高，按古文□省作□，篆混合於尸字，古文尾作□，篆混合於毛字，如履屨屋居等字，均當從皮就篆立說，從尸爲人，故謂太古之前，人有尾。山海經說，西王母虎尾，神人九尾，飾系尾，蓋既知蔽後之時，以皮羽系於後，以飾尾，西南夷亦然。見班固書。

嚴一萍釋□

小屯乙編四二九三版，有辭曰：

王　曰：「其隹丙戌幸，㞢□。其隹辛□　。」

此版卜兆刻劃，乃武丁早年之物。其中□字，甲骨文僅此一見，案即說文：「從到毛在尸後」之尾字，□爲正毛，□爲到毛，猶□爲到子也。尾與微，古字通，論語微生高，燕策、漢書古今人表，並作尾生高。高誘注魯人。又莊子盜跖，漢書東方朔傳尾生注，並以爲微生高。堯典孳尾，史記作字微。釋名：「尾，微也。承脊之末稍微殺也。」說文：「尾，微也。」知兩字之音訓相同也。史記堯本紀：「鳥獸字微」，集解引說文曰：「尾，交接也。」今說文無此句。沈濤曰：「乳化曰孳，交接曰尾。雖係僞孔傳之文，必古來相傳舊訓。」(古本考)。交接者，鳥獸雌雄相交之謂。今以此版卜辭證之，則尾字之訓交接，乃遠承殷商以來，試尋繹之。(見甲骨文字研究第一輯 25 頁)

許愼云：微也，此乃音訓，並無問題，從到毛亦很正確，唯言在　後，古人或飾系尾，西南夷皆然，則大誤也。許旣誤，段玉裁之注更誤。段氏旣知尾爲禽獸之尾，又云，人可言尸，禽獸不得言尸，凡全書內嚴人物之辨每如此，而許必以尾系之人者，以其字從尸，人飾系尾，而禽獸似之，許意如是。許意旣誤，段氏承其誤又爲之解，乃許氏之罪人也。旣云許書嚴人物之辨，則禽獸之尾不當從尸可知矣，又禽獸有尾，而人無尾。

此應云，禽獸有尾而人飾之，段氏之說蓋顚倒黑白，故予以爲，此字非禽獸之尾，乃人之尾，而且非人後面之尾，乃是男性前面之尾，而且不是尾而是男性之生殖器，所以小篆作　乃是從尸從乙從倒毛，從尸從乙即是「尺」字，尺，即男性之生殖器，再加上倒毛，即成尾字，蓋生殖器所長之毛向下垂，故曰從倒毛。其本在人前，許云，在尸後，誤甚，故其無法自圓其說，而以飾系尾解之，更誤。後人如王筠、嚴一萍等，雖知其誤，又不知其所以誤。王以爲許愼誤將尾從尸，蓋尸象臥之形，臥時無取乎飾系尾，尸象屋形，人不可以爲屋，故謂尾之從尸乃皮之省文，非尸也。而嚴以爲尾字乃雌雄相交之謂。此蓋瞎子摸象之說也，按此字又可在「尿」字、「屈」字找到旁證。

尿：小篆作

許愼云：

人小便也，從尾水。

段玉裁注云：

會意，古書多假溺爲之。

徐灝說文段注箋云：

戴氏侗曰：尿息遺切，人小便不當從尾，奴弔切，自有溺字。灝按今俗語．尿．息遺切，讀若綏，古謂尿爲旋，左氏定三年傳，夷射姑旋焉。杜注，旋，小便也。綏旋一聲之轉。廣雅曰：𡳞溲也，亦一聲之轉，戴説是也。然古亦謂𡳞爲溺。史記范睢傳醉更溺睢。漢武帝紀夜至柏谷，從逆旅主人求漿，主人翁曰：無漿只有溺是也。戴謂人小便不當從尾，亦失之拘，凡人事借用鳥獸字義者多矣。

按戴侗以爲人小便不當從尾，此甚有見解，然其以溺爲正字而以𡳞爲誤字，此乃知其一不知其二，而徐灝箋曰，今俗語尿讀若綏，古謂尿爲旋，以綏旋一聲之轉，以戴侗謂人小便不當從尾爲失之拘，以爲凡人事借用鳥獸字義者多矣，此連其一皆不知矣。

按人之小便乃從前面之生殖器溺出，如甲骨文作𡳞（見殷墟書契菁華5一）而非從後面之尾巴溺出，何況人又沒尾巴，所以𡳞乃從男性之生殖器所溺出來之水，屬會意字。小篆做𡳞，許愼不知𡳞乃男性之生殖器，將之解做尾巴之尾。故有從尾水之説。戴侗雖知人小便不當從尾，但亦不明其義。今隸省做尿，從尸從水，則不知水從何來，更不知其義矣。故必從生殖器所出之水方得謂之尿，小篆之𡳞意甚明，後人不知，以溺旋代之，則不若𡳞之明白矣。

屈：小篆作𡱼

許愼云：

無尾也，從尾出聲

段玉裁注云：

韓非子曰，鳥有翢，翢者重首而屈尾，高注淮南云，屈讀如秋雞無尾屈之屈。郭注方言隆屈云屈尾。淮南屈奇之服。許注云屈，短也，奇，長也。凡短尾曰屈，玉篇巨律切元應書廣韻衢勿切，今俗語尚如是，引伸爲凡短之稱，山短高曰崛，其類也。今人屈伸字，古作詘申，不用屈字，此古今字之異也。鈍筆曰掘筆，短頭船曰撅頭皆字之假借也。

桂馥說文義證云：

無尾也者，本書　讀若無尾之屈，埤倉屈，短尾，廣韻屈，短尾鳥。一切經音義十二，淮南子屈奇之服。許叔重曰，屈，短也，奇，長也，馥案古詩我牛尾禿速，禿速即屈之反語。

說文假借義證云：

隷省作屈，爲退屈之義，本借字也……。又後漢書朱景等傳注屈起猶勃起也，屈當爲崛之省，借文選西京賦注引倉曰崛特起也。

按許愼云無尾也。乃望文生義，許愼將尾解釋爲人後所裝飾之尾巴；故尾巴出了，乃無尾也。段玉裁所引以解釋者皆引伸義而非本義。桂馥引古詩言禿速爲屈之反語，語焉不詳，引後漢書朱景等傳注言屈起猶勃起稍有新意，然仍未能說明其義，蓋屈，小篆作，乃言某種東西從男性生殖器一流出來，按從男性生殖器流出之東西有兩種，一種爲尿，另一種則爲精液。蓋男性之生殖器爲海棉體，當其充血勃起時硬如木棒，唯當其射精時，則曲如軟棉，故予以爲屈之本義爲屈伸之屈，言男性之生殖器能屈能伸，其勃起則伸，其射精後則屈，爲亦聲字。諺曰大丈夫能屈能伸，此句若不如此講，則無法解釋，大丈夫蓋指男性之生殖器也，能屈能伸，言其可充血勃起亦可軟如海棉，而今之說者皆知其引伸義，不知其本義。

以上四字之新解乃本人研究語言、文字學一點小小之心得，是否正確不得而知。今借這次訓詁學研討會提出來就教大家，請諸位先進不吝指正。

【參考書目】

說文解字注　段玉裁　藝文印書館

說文解字詁林　丁福保　鼎文書局

甲骨文字集釋　李孝定　中央研究院歷史語言研究所專刊之五十

甲骨文字研究　嚴一萍　藝文印書館

甲骨文字釋林　于省吾　大通

積微居金文說、甲文說　楊樹達　大通

金文詁林　香港中文大學

金文詁林補　周法高　中央研究院歷史語言研究所專刊

《轉注古音略》之訓詁釋例

盧淑美

一、前 言

宋、元、明三代之際，學者對於經學的研究，大多捨棄漢唐以來章句訓詁之學，而專研義理。宋朝人更進而懷疑經典，不相信古注疏，甚至改經、刪經①。楊愼是明朝記誦之博、著作之富的第一人②，他力倡求實的學風，反對自宋以來，空談心性和崇尙虛無的態度，反對束書不觀和游談無根，大力主張恢復兩漢經學考證方法。所以楊愼研究古音的最初動機，是在復興經學，是起源於研讀古代經書的需要，所以他力倡求實的學風，注重辨僞、校勘異文、改訂訛誤，並解釋古今方言俗語的差異與古今詞彙的不同。他重漢學、注重漢唐古注疏，斥疑經、改經之非，提倡考證、訓詁。這對後來明末清初的考據學，也造成一定的影響。

楊愼《轉注古音略》一書共五卷，是依當時通行的平水韻編排，分成106韻。每韻之下，收同韻之字，在字下注釋之小字分爲二列，通常先列「音某」、「釋義」、再「引文」或再注明出處或改正訛謬，有時也加上按語，而加上按語處即以〇相隔，而注音之方式，除大部分爲「音某」之直音外，也有少部分切語及若干訓詁之條例補充說明，現就其訓詁條例加以說明：

二、《轉注古音略》之訓詁釋例

(一)釋古今方言俗語

楊愼在（二沃）不字下引項氏家說曰：「音隨土俗輕重不同，而字義則一而已。」語音隨各地域之不同，而產生變異，故形成一字多音之現象，雖然語音有所轉變，但字義卻未改變。今列舉楊愼《轉注古音略》中，有關方言俗語並改正訛誤之數例，如下：

(1)古今方言

1.登，音得。《公羊傳》：「登來之也。」注：登，得也，齊人語。(十三職)

登古音端紐蒸部，得古音端紐職部，二者古音雙聲。

2.桃，一音由，又食汝切。《儀禮》：「手執桃匕枋以挹。」鄭玄云：「桃謂之歃。」或作桃者，秦人語。(十一尤)

3.戊，《說文》：「戊，中宮也。」今轉音作務，而江西之音猶作茂，見《字原》。(二十六宥)

戊與茂古音俱爲明紐幽部，二者有音同的關係。

4.龍，音弄。〈李華·寄懷詩〉：「玄猿啼深龍。」

楚越謂：竹樹深者爲龍。今蜀語云：樸梇是也。(一送)

龍與弄古音俱爲來紐東部，彼此之間爲同音關係。

5.搶，此亮切。吳楚謂帆上風曰搶。〈揚都賦〉：「艇子搶風，榜人逆浪。」今舟人曰掉搶是也。(二十三漾)

6.　，於邁切。《老子》：「終日號而　不　。」王弼曰：「氣逆也。」楚人謂：啼無聲曰　。(十三職)

7.豨，許豈切。《說文》：「豕走豨豨聲也。」

楚人呼豬豨。(五尾)

8.撰，音罕。《曲禮》：「撰杖屨。」

楚方言謂舉物曰撰物。(十四旱)

9.屈,《毛詩》:「勿翦、勿拜。」注:拜,屈也,今南人謂婦人拜曰屈,蓋亦古音也。俗謂折斷爲屈,而《廣韻》字作扭,蓋不知轉注之義耳。(二十一馬)

(2)俗語

1.閘,音戛。《爾雅》云:「代也。」○按今俗語猶有閘代之言,而字作夾帶云。(八黠)

2.湛,音耽。《詩》:「和樂且湛。」俗作愖。(十三覃)

3.陰,音飲。古醫方有淡陰之痰,俗作痰飲。(十二吻)

4. ,初莧切。傍入曰 ,又上聲,今俗作平聲。(十五翰)

5.鱣,魚名,黃質嘿聞似蛇而無鱗,《荀子》:「蟹非蛇鱣之穴,無所寄託。」俗作鱔。(十六銑)

6.參,音粲。東漢〈禰衡傳〉:「漁陽參。」注引〈王僧儒詩〉:「散度廣陵音,參寫漁陽曲。」自注云:參,七紺反,今俗作槮。(十五翰)

7.濼,音薄。陂澤也,一曰大柒。 字一作 ,俗作 。(九屑)

8.玷,以手揣度曰玷,俗作拈,市井語掂斤播兩。(十五咸)

9.蝗,户孟切。俗呼蝗虫,彦章曰:日有令旨恤灾,但言徽有蝻虫爲害,不呼爲横也。按唐韻蝗,一音横,户孟切,則俗呼爲横,不爲無本。(二十五敬)

10.耎,奴困切,俗書嫩字。隸作媆、古篆軟硬之軟,畏懦之懦、老嫩之嫩,皆作耎。(十四願)

11.眏,動也,俗謂少頃之間曰眏 眼,又作眨。(十七洽)

(3)訂正訛誤

1.沽,音估。《周禮》:「酒正注功沽。」又秦以市買多得曰

估。《玉篇》引《論語》：求善價而估諸而字作[illegible] 。今按俗謂商價曰估計、估價，當用 字。(七)

2.𩣡，《說文》：「馬步疾也。」俗作驫非。

〈漢郊祀歌〉：「𩣡浮雲奄上馳。」(十六葉)

3.洞，《說文》：「滄也，从水同聲。」○今按《詩》：洞酌之洞，从水正與行潦義相符，不必改洞作迥。(二十四迥)

4.絚，音絆，補絳也。〈古樂府〉：「敝衣誰當補，新衣誰當綻，賴得賢主人攬取爲吾絚。」今絚多誤作組。(十五翰)

5.盼，匹莧切。《說文》：「目好流視从分聲。」○《詩》：「美目盼兮。」今《詩》及《論語》：皆作盻非、盻，胡計切，恨視也。《孟子》：「使民盻盻盻然。」郭忠恕曰：「流俗以盻恨之盻爲盼睞之盼，莫知其非。」(十六諫)

6.屮，音徹，草初生也。《易傳》云：「屯字象屮穿地。」

屮，俗作草非。(九屑)

7.覶，覶縷不均也，俗作覼非。(二十一箇)

8.啚，音鄙。《說文》：「啚，嗇也。」古作 ，俗以爲圖字非。(四紙)

9.豆，《周禮·考工記》：「梓人一獻而三酬，則三豆矣。」注當作斗，俗作㪷。後人誤作俎豆之豆讀之，今俗書作㪷，蓋訛併耳，豆古斗字。(二十五有)

10.覔，音密。俗書作覓非。《文選》：「覔覔不得語。」字一作覔。(十二錫)

11.浥，去滓也，俗作滗非，見諸經音義。(四質)

12.穛，音醮，物縮小也，俗作𥨍非。(十八嘯)

13.頃，讀作跬。〈祭義〉：「頃步而弗敢忘孝。」古字跬多借規字用，《論衡》：「拯溺不規行是也。」疑頃字亦規之誤。(四

紙）

14.庈，鋤里切，義與俟同，古作庈，又作㕌。俗以爲候字非，傍音祈，人姓也。（四紙）

15.唫，音噤，口急貌。《太玄》有：「唫首。」○俗用吟字非。（二十六寢）

16.珧，音遙。《集韻》：「玉瑤蜃甲也，南方以爲美味。」俗作瑤非。（二蕭）

17.襲，音薩。《釋名》：「襲匝也，以衣周匝覆之也。」今時製衣有名一襲者當用此字，別作一撒非。（十五合）

18.　，余隴切。《蒼頡篇》：「巷道也，今官府中路曰道。」當用此字，俗作甬非。《周禮》：「舞上謂之甬。」甬，鏡柄也，非此用。然〈韓文公詩〉：「雲韶凝禁甬。」其誤久矣。（二腫）

19.筧，溝竹取水也，俗作梘非。（十六銑）

20.宍，古肉字。《吳越春秋》引黃帝時謠云：「斷竹續竹，飛土逐宍。」又《淮南子》：「欲宍之心，忘於中，則饑虎可尾。」今皆誤作害非。（一屋）

(二)校勘異文，改正訛誤

楊愼用「今本某作某」、「古本某作某」、「今本作某」、「今文某作某」、「今書作」、「一本或作」、「某某本作」、等術語來列舉古書中的異文，來說明某書不同版本的異文比對，並校勘文字的異同，同時也得知一些訛字作假借的例子，並改正訛誤。今列舉如下：

(1)校勘異文

1.洍，音怡。《說文》引詩：「江有洍。」今本作汜。（十灰）

《呂氏家塾讀詩記》引董氏語：「汜《石經》作洍。」

2.鳩，音豸，解也。《左傳》：「庶有鳩乎。」

《釋文》：徐邈讀，今本作豸。(四紙)

豸古音定紐支部，鳩見紐幽部，蓋因諸家師承之不同，而有音讀上的差異。

3.䨴，《說文》引詩：「燕婉之求得此䨴䨴。」

今本作戚施。(十賄)

此乃古今辭彙的變遷，䨴䨴即戚施。

4.鶂，倪歷切。《說文》引春秋「六鷁退飛過宋都。」今本作鷊，司馬相如說作鵝，聲類作鶃。徐金楚云：鶂本鳥，首九頭。《莊子》：「鶂相視眸子不運而風化。」。《博物志》：「雄雌相視則孕，或云雄鳴上風，雌鳴下風。」(十二錫)

故鶂作鷁又作鷊又作鵝又作鶃。

5.墳，音粉。土膏肥也。《左傳》：「祭地地墳。」

字一作賁，《穀梁傳》：「覆酒于地而賁。」(十二錫)

故賁又作墳。

6.怠，音怡。《周易》：「謙輕而豫怠。」虞氏本作怡。(四支)

7.多，音祇。《論語》：「多見其不知量也。」一本或作祇。(四支)

8.嗄，《老子》：「終日號而嗌不嗄。」崔本作喝，字書云：「喝，斯也。」嗄與喝古字通。(十卦)

9.發，《毛詩》：「鱣鮪發發。」《韓詩》作：「鱣鮪鱍鱍。」(七曷) 鱍鱍是形容魚跳動的樣子。

10.薍，《淮南子》：「薍茵類絮而不可爲絮。」《說文》本作蒞。今作荻。(十二錫)

11.砅，《說文》引《詩》：「深則砅。」履石渡水也，今文砅作歷。(八霽)

12.茵，音蝱。《説文》引《詩》：「言采其茵。」，今文作蝱。(七陽)

13.壼，緼同。《説文》引《易》：「天地壹壼。」，今文作絪緼。(十二吻)

14.黏，《説文》：「黏也。」。引《左傳》：「不義，不黏。」今文作昵。(四質)

15.苄，音户。《説文》：「地黄也。」。引《禮記》：「鉶芼牛藿羊苄豕薇。」今文苄作苦。(七麌)

16.泥，音甯。《春秋》：「泥母。」。地名，今作甯母。(二十五徑)

17.欳，《説文》：「愁然也。」引《孟子》：「曾西欳然不悦。」今文作蹙然。(一屋)

⑵改正訛誤

1.爻，音效。《易》：「爻法之謂坤。」

今本作效，蓋俗儒　改之。(十九效)

爻與效古音俱爲匣紐宵部，二者音同。

2.能，奴來切。《後漢書·謝該傳》引左傳「黄能入寢。」

今本能作熊，蓋字之誤也。(十灰)

能古音泥紐之部，熊古音匣紐蒸部，字音不同蓋字形相近而誤寫。

3.挭，《漢書》引繩排挭。今本挭誤作根株之根，非也。〈黄山谷送公定詩〉：「引繩痛排挭自注。」挭音痛。(二十四敬)

挭，引也。挭與根字形相似而誤也。

4.假，《説文》：「至也。」周伯溫曰：「易王假有廟。」誤寫作假，不得其説，音革非也。殊不知此字元訓至也，《詩》：「昭假遲遲。」亦音古雅切，但傳寫之訛後，遂不考耳。(二

十一馬)

5.劉，子小切。《詩》：「勝殷遏劉。」《左傳》：「虔劉我人民。」○今按。《尚書·甘誓》：「天用勦絕其命。」《說文·刀部·剿下》：引勦作剿，今書作劋。《漢書·西域傳》：「莽封欽爲剶胡子。」顏師古注：「剶，本字作剿，轉寫訛爾。」(十七篠)

本字剿，誤寫爲剶，又訛爲劉，而剿又書作劋，或作樔。

6.韈，足衣。《釋名》：「末也，在腳。」末音蔑，《列女傳》：字古作靺。《古樂府》：「結靺子。」今訛作襪。(六月)

㈢明古今字形之別

楊愼用「古文某字」、「古某字」、「古字作某」、「古作某」、「即古某字」、「古文以爲某字」、「古文某皆爲某」、「古某某字同」、「古者某某同字」、「古即用某字」、「古文某作某」等術語來說明由於語言的變遷，造成古今同詞異形的情形。他在七麌俛字下注曰：「古音流變，字亦隨異。如俯仰之俯，本作俛今文皆作俯，而俛音免不復音俯矣。」時代的變遷，雖然造成古今語音的變化，但我們依然能辨明古字與今字之間的關聯。

⑴古今字體不同

1.醜，《孟子》：「地醜德齊。」《詩》：「無我魗兮。」

《正義》曰：「魗、醜古今字。」(十一尤)

2.僢，古舛字，見《淮南子》。(十一軫)

《淮南子·說山》：「分流舛馳。」《玉篇》引舛作　。

3.巡，古文巡作順，見《集韻》。(十二震)

巡和順古音俱爲文部，有疊韻關係。

4.卬，古仰字。(二十三漾)

5.戔，古殘字。(十四寒)

6.請,《史記·禮書》:「請文俱盡。」注古情字。(八庚)

7.豆,古斗字。(二十五有)

8.昏,古厥字。(六月)

9.魏,古魏、巍字同而音異。(五微)

10.福,音偪。《賈誼傳》:「疏者或制大權以福天。」注福古逼字。(十三職)

11.柒,今之蹉跎字,古作差柒。(五歌)

12.茄,古荷字。(五歌)

13.苓,古蓮字。(一先)

14.立,與位同。《古文春秋》:公即位作公即立。

鄭玄曰:「古立位同字。」(四寘)

15.卝,音貫,本古文磺字。周官有卝人卝金,玉未成器也,童未成年亦猶金未成器也。(十六諫)

16.縮,《儀禮》:「鼎西亦西縮。」

鄭玄曰:「古文縮皆爲蹙。」(一屋)

17.分,本分毫之分,古文作辨,見《儀禮》。(十六諫)

18.尋,本古文繭字。(十二侵)

19.廿,二十并也,又古文疾字。(四質)

20.頌,音容,本古容字。(二冬)

21.咎,音,皐皐陶古作咎繇又咎單。(四豪)

22.溉,居氣切,清也。

徐廣、劉伯莊皆云:溉古既字。(四寘)

23.栝,古文檜字○按古字舌與會音同。(九泰)

24.堋,古文窆字。(二十九豔)

25.𡰥,古夷字。(四支)

26.鵬,《莊子》:「化而爲鳥,其名爲鵬。」

崔譔注云：「鵬即古鳳字，非來儀之鳳也。」

《說文》云：「朋及鵬皆古文鳳字。」(一送)

27.賁，古斑字。見《周易》注疏。(十五刪)

18.度，古宅字。(十一陌)

29.圛，古文驛字。(十一陌)

30.開，古岍字。(一先)

31.名，去聲與命同音，古即用命字。

《孟子》：命世之才謂名世之才。(二十四敬)

32.亞，古堊字，塗飾牆也。(十藥)

33.旎，音儺。《楚辭》：「紛猗旎乎都房。」王逸注引《詩》曰：「猗旎其華。」今《詩》作猗儺。詩音猗旎，特古今字形有異耳。(五歌)

34.鱷，古今鯨字。(八庚)

(2)古今字體之演變

A、古鐘鼎文

1.䰜，古鐘鼎文，烹字。(八庚)

2.霝，鐘鼎，靈字。(九青)

3.辜，鼎文，準字。(十一軫)

4.影，鼎文，樹字。(七遇)

5.乍，古作字。三代鼎文款識作皆書爲乍。(十藥)

B、石鼓文、石經

1.澫，石鼓文，漫字。(十五翰)

2.旛，音義與翰同。石鼓文旛旛。(十五翰)

3.鮞，石鼓文，鰯隸省作鮞，俗作鯿非。(一先)

4.鰯，石經埋字。(九佳)

C、籀文、古篆

1.㼧，籀文，猛字。(二十三梗)

2.𪓰，籀文，蜃字。(十一軫)

3.䢜，籀文，道也。(十九晧)

4.錢，籀文，盞，从缶。(十五潸)

5.䑕，籀文，鮓字。(二十一馬)

6.秇，籀文，藝字。(八霽)

7.𦏝，籀文，晒字。(十)

8.發，籀文作癹。(七曷)

9.曷，音渴，〈禮坊記〉：「相彼盍旦，尚猶患之，盍旦夜鳴，求陽之鳥也。」籀文作 旦。(七曷)

10.蝎，籀文，虹字，非毒螫之蟲也。(一東)

11.䋯，籀文，杯字。(十灰)

12.霊，籀文，皚字。(十灰)

13.閩，籀文，蚊字。(十二文)

14.慶，音近荊。《史·荊軻傳》：「軻先齊人徙於衛，衛人謂之慶卿。」聲相近，故隨在國而異其號也。○按古篆慶作庱，以庚得聲，故音亦近荊耳。(八庚)

15. 耎，奴困切，隸作媆、古篆軟硬之軟，畏懦之懦、老嫩之嫩，皆作耎。(十四願)

懦之懦、老嫩之嫩，皆作耎。(十四願)

C、漢隸、漢碑字

1.閪，漢隸，倠字。(九佳)

2.𢍏，漢隸，竿字。(五歌)

3.晁，音義與兆同，漢隸多如此，與晨鼂之鼂不同。(十七篠)

4.�，漢隸，亦以漢隸軒字。(十三元)

5.聑，漢碑，耿字○此字最有古意，耿字从聖省也。(二十三

梗)

6.廎，漢碑，傾字。(八庚)

7.璚，漢碑，字。(八庚)

8.秢，漢碑，齡字。(九青)

9.翿，漢孫根碑，耽字。(十三覃)

10.鄬，婁壽碑，黨字。(二十二養)

11.韹，漢碑，響字。(二十二養)

12.鋁，漢碑，鑢字。(六御)

13.踘，堯毋碑，蹈字。(二十號)

14.蘐，漢碑，散字。(十四旱)

15.悿，《説文》倉宰切，姦也。漢碑作倩字用。(十灰)

16.施，漢丁魴碑，弛刑作施刑。(四紙)

D、古字例多省

1.濕，音塔，水名。《説文》:「濕水，出東郡東武陽入海，从水㬎聲。」或省作漯，後以爲乾濕之濕，而漯又轉爲漯。《禹貢》:「浮於濟漯。」舊本作濕，《漢書》:漯川、漯陰皆然。故《孟子》:「瀹濟漯而注之海。」亦後人妄改也，蓋因省濕作漯而誤也。(十五合)

濕，原義指濕水，省作漯後，漯則專指水名，而濕則被轉爲乾濕之濕。

2.暆，音移。《漢書·地理志》:「東暆在樂浪。」其字日，取日出爲義，其音正與施音同意。古語呼日斜曰　字或省作施耳。(四支)

3.多，音祇。字本作敹省作多。(四支)

4.梵，音義與芃同，風行木上曰芃。《集韻》:「聲也。」〈漢衛殫碑〉:字本作蘴，省作芃，陸法言讀。(一東)

5.艽，音交，秦艽藥名，正書作[illegible]，隸省作艽。(三肴)

6.夲，《說文》：「夲，進趣也，从大从十，十猶十人也，大奄有之義。」與本末字不同，漢隸省作半。(四豪)

7.干，音幹。《詩》：「公侯干城。」沈重讀。又天有十干地有十二支，干，幹也，古字例多省。(十五翰)

8.烛，音烘。《爾雅》：「爞爞炎炎。」薰也，省作，或以爲燭非。(一東)

9.姐，音租，嫭姐女態也，字本作嫭省作姐。〈嵇康詩〉：「恃愛肆姐。」(六魚)

10.苦，漢隸蘆字，省作苦。(七虞)

11.鬘，音曼，西域婦女首裝也，佛經謂之華鬘，〈白居易驃國樂詩〉：「花鬘斗藪龍蛇動。」或省書作[illegible]。〈贊寧高僧傳〉：「枝跗[illegible]葉。」(十五刪)

12.凵，音函，漢封蔣澄爲凵亭侯，今宜興縣有凵山即其地○按凵字，字書不收，疑即函之省耳。(十三覃)

13.囷，櫜字省，見漢碑。(十藥)

14.[illegible]，音[illegible]。《史記·王子侯者表》：「扶。」地名，在瑯琊。《索隱》曰：「[illegible]音[illegible]。」蓋[illegible]字之省文。(十三覃)

15.睦，人姓，音睦，蓋睦之省文也，漢有睦弘。(一屋)

16.敫，或說方佚之方乃敫字省去白與文也，〈方佚家廟碑〉篆文作敫厈亦有據也。

三、「轉注古音」說之檢討

(一)何謂「轉注古音」說

楊愼對「轉注古音」所下之定義爲：

《周官·保氏》六書終於轉注，其訓曰：「一字數音，必輾

> 轉注釋而後可知。」虞典謂之「和聲」、樂書謂之「比音」、小學家曰：「動靜字音」③、訓詁以訂之曰：「讀作某」，若「於戲」讀作「嗚呼」是也，引證以據之曰：「某讀若」，云：「徐邈讀、王肅讀是也。」《毛詩》、《楚辭》悉謂之叶韻，其實不越保氏轉注之義耳。《易注疏》云：「賁有七音。」實始發其例，宋吳才老作《韻補》始有成編。(〈轉注古音略·序〉)

楊愼用「轉注」之法，來解釋探求古音的過程，他利用古籍異文的比對，或兩漢到唐、宋時字書和古籍注解中，對通用字的訓解如：讀若、讀爲、古字通用等，而找尋出古時音同、音近的通用字。如他在《轉注古音略·一屋·敫》注敫古作穆音者，蓋亦轉注也④，《說文》讀作龠、《廣韻》作「以灼切」，而他找出《戰國策》：作「齊有太史，楚有穆生。」和《漢書》的異文做對照比較，而得出敫字，《戰國策》作穆，《漢書》作敫，另顏師古《漢書注》：「敫，古穆字。」所以敫與穆，古時既可通用，所以敫與穆之古音有一定之關係，所以他說：「轉注也，古音也。」⑤他在《轉注古音略·九屑·髻》下將這個觀念，表達得更清楚。在髻字下他注曰：「髻音結，結亦音髻，謂之互換轉注也。」⑥

楊愼的《轉注古音略》一書，在求古籍經傳之古音，同時也接觸到一字數音的現象，這一字數音，如何輾轉注釋呢？楊愼用異音別義來解釋，一字數義，輾轉注釋，他認爲義理上可通則取，解釋不通就捨棄，⑦得其音斯得其義⑧。所以他說：

> 轉注，轉音而注義，如：敦本敦大之敦，既轉音頓而爲《爾雅》敦邱之敦，又轉音爲對，爲《周禮》玉敦之敦，所謂一字數音也。……轉注如注水行地，爲浦爲溆各有名字矣。⑨

所以在楊愼的《轉注古音略》一書，所建構的異讀系統，可分成兩種。一是異音別義，正如同上所言敦字有三義：音敦，義敦大；音頓，義敦丘；音對，義玉敦。雖然是同一字，但每一讀音所表示的意義也就不同。另一種異讀，即是指音轉而同義，諸如：方言、經籍異文、或版本的差異，以及古注疏家師承的不同，造成一字異音的現象，不過這些大部份由於，古今時代之別與東西南北地域之不同，所造成音轉而同義的現象。關於第二種異音同義的例子，在《轉注古音略》一書中，也佔很大部份，在這篇論文中主要也是就異音同義的部份，加以討論。在《轉注古音略·十灰·才》注：「才借作哉」中，他舉證《古文尙書》：「往才汝諧哉」亦作才。「哉生明」訓作「才生明」。又說：「《爾雅》：『初、哉、首、基，始也。』，初、哉、首、基皆始義，但以音轉而同義。」這裡的「才」與「哉」也是意義互通，而古音相同或相近的通假字。下面就討論一下這些通用、通假字。

㈡破其通假求其本字

由於我們在閱讀古書的過程中，往往會發現古經傳中運用許多的通假字。如果我們不能辨認出通假字並且尋求本字，就無法明白眞正字義，而讀通古書。而楊愼在《轉注古音略》一書中，利用古籍異文、古籍注解，來找出通用字，並藉著古音與語義的知識，從音同、音近及上下文的涵意上，以音求義、以音通古義之原，來尋求通假字的本字。下面舉數例以明之：

1.寵，癡凶切。《詩》：「下國駿厖，荷天之龍。」

鄭氏作寵。(一東)

龍古音來紐東部，寵古音透紐東部，龍與寵二音蓋有疊韻關係而通假。

2.戲，許宜切。《漢書》：麾下皆作戲下。《莊子》：伏羲氏作

伏戲氏。(四支)

戲、義、麈三者古音皆曉紐歌部，蓋以音同而通假。

3.邪，音徐。《史記·歷書》引《左傳》：歸邪于終。

而《左傳》邪作餘。(六魚)

邪、徐古音俱爲邪紐魚部，而餘古音喻紐魚部，蓋以疊韻而與邪通假。

4.平，音駢。《尚書》：「平章百姓，平秩東。」

《易》、《史記》皆作便，以音取之。(一先)

平古音並紐耕部，便古音並紐元部，平、便二字蓋以雙聲而通假。

5.汶，《周禮》、《漢書》、《史記》、《山海經》岷江皆作汶。(十一眞)

而楊愼又言：今蜀有汶川縣，蓋岷江得名而訛。

故汶古音明紐文部，岷古音明紐眞部，汶與岷雙聲音近又訛字通假。

6.連，音斕。〈漢武梁祠碑〉：斑斕字作班連。(十四寒)

斕與連古音俱爲來紐元部，蓋以音同而通假。

7. 耐，音能。〈禮運〉：「聖人耐以天下爲家。」古者耐、能二字通用。《漢書》：「漢馬不能冬。」能又作耐音也。(十蒸)

耐與能古音俱爲泥紐之部，蓋以音同而通假。

8.假，音何。《毛詩》：「假以溢我。」又作誐。(五歌)

假古音見紐魚部，何古音匣紐歌部，誐古音疑紐歌部。

9.秋，音鍬，字又作啾。(二蕭)

秋古音清紐幽部，啾古音精紐幽部，蓋以疊韻而通假。

10.逐，注逐即豚字。(十三元)

逐，定紐覺部；豚，定紐文部，蓋二字雙聲而通假。

像這樣的例子，在《轉注古音略》中是佔頗多的，所以在這篇文章中，我所處理的問題是音轉而同義的部分，字音的轉變是由於古今音變或地域之不同，或是注解經書者以音同、音近者代之，所以形成了這些通假字、通用字。

四、結　語

楊愼之《轉注古音略》，不僅考求古音，並且建構一異讀系統，此一字異讀之情形，又可分爲異音別義與異音同義兩種。而異聲別義爲用字之法⑩，一字數義，輾轉注釋而後可知，雖然是同一字，但音不同時，意義也爲之改變，所謂「轉其聲，注其義」⑪。另一種是異音同義，正所謂「以音轉而同義」，由於時代的變遷與地域之不同，造成古今音與方言俗語的不同，而各注解家以音同、音近之字來訓解經書，形成了許多通假字，或文字形體的演變如省體等也造成許多通用字。

而楊愼將音韻文字的理論與規律運用到訓詁中，藉著這些古字與今字，或是通用字，或通假字彼此之間音義的關連性，以其音同、音近的關係，藉此尋出本字。他根據古音的考證，去掌握古音的讀法，從而瞭解古書中經文的眞正的涵義。所以他比對古籍異文，研讀古經傳注解，破通假，求本字，甚至考查方言、俗語。他十分提倡考據訓詁，又重校勘訛謬與漢唐古注疏，這種實事求是的態度，對明末清初的考據學造成了一定的影響。

【註　釋】

①參見屈萬里先生〈宋人疑經風氣〉一文，《大陸雜誌》第 29 卷 3 期。

②《明史》:「明世記誦之博、著作之富，推愼第一。」現有關楊升菴之年譜有:

⑴《楊文憲升菴先生年譜》明簡紹芳編次、清程封改，孫錡收錄於《古棠書屋叢書》，傅斯年圖書館藏。

⑵《升菴先生年譜》明□□撰，清乾隆李調元校，收錄於《《函海叢書》。

⑶《楊升菴太史慎年譜》明陳文燭撰，收錄於《國朝徵獻錄》。

⑷《楊升庵夫婦年譜》高美華先生撰《楊升庵夫婦散曲研究》書之附錄，政大中文研究所 1981 年碩士論文。

⑸《楊升庵年譜》王仲鏞先生箋證《升庵詩話箋證》之附錄，上海古籍出版社 1987 年。

③元劉鑑撰《經史動靜字音》，今附在其作《經史正音切韻指南》之後，其書以四聲別義，如：王（平聲）君也；王（去聲）君有天下、少（上聲）微也；少（去聲）降也。又有異音別義者如：樂（五角者如：樂（五角切）聲和也；樂（盧各切）志和也、奉（扶勇切）承也；奉（扶用切）拱也。

④見《轉注古音略·一屋·敫》注：「敫，音穆。」《戰國策》齊有敫太史，楚有穆生，《漢書》作敫。《漢書·王子侯表》臨樂侯敫，〇今按《說文》敫字從白從放，光景流也，讀若龠，音近灼（以灼切），古作穆音者，蓋亦轉注也。而敫古音見紐藥部宵部、穆古音明紐覺部。

⑤語見楊愼〈答李仁夫論轉注書〉。

⑥語見《轉注古音略·九屑·髻》：《莊子》：「竈有髻。」注：「竈神著赤衣，狀如美女，音結。」〇結亦音髻，亦音結，謂之互換轉注也。

⑦楊愼〈答李仁夫論轉注書〉曰：「原古人轉注之法，義可互則互，理可通則通，未必皆互皆通也。……《詩》之叶音，如《易》之卦變，六十四卦可變爲九千四十六卦……蓋變而有義則取之，無義則弗取之也。」

⑧見楊愼撰〈轉注古音略·序〉：「古人恆言音義，得其音斯得其義矣。以之讀奧篇隱帙，渙若冰釋，炳若日燭。」

⑨語見〈古音後語〉。

⑩楊胥說：「轉注，六書之變也。」⑫又倡六書可分經緯說，曰：六書當分六體，班

固云：『象形、象事、象意、象聲、假借、轉注是也。』六書以十爲分，象形居其一，象事居其二，象意居其三，象聲居其四，假借則借此四者也，轉注則注此四者也，四象以爲經，假借、轉注以爲緯，四象之書有限，假借、轉注無窮也。此以六書分經緯，經爲造字之本，緯爲用字之本。

⑪語見〈古音後語〉。

【主要參考書目】

⑴楊愼著作，《轉注古音略》五卷

1.明嘉靖間李元陽先生校本　中央圖書館藏

2.明萬歷間刊本《升庵雜刻》傅思年圖書館藏

3.清文淵閣《四庫全書》本　故宮博物院藏商務印書館印

4.　清乾隆間李調元先生輯刊《函海叢書》

①1969 年藝文印書館收錄在《百部叢書集成》

②1985 年新文豐收錄在《叢書集成新編》

⑵《古音後語》一卷

1.明嘉靖間李元陽先生校本　中央圖書館藏

2.清乾隆間李調元先生輯刊《函海叢書》

①1969 年藝文印書館收錄在《百部叢書集成》

②1985 年新文豐收錄在《叢書集成新編》

1983　林慶彰先生《明代考據學研究》學生書局

1988　胡楚生先生《訓詁學大綱》華正書局

1988　劉又辛先生《通假概說》巴蜀書社

1989　高亨纂集《古字通假會典》齊魯書社

《論語音義》「絕句」分析

黃坤堯

一、前 言

陸德明《經典釋文》的注文中有「絕句」一體，主要是辨析句讀。《禮記．學記》云：「一年視離經辨志。」鄭玄注：「離經，斷句絕也。」孔穎達疏：「謂學者初入學一年，鄉遂大夫於年終之時，考視其業。離經謂離析經理，使章句斷絕也。」(649－36－3a）可見離經絕句是古代小學的基本功，入學後一年就得接受評核，以估量學生的學習能力。又何休《春秋公羊傳解詁序》云：「講誦師言，至於百萬，猶有不解，時加釀嘲辭。援引他經，失其句讀，以無爲有，甚可閔笑者，不可勝記也。」徐彥疏云：「三傳之理不同多矣。群經之義，隨經自合。而顏氏〔安樂〕之徒，既解公羊，乃取他經爲義；猶賊黨入門，主人錯亂，故曰失其句讀。」(頁 4）所謂句讀乃專指混淆經義、不守家法而言，比訓詁學的含義更爲廣泛。惟學殖荒疏，不辨句讀，引爲笑柄，也是古今所共見的現象。又劉勰《文心雕龍．章句》云：「夫設情有宅，置言有位。宅情曰章，位言曰句。故章者明也，句者局也。局言者，聯字以分疆；明情者，總義以包體：區畛相異，而衢路交通矣。」劉勰釋句爲局，乃用聲訓，聯綴詞語，位置有序。雖專就文章立論，波瀾壯闊，但一切還得從遣詞造句開始，明白準確。句讀是語文的基礎，也是經學或文學的入門階梯。訓詁學重視字詞音義的源流演變，而句讀表出完整的理念，自然也屬於訓詁學的範疇了。

經典句讀異讀頗多，不見得一致。例如《經典釋文》所指出的「絕句」，除牽涉版本、語法、讀音、詞語不同之外，自然也關乎學者的理解互有不同。本文主要是探討導至句讀不同的成因，或接受，或不接受，有時難免要表態，但絕沒有評斷是非的意味。有些說法表面不成立，說不定乃由於目前的資料不足，我們未能對語文的背景有更深入的理解所致。陸德明既然指出有此一說，當然也就有它的根據了。特別對於古人的異說，我們不接受可沒有甚麼問題；但我們得尊重古人的立論，使我們多一些憑藉和參考，可以把問題看得更清楚和深遠。

本文爲省篇幅，有關《論語》等經籍的引文全據江西南昌府學刊《十三經注疏》本。至於《論語音義》則據《新校索引經典釋文》，即通志堂本，比較通行。頁碼注於每條資料之後，不另出注文。

二、《論語音義》「絕句」分析

1.《學而》：「道千乘之國。」《集解》引馬曰：「然則千乘之賦，其地千成，居地方三百一十六里有畸，唯公侯之封，乃能容之。雖大國之賦，亦不是過焉。」(6－1－3a)

《釋文》：「雖大賦：絕句。一本或云雖大國之賦。」(345－1b－10)

案此條《釋文》所引注文與今本不同，語法結構各異。陸作「雖大賦」絕句，似以「大賦」爲分句，前後兩分句用關聯詞語「雖……亦……」聯結，構成轉折複句；或可解爲「雖欲大抽重稅，也不能超過這個標準」。今本作「雖大國之賦」只能視爲主語，屬於句子成分。今本乃單句，釋義比較明確；但陸德明所提出的「絕句」則可以使我們思考古漢語的句子概念。兩讀有複句及單句之別，句子的結構不同，難免會產生歧義。

2.《八佾》：「君子無所爭，必也射乎。揖讓而升，下而飲，其爭也君子。」《集解》：「王曰：射於堂，升及下皆揖讓而相飲。」(26－3－4a)

《釋文》：「爭：責衡反，爭鬥之爭，絕句。注同。」「必也射乎：鄭讀以必也絕句。」「揖讓而升下：絕句。鄭注詩賓之初筵引此，則云下而飲。」(346－3a－10)

案今本及朱注都這樣斷句，我們讀來沒有甚麼問題。但古代鄭玄及陸德明兩位大師卻有不同的標點方式，那就值得注意了。鄭玄說有三個來源。

(甲)《論語鄭氏注》：「子曰：君子無所爭，必。〔君子上□與仁（人）常□〕□乎，揖讓而升下而飲，其爭也君子。〔射乎，□又□於是乃有爭心。仁（人）唯病者不能射。射禮，史（使）不中者酒飲。不中者酒所以養病，故仁（人）恥之。君子心爭，小人力爭也。〕①

(乙)《禮記·射義》：「君子無所爭，必也射乎，揖讓而升下，而飲，其爭也君子。」鄭注：「必也射乎，言君子至於射則有爭也。下，降也。飲射爵者，亦揖讓而升降。勝者袒決，遂執張弓。不勝者襲，說決拾，卻左手，右加弛弓於其上，而升飲，君子恥之，是以射則爭中。」(1020－62－13a)〔案「決」是射箭時套在右手大拇指上的套子，用象牙或骨製成，鉤弦時用來保護手指，俗稱扳指。「拾」爲臂韝，或稱「遂」，是射箭時用的皮製護袖。〕

(丙)《詩．小雅．賓之初筵》：「發彼有的，以祈爾爵。」鄭箋：「發，發矢也。射者與其偶拾發，發矢之時，各心競云：我

以此求爵女。爵，射爵也。射之禮，勝者飲不勝，所以養病也。故論語曰：下而飲，其爭也君子。」(490－14.3－3b)

在以上三條資料中，由於（甲）鄭注在「射乎」出注，那麼正文當在「必也」絕句。（乙）在「必也」和「射乎」要不要斷句我們不清楚，但鄭注釋作「言君子至於射則有爭也」則明顯是條件複句，包含了兩個分句，似以分讀爲宜。又（甲）「揖讓而升下而飲」絕句之處亦不清楚，而（乙）（丙）則分別表出兩種絕句方式，也容易令人困惑；不過（丙）只是引文，鄭玄未作任何說明，「下」字或爲後人所加。又陸德明於《禮記．射義》下亦注云：「所爭：爭鬥之爭，下及注有爭皆同。」「揖讓而升下：絕句。」「而飲：一句。」(219－23a－11) 全依鄭注斷句，而本章王肅注亦以「升及下」連讀，自然都是強有力的證明了。因此，我們綜合鄭玄、陸德明二家之說，及陸德明在《論語》及《禮記》的兩條釋文，可以確定本章早期的讀法是：

君子無所爭。必也，射乎。揖讓而升下。而飲，其爭也君子。

舊讀的好處是層次清晰，四句的邏輯推論也很明確。首句明確指出論題「無所爭」；次句是假設複句，推論射禮可爭，關聯詞語是「要是……，就……」；第三句「揖讓」及「升下」兩兩成對，承射禮立說，動靜有序；末句乃假設複句，回應首句。如果採用今讀，則只有兩句：上句說明射禮可爭，下句則表現出君子風度；雖然可解，但邏輯關係就不大嚴密了。至於「必也」一句，《論語》凡七見，除本條外，尚有六條，這是孔子的慣用語，自有其語法特點。

b.《雍也》：「子曰：何事於仁。必也，聖乎。堯舜其猶病諸。」 c.《述而》：「子曰：暴虎馮河，死而無悔者，吾不與也。必也，臨事而懼，好謀而成也。」

d.《顏淵》:「子曰：聽訟，吾猶人也。必也，使無訟乎。」

e.《子路》:「子路：衛君待子而爲政，子將奚先？子曰：必也，正名乎。」

f.《子路》:「子曰：不得中行而與之。必也，狂狷乎。狂者進取，狷者有所不爲也。」

g.《子張》:「曾子曰：吾聞諸夫子。人未有自致者也。必也，親喪乎。」

我們讀《論語》者，一般都會連讀，而不會在「必也」處斷句。連讀則「必也」只是副詞，有一定、堅決義，單句。如果分讀，則可以理解爲假設複句。「必也」是分句，承上文省略假設的情況，不作重複；下文說明某種結果。黃寶琪指出《論語》「必也」一詞有兩種用法：

㈠差異式：即先總言其主體，再言其與主體之差異。主體與差異之間，而以「必也」分之。此「必也」，則爲「必欲其言〔與主體之〕差異也」。而其所言之差異，乃指與主體不同而又近乎主體之差異。惟二者之異，爲大同而小異也，故其所重在「主體」。〔例 2,f,g,d〕

㈡答問式：即答人所問之事。惟其所答，必與所問者之意願異，且比所問之事爲善、爲優。本句型之「必也」，爲「必欲言之」之義。所謂「必欲言之」者，以其我所欲言者，與汝之所見有異，而不欲言也。今必欲使我言之，則亦惟有言之矣。故其所言者〔即「必也」以下之言〕，必與所問者意願異。此爲答問式之一大特點也。〔例 b,c,e〕②

黃寶琪只是因語氣用途而生出陳述句和疑問句的區別。其實這兩類「必也」都是假設複句中的分句，句型結構和語義完全一致，黃寶琪以句類概念取代句型結構，所以顯得含混了。此外，黃寶琪認爲「必也」是詞而不是句，那只能是句子成分，該連讀而非分讀了，自然也不能從句子中獨立出來。我們從複句的角度來考慮問題，在訓詁及語義上，也許會表述得更加清楚。這是早期訓詁學者的讀法，相信總有其歷史淵源和語言背景的。

3.《公冶長》：「由也，好勇過我，無所取材。」《集解》：「鄭曰：子路信夫子欲行，故言。好勇過我，無所取材者，無所取於桴材。以子路不解微言，故戲之耳。」一曰：「子路聞孔子欲浮海便喜，不復顧望，故孔子歎其勇曰過，我無所取哉。言唯取於己。古字材哉同。」(42－5－3a)

《釋文》云：「過我：絕句。一讀過字絕句。材：才哉二音。」(347－5a－11)

案此條《釋文》乃根據鄭玄及一曰分別訂出兩種句讀。鄭說比較流行，但孔子爲甚麼要將子路好勇的個性跟自己比較呢？不過我就能裁度事理嗎？一曰讀作「由也好勇過，我無所取哉！」如果看作因果複句，指子路失之好勇，我對他不再存有厚望了，是不是就比較容易理解呢！

4.《公冶長》：「子在陳曰：歸與歸與。吾黨之小子狂簡，斐然成章，不知所以裁之。」《集解》：「孔曰：簡，大也。孔子在陳思歸欲去，故曰吾黨之小子。狂簡者，進取於大道，妄作穿鑿以成文章，不知所以裁制。我當歸以裁之耳，遂歸。」(45－5－10a)

《釋文》：「吾黨之小子狂簡：絕句。鄭讀至小子絕句。」「此章孔注與孟子同，與鄭解異。」(347－6a－4)

《孟子·盡心下》云：「萬章問曰：孔子在陳曰：盍歸乎

來，吾黨之小子，狂簡進取，不忘其初。孔子在陳，何思魯之狂士？孟子曰：孔子不得中道而與之，必也狂狷乎。狂者進取，狷者有所不爲也。孔子豈不欲中道哉，不可必得，故思其次也。」趙岐注：「孔子在陳，不遇賢人，上下無所交。蓋歎息思歸，欲見其鄉黨之士也。」(262－14下－8a)

案鄭注云：「吾黨之小子，魯仁（人）爲弟子也，孔子在陳者，欲與之俱歸於魯。」「狂者進趣而簡略於時事，謂時陳仁(人) 皆高談虛論，言非而博，我不知所以裁制而止之，毀舉(譽) 於日衆，故欲避之歸矣。」③鄭玄於「小子」斷句，則歸者爲「吾黨之小子」，即從遊陳地之魯國子弟也；而「狂簡斐然成章」乃陳地空疏的學風，缺點太多，故欲偕弟子歸國避之。

陸德明主張在「狂簡」斷句，則「歸與歸與」是句子的主題，歸者爲孔子，主題前置可以加強文意。「吾黨之小子狂簡」爲孔子歸魯的原因。兩讀句讀不同，句子的結構亦完全不同。《集解》所引孔安國注及《孟子》趙岐注雖未明言句讀，但「狂簡」的對象相同，都是指「吾黨之小子」說的，自亦不同於鄭注了。

5.《公冶長》：「十室之邑，必有忠信如丘者焉，不如丘之好學也。」(46－5－12a)

《釋文》：「焉：如字。衛瓘於虔反，爲下句首。」(347－6a－8)

案《釋文》「焉」字有喻三爲紐及影紐兩讀。爲紐即如字，《廣韻》讀有乾切，用於句末虛詞，一般不作音。影紐於虔反，即《廣韻》於乾切，乃句首虛詞，有詢問義。兩讀聲紐不同，語法功能各異；江南有所區別，而河北不分。依今音驗之，當時北音可能全讀影紐。顏之推云：

> 案：諸字書，焉者鳥名，或云語詞，皆音於愆反。自葛洪《要用字苑》分「焉」字音訓：若訓何訓安，當音於愆反，「於焉逍遙」、「於焉嘉客」、「焉用佞」、「焉得仁」之類是也。若送句及助詞，當音矣愆反，「故稱龍焉」、「故稱血焉」、「有民人焉」、「有社稷焉」、「始託焉爾」、「晉鄭焉依」之類是也。江南至今行此分別，昭然易曉；而河北混同一音，雖依古讀，不可行於今也。④

案國語「焉」音 yan，只有陰平一讀，與六朝河北音全讀影紐者相同。而粵語兼存陽平 jin 及陰平 jin 兩讀，句末讀陽平調，蓋由中古音的次濁聲母爲紐變來；句首專用於問句者讀陰平調，也就相當於中古全清聲母的影紐了。粵語兩讀的音義區別跟六朝江南音一致。方言南、北之別古今完全相同。在例 5 中，陸氏主張讀作「必有忠信如丘者焉」，「焉」有於是義，指前置的主題語「十室之邑」，句末虛詞，故讀爲紐；衛瓘讀作「焉不如丘之好學也」，則爲句首虛詞，作怎麼解，讀影紐。可見兩讀不同，句讀亦異，而句子的語氣及語義亦有所區別。

6.《雍也》：「有顏回者好學，不遷怒，不貳過。不幸短命死矣。今也則亡，未聞好學者也。」(51－6－1b)

《釋文》：「今也則亡：本或無亡字，即連下句讀。」(347－6b－3)

案或本缺「亡」字，只能連下成句。「亡」字兩讀，其讀死亡義者與上文「死」字重複，故或本刪之。本章讀爲「無」字，構成承接複句。

7.《述而》：「互鄉難與言。童人見，門人惑。」《集解》：「鄭曰：互鄉，鄉名也。其鄉人言語自專，不達時宜。而有童

子來見孔子。門人怪孔子見之。」(64－7－9a)

《釋文》:「互鄉: 戶故反, 鄉名。難與言: 絕句。」(348－8b－3)

案此條邢昺疏引琳公云:「此互鄉難與言童子見八字通爲一句, 言此鄉有一童子難與言, 非是一鄉皆難與言也。」此章比較費解。依鄭說則互鄉語言獨特, 風俗怪異; 且互鄉地理位置不詳, 鄭氏所論或屬望文生訓。下文童子請見, 則語言可通了。又琳公疑即慧琳, 其說八字連讀, 則以主謂詞組「互鄉難與言」來修飾另一個主謂詞組「童子見」, 句子繁複, 結構怪異, 似非傳統的古漢語句式。陸德明特標「絕句」以明句讀之所在, 可見當時各有異讀。

8.《子罕》:「未之思也, 夫何遠之有?」(81－9－10a)

《釋文》:「夫: 音符, 注同。一讀以夫字屬上句。」(349－10b－11)

案「夫」字屬上句則爲句末助詞, 連出兩問句, 作用不大; 屬下句則爲句首助詞, 一般多從陸德明說。

9.《鄉黨》:「廄焚。子退朝。曰: 傷人乎? 不問馬。」(90－10－10a)

《釋文》:「曰傷人乎: 絕句。一讀至不字絕句。」(350－12a－4)

案「傷人乎不」只是加重疑問的語氣, 大可不必。「不問馬」表現聖人氣象, 以人命爲重, 十分得體;「問馬」則語調急促, 醜化形象, 絕不可取。

10.《顏淵》:「子貢問政。子曰: 足食足兵, 民信之矣。子貢曰: 必不得已而去, 於斯三者, 何先?。」(107－12－3b)

《釋文》:「而去: 起呂反, 下同。於斯三者: 一讀而去於

斯爲絕句。」(351－14a－3)

「去」讀上聲，有排除義，明顯是省略了賓語「食」、「兵」或「信」三者。可能有人覺得「而去」後面沒有賓語讀來不妥，所以要以「於斯」爲賓語。「必不得已」「三者何先」均可成句，但「於斯」乃介詞詞組，只能充當狀語或補語，有修飾作用，不可能成爲「去」的賓語。陸德明所標一讀「而去於斯」絕不成句，亦不可取。

三、結　論

《論語音義》的「絕句」共出十二條，凡十句，在《釋文》中只佔很小的比例。例如《莊子音義》即有三十七條，二十八例，問題也比較複雜。根據李正芬的統計，《莊子音義》「絕句」互異的成因可以分爲語法、詞語、文意、版本、讀音及存疑六類。其中以版本因素佔九例最多，次爲罕見詞語佔六例，如道勞、薪火、使實、隧全、假人、臧爨等。⑤《釋文》「絕句」的現象涵蓋全書，如果能作深入探討，這對探討古代的訓詁原理以至語法、詞語、讀音、版本等，應該都有所啓發。

本文列出《論語音義》的「絕句」共十句，細分則有十一例，其中以句子結構不同而導至句讀各異者最多，佔五例；其次區別分句和詞組者兩例，嚴格來說亦屬句子結構；其次助詞兩例、詞語一例、版本一例。可見《論語音義》的「絕句」多以探討語法問題爲主，而與《莊子音義》多出於版本不同者異趣。現將資料撮錄列下，以便比較。

句子結構不同：

3.好勇過，我無所取材。/好勇過我，無所取材。

4.歸與歸與，吾黨之小子狂簡。/

歸與歸與，吾黨之小子。

7.互鄉難與言，童人見。/互鄉難與言童人見。

9.傷人乎？不問馬。/傷人乎不？問馬。

10.必不得已而去，於斯三者，何先？/

必不得已，而去於斯，三者何先？

區別分句和詞組：

1.雖大賦。/雖大國之賦。

2.君子無所爭。必也，射乎。/君子無所爭，必也射乎。

助詞位置不同：

5.必有忠信如丘者焉。/焉不如丘之好學也。

8.未之思也，夫何遠之有？/未之思也夫？何遠之有？

詞語連讀和分讀：

2.揖讓而升下。而飲，/揖讓而升，下而飲。

版本缺文：

6.今也則亡，未聞好學者也。/今也則未聞好學者也。

在這十句中，陸德明從鄭玄說的有句 2 及句 3，而不從鄭玄說的爲句 4。其從孔安國、趙岐說的有句 4；而聲明不從衛瓘的爲句 6，不從琳公的爲句 7。其他或本、一本、一讀之說，多不可靠。在句 1 至句 3 三句中，陸德明標出的句讀多與今人不同，富於創意，訓詁準確。又句 4 至句 10 七句大抵多屬誤讀現象，固可不從，但從中亦可探討古人致誤的原因，值得參考。

陸德明《論語音義》所用辨析句讀的術語，一般多用「絕句」，偶然亦用「爲下句首」、「屬上句」、「連下句讀」等，以指明助詞位置及版本情況。

【註　釋】

①引文出《吐魯蕃阿斯塔那363號墓八/一號寫本》，參王素《唐寫本論語鄭氏注及其研究》，北京：文物出版社，1991年11月，頁19。又參鄭靜若《論語鄭氏注輯述》，臺北：學海出版社，1981年2月，頁311。

②參黃寶琪《論語注疏疑誤辨正》，臺北：學海出版社，1979年6月，頁100－108。

③同①，王素：頁45。鄭靜若：頁322。

④王利器《顏氏家訓集解．音辭篇》（增補本），北京：中華書局，1993年12月，頁559。

⑤參李正芬《莊子音義「絕句」分析》，稿本。

〈莊子音義〉「絕句」分析

李正芬

一、緒 論

《經典釋文》的「絕句」一詞，即斷句之意，屬於訓詁學中「句讀」的訓詁術語之一。句讀之學古爲童稚之事，韓愈《師說》云：「彼童子之師，授之書而習其句讀者也。」(p.24) ①古書多不標識句讀，故欲讀通古書，必先學習辨章離句。黃季剛先生《文心雕龍札記》亦云：「凡覽篇籍，未有不通章句，而能識其義者也，故一切文辭學術，皆以章句爲基礎。」(p.125) ②然古籍浩瀚如煙，至今則時遷世移，故句讀之事，視之似淺，實則不易，古書載有一事，可知句讀之難。漢何休《公羊傳·序》云：

> 講誦師言，至於百萬，猶有不解，時加釀嘲辭，援引他經，失其句讀，以無爲有，甚可閔笑者，而不可勝記也。(4－3a－3) ③

古之解經者猶仍「失其句讀」，更何況是今人。可知句讀之學不可輕視。

(一)句讀名稱之來源及演變

秦漢以前稱「句」爲「言」，《詩·國風·關睢》篇孔疏云：

> 句則古者謂之言，論語云：詩三百，一言以蔽之，曰思無邪。則以思無邪一句爲一言。秦漢以來，衆儒各爲訓詁乃有句稱。論語註云：此我行其野之句是也。(22－24b－2) ④

由此可知古謂「句」爲「言」。而「句」之名則是因「句」字有鉤識之義轉注而來,《說文》:「句,曲也。」段注:「凡章句之句,亦取稽留可鉤乙之意。」(p.88)⑤「句」字做爲章句之名,於史有徵者,自漢始,《詩·國風·關雎》篇末載有鄭玄分此篇爲:「關雎五章章四句」(22-246-2)。又《說文》「瞿」字下許愼云:「讀若章句之句。」段注:「知許時章句已不讀鉤矣。」(p.149)古人諷誦經文,聲氣有所稽止,即用此鉤識之義。

而「讀」字作爲絕斷章句之稱,亦始於漢,《說文》「讀」下段注云:「漢儒注經,斷其章句爲讀,」(p.91)《說文》「讀」字並無斷章句之義(註六),朱駿聲《說文通訓定聲》謂「讀」乃假借爲「丶」,云:

> 讀,〔假借〕又爲丶,按今誦書斷其章句曰讀,猶逗留也。(p.289)⑦

「丶」字《說文》云:「有所絕止,丶而識之也。」(p.216)
黃季剛先生釋曰:

> 施于聲音,則語有所稽,宜謂之丶,施于篇籍,則文有所介,宜謂之丶。一言之遒,可以謂之丶;數言聯貫,其辭已究,亦可以謂之丶。(p.126)⑧

可知「丶」、「讀」亦是用以標識聲氣稽止之所在,與上述「句」字同義。「讀」字今音讀若「豆」,而現今所可考知最早將「讀」讀作「豆」者,爲東晉徐邈⑨;然漢儒已使用句讀字,東晉亦去漢未遠,故「豆」音應可溯自漢始。段玉裁謂「丶」與「豆」同部⑩,是知「讀」讀作「豆」乃因假借而改讀。

將「句」與「讀」合稱爲一詞,亦始於漢儒,東漢何休《公羊傳序》有「失其句讀」一語。而東漢馬融《長笛賦》則有「觀法於節奏,察變於句投」之語,李善注云:「說文曰:逗,止也。

投與逗，古字通，音豆。投，句之所止也。」（p.168）⑪可知「句讀」亦可寫作「句投」，又由李善注語得知亦可寫作「句逗」。「讀」、「投」、「逗」皆是假借爲「ㆍ」字，取其音同音近。

「句」與「讀」本皆指聲氣稽止之所在，故「句讀」一詞應屬聯合詞，黃季剛先生云：「讀亦句之異名，連言句讀者，乃複語而非有異義也。」（p.127）⑫然今所稱之「句讀」，已區分成語氣完結稱爲「句」；語氣未完稱爲「讀」。黃季剛先生謂《馬氏文通》有句讀之分⑬，然宋人或已有此分別，宋岳珂《九經三傳沿革例》云：「建本始仿館閣書式，從旁加圈點。」（p.13）⑭其所云之「圈點」，應指「圈」與「點」兩種符號，或即用以區分「句」與「讀」。至淸代，其區分則已昭然可知，《說文》：「選，遣也。从辵巽巽遣也。」（p.72）其中小字「句」、「逗」即段玉裁所注。

㈡句讀符號

段玉裁在《說文解字注》中以文字「句」與「逗」，表示語氣停頓所在；然古人另有表示句讀之符號，爲「ㆍ」爲「ㄴ」，皆收錄於《說文》，應屬字形符號。「ㆍ」字《說文》云：「有所絕止，　而識之也。」段注：「非專謂讀書止輒乙其處也。」（p.216）可知古人讀書以「ㆍ」字鉤乙。「ㄴ」字《說文》云：「ㄴ，鉤識也。」段注：「鉤識者，用鉤表識其處也，褚先生補滑稽傳，東方朔上書凡用三千奏牘，人主從上方讀之，止輒乙其處，二月乃盡，此非甲乙字，乃正ㄴ字也。」（p.639）楊樹達《古書句讀釋例》引《流沙墜簡》內《屯戍叢殘》中一段文字，亦以「ㄴ」作爲鉤識符號，云：

> 流沙墜簡內屯戍叢殘有一簡云：「隧長常賢充世綰禍等候廋稾邵界中門戍卒王韋等十八人皆相從。」王靜安先生云：

「隧長四人前三人名下皆書以乙之，如後世之施句讀。蓋以四人名相屬，慮人誤讀故也。」樹達按即說文之也。(p.2) ⑮

「𠄌」及「𠃊」字古皆爲斷句之標識，不分語氣完結與否。至宋代時，則出現用「圈」、「點」作爲符號⑯，應即是近代沿用之「。」、「、」。而「𠄌」與「𠃊」亦同時並行，段玉裁謂「𠃊」爲「今人讀書有所鉤勒即此。(p.639) 朱駿聲《說文通訓定聲》亦云：「句者而止之，讀者𠄌而㽞之。」(p.289) 如今「𠃊」已不復使用。

㈢句讀用語

注釋家注解古書時，多將注文置於語氣應稽止之處，應在何處斷句，一目瞭然；是以漢儒雖重章句訓詁，偏注群經，卻絕少有關句讀之語。鄭玄「有讀火絕之」一語，《周禮·天官宮正》：「春秋以木鐸修火禁，凡邦之事蹕。」鄭玄注：「鄭司農讀火絕之，云：禁凡邦之事蹕。」(52－21a－5) ⑰至魏晉南北朝，則因玄風大盛，崇尚清談，重義理而輕章句。然南朝時，陸德明作《經典釋文》，卻有爲數不少辨明章句之注文，此因《經典釋文》乃摘字性質，不錄經文全句，故須另注句讀，陸德明有其專用術語，稱之爲「絕句」。「絕句」一詞之來源，應是由《禮記·學記》：「一年視離經辨志。」鄭玄注：「離經，斷句絕也。」(649－3a－8) ⑱之「斷句絕」演變而來。陸德明以「絕句」爲句讀之主要術語，大多置之於首，而後解說之，其解說之用語繁多，以〈莊子音義〉爲例，即有「爲句」、「屬上句」、「屬下句」、「至某絕」、「某別讀」、「連上句」、「讀連上句」、「句至某字」、「某字向下」、「連下某爲句」⑲。後世所使用之句讀用語多不出陸德明之範疇。

二、〈莊子音義〉「絕句」分析

與其他注文相比，〈莊子音義〉中有關絕句的例子並不多見，共出現二十八例三十七條⑳，內篇有十四例二十條，外篇六例八條，雜篇八例九條。此應屬當時有異說而莫衷一是，或牽涉版本問題者。故陸氏爲之作注，以辨正句讀及版本；又兼收衆家說法，以供參考。由《釋文》所收衆家別讀，以及陸德明之注文，或可略窺魏晉至南北朝時期，注《莊》異同及其演變之梗概。

本文依據陸德明之絕句現象，將〈莊子音義〉有關絕句之注文歸納爲六類：㈠語法；㈡詞語；㈢文意；㈣版本；㈤讀音；㈥存疑。因爲第六類原因不明，所以嚴格說來僅有五類。導致古籍絕句互異的因素很多，〈莊子音義〉的現象大致屬於以上五類。其中語詞、文意、版本、讀音四項常相牽涉，不易分辨；本文根據其主要現象加以歸類，即因版本問題而影響文意，則歸於版本；因讀音問題而影響文意，則歸於讀音；因語詞結構不同而影響文意，則歸於語詞；三者中又以語詞、文意之間最爲紊亂，分類取捨之間或仍有斟酌餘地。

由於〈莊子音義〉有關絕句的例證甚少，即使經過以上分類，仍難對先秦以至於南北朝時期的文句結構，作較深入而全面的探討，但或能提供今後解讀《莊子》，以及古籍絕句互異成因的部份參考資料。以下僅討論較有爭議之條例，其後則列莊子及釋文原文於各節之末。

㈠語　法

此部份例句是因對語法的理解不同，而導致絕句互異，但不影響文意，純粹屬於語法問題。共五例六條。

〔1〕《莊子》:「若唯詔王公必將乘人而其捷而目將熒之而色將平

之口將營之容將形之心且成之。」（人間世第四）(p.136)㉑

⑴《釋文》:「詔：絕句。詔，告也，言也。崔本作詻，云：逆擊曰詻。」(33b－13a－6)

⑵《釋文》:「王公必將乘人：絕句。」(36b－13a－6)

陸德明將此句讀作「若唯詔，王公必將乘人，而其捷」。又《釋文》:「而其捷：在接反。崔讀若唯詻王公，絕句。必將乘人而，絕句。」(366－13a－7)㉒知另有崔譔讀作「若唯詻王公，必將乘人而」。在此先討論⑴條。《莊子》此段文字是說顏回欲往說衛君之事，故此句「若」是指顏回；「王公」指衛君。就上下文意而言，「必將乘人而」的是王公；「目將熒之」的是顏回。故陸德明讀「若唯詔，王公必將乘人而」是上句省略謂語中的賓語「王公」。而崔譔讀作「若唯詻王公，必將乘人而」是下句省略主語「王公」。兩讀意義相同㉓。但陸德明的讀法可以清楚分辨上句主語是「若」，下句主語是「王公」，兩句間有因果關係；而崔譔的讀法則容易令人誤解上下句的主語皆指「若」。就文意及語法而言，以陸德明的絕句較佳。此外，王叔岷先生由句法證明應在「若唯詔」絕句，《莊子校詮》〈齊物論〉「是唯作，作則萬竅怒呺」下云：

> 故此蓋本作「是唯作，萬竅怒呺」。今本「萬竅怒呺」上「作則」二字，蓋後人據郭注所加也。……古書中此類句法甚多，本書人閒世：「若唯詔，王公必將乘人而鬭其捷。」與此文句法同，郭注：「汝唯有寂然不言耳，言則王公必乘人以君人之勢而角其捷辯以拒諫飾非也。」以言詔詁，於「王公必將乘人而其捷」上增「言則」二字以釋之，與此文於「萬竅怒呺」上增「作則」二字以釋之亦同

例。知北遊篇：「汝唯莫必，无乎逃物。」亦與此文句法同。(P.44)

就句法而言，亦以陸德明絕句爲佳。

此條崔本有異文「詻」字，崔云：「逆擊曰詻」，朱駿聲《說文通訓定聲》及朱桂曜《莊子內篇補正》皆謂「詻」爲「挌」之假借㉔。朱桂曜認爲郭本此字作「詔」，於義未安，應從崔本作「詻」，但不借爲「挌」，當讀如字，從《說文》「論訟」之義㉕。朱桂曜並沒有說明「詔」字義似未安的理由。「詔」字今多解釋爲上告下之辭，但亦可做爲下告上之用，朱駿聲《說文通訓定聲》云：

詔，〔假借〕爲告，按周禮諸職凡言詔者，皆下告上之辭，禮記檀弓：不以詔。學記：雖詔于天子無北面。禮器：故禮有擯詔……。(p.246)

「詔」字既然有下告上之義，則郭本作此字亦未嘗不可。

第⑵條是陸德明在陶「王公必將乘人而鬬其捷」的「乘人」又絕句，讀作「王公必將乘人，而鬬其捷」。句中「而」字本是代表轉折關係的連詞，是否在此絕句皆可，但不絕句者句勢較爲順暢。

〔2〕《莊子》：「且予求所可用久矣幾死乃今得之爲予大用使予也而有用且得有此大也邪且也若與予也皆物也奈何哉其相物也而幾死之散人又惡知散木。」(人閒世第四)(p.172)

《釋文》：「而幾死之：絕句，向同。一讀連下散人爲句，崔同。」(367－156－6)

陸德明讀作「而幾死之，散人又惡知散木」，與向秀同。另一讀爲「而幾死之散人，又惡知散木」，與崔譔同。在「而」字解釋爲「汝」的前提下，兩讀的意義相同，陸德明的絕句是將「散人」當作下句主語，指的是「而」，崔譔的讀法是將「散人」當作上句名詞性謂語的中心語，所指的也是「而」。但是若將「而」字解釋爲連詞，則「而幾死之」沒有主語，亦沒有可供轉折的句子，將無法解釋，所以只能絕句爲「而幾死之散人，又惡知散木」，「散人」當作主語。今所見多數注家皆將「而」解釋爲「汝」，本文暫且從之。以「而」字的不確家以及本句句勢而言，應以崔譔絕句較佳。

〔3〕《莊子》：「瞻子曰不能自勝則從神惡乎不能自勝而強不從者此之謂重傷。」（讓王第二十八）（p.980）

《釋文》：「乎：絕句。一讀連下不能自勝爲句。」（399－19a－10）

陸德明讀作「神惡乎，不能自勝而強不從者」。另一讀爲「神惡，乎不能自勝而強不從者」，是將「乎」字置於下句句首，此讀頗有可議之處，因爲古籍「乎」字多置於句中當作狀事之詞，或置於句末當作語末助詞㉖，甚少置於句首當作發語詞。且王叔岷先生謂《闕誤》引張君房本「乎」作「也」字，「也」猶「乎」。㉗「也」字亦不置於句首，故此讀以陸德明爲是。

〔4〕《莊子》：「鷦鷯巢於深林不過一枝偃鼠飲於河不過滿腹歸休乎君予無所用天下爲。」（逍遙遊第一）（p.24）

《釋文》：「歸休乎君：絕句。一讀至乎字絕句，君字別讀。」（361－3b－8）

陸德明以爲此句應作「歸休乎君，予所用天下爲」。成玄英《南華眞經注疏》云：予，我也。許由寡欲清廉，不受堯讓，故謂堯云：

「君宜速還黃屋，歸反紫微，禪讓之辭，宜其休息，四海

之尊，於我無用，九五之貴，予何用爲。」(p.26) ㉘

林希逸《南華眞經口義》云：

歸休乎君，言君且歸去，休不必來訪我也。(p.24) ㉙

劉鳳苞《南華雪心篇》云：

歸休乎君，倒句法。(p.21) ㉚

朱桂曜《莊子內篇證補》亦認爲此句爲倒句法，云：

「歸休乎君」猶言「已乎吾君」……例句也。(p.18) ㉛

成玄英、林希逸皆將「君」字置於「歸休乎」之前解釋，可知二人亦認爲「歸休乎君」是倒句法。「歸休乎」是謂語；「君」是主語。《釋文》另收一讀爲「歸休乎，君」是將倒句法的主語獨立爲句，兩讀並無意義區別，但就語氣而言，以「歸休乎君」連讀較佳。

此外，釋德清《莊子內篇注》有異於《釋文》的絕句，云：

歸，句，此斥堯速歸也。休乎，句，此止堯再不必來也。君，句，此一字冷語，意謂你只見得人君尊大也。(p.24) ㉛

釋德清將此句斷作「歸，休乎，君，予無所用天下爲」，「歸」指「速歸」，「休乎」指「再不必來」。林希逸，成玄英之絕句雖與釋德清不同，但皆將「歸」、「休乎」分爲兩詞。朱桂曜則認爲「歸休」爲一詞，並舉《呂氏春秋》、《韓詩外傳》證明之，云：

呂氏春秋求人篇「歸已君乎：惡用天下」? 高註「歸，終也」，歸已，歸休，皆終止之辭，韓詩外傳九「田子爲相，三年歸休」用歸休與此同。「歸休乎君」猶言「已乎吾君」！(p.18)

由朱氏所引《呂氏春秋·愼行篇·壹行》引《莊子》文（朱氏誤爲〈求人〉篇），以及《韓詩外傳》文，可知「休」字在此作爲語末助詞，而非動詞，「歸休」應合爲一詞。

〔5〕《莊子》：「孔子曰善往見老不許於是繙十二經以說老聃中其說曰大謾願聞其要。」（天道第十三）（p.477－478）

《釋文》：「以說：如字。又始銳反。絕句。」（374－146－1）

㈡詞　語

此部分例句屬於因對詞語的理解不同，導致絕句互異，對文意亦有影響。本可與㈢文意歸爲一類，但此類之詞語在古籍中較爲少見或從未出現，故獨立爲類，對研究古代漢語或可略供參考。此類共四例五條。

〔6〕《莊子》：「已而不知其然謂之道勞神明爲一而不知其同也謂之朝三。」（齊物論第二）（p.70）

《釋文》：「謂之道：向郭絕句。崔讀謂之道勞，云：因自然是道之功也。」（363－8a－7）

陸德明從向郭讀作「已而不知其然，謂之道。勞神明爲一而不知其同也，謂之朝三。」崔譔則讀作「已而不知其然，謂之道勞。神明爲一而不知其同也，謂之朝三。」崔譔是將「道勞」連讀，成爲一個詞語，解釋爲「道之功」，就文字表象而言，「道勞」是可以解釋的，但是就語言現象而言，則有待商榷。首先是文意問題，此句郭象之解釋爲：

> 不知所以因而自因耳，故謂之道也。夫達者之於一，豈勞神哉？若勞神明於爲一，不足賴也，與彼不一者無以異矣。（p.78）

「勞」字郭象當作勞役的意思，而「神明」是一物，成玄英謂之「心智」㉝，「勞神明爲一而不知其同也」可解釋爲：勞役心智以求合於一，卻不知道原本就是相同的。崔譔將「道勞」連讀，下句爲「神明爲一而不知其同也」，此讀是以「神」、「明」爲同物異名，故謂其「爲一而不知其同也」。但是《莊子》中有「神」的概念，指精神或至高無上的境界，如〈逍遙遊〉「其神凝」(p.28)、〈齊物論〉「其人神矣」(p.96)。卻沒有「明」的概念，也無特殊涵義。故崔譔將「神」、「明」並列是無法解釋的。

其次是詞語意義的問題，崔譔將「道勞」當作一個詞語，解釋「道之功」。但是在先秦古籍中，「勞」字大多解釋爲勞苦、辛勞，極少解釋爲「功」，甚至與「功」字對舉，如：《淮南子·原道》：「任數者勞而無功。」（卷一、五）㉞可以解釋爲「功」者，僅在《越絕書》中見到一例：〈外傳枕中十六〉：「夫堯舜禹湯，皆有豫見之勞，雖有凶年而民不窮。」(p.50)㉟此「勞」字勉強可解釋爲「功」。然而「道勞」一詞始終屬於古籍罕見詞語，意義亦屬罕見。故此句應從向郭之絕句。

〔7〕《莊子》：「指窮於爲薪火傳也不知其盡也。」(養生主第三)(p.129)

⑴《釋文》：「指窮於爲薪：如字。絕句。爲，猶前也。」(365-12b-3)

⑵《釋文》：「火傳：直專反，注同。傳者，相傳繼續也。崔云：薪火，爝火也。傳，傳延也。」(365-12b-3)。

陸德明讀作「指窮於爲薪，火傳也。」崔譔讀作「指窮爲薪火，傳也。」陸德明之絕句與郭象同，其後諸家，對此句之解釋不盡相同，但是絕句則同，直至近代方有從崔譔在「火」字絕句之說，絕句問題之外，「指」字異說頗多，在討論絕句之前，先討論此字。說法爲後人所接受的有兩家：

1.俞樾《諸子評議·莊子》：

郭注曰：「爲薪猶前薪也，前薪以指，指盡前薪之理，故火傳而不滅。」此說殊未明了，且「爲」之訓「前」，亦未知何義，郭注非也。廣雅釋詁：「取，爲也。」然則爲亦猶取也。指窮於爲薪者，指窮於取薪也，以指取薪而然之，則有所不給矣，若聽火之自傳，則忽然而不知其薪之盡也。郭得其讀，未得其義。釋文引崔云：「薪火，爝火也。」則幷失其讀。(P.331)㊱

2.朱桂曜《莊子內篇證補》：

曜案兪說非是，指爲脂之誤，或假，國語越語：「句踐載稻與脂於舟以行」，注：「脂，膏也。」脂膏可以爲燃燒之薪，故人閒世篇云：「膏火自煎也」。此言脂膏有窮，而火之傳延無盡。(p.100)

朱桂曜將「指」解釋爲「脂」，則「薪」字必需解釋爲燃料。然先秦古籍中，「薪」字皆當作「薪木」，並無燃料之義，故其義雖可通，但不如兪樾之說，故本文從兪說將「指窮於爲薪」解釋爲「以手取薪燃火有窮盡的時候」。

絕句方面，蔡明田《「火盡薪傳」探源》從崔譔在「薪火」絕句：

> 莊子一書，以內篇中的資料爲可靠，今檢視內七篇，火字四見，分別見於：1.逍遙遊：「而爝火不息」2.養生主：「指窮於爲薪火」3.人間世：「膏火自煎也」4.大宗師：「入火不熱」。爝火、薪火、膏火等三者的用法一律，且三者的意義大抵相同，因此於火字絕句，薪火連詞，理至顯明。(p.49-50)㊲

蔡明田謂爝火、薪火、膏火、入火意義大抵相同，以證明薪火連讀，但事實上以上四火的意義不同，語法結構亦有異；爝火爲小火㊳，屬偏正結構；膏火爲脂膏之火，屬偏正結構；入火爲進入火中，屬動賓結構。「薪火」之外的三火，意義上皆不相關，因此無法證明「薪火」連讀。且《莊子》外篇中亦多火字單獨出現者，蔡氏以爲不甚可靠，皆不取。故其說仍有待斟酌，不可盡信。先秦古籍中「薪」字多獨用，當作「薪木」之義，並無與「火」連讀之例，「薪火」一詞實屬罕見，故不從，本文仍從陸德明之絕句。

〔8〕《莊子》:「回曰敢問心齋仲尼曰若一志聽之以耳而聽之以心聽之以心而聽之以氣聽止於耳心止於符氣也者虛而待物者也唯道集虛虛者心齋也顏回曰回之未始得使實自回也得使之也未始有回也可謂虛乎。」(人閒世第四)(p.147-148)

《釋文》:「未始得使：絕句。崔讀至實字絕句。」(366-13b-9)

陸德明讀作「回之未始得使，實自回也。」崔譔讀作「回之未始得使實，自回也。」陸德明在「未始得使」絕句，是省略「使」字之賓語「心齋」，故郭象解釋爲「未始使心齋」(p.148)；而「實自回也」之「實」，則與末句「可謂虛乎」，有意義上之對應。崔譔在「使實」絕句，「使實」屬動賓結構，當釋爲：學得心齋之事實。但此解頗爲牽強，「使實」一詞亦不見於先秦古籍，屬罕見詞語。故本文從陸德明之絕句。

〔9〕《莊子》:「推而後行曳而後往若飄風之還若羽之旋若磨石之隧全而非動靜過未嘗有罪。」(天下第三十三)(p.1088)

《釋文》:「石之隧：音遂，回也。徐絕句。一讀至全字絕句。」(404-29a-9)

陸德明從徐邈絕句，讀作「若飄風之還，若羽之旋，若磨石之隧，全而非」。另收一讀爲「若飄風之還，若羽之旋，若磨石之隧全，而非」。就語法而言，若在「隧」字絕句，則「若飄風之還」、「若羽之旋」、「若磨石之隧」爲同屬動賓結構的三個對襯句式；若在「全」字絕句讀作「若磨石之隧全」，則破壞其對襯性，且「全」字在語法上亦無法解釋。就文意而言，「還」、「旋」、「隧」三字皆有「回」、「轉」義㊴；若讀作「隧全」，則破壞文義，且「隧全」一詞亦不知如何解釋。就詞語而言，「隧全」不見於先秦古籍，屬罕見詞語。故此句顯然應從徐邈之絕句。臆其一讀至「全」字絕句者，應是以爲此段爲韻文，「還」、「旋」、「全」相，「非」、「過」、「罪」相㊵。

㈢文　意

此部分例句屬於因對字義或文意的理解不同，而導致絕句互異。共四例六條。

〔10〕《莊子》：「絕易行地難爲人使易以僞爲天使難以僞。」（人間世第四）（p.150）

《釋文》：「絕易：絕句。向崔皆以字屬下句。」（366－13b－10）

陸德明讀作「絕易，行地難」。向秀、崔譔讀作「絕易，行地難」，郭象亦同。郭象之解釋爲：

不行則易，欲行而不踐地，不可能也。無爲則易，欲爲而不傷性，不可得也。（p.150）

是將「行地」連讀，解釋爲「不踐地」，比喻「不傷性」之義。後世注家多從此說，而不從陸德明，盧文弨《經典釋文考證》甚至批評陸氏「此讀謬甚，何不依注（郭象）?」（p.5）㊶盧文弨是以郭象注爲基準，批評陸德明的絕句，則「行地」之狀語「無（无）」字須連上讀，不僅意義上不可解，語法亦不通。其實陸德明之絕明並非不可解讀，但陸德明之原意，已無法得知。如今只能推測「行地難」之後，應加一「无」字以解釋，即「絕迹易无，行地難无」。就句法而言，此句與下句「爲人使易以僞，爲天使難以僞」相同。「无」字正可解釋爲承上省略。就文意而言，此「无」字應是與之前的「回之未始得使，實自回也；得使之也，未始有回也，可謂虛乎?」之「有」字相對，「无」即指「虛」，是「虛室生白」（p.150）、「入遊其樊而無感其名」（p.148）之意。「絕」與「行地」則是比喩避世與入世㊷。陸德明之絕句可解釋爲：避世容易無心，入世則很難（無心）。就句法及文意兩方面而言，此說皆可通。然今說皆從向、崔、郭，故本文亦從之，陸德明之說亦可供參考。

〔11〕《莊子》：「吾相狗也下之質執飽而止是狸德也中之質若視日下之質若亡其一。」（徐无鬼第二十四）（p.819）

《釋文》：「執飽而止：司馬以執字絕句，云：放下之能執禽也。」（392－5b－6）

陸德明讀作「下之質，執飽而止，是狸德也」。司馬彪讀作「下之質執，飽而上，是狸德也」。陸德明之意爲：下質之狗，食飽而止。「執」解釋爲持守。司馬彪之意爲：下質之狗能執禽，求飽而止。「執」解釋爲執禽。二說似皆可通，但就下文「中之質，若視日；上之質，若亡其一」之句法而言，此句之句法亦應與之相同，即陸德明之絕句「下之質，執飽而止」。

〔12〕《莊子》：「魯有兀者叔山趾踵見仲尼仲尼曰子不謹前既犯患若是矣雖今來何及矣。」（德充符第五）（p.202）

《釋文》：「子不謹前：絕句。一讀以謹字絕句。」（368－18a－1）

陸德明讀作「子不謹，既犯患若是矣」。另一讀在「謹」字絕句，讀作「子不謹，前既犯患若是矣」，成玄英即從此讀，解釋爲：「子之修身，不能謹愼，犯於憲綱，前已遭官。」(p.202) 陸德明之絕句則解釋爲：子之修身，不能謹愼於前，已遭無趾之患。二者差別在於，「子不謹」是仲尼斥叔山无趾修身不謹，來見之前已遭無趾之患，「前」字重在遭無趾之患。「子不謹前」則是仲尼說叔山无趾來見之前，修身不謹，已遭无趾之患，「前」字重在修身不謹。此二說並可通，但由下文仲尼說叔山无趾「猶務學以復補前行之惡」之「前行」應指其修身不謹於前，不謹前猶可補，無趾則不可補。故此句從陸德明之絕句。

〔13〕《莊子》：「肩吾見狂接輿狂接輿曰日中始何以語女肩吾曰告我君人者以己出經式義度人孰敢不聽而化諸。」(應帝王第七)(p.290)

(1)《釋文》：「出經：絕句。司馬云：出，行也。經，常也。崔云：出典法也。」(371－24b－11)

(2)《釋文》：「式義度人：絕句。式，法也。崔云：式，用也，用仁義以法度人也。」(371－24b－11)

〔14〕《莊子》：「風之積也不厚則其負大翼也無力故九萬里則風斯在下矣而後乃今培風背負青天而莫之夭閼者，而後乃今將圖南。」(逍遙遊第一)(p.6)

(1)《釋文》：「風：絕句。」

(2)《釋文》：「背負青天：一讀以背字屬上句。」(360－2a－3)

〔15〕《莊子》：「若唯詔王公必將乘人而其捷而目將熒之而色將平之口將營之容將形之心且成之。」(人間世第四)(p.136)

《釋文》：「而其捷：在接反。崔讀若唯無詻王公絕句，必將乘人而絕句。捷作接，其接，引續也。」(366－

13a－7)

陸德明讀作「王公必將乘人而其捷」。崔譔讀作「必將乘人而。其接。」㊸「捷」字崔本作「接」。「捷」、「接」二字古可通用,「捷」,亦有「接」義。朱駿聲《說文通訓定聲》云:「莊子則陽:接子。古今人表作捷。」(p.114) 又《爾雅·釋詁》:「際接翜捷也。」郭璞注:捷謂相接續也。」(p.27) ㊹崔譔「捷」作「接」,故在「鬭」字絕句,「其接」另成一句,陸德明釋爲「引續」,即然後之義,用以引出下文「而目將熒之,而色將平之,口將營之,容將形之,心且成之。」解釋爲:然後,你的眼目就會眩惑,面色就會顯得中和,口裏自救不暇,容貌就會顯得遷就,內心就會順從他。因不同版本不同用字,導致陸德明與崔譔之絕句不同,然二說皆可通。

〔16〕《莊子》:「田開之見周威公威公曰吾聞祝腎學生吾子與祝腎游亦何聞焉。」(達生第十九)(p.644)

《釋文》:「吾子與祝腎游:司馬本以吾子屬上句,更云子與祝腎游。」(385－256－6)

陸德明讀作「吾聞祝腎學生,吾子與祝腎游。」司馬彪之本作「吾聞祝腎學生吾子,子與祝腎游。」「學生」之下多「吾子」二字。陸德明之「學生」爲動賓結構,釋爲:學養生之道。全句解釋爲:我聽說祝腎學養生之道,你向祝腎學習,有沒有聽到什麼。司馬彪之「學生」爲偏正結構,即學習之生徒,「學生吾子」則爲聯合結構,「吾子」即是「學生」,釋爲:學生你。全句解釋爲:我聽說你是祝腎的學生,你向祝腎學習,有沒有聽到什麼。陸德明與司馬彪所用版本文句不同,故絕句互異,二說皆可通,但陸德明之說似較爲順暢。

〔17〕《莊子》:「魯侯曰吾學先王之道脩先君之業吾敬鬼尊賢親而

行之須臾離居然不免於患吾是以憂。」（山木第二十）（p.671）

⑴《釋文》：「須臾離：力智反。絕句。崔本無離字。」（386－28b－1）

⑵《釋文》：「居然：崔讀以居字連上句。」（386－28b－1）

陸德明讀作「吾敬鬼尊賢，親而行之，須臾離，居然不免於患。」崔譔本無「離」字，讀作「吾敬鬼尊賢，親而行之，須臾居，然不免於患。」俞樾謂今本「離」字爲後人據《中庸》妄加，應從崔譔本，《諸子評議·莊子二》云：

崔譔本無離字，而以居字連上句讀，當從之，呂覽愼人篇胼胝不居，高誘訓居爲止，無須臾居者，無須臾止也，正與上句行字相對成義，學者不達居字之旨，而習於中庸不可須臾離之文，遂妄加離字，而居字屬下讀，失之矣。（p.363）㊺

俞樾謂「須臾居」釋爲「須臾止」，王叔岷先生亦從其說，謂「居然不免於患」不類先秦語㊻。故本文亦從此說，應從崔譔之版本及絕句。

〔18〕《莊子》：「其往也舍者迎將其家公執席妻執巾櫛舍者避席煬者避其反也舍者與之爭席矣。」（寓言第二十七）（p.963）

《釋文》：「家公：李云：主人公也。一讀舍者迎將爲句。」（398－17a－10）

陸德明讀作「其往也，舍者迎將，其家公執席，妻執巾櫛。」李頤亦同。另一讀爲「其往也，舍者迎將其家，公執席，妻執巾櫛。」陸德明在「迎將」絕句，「舍者迎將」解釋爲：客居旅店的人，都迎送他。另一讀在「其家」絕句，「舍者迎將其家」解釋爲：客居旅店的人，都迎送他出入旅店。兩讀解釋皆可通，後世注家多與陸德明同，僅王先謙《莊子集解》在「其家」絕句，云：「舍者迎將其家，張湛注，客舍家也。」(p.354) 王叔岷先生亦同意其說，且引俞樾《評議》及古鈔卷子本，謂「舍者迎將其家」應作「舍迎將家」，《莊子校詮》云：

> 案家字屬上絕句，文意較長，列子張湛注讀「舍迎將家」爲句，云：『客舍家也。』(王氏集解從張注) 古鈔卷子本舍下無者字，家上無其字，與列子同，今本者字，蓋涉下文『舍者』而衍。御覽一八六引家上亦無其字，今本其字，蓋涉上文『其往也』而衍。列子道藏白文本、林希逸口義本、江遹解本、宋徽宗義解本、元本世德堂本舍下皆有者字。俞樾評議云：『者字衍文，盧重玄本無者字，是也。舍與舍者不同，舍者，謂同居逆旅者；舍，謂逆旅主人。莊子寓言篇已誤。』莊子古鈔卷子本不誤。列子道藏高守元集四解本亦不誤。(p.1112)

此說甚是，此句本作「舍迎將家」，解釋爲：旅店主人迎送他出入旅店。然今所見《莊子》刻本皆作「舍者迎將其家」，故本文亦從之，此句應從「一讀」「舍者迎將其家」絕句。

㈣版　本

此部分屬於因版本不同，章句用字不同，導致絕句互異。共九例十條，其中〔15〕、〔22〕例之《莊子》文與〔1〕、〔3〕重複。

〔19〕《莊子》：「回嘗聞之夫子曰治國去之亂國就之醫門多疾願以所聞思其則庶幾其國有瘳乎。」（人間世第四）(P.132)

《釋文》：「思其則：絕句。崔、李云：則，法也。」(365－

12b－10)

陸德明讀作「願以所聞思其則，庶幾其國有瘳乎。」注引崔譔、李頤云：「則，法也。」知二人亦在「思其則」絕句。此句在「思其則」絕句至爲明顯，陸德明亦未徵引其他絕句，應無絕句問題。但是《莊子集釋》王孝魚校曰：「闕誤引江南李氏本其下有所行二字，則字屬下句。」(p.134) 臆測陸德明亦曾見「其」下有「所行」二字之本，故在「思其則」作絕句，以正版本。

〔20〕《莊子》：「故西施病心而矉其里其里之醜人見之而美之歸亦捧心而矉其里。」(天運第十四) (p.514)

《釋文》：「其里：絕句。」(380－16b－4)

〔21〕《莊子》：「幾何而使梱之於燕盜得之於道全而鬻之則難不若刖之則易於是乎刖而鬻之於齊。」(徐无鬼二十四) (p.860)

《釋文》：「全而鬻之：音育。絕句。一本作鬻之難。」(394－9a－8)

〔22〕《莊子》：「瞻子曰不能自勝則從神惡乎不能自勝而強不從者此之謂重傷重傷之人壽類矣。」(讓王第二十八) (p.980)

《釋文》：「不能自勝則從：絕句。一讀至神字絕句。」(399－19a－10)

〔23〕《莊子》：「朱泙漫學屠龍於支離益單千金之家三年技成而所用其巧。」(列禦寇第三十二) (p.1046)

《釋文》：「三：絕句。崔云：用千金者三也。一本作三年，則上句至家絕。」(402－25b－10)

㈤讀　音

此部分例句屬於因字音不同，導致字義不同，絕句亦因而不同。共三例四條。

〔24〕《莊子》:「子常語諸梁也曰凡事若小若大寡不道以懽成事若不成則必有人道之患事若成則必有陰陽之患若成若不成而無後患者唯有德者能之吾食也執粗而不臧爨無欲清之人今吾朝受命而夕飲冰我其內熱與。」(人間世第四)(p.153)

《釋文》:「而不臧:作郎反,善也。絕句。一音才郎反,句至爨字。」(366-4a-7)

「臧」字陸德明讀如字音「作郎反」,絕句爲「吾食也執粗而不臧,爨無欲清之人。」另一讀「臧」音「才郎反」,絕句「吾食也執粗而不臧爨,無欲清之人。」在《釋文》中,「臧」讀「作郎反」,有「善」義;讀「才郎反」則是「藏」字之音,假借爲「藏」,有「隱藏」義㊼。故陸德明絕句爲「不臧」,即不善,此句解釋:我吃粗食而不講求精美,廚爨中沒有求清涼的人。讀「藏」音之絕句至「不臧爨」,即不藏爨火,此句解釋爲:我吃粗食而無爨火,沒有求清涼之人。二說似皆可通,然「臧爨」一詞並不常見,先秦古籍中亦不曾出現;若讀爲「不臧」,則「臧」字可與句中「執粗」之「粗」字相對,故以至「不臧」絕句較佳,本文從陸德明之絕句。

〔25〕《莊子》:「彼且擇日而登假人則從是也彼且何肎以物爲事乎。」(德充符第五)(p.193)

《釋文》:「假人:古雅反,借也。徐音遐,讀連上句,人字向下。」(368-17b-5)

「假」字陸德明讀如字音「古雅反」㊽,絕句爲「彼且擇日而登,假人則從是也。」徐邈讀「遐」,即「遐」字之音,假借爲「遐」,絕句爲「彼且擇日而登假」,人則從是也。」陸德明釋

「假」爲「借」，是從郭象之說，郭象將「假人」解釋爲「假借之人」。後世注家多不從此說，而從徐邈將「登假」連讀㊾，奚侗《莊子補註》、朱桂曜《莊子內篇證補》、王叔岷《莊子校詮》並舉古籍「登假」連讀之例證明之。其中以朱桂曜之說最爲詳盡，云：

> 曜案陸訓「假」爲「借」，非。「登假」蓋古時通語，大宗師篇「是知之能登假於道也若此」，釋文「假，更百反，至也」；詩下武箋「此三后既沒登假，精氣在天」，釋文「假音遐，已也，本或作遐」；淮南氾論訓「此精神之所以能登假於道也」，注「假至也，上於至道也」，列子周穆王篇「穆王幾神人哉，能窮當身之樂，猶百年乃徂世以爲登假也」；注「假當作遐也，以爲登遐，明其實死也」，黃帝篇「而帝登遐，百姓號之，二百餘年不輟」，注「假當作遐」。字亦作「遐」，大宗師篇「其生無父母，死登遐三年，此言神之無能名也」。(p.138－139)

朱氏謂「登假」爲古時通語之說甚是。《釋文》中陸德明爲「登假」作音凡四見，可知陸德明亦知「登假」爲一詞：

1.《毛詩》：「三后在天，王配于京。」箋云：「此三后既沒登遐，精氣在天矣。」(大雅·下武)(581－8a－6)

《釋文》：「登假：假音遐，已也。本或作遐。」(93－7a－3)

2.《禮記》：「告喪曰，天王登假。」(曲禮下)(79－20b－10)

《釋文》：「登假：音遐，注同。已也。」(166－9b－6)

3.《莊子》：「是知之能登假於道者也若此。」(大宗師第六)(p.226)

《釋文》:「登假：更百反，至也。」(369－19b－3)

4.《莊子》:「彼且擇日而登假人則從是也。」(德充符第五)(p.193)

《釋文》:「假人：古雅反，借也。徐音遐，讀連上句，人字向下。」(368－17b－5)

例1.及例2.之「登假」陸德明讀爲「遐」，釋爲「已」，皆爲死去、僊去之義。例3.之「登假」讀爲「更百反」，即「格」音，釋爲登升、登至之義。例4.則將「登假」分讀，「假」讀爲「古雅反」，釋爲借。由此四例可知《釋文》中死去之「登假」與登升之「登假」有音義區別，亦可知例4.即本句之「登假」，陸德明並不認爲應連讀爲一詞，此乃深受郭象之影響。然「假人」一詞並不見於《莊子》其他篇章；《莊子》內七篇中有四種無道之:「暴人」、「菑人」、「散人」、「鄙人」㊿，皆出現多次，或有所解釋，而「假人」僅在此句中出現，亦無合理之解釋，且不見於其他先秦古籍。故此句應在「登假」絕句較佳。依陸德明作音規則，此「登假」之「假」應讀「更百反」。

〔26〕《莊子》:「曰嗟乎夫造物者又將以予爲此拘拘也子祀曰女惡之乎曰亡予何惡。」(大宗師第六)(p.260)

⑴《釋文》:「曰亡：如字。絕句。」(370－22b－3)

⑵《釋文》:「予何惡：烏路反，下及注同。一音如字讀，則連亡字爲句。」(370－22b－3)

㈥存　疑

此部份例句陸德明未收他說，後世注家亦無異說，而文句意義明顯，應無絕句問題，不知陸德明爲何做注。共五例五條，其中〔27〕例與〔5〕例之《莊子》文句相同。

〔27〕《莊子》:「孔子曰善往見老老不許於是繙十二經以說老中其

說曰大謾願聞其要。」（天道第十三）（P.477－478）

《釋文》:「其說：如字。絕句。」(374－14b－1)

〔28〕《莊子》:「敢問公之所讀者何言邪公曰聖人之言也曰聖人在乎公曰已死矣曰然則君之所讀者古人之糟魄已夫桓公曰寡人讀書輪人安得議乎有說則可无說則死。」(天道第十三)(P.490－491)

《釋文》:「已夫：音符。絕句。或如字。」(380－15a－8)

〔29〕《莊子》:「田開之曰開之操拔篲以侍門庭亦何聞於夫子威公曰田子讓寡人願聞之。」(達生第十九)(p.645)

《釋文》:「亦何聞於夫子：絕句。」(385－25b－8)

〔30〕《莊子》:「夫靈公也死卜葬於故墓不吉卜葬於沙丘而吉掘之數仞得石槨焉洗而視之有銘焉曰不馮其子靈公奪而里之夫靈公之爲靈也久矣之二人何足以識之。」(則陽第二十五)(p.908)

《釋文》:「其子靈公：郭讀絕句。司馬以其子字絕句，云：言子孫不足可憑，故使公得處爲冢也。」(396－13a－7)

〔31〕《莊子》:「自是觀之兩臂重於天下也身亦重於兩臂韓之輕於天下亦遠矣今之所爭者其輕於韓又遠，君固愁身傷生以憂戚不得也。」(讓王第二十八)(p.970)

《釋文》:「其輕於韓又遠：絕句。」(398－18a－3)

三、結　論

㈠絕句分類所反映之現象

透過以上二十八例三十七條的分類，可清楚得知〈莊子音義〉絕句互異之成因。就整體現象而言，六類成因中以「版本」一項較爲特殊，因版本因素而導致絕句互異的例子共有九例十條，幾乎占所有例句的三分之一，而其中內篇僅有二例二條，其餘七例八條皆屬外、雜篇；然本文外、雜篇例句合共爲十四例十八條，版本因素幾占其二分之一。可見當時《莊子》一書之版本文句，已因魏晉以前的不受重視而分歧散亂，又以外、雜篇爲嚴重。陸德明所收異說中，崔譔之說有三例四條，司馬彪之說有一例一條，未屬名之說有三例三條，而陸德明是以郭象本爲主[51]，將郭本與《釋文》異說比較之下，可知郭象不僅將《莊子》由五十二篇刪定三十三篇[52]，由例〔17〕崔本作「須與居，然不免於患」，郭本作「須與離，居然不免於患」，亦可知郭象應曾改動《莊子》文字。

在「詞語」及「讀音」兩項中共出現六個罕用詞彙，爲「道勞」、「薪火」、「使實」、「隧全」、「假人」、「臧夒」、其中「道勞」、「薪火」、「使實」出自崔譔；「假人」出自郭象；「隧全」、「臧夒」，則未屬名。雖然本文皆不從其說，但這些詞彙或能在瞭解《莊子》注解的發展歷史上，提供些許幫助，對解讀《莊子》，亦具有參考價值。

㈡陸德明深受郭象影響

《漢書·藝文志》中僅記載「莊子五十二篇，名周宋人」[53]，並無記錄其他注本，可知在漢代可能無人注解《莊子》；若有，或僅有班固一人[54]，直至魏晉時期，因漢末經學的衰頹，以及政治環境、社會結構的變遷，玄學大行其道，《莊子》一書始受重視，注者起。魏晉時期有關《莊子》的著作，據《晉書·列傳二十·郭象》傳云：「註莊子者數十家，莫能究其旨統。」[55]可知有數十家之多。而南北朝時期，因南朝承襲魏晉玄風，對《莊子》

亦有所注解，據《隋書·經籍志三》所載，屬有朝代或注家之作有七㊻。然魏晉南北朝時期數十家注解中，大多全部亡佚，僅郭象《莊子注》及陸德明〈莊子音義〉流傳至今，少部分注家之注解，則僅「殘存於陸德明《經典釋文》的〈莊子音義〉和他書注文以及類書之中」㊼，其中又以〈莊子音義〉之保存最豐富而有系統。據《釋文·序錄》所載，陸德明共引崔譔、向秀、司馬彪、郭象、李頤、孟氏、王叔之、李軌、徐邈十家㊽；不見載於〈序錄〉的則有班固、簡文帝、支道林；此外尚有未屬名的他家別說。是以如今若欲瞭解郭象本何以最爲後世所推崇㊾，而郭注又與其他注家有何不同，皆須求之於〈莊子音義〉。

本文透過〈莊子音義〉「絕句」的逐條分析，期能借由其中所收之衆家說法，一窺從魏晉至南北朝之間注《莊》之異同，然「絕句」之例過少，與〈莊子音義〉之收錄相去甚遠，較之已亡佚的數十家注解，更有如天壤，但本文仍將三十七條資料整理如下，試圖知其一鱗半爪。

編號	《莊子》文句	*同	*異	*從
〔1〕(1)	若唯詔，王公必將乘人……（若唯詔王公，必將乘人……）㊿	郭	崔	郭 陸
〔1〕(2)	若唯詔，王公必將乘人而……（王公必將乘人，而……）		郭 崔	郭 崔
〔2〕	而幾死之散人，又惡知散木。（而幾死之，散人又惡知散木。）	向	崔	崔
〔3〕	神惡乎，不能自勝而強不從者……（神惡，乎不能自勝而強不從……）	一讀	陸	
〔4〕	歸休乎君，予所用天下爲。（歸休乎，君，予所用天下爲。）	一讀	陸	
〔5〕	繙十二經以說，老中其說。（繙十二經以說老，中其說）		陸	
〔6〕	謂之道，勞神明爲一而不知其同……（謂之道勞，神明爲一……）	向 郭	崔	向郭 陸

〔7〕 1. 2.	指窮於爲薪，火傳也。(指窮於爲薪火，傳也。)	郭	崔	郭 陸
〔8〕	回之未始得使，實自回也。(回之未始得使實，自回也。)	郭	崔	郭 陸
〔9〕	若磨石之隧，全而非。(若磨石之隧全，而非。)	徐	一讀	徐 陸
〔10〕	絕易，行地難。(絕易，行地難。)		崔向 郭	崔向 郭
〔11〕	下之質執飽而止。(下之質執，飽而止。)		司馬	陸
〔12〕	子不謹前，旣犯患若是矣。(子不謹，前旣犯患若是矣。)		一讀	陸
〔13〕 1. 2.	以己出經，式義度人，孰敢不聽而化諸。	崔 司馬		(未定)
〔14〕 1. 2.	而後乃今培風，背負青天。(而後乃今培風背，負青天。)	郭	一讀	郭 陸
〔15〕	王公必將乘人而其捷。(必將乘人而，其接而目將熒之。)	郭	崔	郭 陸
〔16〕	吾聞祝腎學生，吾子與祝腎游……(吾聞祝腎學生吾子，子與祝腎游……)		司馬	陸
〔17〕 1. 2.	須臾居，然不免於患。(須臾離，居然不免於患。)		崔	崔
〔18〕	舍者迎將其家，公執席。(舍者迎將，其家公執席。)	李	一讀	一讀
〔19〕	願以所聞思其則。(江南李氏：願以所聞思其所行，則庶幾……) ⑥1	崔 李		崔李 陸
〔20〕	西施病心而矉其里，其里之醜人見之……		陸	
〔21〕	全而鬻之則難，不若刖之則易。(全而鬻之難)		一本	陸
〔22〕	不能自勝則從，神惡乎。(不能自勝則從神，惡乎)		一讀	陸
〔23〕	單千金之家三，技成而無所用巧。(單千金之家，三年技成……)	崔	一本	崔 陸
〔24〕	吾食也執粗而不臧，爨無欲淸之人。(吾食也執粗而不臧爨，無……)	郭	一音	郭 陸
〔25〕	彼且擇日而登假，人則從是也。(彼且擇日而登，假人則是也。)	郭	徐	徐
〔26〕 1. 2.	女惡之乎，曰：亡，予何惡。(女惡之乎，曰：亡予何惡。)		一音	陸

〔27〕	老中其說，曰：大謾，願聞其要。			陸
〔28〕	君之所讀者，古人之所糟魄已夫。			陸
〔29〕	開之操拔篲以侍門庭，亦何聞於夫子，威公曰：曰子讓。			陸
〔30〕	不馮其子，靈公奪而里之。(不馮其子靈公，奪而里之。) 從……)	郭 62	郭 司馬	郭 司馬
〔31〕	今之所爭者，其輕於韓又遠，君固愁身傷生以憂戚不得也。			

表中「*同」乃「陸氏與之同」意
「*異」乃「陸之與之異」意
「*從」乃「本文所從」意

以上所列三十八條中，郭象有注者十三條，有崔譔說者十五條，有司馬彪說者四條，有李頤說者兩條，有徐邈說者一條，未屬名之說十三條。其中以郭象及崔譔之說較多，可與陸說比較。

郭象、崔譔皆有注者八條，僅有兩條二人絕句相同，由此大略可知二家注解間之差異頗大。

郭象有注的十三條中，陸德明從其說者有十一條，值得注意的是例〔25〕及例〔30〕。例〔25〕的「登假」是古時通語，指人死去或登升玄境之意，在《釋文》的〈毛詩音義〉、〈禮記音義〉、〈莊子音義〉中，陸德明皆曾注釋「登假」一詞。但在例〔25〕，因爲郭象將「登假」分釋，「假」釋爲「假借之人」，故陸德明亦從郭象此「假人」說，而捨棄徐邈及其他典籍中的「登假」說。例〔30〕「不馮其子，靈公奪而里之」，由郭象注語中可知其在「其子」絕句，但陸德明誤以爲其在「靈公」絕句，故即使「不馮其子靈公」難以解釋，陸德明卻仍從郭象之說。但是此現象並非「疏不破注」的情形，因爲〈莊子音義〉不是以注疏的形態出現，亦非在郭注的基礎下引申發揮，而且，有兩條絕句，陸德明是異於郭象，值得注意的是例〔10〕。崔譔、向秀、郭象皆讀「絕易，行地難」，陸德明一反常說，讀作「絕易，行地難」，可謂空前絕後之語。故陸德明多從郭象之現象，只可說是陸德明深受郭象影響，但也可見至南北朝後期，《莊子》學說已定於一尊。

陸德明所引異說中，以崔譔最多，共十五條，但從其說者僅四條，異者十四條，又由郭說與崔說同者僅兩條，以及陸德明多從郭象的情形推斷，崔譔本應與郭象本最爲分歧，而崔本是除了班固本外，如今可知的《莊子》最早注本㊸，惜崔本已不傳，難以窺其全貌。

【註 釋】

①見《韓昌黎文集校注》，馬通伯校注。

②見《文心雕龍札記·章句第三十四》

③見《十三經注疏》冊七，藍燈書局影印嘉慶二十年江西南昌府學開雕重宋本注疏附校勘記。標識號碼之方式同新校索引《經典釋文》。（詳註⑨）

④見《十三經注疏》冊二。

⑤見《說文解字注》黎明文化事業公司影印經樓藏版。並附說文正補。

⑥《說文》:「讀，籀書也。」段注:「抽繹其義薀至於無窮，謂之讀。」(p.91)

⑦見索引本《說文通訓定聲》（上）（下），京華書局影印本。

⑧見《文心雕龍札記，第三十四》。

⑨《周禮·天官宮正》:「春秋以木鐸修火禁，凡邦之事蹕。」鄭玄注:「鄭司農讀火絕之，云，禁凡邦之事蹕。」(52－21a－5)《釋文》:「讀火：戚如字，徐音豆。」(109－4b－6)。本文所引《經典釋文》爲黃坤堯·鄧仕樑校訂索引新校索引《經典釋文》（以通志堂本爲底本）。索引頁碼如：2－3a－2，前者2屬總頁碼；中間3a爲原刻各卷頁碼，a爲原刻右頁，若是b，則是原刻左頁；最末2爲原刻行數。（詳見《經典釋文索引》凡例）。

⑩見《說文解字》「音」字段注。「豆」與「丶」古音同在第四部。

⑪見《文選》附考異，藝文印書館影印宋淳熙本重雕鄱陽胡氏臧版。

⑫同註⑧。

⑬《文心雕龍札記·章句第三十四》：「文通有句讀之分，取便學者耳，非古義已然。」(p.127) 馬建忠《馬氏文通·正名卷之一》：「界說十一，凡字相配辭意已全者，曰句。界說二十三，凡有起，語兩詞而辭意未全者曰讀。」(p.24，p.28) 商務印書館重排本（據中華書局章錫琛《馬氏文通校注》重排。）

⑭詳見《刊正九經三傳沿革例·讀句》條，《叢書集成初編》重排知不足齋粵雅堂叢書本。冊五十五。

⑮見《古書句讀釋例·緒論》部分。

⑯見上節宋岳珂《九經三傳沿革例》所述。

⑰見《十三經注疏》本，冊三。

⑱見《十三經注疏》本，冊五。

⑲詳見本文第二章（莊子音義）「絕句」，分析各例句。

⑳經文文句稱爲「例」，陸氏注文稱爲「條」。有時完整文句中，會出現數條有關絕句的注文，故「條」多於「例」。

㉑本文所引《莊子》見郭慶藩《莊子集釋》，王孝魚整理。

㉒此條屬因版本不同而影響絕句。

㉓陸德明之後注家亦有從崔譔在「主公」絕句者，如奚侗《莊子補註》：「雖無所告言於王公，王公必將乘人而其捷也。」（續編冊四十，p.29）王夫之《莊子解》：「若唯無詔王公，不詔則已，必將乘人而其捷。」（新編冊十九，p.96）兩家皆將「必將乘人而」之主語解釋爲「王公」。

㉔朱駿聲《說文通訓定聲》：「詻，〔假借〕爲挌，莊子人閒世：若唯詻。崔注：逆擊也。」(p.371)

㉕詳見朱桂曜《莊子內篇補正》頁 104－105。

㉖詳見王引之《經傳釋詞》卷四「乎」條，頁 101。中華書局據清同治戊辰歲成都書局合刊本校印。

㉗詳見王叔岷《莊子校詮》下冊。頁 1150。

㉘成玄英《南華眞經注疏》引自郭慶藩《莊子集釋》。

㉙見《莊子集成初編》冊七，影「道藏」本。

㉚見《莊子集成初編》冊二十四，影淸光緒二十三年晚香堂刊本。

㉛朱桂曜舉《禮記·檀弓》及《呂氏春秋》之例證明此句爲倒句法，云：「『歸休乎君』猶言『已乎吾君』！」此與檀弓言『誰歟哭者』？呂氏春秋言『子邪言伐莒者』皆倒句也。此兩例的語法結構與「歸休乎君」不同，「誰歟哭者」以及「子邪言伐莒者」主、謂語皆是名詞，「誰歟」就是指「哭者」，「子邪」就是指「言伐莒者」。而「歸休乎君」的謂語卻是動詞。所以朱桂曜所舉的例證並不能證明「歸休乎君」是倒句法。

㉜見《莊子集成續編》冊二十五，淸光緒十四刊本。

㉝成玄英《南華眞經注疏》云：「夫玄道妙一，常湛凝然，非由心智謀度而後不二。」(p.73)

㉞見漢高誘注《淮南子》，《四部備要》本。

㉟見《越絕書逐字索引》正文部分。

㊱見國學基本叢書四百種，冊六，王雲五主編。

㊲見蔡明田《「火盡薪傳」探源》，《東方雜誌》，復刊第二十卷第六期，1986 年 12 月。

㊳《莊子·逍遙遊》：「日月出矣而爝火不息。」(p.22)《釋文》：「爝：字林云：爝，炬火也。」(361 - 3b - 3) 成玄英《南華眞經注疏》云：「爝火，猶炬火也，亦小火也。」(p.22)

㊴成玄英《南華眞經注疏》云： 「如飄風之回，若落羽之旋，若磑石之轉。」(p.1090)《釋文》：「石之隧：音隧，回也。」(404 - 29a - 9)

㊵「還」、「旋」、「全」，上古同屬「元」部。「非」、「罪」，上古同屬「微」部，「過」字上古屬「歌」部，「過」字古韻常與「脂」、「微」相叶，如：朱駿聲《說文通訓定聲》：「過，〔古韻〕，莊子則陽，叶知、化、爲、圍、過。」(p.398) 其

中「知」、「為」屬「脂」部，「圍」屬「微」部，「化」、「過」屬「歌」部。故此句「過」可與「非」、「罪」相叶。本文上古音韻部據陳新雄《古音學發微》。

㊶見《莊子集成新編》冊二十三，影清乾隆五十六年盧文弨刊「抱經堂叢書」本。

㊷王叔岷《莊子校詮》云：「案此喻避世易，入世超世難也。」（p.134）本文從其說。

㊸有關「王公」之絕句問題，詳見例〔1〕。

㊹見《十三經注疏》附校勘記冊八。

㊺見國學基本叢書冊六，王雲五主編。

㊻王叔岷《莊子校詮》:「『居然不免於患』不類先秦語。俞氏從崔本作『無須臾居』為句，是也。」(p.727)

㊼《毛詩·小雅·隰桑》：「心乎愛矣，遐不謂矣。中心藏之，何日忘之。」箋云：「藏，善也。」(515－12a－2)（《十三經注疏》本冊二）

《釋文》:「臧之：鄭子郎反，善也。王，才郎反。」(88－36b－3)

《釋文》「臧」字《毛詩》作「藏」，鄭箋云:「善也」，故陸德明作音「子郎反」(同「作郎反」)。而王音「才郎反」，則是《毛詩》「藏」字如字音，知王肅釋為隱藏義。

㊽黃坤堯《經典釋文動詞異讀新探》謂「假」字上聲（賈，古雅反，工雅反，工下反，舉下反）為如字音，有假入義。去聲則有假出義。另有「格」，「遐」，「暇」三音，屬假借改讀。(詳見 p.168)

㊾奚侗《莊子補注》:「侗案，釋文假，徐音遐，讀連上句，當從之。……（漢書）郊祀志：『登遐倒景』師古曰：『遐亦遠也，登遠猶言登天，謂僊去也』。曲禮：『天王登假』義與此同。淮南齊俗訓：『乘雲升假』升與登同，亦謂乘雲登於天也，是與之通。」(詳見 p.40－41)

宣穎《南華經解》:「彼且擇日而登假，登假猶言遺世獨立。按曲禮『天王崩告喪曰天登假』，蓋假字讀作遐，言其升於高也，此處借用造於高遠之意，不必遂以死言之。」(詳見 p.122)

釋德清《莊子內篇註》:「彼且擇日而登假。假,猶遐也。謂彼人且將擇日而登遐遠升仙界。」(詳見 p.193 - 194)

王夫之《莊子解》:「彼且擇日而登假。假音格,呂氏遐。」(詳見 p.130)

林雲銘《莊子因》:「彼且擇日而登假,待時至而沖舉。」(詳見 p.116)

林希逸《南華眞經口義》:「登,升也。假,至也。注音賈,音遐,皆誤。」(詳見 p.220)

(50)「暴人」之說三見,皆在〈人間世第四〉。「菑人」之說在〈人間世第四〉:「強以仁義繩墨之言術暴人之前者……命之曰菑人。」(p.136)「散人」之說見〈人間世第四〉與「散木」相對。「鄙人」之說見 (應帝王第七):「名人曰:去:汝鄙人也。」(p.293)

(51)《經典釋文·序錄》云:「唯子玄所注,特會莊生之旨,爲世所貴,徐仙民,李弘範作音,皆依郭本,今以郭爲主。」(17 - 33b - 11)

(52)此說以王叔岷先生《先秦道法思想講稿》所述最爲簡扼,云:「漢書藝文志及呂氏春秋必己篇高誘注並稱莊子五十二篇,釋叙錄稱晉司馬彪、孟氏注亦五十二篇。今傳僅三十三篇,乃郭象刪定之本。日本高山寺舊鈔卷子本莊子天下篇末郭象後語云:『莊生閎才命世、誠多英文偉詞·正言若反,故一曲之士,不能暢其弘旨,而妄竄奇說。若閼奕、意脩之首,危言、游、子胥之篇,凡諸巧雜,十分有三,皆略而不存。』(p.64)《釋文·序錄》亦記載郭象此語云:「郭子玄云:一曲之才、妄竄其說,若閼弈、意脩之首,危言、游、子胥之篇,凡諸巧雜,十分有三。」(17 - 33b - 5.6.7)

(53)見《二十五史·漢書》冊一,總 529,上海古籍出版社影印 1916 年涵芬樓影印本(涵芬樓影印本據清乾隆四年(1739)武英殿本影印)。

(54)壽普暄《由經典釋文試探莊子古本》云:「蓋齊物論,釋文有引班固說者三條。如:『大塊噫氣』,釋文:司馬云『大朴之貌,衆家或作大槐,班固同。』『惴慄恂懼』,釋文:『班固作也。』均似指明班固本與司馬、孟氏、崔、向異同之處。則班固當另有一本也。而同篇:「夫道未始有封」句,釋文:崔云:『齊物七章,此連上章，而班固說在外篇』。此『班固說在外篇』句，爲陸氏檢按班本異同簽語，或轉述崔譔校記，雖不可必，但班氏有本，並不同於衆象，據此可知矣。若然，是班本莊子非僅與司馬、孟氏、向、崔、郭等本，字句有異，即篇章開合，亦有大不同者。孟堅注莊子事，雖於史無徵。但此堂書鈔一百五十八，藝文類聚九十七，均有班氏難莊論之殘文。是孟堅於莊子，或有論著也。」見《燕京學報》，1940年12月第28期，頁89－104。

(55)見《二十五史·晉書》冊二，總1406頁。

(56)《隋書·經籍志三》：莊子講疏十卷，梁簡文帝撰本，二十卷，今闕。莊子講疏二卷，張機撰，亡。梁有莊子義疏十卷。莊子義疏三卷，宋處士李叔之撰，亡。莊子內篇講疏八卷，周弘正撰。莊子義疏八卷，戴詵撰。南華論二十五卷，梁曠撰本三十卷。(總3372頁)。

(57)此言爲郭慶藩《莊子集釋》中王孝魚〈點校後記〉之語（p.1117）。

(58)詳見《釋文·序錄·注解傳述人》。(17－34a－3)

(59)《晉書·序傳第十九·向秀》傳云：「莊周著內外數十篇，歷世方士，雖有觀者，莫適論其旨統也，秀乃爲之隱解，發明奇趣，振起玄風……惠帝之世，郭象又述而廣之，儒墨之見鄙道家之言遂盛焉。」(總1403)。

《經典釋文·序錄·注解傳述人》云：「唯子玄所注，特會莊生之旨，故爲世所貴。」(17－33b－11) 見鄙道家之言遂盛焉。」(總1403)

(60)前者爲本文所從之句，括弧內爲本文所不從者。

(61)此例陸德明未收他說，所引江南李氏本爲郭慶藩《莊子集釋》王孝魚之校語。

(62)陸德明在注文中謂郭象在「靈公」絕句，故其從之，但郭象是在「其子」絕句，而非靈公。

(63)壽普暄《由經典釋文試探莊子古本》：「世說文學篇注，引向秀本傳稱：『秀游託數賢，蕭屑卒歲，都無所述，唯好莊子，聊應崔譔所注，以備遺忘。』是向本莊子，以崔注爲藍，二本蓋略同也。故釋文以崔譔注列首，向注次之。」(按：『二本蓋略同也』之語，不可盡信，郭象本以向本爲基礎，而郭本與崔本差異頗大，向本與崔本亦應有所不同。

【引用及參考書目】

王夫之(淸),《莊子通》。《無求備齋莊子集成初編》冊十九,影淸同治四年湘鄉曾氏金陵節署重刊本。臺北:藝文印書館,1972。

王先謙(淸),《莊子集解》。《無求備齋莊子集成初編》冊二十六,影淸宣統元年湖南思賢書局刊本。臺北:藝文印書館,1972。

王引之(淸),《經傳釋詞》附補及再補。據淸同治戊辰歲成都書局高郵王氏經傳釋詞幷惠安孫氏補再補合刊本校印。北京:中華書局,1985。

王叔岷,《莊子校詮》(上)(中)(下)。臺北:中央硏究院歷史語言硏究所專刊之八十八,1988。

王叔岷,《先秦道法思想講稿》。臺北:中央硏究院中國文哲硏究所中國文哲專刊二,1992。

王　邁,《古文標點例析》。北京:語文出版社,1992。

王玉良,《宋刻本南華眞經注》北圖館藏善本書敍錄。《文獻》第三十五期,頁205－214,北京,1988。

朱得之(明),《莊子通義》·《無求備齋莊子集成續編》冊三,影明嘉靖四十三年浩然齋刊本。臺北:藝文印書館,1974。

朱駿聲(淸),《說文通訓定聲》(上)(下)。京華書局影印本。臺北:京華書局。1970。

朱桂曜,《莊子內篇證補》。臺北:文星書店,1965。

阮　元(淸)審定,《十三經注疏》附校勘記。藍燈書局影嘉慶二十年江西南昌府學開雕本。臺北:藍燈書局。

汪惠敏,《南北朝經學初探》。嘉新水泥公司文化基金會硏究論文第四〇九種。臺北。

李建國。《漢語訓詁學史》。安徽:安徽敎育出版社,1986。

岳 珂（宋），《刊正九經三傳沿革例》。《叢書集成初編》冊五十五，據知不足齋及粵雅堂叢書排印。北京：商務印書館，1937。

林希逸（明），《南華眞經口義》。《無求備齋莊子集成初編》冊七，影「道藏」本。臺北：藝文印書館，1972。

林雲銘（清），《莊子因》。《無求備齋莊子集成初編》冊十八，影清乾隆間刊本。臺北：藝文印書館，1972。

房玄齡（唐），《晉書》。《二十五史》冊二，古籍出版社影 1916 年涵芬樓影印本（涵芬樓淸乾隆四年（1739）武英殿本影印）。上海：上海古籍出版社、上海書店，1986。

林慶彰編，《中國經學史論文選集》（上）。臺北：文史哲出版社。1992。

周 勤《從莊子到郭象的歷史必然－試析魏晉玄學中的莊子思想》。《華東師範大學學報》（哲學社會科學版）1981 年第 4 期（總 36 期），頁 50－52，1981。

宣 穎（清），《南華經解》。《無求備齋莊子集成續編》冊三十二，影清同治六年半畝園刊本。臺北：藝文印書館。1974。

洪頤愃（清），《莊子叢錄》。《無求備齋莊子集成續編》冊三十六，影清道光三年刊本。臺北：藝文印書館，1974。

段玉裁（清），《說文解字注》。黎明文化事業公司影經樓臧本。臺北：黎明文化事業公司，1983。

俞 樾（清），《諸子評議》。《國學基本叢書四百種》冊六，商務印書館排印本。臺北：臺灣商務印書館，1969。

班 固（漢），《漢書》。《二十五史》冊一，古籍出版社影 1916 年涵芬樓影印本（涵芬樓據乾隆四年（1739）武英殿影印）。上海：上海古籍出版社、上海書店，1986。

奚 侗（清），《莊子補註》。《無求備齋莊子集成續編》冊四十，影民國六年排印本。臺北：藝文印書館，1974。

馬建忠（清），《馬氏文通》。北京：商務印書館，1983。

陸德明（唐），《經典釋文》。黃坤堯、鄧仕樑新校索引本（上）（下）（據通志堂本）。臺北：學海出版社，1988。

郭慶藩（清），《莊子集釋》。王孝魚整理。臺北：華正書局，1985。

陳新雄，《古音學發微》。臺北：文史哲出版社，1983。

陳鼓應，《莊子今註今譯》（上）（下）。臺北：臺灣商務印書館，1987。

許威漢，《訓詁學導論》。上海：上海教育出版社，1987。

郭在貽，《訓詁學》。湖南：湖南人民出版社，1986。

張　斌、許威漢主編，《中國古代語言學資料匯纂·訓詁學分冊》福建：福建人民出版社，1993。

許抗生，《魏晉思想史》。臺北：桂冠圖書股份有限公司，1992。

黃　侃，《文心雕龍札記》。北京：中華書局，1962。

黃坤堯，《經典釋文動詞異讀新探》。臺北：臺灣學生書局，1982。

湯一介，《先秦莊周學派初步分析》。《社會科學研究》，1982 年第 5 期，頁 112－117，9 月。

楊樹達，《古書句讀釋例》。香港：中華書局，1963。

壽普暄，《從經典釋文試探莊子古本》。北京：《燕京學報》，第 28 期，頁 89－104，1940 年 12 月。

劉鳳苞（清），《南華雪心篇》。《無求備齋莊子集成初編》冊二十四，影清光緒二十三年晚香堂刊本。臺北：藝文印書館，1972。

蔡明田，《「火盡薪傳」深源》。臺北：《東方雜誌》第 20 卷第 6 期，頁 46－50，1986 年 12 月。

盧文弨（清），〈莊子音義考證〉。《無求備齋莊子集成初編》冊二十三，影清乾隆五十六年盧文弨刊抱經堂叢書本。臺北：藝文印書館，1972。

高　誘（漢）注，《淮南子》。《四部備要·子部》，中華書局據武進莊氏本校刊。北京：中華書局，1936。

蕭　統（梁）撰、李善（唐）注，《文選》附考異。藝文印書館影宋淳熙本重雕鄱陽胡氏臧版。臺北：藝文印書館，1960。

韓　愈（唐）著、馬伯通校注，《韓昌黎文集校注》。北京：中華書局，1957。

魏　徵（唐），《隋書》。《二十五史》冊五，古籍出版社影 1916 年涵芬樓影印本（涵芬樓據清乾隆四年（1739）武英殿影印）。上海：上海古籍出版社、上海書店，1986。

釋德清（明），《莊子內篇注》。《無求備齋莊子集成續編》冊二十五，影清光緒十四年刊本。臺北：藝文印書館，1974。

香港中文大學中國文化研究所編，《越絕書逐字索引》。《先秦兩漢古籍逐字索引叢刊史部第六種》，正文部分據四部叢刊影江安傅氏雙鑑樓藏明雙柏堂本校印。臺北：臺灣商務印書館，1992。

從音、義關係論「聿」字的上古聲母

金鐘讚

一

中古喻母字的上古擬音是值得注目的。專家的意見都不完全相同。其中最受人重視的是高本漢、李方桂先生的說法。高本漢依據他的系統主張喻母（四等）字的上古音是 b、d、dz。李方桂先生認爲喻母字的上古聲母基本上是 r 音，但會隨著不同的諧聲現象發生變化①。高本漢、李方桂先生根據他們的上古音系統分別給喻母字「聿」擬成 b-。brj-音。

李方桂先生的擬音雖然與高本漢不完全一樣，但是構擬上古音的觀點卻一樣。個人在本文先討論高本漢、李方桂先生對「聿」字的觀點與擬音，再從文字的形、音、義三方面的關係考察「聿」字的音、義與上古聲母之關係。

二

馬伯樂和高本漢曾經利用反切、漢字的日音和越音等來擬測唐代漢語的發音。他們都同意在中古漢語要擬測出三套塞音來：有一套不送氣清音 p、t、k，另外一套送氣清音 p'、t'、k'，至於第三套的擬音法，他們卻有不同的意見。馬伯樂認爲是不送氣濁音 b、d、g，而高氏則認爲是送氣濁音 p、d、g。

乍看之下，馬、高二人理論上的分歧是不足掛齒的，因爲

p　t　k

p′　t′　k′

b′　d′　g′

但是第三套是 b、d、g，還是 b、d、g，在高本漢的擬法中，這是非常重要的一件事，因爲高本漢本身是音韻學家的先驅者，所以當他注意到表中缺乏普遍濁音時，就把它當作必然填好的「空格」，而上古的語音系統擬測爲以下的平衡狀態：

p　t　k

p′　t′　k′

b(?)　d　g

b′　d′　g′

他假設唐朝的時候，b、d、g 消失了，而 b′、d′、g′仍保存著。他所以擬測新的一套濁音是因有些缺乏塞音聲母的字卻用來作爲有塞音聲母形聲字的聲符。高氏發現喻三、喻四經常跟舌根、舌尖發生諧聲，故分別給喻三、喻四字擬音 g、d。如果只有 g、d 而沒有 b，這恐怕不合乎語音的系統性。再者，這 b 亦跟氏的複聲母擬音法有密切關係。這是爲什麼?

現在我們看一下單聲母與複聲母的關係。例如英文有如下的複聲母類型。

bl, br, cl, dr, fl, fr, gl, gn, gr, kl, kn, kr, pl, pn, pr, ps, pt, sc, sch, scl, sce, sk, sm, sn, sp, sph, spl, spr, sq, st, str, tr, wr②

英文的複聲母是用如下的單聲母構成的，例如：

b, c, d, f, g, k, p, s, t, w, l, r, n, t, h, q, m

董昭輝先生說：

On the other hand, combinations like * stl-/or * /spw-/are un-English because * /tl-/and * /pw-/themselves are un-English③。

這句話的意思是說複聲母不是隨便由兩個以上的音素組合成的，必定有其內部的規律，在英文先有 pw-、tl-類的複聲母才能有 spw-、stl-等三合複聲母，就是因爲英語沒有 pw-、tl-的複聲母，故更不會有比它們更複雜的 spw-、stl-類的複聲母之出現。

我們又從英語中找到一個通性，即在單聲母中能出現的聲母才可以構成複聲母，換句話說構成複聲母的各音位必定是作爲單聲母獨立出的聲母。在高本漢所擬的複聲母中有 bl-，則不可能沒有 b-音。由此可見，高本漢設立一個 b-音是在他的系統上具有非常重要的意義。但我們都知道高本漢是很謹愼的人，如果沒有證據，即使立一個 b-是合乎他的系統，不見得一定擬出 b-音來。

三

高本漢在他的《ANALYTIC DICTIONARY OF CHINESE AND SINO-JAPANESE》④中說：

> 聿：bl-? stylus，pencil；narrate，expose……it semms probable that a bl- has become bi̯, and b- has fallen like g- and d-, cf. Introd.

我們都知道高本漢的 d、g 是從中古的喻母字往上推構擬出來的，故到了後來只有消失之份。在單聲母中 d、g 當然消失，連在複聲母中 d、g 也一定消失。b-與 d-、g-在性質上有相同之地方，則 bl-複聲母也一定會變成 l-。故高本漢讓 bl-中的 b 消失，例如：

巒 * blwân	/luân	/luan
欒 * blwân	/luân	/luan

欒＊blwân　　/luân　　/luan
鑾＊blwân　　/luân　　/luan
鸞＊blwân　　/luân　　/luan
戀＊bli̯wân　　/liwän　　/lüan
攣＊bli̯wan　　/liwän　　/lüan
廩＊bli̯əm　　/li̯əm　　/lin
懍＊bliəm　　/li̯əm　　/lin
臨＊bli̯əm　　/li̯əm　　/lin
䜌＊blwân　　/luân　　/luan
臠＊bliwan　　/liwän　　/lüan
孌＊bliwan　　/liwän　　/lüan⑤

高本漢不可能沒有考慮到這一點，但他竟給「聿」字擬出 bl-，認爲 bl-＞b-＞Φ。這無疑是跟「吳謂之不律」⑥有關。

高本漢認爲「筆」與「聿」是同源詞⑦。它們的中古音既然不同，則其上古音一定要不同。高氏根據這種觀點給「筆」字擬 pl-，則決不能再給「聿」字擬 pl-，故擬出 bl-來了。但這種擬音不符合他的系統（案依高本漢的系統，bl-一定變成 l-），因此高氏在《先秦文獻假借字例（下）》⑧中說：

> 『筆』的上古音值當是 pli̯ət，『律』的上古音值當是 bli̯wət。『聿』的情形就比較特殊，我們不能它的上古音值定爲 bli̯wət，因那會使 l-音沒有著落，但是也不能把它定作 pli̯wət，因爲那又會使 p-音沒有著落。有一個可能是就像說所說的燕人讀『弗』的口音——上古音值爲 pli̯wət，它只有單聲母，顯然是一個唇音，那麼或許它的上古音值應該作 biwət（因爲 pi̯wət 音的聲母 p-，在後來是不會失去的，『聿』的中古音既作 i̯uĕt，所以我們推它

的上古聲母可能是 b-)。

高本漢先給「聿」字擬 bl-，後來修正其見解給『聿』字擬 b-。在《說文》諧聲字中只有「聿」字（喻母字）才跟唇音字發生關係，高本漢是根據這一現象設立＊b-音的。這 b-音跟其他的 d、g 一樣後來都消失，算合乎高氏的系統。

高本漢給「筆」字擬 pl-時都舉過如下之例子：

爾雅釋器云：『不律謂之筆。』

郭璞注云：『蜀人呼筆爲不律也。』

許愼在「聿」字下面說「吳謂之不律」。「聿」字如果不是複聲母的話，這又怎麼解釋呢？故高本漢給字擬 b-之後打了個問號。

四

高本漢的上古音有兩套濁聲母。在他的系統中喻母字（案喻三與喻四）才有歸 b、d、g 的可能性。如果高氏的這一觀點不成立的話，他對喻母字的擬音就自然而然地不能成立了。

王力先生對中古濁塞音的觀點跟高本漢不同，他說⑨：

濁母字送氣不送氣，歷來有爭論。江永、高本漢認爲是送氣的，李榮、陸志韋認爲是不送氣的。我認爲這種爭論是多餘的。……從音位觀點看，濁音送氣不送氣在漢語裡是互換音位。所以我對濁音一概不加送氣符號。

王力的上古濁聲母只有不送氣一套。他知道喻母字常跟字母字發生諧聲。但他既然給定畯字擬 d 音，就不能再給喻母字擬 d 音而一定要找一個與 d 音相近的音。王氏發現舌尖塞音 t、t、d、n 具有與它們相配的邊音 l 而舌面塞音 t、t、d、n 卻沒有與它們相配的邊音。因此，王力根據語音的系統性認爲這喻母字是與照系字同發音部位的舌面邊音 h，這 h 音到了中古就變爲半元音 j

了。

那些不相信高本漢的兩套濁聲母的學者認爲王力的這種擬音比高本漢合理很多。李方桂先生正是其中之一。但李先生不可能給喻母字擬 h 音，因爲他的上古聲母系統跟王力不同，沒有舌面塞音。李方桂先生考慮到喻母的諧聲問題就說⑩：

> 大體上看來，我暫認喻母四等是上古時代的舌尖前音，因爲他常跟舌尖前塞音互諧。因此可以推測喻母四等很近 r 或者 l。又因爲他常跟舌尖塞音諧聲，所以也可以說很近 d-。我們可以想像這個音應當很近似英文（美文也許更對點兒）ladder 或者 latter 中間的舌尖閃音（flappedd，如拼寫爲-dd-或-tt-），可以暫時以 r 來代表他，如弋 * rək，余 * rag 等。到了中古時代 * r-就變成 ji-了。

我們已經知道李方桂先生的擬音目前最爲人所接受。李方桂先生認爲喻母（四等）字的上古音應該是 r 音，但他卻不給聿字擬 r 音。這是爲什麼呢？李方桂先生說⑪：

> 喻母四等還有跟唇音或舌根音互諧的例子，如聿（參看筆）鹽（參看監）等，這類的字可以擬作 * brj-或 * grj-。

李方桂先生與高本漢對喻母字「聿」的擬音是不同，但基本觀點是一樣，李方桂先生的擬音也脫離不了「聿」字的諧聲現象。李先生跟高氏同樣認爲「筆」是從「聿」得聲的。「聿」與「筆」的中古音不同，因此李方桂先生分別給它們擬 brj-、pl-⑫。許慎既然在「聿」字下說：「吳謂之不律」，則我們可以推測這「聿」字在上古某一時期一定具有唇音聲音。由此可見，李方桂先生給「聿」字擬 brj-是有道理的，但他的擬音存在著問題。

古代有「窟窿」、「孛纜」、「屈林」、「扒拉」、「不來」、「果裸」等聯綿詞，這些例子中第一個字都是淸聲母，第二個字都是來母字，因而主張複聲母的人都給這類詞擬成帶 l 的複聲母如 pl-、tl-、kl-等。「不律」之「不」是幫母字，「律」是來母字，按道理「聿」字的音應是 pl-⑬。

個人在第十三屆全國聲韻學會上發表「論喻母字『聿』的上古聲母」主張「聿」的上古音與「筆」一樣是 pl-，那時鄭張尚方、梅廣先生批評說「聿與筆是在不同方言區用相似的音來表示同一概念」。其實鄭張先生等人的意見正是高本漢、李方桂先生的觀點。他們都認爲「聿」與「筆」是同源關係。「聿」與「筆」是不是如同他們的見解一樣有同源關係？爲了解決這一問題，我們非得考察文字現象不可。

五

李維棻先生在他的〈論意符字與音符字〉⑭中說：

> 古代自從有了形符字，往往大家把這些物名的聲音，當作了共同的語言。後隨著發展的情勢，人們就利用這些事名名字的聲音，來表達那日常最習用的感嘆詞和代名詞，因爲這些說話常用的語詞，既不能藉本身形象來造字，又不能用一般名詞的聲音，來表達那日常最習用的感嘆詞和代名詞，因爲這些說話常用的語詞，既不能藉本身形象來造字，又不能用一般名詞的意義來引申，就只好用同聲音的名詞來替代。所以一個語音的應用，可以分別到幾處地方，但都祇是譬況聲音，卻和它本來的意義絕無關涉。
>
> 古人採用了這種方法，純粹爲了日常重大的需要，也是極端合於自的原則。所以，一般的託名標幟字，感嘆詞，發語詞，否定詞，和稱謂語等，都制定了出來。

假借字與被借字之間意義上沒有必然的聯繫，實際上是完全不同的兩個概念，嚴格地說它們應該用不同形式的兩個符號表現出來，只是因爲當時還未給假借字找到一個獨特的形體，而靠音同或音近的條件借用了被借字的形體，這就形成了一個形體表示兩個不同概念的現象。然而實際上它們只不過是兩個符號借用了同一個形體，而不應當僅從形式上把它們看成是一個符號。所以我們一直堅持認爲借字與被借字是同形異詞。從文字發展的情況看，有的假借義行而本義廢，有的兼具本義與假借義，有的爲借義再加形旁或聲旁，有的爲本義再造新字。在本文中我們要探討的是那些爲本義再造的字：

1.云(雲初文)→借爲云曰之云→本義又加雨成雲
2.易(蜴初文)→借爲容易之易→本義又加蟲成蜴
3.止(趾初文)→借爲停止之止→本義又加定成趾
4.要(腰初文)→借爲要求之要→本義又加月成腰
5.無(舞初文)→借爲有無之無→本義又加舛成舞
6.莫(暮初文)→借爲虛詞莫→本義又加日成暮
7.然(燃初文)→借爲虛詞然→本義又加火成燃
8.它(蛇初文)→借爲其它之它→本義又加虫成蛇
9.益(溢初文)→借爲利益之益→本義又加水成溢
10.文(彣初文)→借爲文化之文→本義又加　成　(紋)
11.須(鬚初文)→借爲必須之須→本義又加髟成鬚
12.求(裘初文)→借爲干求之求→本義又加衣成裘
13.采(採初文)→借爲色采之采→本義又加手成採
14.酉(酒初文)→借爲地支之酉→本義又加水成酒
15.其(箕初文)→借爲代詞(或語氣詞)之其→本義又加竹成箕

以上我們舉過一些例子，在漢字中這種例子多得不勝枚舉。周祖謨先生在《周祖謨學術論著自選集》[15]中說：

> 文字是記錄語言的符號。語言在發展的過程中不斷產生新詞，就要創造新字。由語義的發展和語音的改變，原有的字在表意或表音上有不足之處，就要在原有的形體上增改意符，或改變聲符。例如『莫』字原義是日暮，『莫』作否定詞以後，另造『暮』字，代表日暮的意思。『采』本義爲采摘，後來『采』作五采、色采來用，於是又造『採』字，代表採摘的意思。

魯實先生在《轉注釋義》⑯中說：

> 其因義轉而注音，厥有二途。其一爲存初義，以別於假借與引伸。其二爲明義訓，以別於一字兼數義。所謂存初義者，乃以初文借爲它義，或引伸與比擬而義它名，因續造新字，俾與初義相符。若聿、其、豈、因、而、然、亦、且借爲語詞，故孳乳爲筆、箕、愷、捆、耏、爇、掖、祖。

「聿」與「筆」實際上跟文字的發展過程有關係。在甲骨文用「聿」來表達「筆」這一概念，「聿」字被借爲語氣詞，於是它就身兼數職。同是一個「聿」字，到底是表示什麼意義，就不好辨別了。甚至被借義佔上風，於是在秦代再造「筆」字表示原義。故王延林先生在他編的《漢字部首字典》⑰中說：

> 聿，甲骨文作[illegible]，今文作[illegible]，小篆作[illegible]。《說文》云……甲金文聿，像手持筆形，本義當爲執筆寫字。亦爲筆的初文。

我們知道來母字與非來母字發生諧聲不是偶然而是成系統的，故研究聲韻學的人才想到給它們擬複聲母。同理，當我們研究文字現象時，不該限於孤立的單字研究而把形上有關的字聯繫起來，考察分析其間的內部規律。我們分析了因形體分化而造成的古今異字現象，就知道「聿」與「筆」有如下的關係。

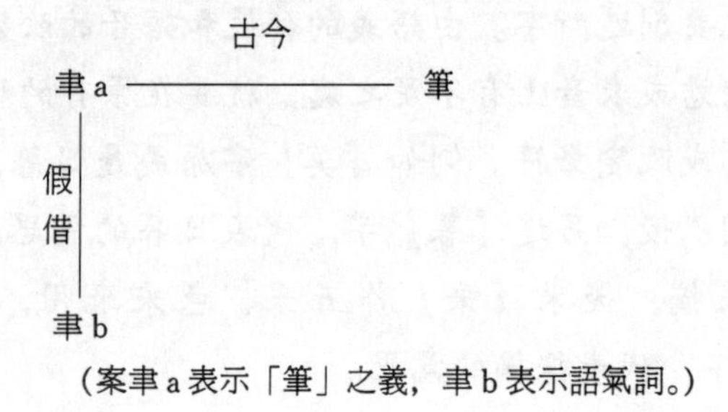

（案聿a表示「筆」之義，聿b表示語氣詞。）

六

人類語言先文字而存在。抽象的意，圖形文字不能表達。而後世紀語言範圍日廣，即令配聲，亦難因應。爲了取其便捷，直接就已有文字，依其聲而寄以新義。

我們在第五節中舉過的古今字之例子，古字與今字在聲音上有相同的，也有不相同的。這是因爲假借不完全要求聲音相同的關係。這裡注意的是古字與今字在反切上不相同的例子，例如無與舞、莫與暮、它與蛇、益與溢。研究聲韻音法是有問題的。現在我們再看一下「它」與「蛇」之情形。「它」正是依蛇之形狀而造的字，後來被借爲其它之「它」。因此，「它」字就有了二音二義了。等假借義佔上風時，爲本義再加「虫」造「蛇」字。這時不但把「它」的本義轉附在「蛇」字上，連其音也轉到「蛇」字上了。因此，中古「它」字保留的音不是本義（蛇）的音而是假借義（其它之它）的音。如果我們依「它」字之反切往上推構擬上古音，則只能得到「它」的假義之上古音，如果要構擬「它」字的本義之上古音，則該依「蛇」之反切往上推構擬才對。其他的例子，其情形也完全一樣。例如「其」字，在甲骨文中像

「箕」之形，本義簸箕。此外，也假借代詞和語氣詞。用作代詞或語氣詞的「其」字，不能用其他方法造字，只好借用實詞代替。因與簸箕的箕音近（或音同），於是將箕的本字「其」借來使用。

「其」本指簸箕，後假借爲虛詞「其」，它們是同一形體，但不是同一個詞。由於它們是同一形體的幾個語意符號，也就是同形異詞。它們實際表達的是兩個不同的概念。正是因爲分別表示幾個不同概念這個內在的要求，簸箕的「其」才又增添形符，變成與虛詞的「其」不同形的另一個字「箕」，使得從形體上也能區別開來。漢字裡許多借字與被借字都是這樣分化開的。現在我們參看一下《國語日報辭典》⑱的「其字」。

> 其▲ㄑㄧˊ（●）㊀代名詞，就是他（它）或他（它）們（只能用在句中，不能用在句的開頭或末尾）。如『聽其自然』。㊁他（它）的或是他（它）們的。如『知其一，不知其二』。㊂這、那。如『其中有個道理』『正當其時』。㊃『尤其』『極其』的『其』，是陪襯的字。㊄因或者。如『濃雲密布，其將雨乎』。㊅因將要。如『五世其昌』『其始播百穀』。㊆因豈。如『君其忘之乎』『一之謂甚，其可再乎』。㊇因可，應該，有勸使的意思。如『汝其速住』『子其勉之』。㊈因夾在一句中間的虛字。如『北風其涼』。▲因ㄐㄧ（ji）用在語末表示詰問的助詞。如『夜如何其？夜未央』。

根據《廣韻》⑲，「其」字有見、群二母。當我們構擬「其」字的上古音時，如果我們只顧形體，則無法斷定它的上古聲母是k-還是g-。爲了解決這一問題，我們先看一下一個例子。《說文》「莫，日且冥也。從日在茻中。」《詩·東方未明》「不能辰夜，不夙則莫」中的「莫」用的本義。《孟子·梁惠王上》「晉國，天下莫強焉」中的「莫」，是代詞。後來爲「日且冥」這個本義專造了「暮」字。現在我們要注意的是這「莫」字的現在讀法。「不能辰夜，不夙則莫」的「莫」字要念 mu ，而「晉國，天下莫強焉」的「莫」字要念 mo ˇ。然則「其」字的 k-、g-兩個聲母也毫無疑問跟意義有密切關係。只就《國語日報辭典》的釋義來論，「其」如果是用在語末表示詰問的助詞的話，「其」一定是 k-音，在其他的意義上「其」一定是 g-音。問題是《國語日報辭典》講的跟「簸箕」無關。由此可見，它們都是借義而不是本義（案爲了方便起見暫定念 k-的爲假借義 1 而念 g-的爲假借義 2。）。那麼「簸箕」義的「其」字它的上古音應該怎麼構擬呢?

簸箕的「其」字在上古發生假借時只有一個形體，但這「其」字實際上是同形異詞，是同一個形體而表示兩個不同的詞。後來假借義喧賓奪主，爲了保存「其」（簸箕）的本義只好另造「箕」字。「箕」字是在「其」字上加個「竹」頭構成的，那麼「箕」的聲音是從哪兒來的呢? 馬恒君先生在他的〈「假借」析論〉⑳中說:

> 在口語裏，詞是音和義的統一體。在音和義之間，語音是『義』的物質外殼，也就是說『義』是詞的内容，是詞的核心、本質，而語音是詞的外在形式。文字是語言的書面符號，它是形、音、義的統一體。形、音、義三者之間，『義』是内容、實質，音是外在形式，形又是音義的書面符號，音和形都是在表義這個内容的要求下產生的。

陸宗達先生在他的〈因聲求義論〉㉑中說:

> 聲音問題之所以如此重要，是因爲它是通過文字材料而探求語言規律的必不可少的依據。義與音分別是語言的内容

> 與形式。它們在社會約定俗成的基礎上結合起來後，便要產生共同的或相應的運動，這就是『相爲表裡』而字形僅僅是紀錄這個音義結合體的符號。對語言來説，字形是外在的東西，它只是書寫符號的形式而不是語言本身的形式。

音義是密不可分的，因此我們推斷，爲本義造「箕」字時不但把形體從「其」變成「箕」，連「其」字的本音也轉移到「箕」字身上了（案對同樣的簸箕，在「其」字上加了「竹」而改變聲音是不合理。）。因此我們構擬「其」（簸箕）字的上古音時不應該從中古之群母找根據而須從「箕」字的中古音（見母）找根據（案在「仁者樂山，知者樂水」句中「知」字爲什麼不念 tʂi˥ 而念 tʂi˥˩ 呢？這無疑是跟意義有關係。）。依此推斷「其」字的聲母演變應該如下（案個人暫把上古音時期分成四個階段的劃分，不可能標出嚴格的年代，只能認爲是一個歷史演變的趨勢。）：

上古一期	上古二期
k-(有簸箕之音、義而無字)	→其(本義)k-
k-(有語氣詞而無字)	→(有音、義而無字)k-
g-(有代詞而無字)	→(有音、義而無字)g-

上古三期	上古四期
→其(本義)k-	→箕(替本義造新字)k-
→其(假借爲語氣詞)k-	→其(保留假借音、義)k-
→其(假借爲代詞)g-	→其(保留假借音、義)g-

七

《通借字萃編》㉒云：

《詩·大雅·文王有聲》:『遹求厥寧』,《說文》引《詩》『遹』作『欥』。又『遹追來孝』,《禮記·禮器》引《詩》『遹』作『聿』。按《說文》欥下云:『詮詞也』。顏師古注《漢書》云:『欥爲古聿字,爲發語詞。』則『欥』『聿』『遹』均發語助詞,可不分正借。

又云㉓:

《詩·大雅·文王》:『聿修厥德』,《魯詩》『聿』作『述』。按《毛傳》:『聿,述』。是『聿』讀如字(作語助詞)或爲『述』之借字,于義均可通,難辨正借。

朱駿聲注詩經大雅文王「聿修厥德。」說「聿」是「述」的假借。吳闓生注盂鼎銘文則又謂「遹」假借爲「聿」。我們已在第六節中談過「聿」字的音、義問題。「聿」字表示其本義時,其音爲pl-,表明假借義時,其音爲 r-(暫依周法高的擬音)。遹、欥、聿都是「餘律切」,述是「食聿切」(案李方桂認爲「述」的上古音爲 * djət)。在這兒「聿」字既然是語氣詞,則其音應是 r-。

研究聲韻學的人常引用「不律謂之筆」、「蜀人呼筆爲不律也」,證明「筆」的上古音應是 pl-。許愼在「聿」字下說「吳謂之不律」,他們何以不給「聿」字擬 pl-呢?這是因爲他們忽略文字發展情況而誤以爲「聿」與「筆」是不同的兩個字。「聿」與「筆」的中古音既然不同,則他們非得給這兩個字擬出不同的音。高本漢、李方桂先生的 b-、brj-都是這麼來的。

古人與今人在音感上是不會有很大的差異的。如果「聿」字正是 b-音的話,爲什麼不用並母字而用幫母字「不」呢?如果是 brj-音的話,爲什麼不用並母字與喻母字而用幫母字與來母字「不律」呢?這是高本漢、李方桂先生沒有辦法回答的問題。研究上古音時,我們應該遷就古人遺留下來的文獻,而不能要求古代的文獻遷就自己的見解。其實「聿」字表示本義時，其音就是pl-，這正是符合「吳謂之不律」。

中古喻母字「聿」的意思並不是本義而是借義。這「聿」字在沒有發生假借時只是一字一音。等發生假借了就變成一形二詞二音了（案在語言裡已有某r-音的語助詞，但不容易替它造字。因此古人只好借「聿」字來表達該r-音的語助詞。）。這樣，「聿」字就成了同形異音異義字了。後來久假不歸，才另造後起的「筆」㉔字，使「聿」字減少了它的字義負擔，只具有語氣詞的意義了。字有更革，音有轉移。這時不但把「聿」字的本義轉移到「筆」字上，連原本的語音也同時寄到「筆」字身上了（案如果依「聿」字的中古音往上推構擬其上古音，則這上古音應是跟「語氣詞之意義」有關而跟「筆之意義」沒有關係。）。現在我們依這種觀點構擬一下「聿」與「筆」字之聲母。

上古一期	上古二期
pl-(有筆之音、義而無字)	→聿(本義)pl-
r-(有語氣詞而無字)	→(有音、義而無字)r-
上古三期	上古四期
→聿(本義)pl-	→筆(爲本義造新字)pl-
→聿(假借爲語氣詞)r-	→聿(保留假借音、義)r-

（案我們的這種構擬是考慮到字與詞之關係的。我們在本論文中常提到「字音」、「字義」，這是爲使行文簡潔、爲圖方便所採取的習慣說法。我們說的「字音」、「字義」是「字所反映的詞的音」、「字所反映的詞的義」。）

八

「聿」一詞在不同的地域（吳、燕、秦、楚）有不同的語音

(不律、弗、筆、聿)。其中的「不律」恰能證明此書寫器物曾有＊pl-的聲母，後來在某些地域簡化爲單聲母。問題是高本漢、李方桂先生一方面依據中古音，一方面根據諧聲現象案他把「聿——筆」這類特殊的諧聲關係跟一般的諧聲字混爲一談，給「聿」字擬一個與「筆」(pl-)字不同的 b、brj-音。

「聿」字（案書寫之工具）在上古其聲母爲 pl-而當時在語言中也有 r-音的語助詞。這語助詞不好造字，故暫用與它聲音相近的「聿」字來表示。後來久假不歸，故再加竹頭造「筆」字表示「聿」的本義。這時不但把「聿」字的意義轉給「筆」字，連「聿」字的本音 pl-也轉附於「筆」字身上了。

【註　釋】

①參考李方桂先生《上古音研究》頁十五，商務印書館。

②參考梁實秋《最新實用英漢辭典》，遠東圖書公司印行。

③參考董昭輝《漢英音節比較研究》頁一四一，學生書局。

④參考高本漢《ANALYTIC DICTIONARY OF CHINESE AND SINO- JAPANESE》頁三七二，成文出版社有限公司。

⑤參考高本漢《漢文典》。

⑥參考《說文解字注》頁一一八，漢京文化事業有限公司印行。

⑦高本漢在《先秦文獻假借字例（下)》頁四八七中說:「問題就出在『聿』字音值上。因爲這個字的中古音是 i̯uĕt，但是我們無法確切推知它的上古音值。……從字義上看，『聿』(筆或尖筆）與『筆』(中古音 piĕt）在語源是很接近的（筆字又從聿)。」

⑧參考高本漢《先秦文獻假借字例（下)》頁四八七，中華叢書編審委員會印行。

⑨參考王力《漢語語音史》頁一九，中華社會科學出版社。

⑩參考李方桂先生《上古音研究》頁十三，商務印書館。

⑪參考李方桂先生《上古音研究》頁十四，商務印書館。

⑫李方桂先生在《上古音研究》頁四七中說：「……律＊bljət＞＊ljuət＞ljuĕt，……又有筆＊pljiət＞pjĕt」。

⑬鄭仁甲在〈朝鮮語固有詞中的「漢語詞」試探〉《語言學論叢》第十輯頁二〇七中說：「『筆』的古字是『聿』，《說文》：『聿，所以書也，楚謂之聿〔d′-〕，吳謂之不律〔p-l-〕，燕謂之弗〔p-〕。』從《說文》的這一段描繪可以設想『聿』原是複輔音聲母，其聲母可能與〔d′-〕（如果喻母字的音值是〔d′-〕）、〔p-〕、〔l-〕有關。」

⑭參考李維棻〈論意符字與音符字〉《人文學報》頁十六，輔仁大學。

⑮參考周祖謨《周祖謨學術論著自選集》頁二七，北京師範學院出版社。

⑯參考魯實先先生《轉注釋義》頁一，洙泗出版社。

⑰參考王延林先生《漢字部首字典》頁四四，上海書籍出版社。

⑱參考何容《國語日報辭典》頁七九，國語日報社。

⑲參考《校正宋本廣韻》頁六〇，藝文印書館。

⑳參考馬恒君〈「假借」析論〉《語言文字學》頁一三五，人民大學書報資料社。

㉑參考陸宗達〈因聲求義論〉《中國語文研究》第七期頁六九，香港中文大學。

㉒參考鄭權中《通借字萃編》頁四六五，天津古籍出版社。

㉓參考鄭權中《通借字萃編》頁六六三，天津古籍出版社。

㉔參考李樂毅《漢字演變五百例》頁四四五，北京語言學院出版社。

比擬義析論

蔡信發

一、前　言

趙宋戴侗首先提到字之本義外，另有「所謂引而申之」，及「義無所因，特借其聲」①，已有類似所謂本義、引伸義、假借義之說；直到淸儒段玉裁出，始明分字義有三種，標明爲本義、引伸義、假借義，且予界說②，接著，有江沅、雷浚承之③；民國迄今，則有黃侃、齊佩瑢、高亨、陸宗達、王寧、毛子水、杜學知、龍宇純、周大璞等襲之④，這在孔仲溫先生《類篇字義析論》中交代得很淸楚⑤，此不贅述；唯比擬義則僅陸宗達、王寧二氏在《訓詁方法論》中以「比喻義」述及⑥，然其認知與筆者的又有所出入，所以特提出該義，予以析論，就教方家先進。

二、試解比擬義

所謂比擬義，即比喻義，是由某字形體經比擬而產生的意義。比擬義在古籍的訓釋中不乏其例。如《詩·衛風·河廣》：「誰謂河廣？曾不容刀。」鄭《箋》：「不容刀，亦喻狹。小船曰刀。」《釋文》：「刀如字。字書作舠，《說文》作𦨴，並音刀。」孔《疏》：「上言一葦，桴栰之小，此刀宜爲舟船之小，故云小船曰刀。《說文》作𦨴；𦨴，小船也。字異音同。劉熙《釋名》云：「二百斛以上曰艇，三百斛曰刀。江南所謂短而廣，安不傾危者也。」⑦案：《說文》釋刀爲「兵」⑧，無小船之義，然同書有

「舸」，做「小船」解⑨。茲檢刀、舸同屬端紐，又刀收夭攝，舸收幽攝⑩，二字旁轉相通，自可借刀爲舸，然若就刀之篆形橫視之，前後彎曲，酷似船形，則鄭《箋》逕解刀爲小船，顯然是取刀形比況之，屬比擬義，也就是僅取刀形爲解，不取刀義爲釋。又《釋文》引字書，謂「刀」做「舠」，依筆者之見，其從舟構形，是表類別義，以示其爲船之一種；從刀諧聲，是取刀形比況，以明其爲小船，所以舠做小船解，其聲示義，當屬比擬；唯此處就刀、舠的關係來論，則可看做刀是舠之初文，或是舠之假借；不過，刀聲已顯示其比擬義，則是不爭的事實，誠如清人黃承吉說：「古者制字，以聲爲主義之大綱，而偏旁其逐事逐物分別記識之目。如舠字，以刀爲聲，即以爲義。舟之小者如刀，如果上下文之辭義，當屬於舟，則但舉刀字，而即見其爲小舟，不必舟旁也。」⑪筆者首先提出此點，旨在辨明比擬義與假借義之別，兩者疆界判然，不可渾淆，即比擬義只就其字形比況之，與義無涉；假借義則借他字之義或音爲訓，與字形無關。至於此以刀做小船解，可否算做比擬義？由於可分舉舸、舠二字來訓釋，爲愼重計，筆者認爲不妨看做刀是栰、舠之假借，較少爭論，易爲學者首肯，然若換個角度來看，正因刀是舸、舠之假借，彼此僅有聲音而無意義關係，則刀無小船之義也就愈發明確。基於此，有個現象不可忽略，即若刀非舸、舠之假借，則刀做小船解，看做比擬義，應是順理成章，無所疑義。淸儒朱駿聲說：「舠、舸皆因《詩》製字，刀實舟之誤字也。篆文舸、舸相似，中闕畫耳。」⑫其以舠、栰爲因《詩》製字，看做後起形聲字，甚是。換言之，是據刀之比擬義造字，頗有見地。至說刀是舟之譌字，僅就篆形相似缺畫爲說，別無論證，則殊難令人悅服。

三、比擬義之確立

進言之，上詩首章：「誰謂河廣？曾不容葦。」鄭《箋》解以「誰謂河水廣與？一葦加之，則可以渡之，喻狹也。」孔《疏》釋以「言一葦者，謂一束也。可以浮之水上而渡，若桴栰然，非一根葦也。」案：《說文》釋葦爲「大葭」⑬。所謂大葭，據段《注》，爲「葭之已秀者」。鄭《箋》對葦字無特定之解，然從其文義觀之，當屬本義；孔《疏》以葦比做桴栰。所謂桴栰，即木筏。細分之，則小曰桴，大曰栰；唯葦無木筏之義，而其所以做「木筏」解，是取其細長之形，猶木之可編製成筏，於是用來比喻爲筏，所以孔《疏》有「若桴栰然」之釋。因此，若據孔《疏》之解，顯然是屬比擬義。由此可見，一字之解，僅就其字形比況之，與義無涉，當屬比擬義。又案：此「葦」之解，與上章「刀」釋不一，因刀可找出做小船解之「舠」、「舠」爲其本字，而葦無本字可找，所以其做「木筏」解，歸之比擬義，自較刀做「小船」解爲強。

《詩經》諸篇每每各章義同，僅替換其詞耳。如該書〈周南·芣〉：

> 采采芣苢，薄言采之；采采芣，薄言有之（章一）。
>
> 采采芣苢，薄言掇之；采采芣，薄言捋之（章二）。
>
> 采采芣苢，薄言袺之；采采芣，薄言襭之（章三）。⑭

上詩各章次句之「采」、「掇」、「袺」，一望可知，其義類似，可相通；末句之「有」、「捋」、「襭」，其「捋」、「襭」義近，諒無疑問；唯「有」則不易聯想可做「采」解。清儒王念孫說：「詩之用詞，不嫌於複。有，亦取也。首章泛言取之，次則言取之之事。」⑮據此類推，此葦也當訓小船，始可與同詩次章刀釋小船者一律，而葦之所以做小船解，是取其形細長柔曲，橫視之，甚像小船之形，因此用來比況之。像今人張允中先生、余培林學長即解「一葦」爲舟⑯。據此，則鄭《箋》以本義訓葦，孔《疏》以桴栰解葦，並欠允當；唯孔《疏》已以比擬義爲釋，則可確信而無疑。復觀蘇軾〈前赤壁賦〉：「縱一葦之所如，凌萬頃之茫然。」⑰文中之葦，即典出《詩·衛風·河廣》，今高中國文課本第五冊即注以「借喻爲小舟」，義屬比擬，甚是。由此可見，比擬義之確立，夫復何疑？

四、比擬義之例證

比擬義由來已久，玆舉《說文》數例於后，以證成之。

㈠履，足所依也。从尸，服履者也。从彳夊；从舟，象履形（見頁四〇七）。

案：所謂「足所依也」，即鞋子。从尸，表穿鞋之人；从彳、夊，段《注》以爲都示行走之義；舟，《說文》以像履形釋之。查《說文》釋舟義爲「船」⑱，無履義，而其所以做「履」解，應是舟之小篆做𣥂，橫視之，正像鞋形，所以與尸、彳、夊相合，可會出人藉以行走之義。簡言之，即鞋子。由此可見，《說文》解形，有以比擬義訓釋的。

㈡筋，肉之力也。从肉力从竹。竹，物之多筋者（見頁一八〇）。

案：所謂「肉之力也」，即肉中之力。力是筋之初文。因力在肉中，所以該字从肉、力爲形。至从竹爲形，《說文》以物之多筋爲說，則顯然是取其形來比況人筋之多。

㈢脣，口耑也。从肉辰聲（見頁一六九－一七〇）。

案：該字从肉爲形，是表脣爲人體器官之一，猶背、脊、腑、臟之从肉。辰義爲「大蛤」⑲，而脣之所以辰爲聲，是取蛤殼有二，開合自如，以狀人之嘴脣，至爲吻合，自屬比擬義。說本先師寧鄉魯實先先生之說。

㈣融，炊气上出也。从鬲蟲省聲。䰰，籀文融不省（見頁一一二）。

案：該字以鬲爲形，是表炊器；以蟲省爲聲，是用來狀炊氣之上升，宛如蟲之屈曲。其籀文做䰰，蟲不省，可證《說文》之說，不誤。此采李氏國英之說⑬。

㈤矞，目錐有所穿也。矛冏（見頁八八）。

案：《說文》釋冏義爲「言之訥也」㉑，引伸可做「入」解，再引伸可做「穿」解。矛義爲「酋矛」㉒，古之兵器，此做「錐」解，既非矛之本義，也非矛之引伸義與假借義，而是取其細長上尖之形，比擬爲錐，復與冏合，正是「目錐有所穿」之義。

㈥筥，籀也。从竹呂聲（見頁一九四）。

案：《毛詩·召南·采蘋·傳》：「方曰筐，圓曰筥。」㉓筥爲圓形的竹籃。該字从竹爲形，示由竹片編成，其質爲竹。呂義爲「膂骨」㉔，像兩節脊椎骨之形，獨體象形，而筥之所以呂爲聲，是取膂骨的樣子，以狀竹籃之圓，與義無涉，所以屬比擬義。

㈦頭，百也。从頁豆聲（見頁四二〇）。

案：所謂「百也」，即人頭。該字从頁爲形，是示人頭之義；从豆爲聲，是狀人頭之形，一如「古食肉器」之「豆」㉕。豆之構形，上像蓋，中像容，下像項與底座，獨體象形，而頭之所以取豆爲聲，是用來比擬人頭之形，即豆蓋像頭蓋，容像人面，項像脖子，底座像人肩。由此可見，頭以豆爲聲，是取其比擬義造字。

五、引伸義與比擬義之釐正

大陸學者劉又辛先生，在〈「井井有條」解〉一文中對「井」字有個解釋。約言之，重點有五：

㈠《說文》井部有「井」、「𠇁」、「阱」、「刑」、「邢」五字，從字義上可分爲兩組：井、𠇁、阱是一組，字義相近，都是井（水井）之孳生字；刑、邢是一組，字義都和「水井」無關，而和「法」有關，應是另一個「井」（法）之孳生字。

㈡井字有兩個：一做「水井」解，一做「法」解，形同義異，《說文》只載錄前者，而少收後者。

㈢「井」（法）也寫做「刑」，是「井」之加形字，音義都相同。井、刑又孳生爲「型」。井（法）是型之初文，正像模型的樣子。後來井（法）字廢，刑、型二字又有分工：刑字專用做刑法、刑律之義；型字一方面還保存「井」字的法模義，一方面又引伸爲典型、類型義。

㈣「井井有條」的井井，含有不紊亂、有條理的意思，是「井」（型）之引伸義。現在大家把「井井有條」的「井井」讀成「水井」之井是錯誤的，按理應讀做「型」。

㈤「井井有條」的「井井」，誤讀爲「水井」之井，旣已約定俗成，倒也不必改了（見文字訓詁論集、頁三〇三。北京中華書局）。

案：劉說似乎很有道理，其實是不明引伸義與比擬義之分。如果我們首先明白井做水井解是它的本義，進而據水井之「義」引伸，則有低窪、深淵的意思，自可孳乳做「深池」解之𠇁、「陷落」解之阱，而據井上木闌之「形」比擬，則有整齊、規則、模型、法度的意思，自可孳乳做「罰辠」解之荆、「造法刱業」解之刱。總之，丼、阱、荆、刱都由「水井」之井引伸或比擬而孳乳，同屬一組字，根本就沒另一個做「法」解之井，也沒有所謂《說文》少收井（法）字的問題。進言之，凡據某字引伸義或比擬義孳乳之字，如依劉說，分源於二字，則同形之字未免太多，《說文》失收之字也就相對增加很多，其說牽強，自難令人心折。筆者認爲劉先生繞了一大圈，最後主張不必改讀「井井」之音爲「型型」卻是倖中。這樣說來，筆者引劉說而辨析，倒給引伸義與比擬義做了一次明晰的釐正!

六、誤以引伸義為比擬義

進言之，大陸學者陸宗達、王寧二氏提出比喻義，並舉例說明之，使字義除本義、引伸義、假借義之外，多了個比喻義，頗有新義。茲細覽其文，節錄要點如下：

㈠比喻義的產生，實際根源於同狀的引伸。

㈡兩物或外形相同，或情態、用途、特徵相似，便可以甲喻乙。因比喻而相關，便產生引伸關係。

㈢有人把比喻義與引伸義並列而言，是不妥的。

㈣列舉「本」、「末」、「枝」、「果」四字之例爲說：

1.「本」之本義是「樹根」，人們常用來比喻事物的基礎、發源和決定一切的重要部分，所以有根本、本質、本源等意義。

2.「末」之本義是「樹梢」，人們常用來比喻輕微、不足道、被別人所決定的東西，所以有細末、末微等意義。

3.「枝」之本義是「樹枝」，人們常用來比喻事物之外另生干擾或由主幹分出的東西，所以有枝節、支屬、分支等意義。

4.「果」之本義是「樹果」，人們常用來比喻事物最後所得的結局，所以有成果、結果等意義（見訓詁方法論、頁一五六。北京中國社會科學出版社）。

案：比喻即比擬。二氏說的比喻義，即筆者說的比擬義。上列㈠、㈡點，是二氏對比喻義下的定義和說明，與筆者說的由某字之「形」經比擬而產生的意義，基本上是相同的，只是二氏用「同狀的引伸」來說明，而筆者不用「引伸」一詞來表達，以免與比擬相渾。事實證明筆者不用引伸一詞是對的。因二氏列舉「本」、「末」、「枝」、「果」四字爲例，說它們的本義常被人們用來比喻爲其他事物云云，實際是引伸而不是比喻；接著，二氏說這些字義經比喻而產生的種種意義，實際也是分據各該字之「義」引伸而來，與比喻全然無關。因「本」之本義爲「樹根」，就其義引伸，自可做「事物的基礎、發源和決定一切的重要部分」講，而「有根本、本質、本源等意義」；「末」之本義爲「樹梢」，就其義引伸，自可做「輕微、不足道、被別人所決定的東西」講，而「有細末、末微等意義」；「枝」之本義爲「樹枝」，就其義引伸，自可做「事物之外另生干擾或由主幹分出的東西」講，而「有枝節、支屬、分支等意義」；「果」之本義爲「樹果」，就其義引伸，自可做「事物最後所得的結局」講，而「有成果、結果等意義」，那來個比喻？換言之，這些字由本義而產生的種種意義，全是分據各該字之義一路引伸下來，中間並沒經過字形的比喻，然後再據其字形的比喻而產生新義。職是之故，二氏的例證與自己說的「因比喻而相關，便產生引伸關係」，根本是不符的。茲究二氏之所以有此差誤，是區分比擬與引伸的界線不夠清楚，以致模糊不別，這也就是爲什麼筆者在說比擬義時，不用引伸一詞的緣由！至於二氏主張「有人把比喻義與引伸義並列而言，是不妥的」，則很精到，爲歷來言字義者所不逮，自有其成績，不容否定！因比擬義是據某字形體比況而得，引伸義是據某字意義延伸而來，應涇渭分明，迥然有別，怎可相渾，視做等同？總之，二氏立論「是」，舉例則「非」。

七、結　語

《說文》解「履」，說其舟是像履形；解「筋」，說其竹是以物之多筋比喻人筋之多，可知比擬義的訓釋，十分明顯，且由來已久。「脣」、「融」二字的比擬義，先師寧鄉魯實先先生與李氏國英，分論至精，使聲符示義的功能全然表出。「喬」、「筥」、「頭」三字的比擬義，是筆者的愚見，足以顯示該義的特徵。總之，比擬義是據某字形體以比況，其顯示之義，有別於本義、引伸義與假借義，應可確信而獨立。

從上述經籍的釋義，以及《說文》構字的比況，可知比擬義的確立是不容置疑的。若有人說比擬義應屬引伸義，而引伸義有二種：一據字義引伸，一據字形引伸，筆者也不願多加辯解；唯覽訓詁之書，尙不見引伸義有兼及字形正確無譌的，所以先師寧鄉魯實先先生創之在前，李氏國英承其緒，而筆者專文析論在後，實有深義焉。

【註　釋】

①見《六書故·六書通釋》、頁六、《文淵閣四庫全書》。臺灣商務印書館。

②分見《段玉裁遺書·經韻樓集》、卷一、頁八四七；卷一一、頁一〇八四。臺灣大化書局。

③江說見《圈點段注說文解字》、頁七九六。臺灣書銘出版公司；雷說見《說文解字詁林正補合編》、卷一、頁三九六。臺灣商務印書館。

④黃說見《文字聲韻訓詁筆記》、頁四七。臺灣木鐸出版社。

齊說見《訓詁學概論》、頁九九。臺灣華正書局。

高說見《文字形義學概論》、頁二六六。濟南齊魯書社。

陸、王說見《詞典和詞典編纂的學問·說文解字與本字本義的探求》、頁一二九。上海辭書出版社。

毛說見《說文通訓定聲》、卷首。臺灣藝文印書館。

杜說見《訓詁學綱目》、頁七二。臺灣商務印書館。

龍說見《中國文字學》、頁一〇。臺灣學生書局。

周說見《訓詁學要略》、頁三。臺灣新文豐出版社。

⑤見第一章〈緒論〉、頁九。臺灣學生書局。

⑥見頁一五六。北京中國社會科學出版社。

⑦見《十三經注疏》、頁一三九。臺灣藝文印書館。

⑧見《圈點段注說文解字》、頁一八〇。臺灣書銘出版公司。

⑨見同上、頁四〇八。

⑩據黃季剛先生四十一聲紐、曾運乾先生古音三十攝。

⑪見《字詁義府合按》、頁一。臺灣洪葉文化事業有限公司。

⑫見《說文通訓定聲》、小部弟七、釋「刀」。

⑬見同注⑧、頁四六。

⑭見同注⑦、頁四一。

⑮見《廣雅疏證·釋詁》、頁七五。山東友誼書社。

⑯張說見《詩經古韻今注》、頁七五。臺灣商務印書館；余說見《詩經正詁》、頁一八一。臺灣三民書局。

⑰見《經進東坡文集事略》、卷一、頁二。臺灣世界書局。

⑱見同注⑧、頁四〇七。

⑲見先師寧鄉魯實先先生《文字析義》、頁三二二。魯先生全集編輯委員會印行。

⑳見《說文省形、省聲字研究》、頁一一六。臺灣景文書局。

㉑見同注⑧、頁八八。

㉒見同注⑧、頁七二六。

㉓見同注⑦、頁五二。

㉔見同注⑧、頁三四六。

㉕見同注⑧、頁二〇九。

試論訓詁學與詞義學的發展

林慶勳

前　言

訓詁學研究重點是古今字義的演化，詞義學則主要探討詞彙意義（不是語法意義）的性質、構成、分類、演變規律等。近來訓詁學研究，有採擷詞義學研究觀念與方法的趨向。同時詞義學本身有逐漸從詞彙學獨立出來的可能。在此學科研究分工愈來愈細的背景下，訓詁學與詞義學應該有什麼程度的關係，本文從漢語語言研究發展的歷史來觀察。

一、訓詁學與詞義學

孔穎達（574－648）對「詁訓」兩字的解釋，最爲清楚、透徹。他先把「詁」與「訓」分開說明，再對「詁訓」合併做解釋，他說：

> 「詁」者古也，古今異言，通之使人知也。「訓」者道也，道物之貌以告人也。……「詁訓」者，通古今之異辭，辨物之形貌。則解釋之義，盡歸於此。（《毛詩、周南、關雎、詁訓傳、疏》）

孔氏以爲，「詁訓」至少有「通古今異辭」與「辨物之形貌」兩種不同，下面的例子，可以說明它的不同（參見江西教育出版社 1991：172）

1.《爾雅、釋天》：「載，歲也。夏曰歲、商曰祀、周曰年、唐虞曰載。」

2.《方言、第一》：「黨、曉、哲、知也。楚謂之黨，或曰曉，齊宋之間謂之哲。」

3.《爾雅、釋水》：「大波爲瀾，小波爲淪。」

第 1 例，用當代通行的語言，解釋古代的詞語。第 2 例，用普遍通行的語言，解釋地域形成的方言。兩例其實都是「道古今之異辭」。第 3 例是用通俗的語言，解釋生僻的「瀾、淪」詞義，屬於「辨物之形貌」。其中並無時間、空間的因素存在，所以與第 1、2 例不同。

「詁訓」就是「訓詁」，它是用當代簡單易懂的語言，解釋疏通古代的語言，其中也包括古今方俗的不同語言。凡是給某詞某語，或典制名物做解釋，以及給某部專書做注解，甚至於編纂字典、詞典，都是所謂的「訓詁」。傳統的「訓詁學」，幾乎就是從事這些工作，自然它的「系統性」、「科學性」就比較不及①。相對於「傳統訓詁學」，黃侃以後的現代「訓詁學」就比較有體系觀念，它是指研究全面解釋文獻語言的方法、原則、規律的科學。注重研究詞義系統與源流、詞義發展及演變的規律（中國語言學大辭典編委會 1991：172)。可見現代「訓詁學」，極爲重視「詞義」的「系統性」與「科學性」的探討。

我們由西方語言學的內部分科來看，它有如下內容（參見何大安 1987：5－9)：

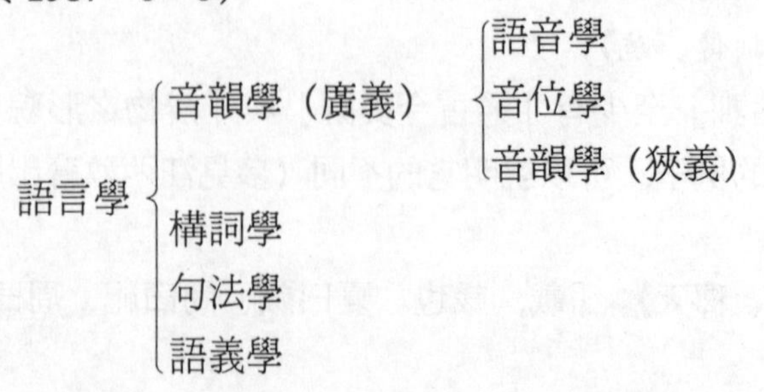

其中的「語義學」，就是「詞義學」，它是研究「詞」的意義部分，也是上列音韻學、詞彙學（構詞學）、語法學（句法學）的研究基礎。可以這麼說，「詞義學」其實是語言研究的「必要條件」，缺少了它，所有結論可能都是無根而不務實際的推測而已（林慶勳 1994：344－346）。

「漢語詞義學」（或「漢語語義學」）自然也包括現代「訓詁學」的研究，因爲分析漢語的詞義，尤其是在「通時研究」部分，絕對不能少掉「訓詁學」的探討。所以兩者的關係就相互依存，緊密結合在一起。我們試看現代「訓詁學」較有份量的著述或教科書，幾乎不但不排斥「詞義學」，甚至將「詞義學」的內容、方法、觀念，引進「訓詁學」的研究中。這種做法是一個極大進步，尤其在詞義理論的探討上，漢語語言學不但獲得新生命，「訓詁學」說不定會繼「聲韻學」之後，重新蛻變成「系統性」、「科學性」都比較強的學科。

二、訓詁學的發展

訓詁學萌芽於先秦時期，主要是爲了閱讀前代文獻，闡述自己政治哲學主張，以及童蒙識字教育需要所形成（趙振鐸 1988：1）。不過訓詁的理論很零星，散見在諸子與儒家經典之中，一直到《爾雅》的產生，才稍微改變情況。

《爾雅》不是一人所作，先秦已有雛型，最後寫定在西漢時（張永言 1985：76），全書共有十九篇，每篇都以「釋」字開頭，各篇的次第與篇內詞條的排列，都井然有序。前三篇分別是〈釋詁〉、〈釋言〉、〈釋訓〉，以下舉例說明：

1.〈釋詁〉：初、哉、首、基、肇、祖、元、胎、俶、落、權輿，始也。台、朕、賚、畀、卜、陽，予也。

2.〈釋言〉：告、謁，請也。 畯，農夫也。

3.〈釋訓〉：悄悄、慘慘，慍也。如切如磋，道學也。如琢如磨，自修也。

〈釋詁〉是以當代通行詞「始也、予也」，去解釋古代的「同義詞」；〈釋言〉是解釋常用詞；〈釋訓〉主要是解釋形容狀貌的詞語，一般都是重文疊字較多。從編纂體例來看，已經相當注意「系統性」，是訓詁學史上第一部通釋詞義的專門著作。〈釋訓〉之後分別是〈釋親〉、〈釋宮〉、〈釋器〉、〈釋樂〉、〈釋天〉、〈釋地〉、〈釋丘〉、〈釋山〉、〈釋水〉、〈釋草〉、〈釋木〉、〈釋蟲〉、〈釋魚〉、〈釋鳥〉、〈釋獸〉、〈釋畜〉·等十六篇，對古代家族宗法制度、衣食住行、文物制度、自然科學等，做了完整知識體系的介紹。

從後代的立場看，《爾雅》是提供我們瞭解先秦古代詞語的工具書，它匯集前代口口相傳的故訓，雖然有時代的局限性，以及分類不夠嚴密等等的缺陷，但是如果沒有《爾雅》一書的出現，可能我們對古代詞語的認識會更加困難，對傳統漢語語言學的研究，也會遲緩許多。

兩漢在訓詁學成績方面，除《爾雅》之外專門的著作有揚雄《方言》、劉熙《釋名》、許愼《說文解字》，都是訓詁學史上的重要著作。除此之外，魯申生《魯詩》、齊轅固《齊詩》、燕韓生《韓詩》及毛公《毛詩》，同樣是在解釋《詩經》的著作，因爲今、古文經學派的不同，自然對《詩經》內容的解釋各異其趣。另外東漢鄭玄（127－200）箋《毛詩》，注《儀禮》、《周禮》、《禮記》，兼採衆說，不拘於一家，取捨之間符合語言實際，對於訓詁學的發展，有不可忽視的推動作用（趙振鐸 1988：63）。由此可見兩漢時期的訓詁學研究成績，比先秦時期質量都較勝一漢代的訓詁學研究所以有很大的發展，至少有以下三個原因(張永言 1985：45－47)：㈠語言的變化。先秦典籍傳到漢代，許多學者已有許多不明白的地方，因此需要依賴訓詁來解讀。㈡文字的不同。漢初經師傳授經書，都是以當時通行的「隸書」寫成，稱做「今文經」；與孔壁及民間陸續發現用戰國時「古文」寫成的「古文經」字體不同。此外因家法不同，就是轉寫成同一種字體，二者的文字還是頗有差異。因此訓詁工作就顯得非常重要。㈢師說的差異。西漢今文經師多專治一經，就是同樣研習一經，也有「家法」的不同。後來古文經出世，與今文又不相同，因此同一篇章、同一語句或同一個字，講法常有不同。東漢經師如賈逵、許慎、馬融、鄭玄等，往往兼治諸經兼習今古文，自然就接觸各家的不同說法。他們羅列諸家學說，進行比較研究，從而推動了訓詁學的發達，主要是實用的做法，以解決當前面對的種種問題出發，正是漢儒治經「經世致用」的本質。

訓詁學的體式、方法和條例，漢代在先秦訓詁學的基礎上，得到進一步的完善發展。例如許慎、鄭玄制定的「讀若」、「讀如」、「讀爲」、「當爲」等的聲讀條例；漢代經師注釋古籍常用的「聲同」、「聲相近」、「聲誤」、「方音之變」等說明分析字義的條例（李建國 1986：58－59)。都是了不起的貢獻，後代甚至一直沿用而未變。

至於《方言》、《釋名》、《說文解字》各書，在訓詁學研究上有何貢獻，以下也試做說明。西漢末揚雄（前 53－18）的《方言》，原名《輶軒使者絕代語釋別國方言》，其書體例最大特點是對一組「同義詞」，做地域分佈與意義差別的解釋，例如（張永言 1985：87)：

嫁、逝、徂、適，往也。自家而出謂之嫁，由女而出爲嫁

也，逝，秦晉語也；徂，齊語也；適，宋魯語也。往，凡語也。(卷一)

鬱悠、懷、惄、惟、慮、願、念、靖、慎，思也。……惟，凡思也；慮，謀思也；願，欲思也；念，常思也。

這是同樣以今語釋古語的《爾雅》所沒有的，前修未密後出轉精，《方言》就補充了較完善的體例。

在訓詁學史上，《方言》一書至少做到下列的用處（張永言1985：89－91）：㈠書中對一些同義詞的辨析，有助於認識古漢語中同義詞之間的異同。㈡書中採錄並解釋不少先秦和漢代方言、口語詞，有助於印證古代作品的一些詞義。㈢書中收載不少名物詞語，有助於瞭解古代有關名物。㈣書中收有不少方言同源詞，有助於研究古漢語的「聲轉」等問題。㈤以書中所記方言與現代漢語比較，可以看出古今語的關係，有助於漢語詞彙史的探討。以上五點的說明，足以看出《方言》比《爾雅》完善，從傳統訓詁學的詞義比較來看，《方言》提供給我們相當豐富的材料，對我們認識古代詞義發展，有相當大的幫助。

《釋名》東漢劉熙著，是一部專門解釋詞語的「語源義」和「同源」關係的專著。全書二十七篇模仿《爾雅》分類編排，依次是：〈釋天〉、〈釋地〉、〈釋山〉、〈釋水〉、〈釋丘〉、〈釋道〉、〈釋州國〉、〈釋形體〉、〈釋姿容〉、〈釋長幼〉、〈釋親屬〉、〈釋言語〉、〈釋飲食〉、〈釋采帛〉、〈釋首飾〉、〈釋衣服〉、〈釋宮室〉、〈釋床帳〉、〈釋書契〉、〈釋典藝〉、〈釋用器〉、〈釋樂器〉、〈釋兵〉、〈釋車〉、〈釋船〉、〈釋疾病〉、〈釋喪制〉。最大的特點是用「同音字」或「音近字」聲訓的方法，探求事物命名的所以然，例如：

身，伸也；可屈伸也。(〈釋形體〉)

亭，停也；亦人所停集也。(〈釋宮室〉)

庶，摭也；拾摭之也，謂拾摭微陋待遇之也。(〈釋親屬〉)

「身、亭、庶」是被訓解詞，「伸也、停也、摭也」是與被訓解詞有同音或音近關係的訓解詞，分號之後每段話，都是在說明爲什麼用「訓解詞」的理由。

《釋名》在訓詁學研究上的貢獻有：㈠廣泛應用聲訓的方法解說詞義，對後世「右文說」和「音近義通」理論的成立有很大影響。㈡書中訓詁可以印證或訂正其他古籍的某些訓詁。㈢收錄許多名物詞語，有助於瞭解漢代一些名物的形制或用途。相對的《釋名》也有一些比較嚴重的缺點，例如沒有嚴格的聲訓標準、割裂複音詞的完整性穿鑿附會、說解摻雜陰陽五行及儒家觀念等(張永言 1985：93－95)，對《釋名》的語言研究，多少有一些影響。

東漢許愼（58－148?）撰《說文解字》，全書合重文共收10,516字。每個字的解說體例，都是先解釋「字義」，其次分析「字形」，其次再用「讀若某」形式說明字音。《說文解字》對漢語和漢字研究的貢獻是多方面的，是中國古代語文學的一大寶藏。單從訓詁學的角度看，它的價值在於匯集了東漢以前古詞和古義，使我們研究古漢語的詞彙和語義及其發展演變，有一部相當重要的材料可以憑藉。(張永言 1985：99)。

魏晉到明代，總計有一千二百年左右的歷史，也出現了郭璞（276－324)、陸德明（約550－630)、孔穎達（574－648）等著名的訓詁學家，但是總體表現比不上兩漢。但是從淸初開始，訓詁學的研究成績就相當可觀，這個現象與當時「樸學」求眞的風氣有極大關係，加上學者人數衆多，在各個領域努力研究相互刺激，終於展現良好的成績。

清代學者在訓詁學研究最大的貢獻是溝通「語言」和「文字」的關係，語言是用聲音表達意義，文字不過是記錄「語言」的符號而已。(周祖漢 1988：171)。因此從文字所載的聲音去探求意義，就成爲清代學者研究訓詁學的理論依據，從下面引文可以看出清人的精闢見解：

戴震，《六書音韵表·序》：訓詁音聲相爲表裏。

王念孫，《廣雅疏證·自序》：竊以詁訓之旨，本於聲音。故有聲同字異、聲近義同，雖或類聚群分，實亦同條共貫。

段玉裁，《廣雅疏證·序》：聖人之制字有義而後有音，有音而後有形。學者之考字，因形以得其音，因音以得其義，治經莫重於得義，得義莫切於得音。

王念孫，《經義述聞·序》：訓詁之旨，存乎聲音，字之聲同聲近者，經傳往往假借。學者以聲求義，破其假借之字，而讀以本字，則渙然冰釋。

段玉裁，《說文解字注》：聲與義同源，故諧聲之偏旁多與字義相近。(示部禛字注) 又說：凡同聲多同義。(言部誓字注)

清代學者從音與義的關係著手研究，建立了許多訓詁學研究的理論和方法，把零星知識貫串起來，使訓詁學成爲一門有系統、有理論、有嚴謹方法的學問 (周祖謨 1988：171)。

清人訓詁學的成績固然可觀，但是從段玉裁以下的部分學者，墨守《說文解字》，濫用「一聲之轉」，以至於研究成績不能超越前人，實在可惜。不過從訓詁學理論的建立這個角度來看，清人的成績不論質或量，都是優於前代各個時期，這是我們不能不承認的事實。

民國以來的訓詁學研究，一方面繼承清代學者研究的成果，一方面吸收西方部分早期的語言學知識，於是開展了一些新領域的研究，主要有以下幾點（周祖謨 1988：172、蘇新春 1992：432－437）：⑴建立傳統訓詁學理論。章炳麟明確主張「中國語言文學」是中國傳統語言研究的重心，黃侃更從學科體系闡述了訓詁方式、訓詁類別、訓詁原理、訓詁史等一系列理論問題，這是前無古人的做法。⑵字原和語根的探求。例如章炳麟作《文始》，探求語源及語詞之間的關係；沈兼士作〈右文說在訓詁學上之沿革及其推闡〉、編輯《廣韻聲系》，用歸納方法研究形聲字同一聲符所表現的基本意義。⑶研究同源字。同源字是指「音近義同」或「義近音同」的字，合在一起可以定出是同出一源，同源字大都是同義詞，或意義相關的詞。王力編《同源字典》，以韻部爲綱，聲紐爲目，是研究漢語詞義學的一部新著。⑷虛詞的研究。楊樹達根據《馬氏文通》作《高等國文法》，參照《經傳釋詞》作《詞詮》，專門解說虛詞。裴學海作《古書虛字集釋》，集錄前人所說，並加以補正。⑸根據出土的古銅器銘文考訂古書的訓釋。王國維與于省吾兩人、據銅器銘文或其他古文字資料，重新解釋《詩經》、《尚書》、《楚辭》之中的常用詞。⑹研究的範圍擴展到唐宋以後語詞的考釋。例如張相作《詩詞曲語詞匯釋》，陸澹安作《小說詞語匯釋》、《戲曲詞語匯釋》，蔣禮鴻作《敦煌變文字義通釋》等。

如果比較清代與民國以來訓詁學研究的不同，我們可以發現後者在新理論體系的建立，略優於前者；同時在研究對象的選擇，也不像前者祇注意先秦、兩漢的訓詁而已。從學術史的角度來看，這是可喜的現象，否則祇炒冷飯而不圖開發新的研究領域，必然在歷史長河中湮沒無聞。

綜觀先秦以來訓詁學的研究、從無到有、從零星散例到完整理論體系建立，都是前人耕耘累積的成果，周祖謨（1988：172－173）下面一段話，可以看做二千多年來訓詁學研究的總結：

> 從訓詁學發展的歷史來看，訓詁學的興盛，兩漢是一個高峰，清代是一個高峰。兩漢學者的訓詁著作和經傳的注釋爲訓詁學的全面發展奠定了基礎，兩漢訓詁學的興盛跟語言變化的加劇和古文經的傳佈有極大的關係。清代的訓詁學有理論，有方法，發展爲一門語言學科，跟經學、史學的考證和古音學等的成就有密切的關係。近代以來，學者受語言學、語法學的影響在理論和研究方法以及研究的範圍上都有了新的建樹，改變了舊日墨守古訓，拘牽文字形體，和重古略今的風習，開創了新的途徑。

往往學術的發展創新，都不是孤立現象所產生，漢代如果不是語言變化加劇和古文經傳佈，也就不會促成訓詁學的興盛。同理經學、史學、古音學，對清代訓詁學朝理論、方法細密發展，以及西方語言學、語法學等對民國以來新訓詁學體系的建立，都有相當密切的關係。因此二千多年以來，訓詁學也就自然形成一門具有綜合性內容，以及應用性很強的學科（王寧 1994：19），回顧訓詁學歷史的發展，可以確信無疑。

三、詞義學研究發展

何謂「詞義學」？簡單說就是研究「詞彙意義」的學科，它的研究內容至少包含以下幾項（中國語言學大辭典編委會 1991：286、張虎剛等 1994：35）：

1.詞義和概念的關係

2.聲音和意義的關係

3.詞義的性質及其構成因素

4.詞義演變的規律

5.詞義結構與詞義分類

「詞義學」尚未獨立之前，它是歸入「詞彙學」來介紹，從研究份量看，它的確是詞彙學很重要的一部分。它主要在研究「詞彙意義」而排除「語法意義」的研究，這門發源於西方語言學的理論學科，近年來陸續出版或發表許多頗有見解的論述，除附屬在「詞彙學」之中做專章討論及散見學術期刊之外，至少有以下幾種值得參考：賈彥德，《語義學導論》（北京大學出版社，1987.7）又《漢語語義學》（北京大學出版社，1992.11）；蘇新春，《漢語詞義學》（廣州：廣東教育出版社，1992.8）；陸善采，《實用漢語語義學》（上海：學林出版社，1993.4）；伍謙光，《語義學導論》（湖南教育出版社，1994.4）；高守綱，《古代漢語詞義通論》（北京：語文出版社，1994.10）；石安石，《語義研究》（北京：語文出版社，1994.12）；何三本、王玲玲，《現代語義學》（台北：三民書局，1995.3）。其中多數對詞義理論的討論較多，甚至舉例也偏重在現代漢語，不過仍然相當有參考價值。

在此要特別提出，本文所稱的「詞義學」，有時也叫做「語義學」，上面各書有的直接稱做「語義學」，其實就是我們強調的「研究詞彙意義的詞義學」。不過若稱「語義學」，有時也包括研究句子意義，即詞與詞之間的「語法意義」；或者指符號學、邏輯學、人類學、計算語言學及哲學上的「語義學」（徐烈炯1988：488－489、張虎剛等1994：35）。都不是本文詞義學所要介紹的內容。

從詞義學研究的任務來看，究竟由西方語言學發展出來的詞義理論，對漢語詞義的研究，有沒有直接指導作用？相對的傳統或現代「訓詁學」研究，能否也可以建立屬於漢語特有的詞義理論體系？這些問題都是今後值得探討的重要課題，有必要投注人力，好好從事研究。

兩漢四部重要著作，《爾雅》②、《方言》、《說文解字》、《釋名》，著書體例雖然不一，對詞義研究具有系統化卻是一致。《爾雅》與《釋名》在詞義分類編排，都有合理措置。《爾雅》十九篇共二千多條訓解，前三篇〈釋詁〉、〈釋言〉、〈釋訓〉，是對古代詞語的解釋。後面十六篇則是對名物詞語的解釋。〈釋親〉是解釋古代家族宗法制度；〈釋宮〉、〈釋器〉、〈釋樂〉三篇主要解釋人類制作器物的名稱；〈釋天〉、〈釋地〉、〈釋丘〉、〈釋山〉、〈釋水〉五篇解釋天地山川等自然現象；〈釋草〉、〈釋木〉、〈釋蟲〉、〈釋魚〉、〈釋鳥〉、〈釋獸〉、〈釋畜〉七篇是解釋動植物的名稱。(參見趙振鐸 1988：24－26）這種詞義精密分類，對我們探討古代詞彙意義，有直接而積極的助益。《釋名》二十七篇也繼承《爾雅》的分類法，而更加細密，對於先秦到漢代的詞義演化、詞義比較，提供了極有價值的研究材料。《釋名》用同音或音近關係的「聲訓法」，也反映了漢代聲音與意義關係的直接證據。

《方言》全書用通語、凡語解釋先秦和漢代的方言，並且辨析了一些同義詞，對我們瞭解古代同義詞、反義詞、多義詞、方言詞有很大的幫助。此外對詞義地域性來源，也能有清楚的認識。至於《說文解字》一書，始一終亥據形系聯的編排，其中也隱含有詞義的相屬關係；五百四十部各部首內收字先後的安排，使我們明白許愼心目中的詞義分類。收字一萬多，每個字解釋造字本義，分析形聲字得聲之由，除了提供音義關係之外，也是語源學研究上極有價值的參考材料。

從漢語詞義學的角度來看，兩漢的訓詁學研究，其實已有科學體系的雛形，尤其《爾雅》、《方言》、《說文解字》及《釋名》四部重要著作，更是價值極高的古代語言學鉅作，對古漢語詞義研究，有它傑出的貢獻。加上鄭玄有大量傳注訓詁著作，對古代詞義詮釋的原則、體例和內容，有具體示範作用。因此可以說漢代的語言學實際就是詞義研究之學。可惜的是後繼無力，一千多年中也就是漢代到清代以前，義疏集注、校字析義，以及大量模仿《爾雅》、《說文解字》之作，成爲詞義研究的主流（蘇新春 1992：8），由此自然反映詞義研究的衰退，一直到清代才改變這種劣勢。

清代著名的訓詁學家，如戴震（1724－1777)、段玉裁（1735－1815)、王念孫（1744－1832)、王引之（1766－1834）等人，幾乎都有文字學、古音學深厚的基礎，因此他們的著作如《方言疏證》、《說文解字注》、《廣雅疏證》、《讀書雜志》、《經義述聞》、《經傳釋詞》等，幾乎能純熟運用聲音與意義的關係來研究古代語言的詞義，有時甚至能超越前人的成績，自成一家之說，把千載以來不能說得淸楚的疑點一語道破。同時他們又能應用語言學基本觀念，考察文字的現象，例如段玉裁看到文字起源於聲音，文字不過是記錄語言的符號而已，因此主張研究文字「必審形以知音，審音以知義。」(《說文解字注》坤字注）段氏並遵循戴震的理論方法，認爲「同聲之義必相近」、「凡字之義必得諸字之聲」等，掌握古音及其規律，將手創的古音十七部轉變規律來通訓詁，說明文字的孳乳通假，據此明瞭古人之語言（張建國 1986：166)。這種做法其實是對詞義學音義關係與詞義演變規律，做了一項基礎的探討工作。

另外段玉裁區分「本義」和「引申」、「假借」的不同，在

《說文解字·叙》注說：

許以形爲主，因形以說音說義。其所說義與他書絕不同者，他書多假借，則字多非本義，許惟就字說其本義。知何者爲本義，乃知何者爲假借，則本義乃假借之權衡也。故《說文》、《爾雅》相爲表裏。治《說文》而後《爾雅》及傳注明，《說文》、《爾雅》及傳注明，而後謂之通小學，而後可通經之大義。

又在《經韻樓集》卷一說：

凡字有本義焉，有引申、假借之餘義焉。守其本義而棄其餘義者，其失也固；習其餘義而忘其本義者，其失也蔽。

這些都是段氏探討詞義和詞彙規律的觀點，加上他曾說阮元《經籍纂詁》雖然不錯，但像「一屋散錢未上串」，他的《說文注》正是阮書的「錢串」（參見《段王學五種、與劉端臨第二十三書》）。所謂「錢串」，就是以聲音貫串訓詁的方法，段氏在《說文注》中用此方法，推尋故言，得其經脈，揭示了一字數義的原因，展現了多義詞詞義的系統性，在詞義研究上是一項創舉（張建國 1986：167）。

王念孫分古韻二十一部，運用聲韻通轉規律，以語音爲準去求語義，建立了「義類」理論和意義變化的「義通」理論，對詞語孳乳規律和詞義變化規律做出了探索。例如在《廣雅疏證》卷一「大也」條、卷三「原也」條他說：

厚與大同義，故厚謂之敦，亦謂之龐；大謂之龐，亦謂之敦矣。(荅一)

凡厚與大義相近。厚謂之敦，猶大謂之敦也；厚謂之醇，猶大謂之純也；厚謂之臧，猶大謂之將也。(卷三)

王氏建立的詞義學理論，使傳統訓詁學由單科的研究進而爲多科的綜合運用，從具體語言現象的訓詁解釋，進入到語言內部規律的理論探索，從而開創了語言學研究的新階段（張建國 1986：175－176）。當然王氏父子的詞義研究，成績表現並不止於此，衹是我們可以從他們研究的角度、觀念和方法，感受到十九世紀左右系統的詞義學研究，似乎已有了一個好的開始，而「段王學」在其中正扮演著一個摧化的開路先鋒。

民國「傳統訓詁學派」對詞義學的研究，如章炳麟、黃侃等人從「語言文字學」角度，試圖建立學科體系，章氏、沈兼士、王力等人對字源、語根、同源字等的探討，在前一節已做介紹，此處不再重複。值得注意的是，他們固然繼承乾嘉以來研究的成果，但是受西方部分早期語言學知識的影響，使他們在字義探討上，極爲注意系統性與科學性，使詞義學的研究逐漸走出自己的路來，不再是經典附庸之下的工具之學，也不再是個別獨立的單科之學。雖然距離體系完整的「漢語詞義學」尚有一段遙遠路，但已是難能可貴了。

民國以後一些訓詁學理論的專書，試圖從「詞義學」的角度來探討問題，雖然體系不一定完備，但是用心可嘉。最早的一部書是出版於 1943 年的齊佩瑢《訓詁學概論》③，該書第二章〈訓詁的基本概念〉，其中介紹「語義和語音」、「語義的單位」、「語義的演變」、「字義的種類」四節，內容已是從語言角度來分析問題，在當時算是見解出衆的一部著作。齊氏以音、義關係出發，推闡由此出現的各種詞義問題，其中語義演變列有：擴大式、縮小式、變壞式、變好式、變強式、變弱式等六種方式，是此後同類型書籍的先河。於字義種類則分：本義、引申義、借義三種，後二種是文字與字音相聯繫時的語義。其次王力撰《漢語史稿》（1958）、第四章〈詞彙的發展〉，其中與詞義論述有關的是「同類詞和同源詞」(57 節)、「古今詞義的異同」(58 節)、「詞是怎樣變了意義的」(59 節)、「概念是怎樣變了名稱的」(60 節)。內容相當豐富，最大的特色是舉例較多，對照理論來看容易瞭解。胡楚生《訓詁學大綱》(1975) 第二章是「詞義的變遷」，就繼齊、王二氏之後也介紹「詞義的種類」與「詞義演變的方式」，另外也介紹「一詞多義」與「一義多詞」，則是齊氏所沒有。此外先師林景伊教授撰《訓詁學概要》(1972)、陳伯元師撰《訓詁學》(上) (1994)，在介紹「訓詁用途」時都列「詞義演變」一小節，前者談擴大、縮小、轉移三種方式，後者增益引申、交替、避諱、忌諱、求雅、委婉，共計九種，值得參考。

張永言撰《訓詁學簡論》(1985)，在第一章〈概說〉的第五節「訓詁學和語文學各學科的關係」中，探討與音韻學、語法學、修辭學、方言學、比較語言學、文字學、校勘學各科的關係。其中提出「識假借」、「探義根」、「明孳乳」等，都已經注意到音、義結合關係的研究，能爲我們解決一些詞義的問題。此外周大璞撰《訓詁學初稿》(1987)，書中第一章〈緒論〉、第三節「訓詁學在語言學中的地位及其與語言學其他分支的關係」，介紹與語義學、語源學、語音學、語法學、修辭學、文字學、詞典學及文學、史學、法學、哲學、經濟學、校勘學、版本學等的關係，同樣從語言角度說明古代詞義的各種問題。

程俊英、梁永昌合撰《實用訓詁學》(1989)，第二章〈訓詁所需的基本知識〉第四節「幾種特殊詞語」，從語言角度介紹疊音詞、聯綿詞、附加合成詞④、簡稱、譯音詞，是由詞彙學的觀念出發；第五節「詞義引申」，介紹詞義引申的概念、內容、作用等數端。對我們認識古漢語詞義有很大幫助。應裕康撰《訓詁學》(1993)，其中第三章〈概念的改稱與詞義的變遷」，介紹概念改稱的原因、詞義變遷的原因、詞義變遷的分類，第四章〈同源詞與同類詞〉，也是從詞彙學觀念論述，在此之前王力撰《漢語史稿》(1958)，在第四章〈詞彙發展〉已經先提出這些觀點，應書加以補充討論，亦有參考價值。竺家寧撰《文字學、字義的知識── 訓詁學》(1995)，其中第十六章〈詞義的探索〉，完全以語言學的觀點介紹「詞義的解釋」、「詞義的演化」、「傳統的詞義系統── 本義、引申、假借」、「同形詞和異形詞」、「同義詞和反義詞」，篇幅所佔份量比前述各書都要多，可以說是有詞義學架構的一部專著，值得稱許。

從以上齊佩瑢《訓詁學概論》等書的介紹，我們可以看到二十世紀中期以後的學者，努力在古漢語詞義學的領域探討詞義理論，雖然他們仍把它暫時措置在訓詁學的專書中，但是等到時機成熟，必然可以讓古老學科── 訓詁學脫胎換骨，蛻變成理論體系完整，系統性、科學性都很強的「古漢語詞義學」，然後再與其他時期的漢語詞義學結合，則表裏如一的「漢語詞義學」的出現，當是不遠的事。

四、結　語

後人把黃侃希望建立的訓詁學體系稱做「古漢語詞義學」(蘇新春 1992：433)，這是極適當的說法，黃侃之後學者經過了一甲子的努力，終於逐漸完成訓詁學的換血準備工作。從上文「訓詁學的發展」及「詞義學研究發展」的論述，不難看出「漢語詞義學」的推出是指日可待的。爲了介紹方便，直接引用前人觀點之處不少，同時在歷史發展的叙述，祇能以具代表性的著作、觀念做介紹，這是撰寫短文不得已的處理方式，祈望方家前輩指正。

從發展的角度來看，齊佩瑢《訓詁學概論》一書已經企圖從訓詁學的理論出發，建立詞義學的獨立理論體系，後來學者的努力，有目共睹。不過學術的改造，需要人力的投入及成果的累積，因此再經過一段時間才能看出眞正的成績。受西方語言學理論和方法影響的許多學者，甚至主張在訓詁學之外另立一門學科，也就是「科學的古漢語詞義研究」，其中有歷史觀點、重視詞義與語言、語法的聯繫，不受字形的影響，加強與文化史的聯繫等等（蘇新春 1992：10)。這是非常崇高的理想，但是若對中國傳統的古籍並未深入探討，如何能實踐理想？這個問題值得我們深思並謀解決之道，否則建立系統性、科學性的漢語詞義學，可能不是簡單的事。

【附　注】

①說見楊端志《訓詁學》，此處轉引自陳伯元師《訓詁學》(上冊)、頁五。

②《爾雅》一書，先秦已有雛形，至西漢才完成，本文因此歸入漢代著作。

③齊佩瑢《訓詁學概論》，最早是 1943 年出版於國立華北編譯館，台灣廣文書局於 1970 年曾經影印發行。北京中華書局則於 1984 年重訂出版，台灣華正書局則提前一年，於 1983 年 8 月重排出版。可見此書被重視程度。

④梁氏所謂的「附加合成詞」，其實就是詞彙學中的「派生詞」，例如他舉例：阿爺、阿母、有邦、有室、老杜、老元；油然、沛然、沃若、沛若、莞爾、率爾；介之推、孟之反、尹公之他。分別是「前加、後附、中介」的輔助成分附加合成詞。

【引用書目】

中國語言學大辭典編委會，1991，《中國語言學大辭典》，南昌：江西教育出版社。

王　力，1958，《漢語史稿》，台北：泰順書局（1970 影本)。

王念孫，1796，《廣雅疏證》，台北：商務印書館（國學基本叢書本，1968）。

王　寧，1994，〈訓詁學與語義學〉，《訓詁論叢》19－31，台北：文史哲出版社。

石安石，1994，《語義研究》，北京：語文出版社。

伍謙光，1994，《語義學導論》，湖南教育出版社。

何三本、王玲玲，1995，《現代語義學》，台北：三民書局。

何大安，1987，《聲韻學中的觀念和方法》，台北：大安出版社。

李建國，1986，《漢語訓詁學史》，合肥：安徽教育出版社。

周大璞，1993，《訓詁學初稿》，武昌：武漢大學出版社。

周祖謨，1988，〈漢語訓詁學〉，《中國大百科全書·語言文字》167－173，北京：中國大百科全書出版社。

林　尹，1972，《訓詁學概要》，台北：正中書局。

林慶勳，1994，〈論漢語語言學體系的建立〉，《陳伯元先生六秩壽慶論文集》343－363，台北：文史哲出版社。

竺家寧，1995，《文字學·字義的知識── 訓詁學》449－646，台北：國立空中大學。

胡楚生，1975，《訓詁學大綱》，台北：蘭臺書局。

段玉裁，1807，《說文解字注》，台北：藝文印書館（經韻樓原刻本）。

高守綱，1994，《古代漢語詞義通論》，北京：語文出版社。

張永言，1985，《訓詁學簡論》，武昌：華中工學院出版社。

張虎剛等，1994，《文史分科詞典》，石家莊：河北人民出版社。

陸善采，1993，《實用漢語語義學》，上海：學林出版社。

陳新雄，1994，《訓詁學》（上冊），台北：台灣學生書局。

程俊英、梁永昌，1989，《應用訓詁學》，上海：華東師範大學出版社。

賈彥德，1987，《語義學導論》，北京：北京大學出版社。

1992，《漢語語義學》，北京：北京大學出版社。

齊佩瑢，1990，《訓詁學概論》，台北：華正書局。

趙振鐸，1988，《訓詁學史略》，河南：中州古籍出版社。

劉盼遂，1936，《段王學五種》，台北：藝文印書館（叢書集成續編影本）。

應裕康等，1993，《訓詁學》，高雄：高雄文化出版社。

蘇新春，1992，《漢語詞義學》，廣州：廣東教育出版社。

先秦詞彙「於是」研究

竺家寧

一、「於是」的歷史演化

「於是」是現代漢語中常見的詞，它是怎樣發展形成的呢?在古代漢語裡，「於是」有時候就是普通「於」和「是」的意思，它放在動詞後面，作處所動詞用。例如：「吾祖死於是，吾父死於是」。可是我們現代常用的「於是」專指時間說，應該作「這就」或「這才」講。這個「於是」一定出現在動詞之前。例如「於是飲酒樂甚」。①這樣的「於是」詞性上是連詞。凡是幾件事情在內容上有聯係，在時間上有先後之分，要把它們緊密的結合在一起，有條理地表達出來，就可以用「於是」這個連詞。它具有承上接下，分清叙述層次的作用。使用「於是」，一般都把它放在主語前。有時也可以放在主語與謂語之間②。例如「於是孩子們都放下了書包」，可以說成「孩子們於是都放下了書包」。

放在動詞前的「於是」裡的「是」字原本是個時間補洞，等於「在這個時候」。後來逐漸變成「這就」、「剛才」的意思。成了複合動詞。

楚永安《文言複式虛詞》認爲「於是」從歷史來源看，是個「介賓詞組」。但是在實際運用上卻有兩種情形：一是作爲介賓詞組來使用；一是作爲連詞來使用。前者主要用於句首或句中，作狀詞，表示時間或處所。表示時間的，相當於「這時候」。例如：

晉人歸楚公子穀臣與連尹襄老之屍於楚，以求知罃。於是

苟首佐中軍矣，故楚人許之。(左傳·成公二年)

表示處所的較少見，例如：

諸侯宋、魯，於是（＝在那裡）觀禮。(左傳·襄公二年)

這個介賓詞組還可以用於句尾作補語。例如：

明日，王出而呵之，曰：誰溺於是？(韓非子·內儲說下)

「於是」作爲連詞性結構，一般是表示前後兩件事情的承接關係，即表示後一件事的發生在前者之後，並且是由前者導致的，或者是以前者爲條件的。這種連詞的「於是」是由介賓詞組的用法虛化而來的。「於是」之中仍然隱含有「在這種情況（條件）下」、「由於這個原因」等意思。但是，古代的「於是」，不像現代那樣是個單純的連詞。

另外，在賦和模仿賦體的散文中，常用「於是」作一段話的開端。這種「於是」有時有承接作用，有時只起引出下文的作用。③

二、《孟子》中的「於是」

《孟子》中「於是」的用法有下列幾種類型：

一、作處所補語用。放在動詞的後面。「於」和「是」屬於兩個詞。「是」相當於「此」的意思。例如：

1.王曰：「否！吾何快於是？將以求吾所大欲也」(梁惠王上)

2.王曰：「吾惛，不能進於是矣！願夫子輔吾志。」(梁惠王上)

3.管仲……功烈如彼其卑也，爾何曾比於是？(公孫丑上)

4.何以異於是？(公孫丑下)

5.章子有一於是乎？(離婁下)

6.奚有於是？亦爲之而已矣！(告子下)

7.孰大於是？(盡心上)

《孟子》一書中，「於是」共出現十次，其中有七次作處所補語。可知這是《孟子》的主要用法。上述七例的「於是」都放在動詞之後。再觀察「於是」所處的句式，都與疑問詞連用，形成問句。上述的第 1. 2. 3.例都帶個「何」字，第 5 例帶句末「乎」字，第 6. 7.例以疑問詞「奚、孰」開頭。只有第二句是否定式的感嘆句。另一句也可歸之於處所補語：「故天將降大任於是人也」(告子下)。只不過多一「人」字。

上述情況都屬介賓結構作補語。「於」是介詞，「是」(或「是人」) 是補語。

二、作時間補語用。放在動詞的前面。例如：

1.景公説，大戒於國，出舍於郊。於是始興發補不足。(梁惠王下)

2.思天下惟羿爲愈己，於是殺羿。

這種用法就是現代漢語作連詞用的「於是」的前身。但在《孟子》中很少這類用法，全書只有這兩條。第 1 句明顯地表現出時間，有「在這個時候」的含意。第 2 句也有時間先後的意味，「殺」的動作必後於前句的「思」。用「於是」來呈現這種先後關係。同時，前後句也含有因果關係，「於是」相當於「由於這個原因」。

三、《莊子》中的「於是」

《莊子》和《孟子》都是戰國時代的作品，時代相同，地域有南北之分。孟子是山東人，莊子是河南人④。由兩者所使用的語言比較，可以看出他們的確有一些差異。

下面分別觀察《莊子》中「於是」的用法：

一、作處所補語用。

1.聖人之愛人也終無已者，亦乃取於是者也。(知北遊)

2.故曰彼出於是，是亦因彼。(齊物論)

3.古之道術有出於是者。(天下，出現五次)

這類例子很少。「於是」都在動詞之後。另外有一句：「吾子何爲以至於是極也」(徐無鬼)以「是極」構成介詞「於」的賓語，作動詞「至」的處所補語。也可歸入此類。又有一句：「未嘗不始於是之，而卒詘之以非也」(則陽)意思是「起初認爲是對的，而最後卻斥之爲不對的」⑤其中的「是」作動詞用，「是之」即「以之爲是」，不屬於「於是」的結構。

二、作時間補語用。採「於是乎(焉)」的格式。

1.中道不成章，於是乎天下始喬詰卓鷙。(在宥)

2.堯舜於是乎股無胈。(在宥)

3.於是乎喜怒相疑，愚知相欺。(在宥)

4.於是乎釿鋸制焉，繩墨殺焉。(在宥)

5.孔子曰：「吾乃今於是乎見龍」(天運)

6.於是焉河伯欣然自喜。(秋水)

7.於是焉河伯旋其面目。(秋水)

8.文王於是焉以爲大師。(田子方)

9.於是乎刖而鬻之於齊。(徐無鬼)

10.陰陽錯行，則天地大絯，於是乎有雷有霆。(外物)

11.月固不勝火，於是乎有僓然而道盡。(外物)

12.草木怒生，銚鎒於是乎始脩。(外物)

這些例子都在「於是」之後加個語氣詞「乎」或「焉」。用法上和不加語氣詞完全相同。都出現在動詞之前。而主語的位置可在「於是(乎)」之前，也可在後。加語氣詞的格式，《孟子》沒有，是《莊子》的一項特色。

三、作時間補語用，採「於是」的格式。

1.獸死不擇音，氣息茀然，於是並生厲心。(人間世)

2.堯於是放讙兜於崇山。(在宥)

3.往見老聃，而老聃不許，於是繙六經以說。(天道)

4.於是逡巡而卻，告之海曰……。(秋水)

5.於是埳井之蛙聞之。(秋水)

6.於是惠子恐，搜於國中三日三夜。(秋水)

7.於是鴟得腐鼠，鵷雛過之。(秋水)

8.於是語卒，援髑髏。(至樂)

9.於是正衣冠與之坐，不終日而不知病之去也。(達生)

10.於是三呼邪，則必以惡聲隨之。(山木)

11.於是哀公號之五日。(山木)

12.於是旦而屬之大夫曰……。(田子方)

13.於是無人遂登高山，履危石。(田子方)

14.於是泰清問乎無窮曰……。(知北遊)

15.於是泰清中而歎曰……。(知北遊)

16.於是爲之調瑟，廢一於堂。(徐無鬼)

17.欲惡去就，於是橋起；雌雄片合，於是庸有。(則陽，譯爲：「欲、惡、去、就於是都產生了，雌雄交合，產生萬物，這是常道。」)

18.於是去而入深山，莫知其處。(讓王)

19.以舜之德爲未至也，於是夫負妻戴。(讓王)

20.於是民皆巢居以避之。(盜蹠)

21.於是文王不出宮三月。(說劍)

以上 21 例的「於是」都出於動詞之前，都隱含有時間先後之意。這種用法是《莊子》的主要方式。也是後世「於是」用法的先導。

四、結　論

我們討論「於是」一詞的發展，認為「於是」原本應是個介賓結構，表示「在此時」、「在此處」的意思。前者置於動詞之前，後者置於動詞之後：後來表示「在此時」的「於是」時間意味逐漸淡化，轉變成單純在承上句，啓下句的虛詞性功能。到現代漢語成為常用的複合連詞。至於表示「在此處」的「於是」，在現代漢語中消失不用了。

我們比較了先秦兩部語言背景不同的著作，顯視《莊子》和《孟子》的「於是」用法並不相同。值得注意的有下列三方面：

1.《莊子》有「於是乎」的結構，而且使用的頻率很高。《孟子》則一個例子都沒有。

2.《莊子》大多把「於是」作為「在此時」的時間補語用，已有向今日複合連詞演化的趨勢。而《孟子》多半作為「在此處」的處所補語用，極少用作時間補語。《莊子》作處所補語用的幾個例子幾乎都集中在〈天下篇〉。而〈天下篇〉完全沒有作時間補語的「於是」。這樣的現象顯示〈天下篇〉的語言較接近《孟子》的系統，而與《莊子》的通例並不一致。

治《莊子》之學者多有認為〈天下篇〉並非莊子的文章。例如孫道昇云：「天下篇的作者，就是莊子注的郭象。天下篇乃是郭象為他自己刪定的莊子所作的後序。」郎擎霄《莊子學案》云：「天下篇乃一絕妙之後序，殆於門人後學所所為。」嚴靈峰《無求備齋學術論集》：「斷非莊周所自作，疑為荀子或其門人後學得自荀卿傳授而寫作。」王昌祉云：「天下篇作者是戰國末期的儒家而非道家。」但是也有相反的看法。陸樹芝云：「天下篇莊子自序南華所由作也，或以為訂莊者之所為，然非莊子不能道也。」胡文英云:「莊叟而外，安得復有此驚天破石之才?」⑥

像這類的爭論，除了由義理思想的角度判斷外，語言使用的差異性應該也是一項有力的參考。

3.《孟子》作「於此處」解者，多與疑問詞「何、奚、孰、乎」連用，形成問句。《莊子》並無這樣的句式。

【註 釋】

①參考呂叔湘《文言虛字》，51－52頁，文史哲出版社，民國80年。

②參考顧巴彥《怎樣用虛詞》，32－33頁，上海教育出版社，1981年。

③參考楚永安《文言複式虛詞》，464－468頁，中國人民大學出版社，1986年。

④南北是相對位置而言，不是指現代南、北的觀念。孟子是山東鄒縣人，莊子是河南商邱人。

⑤參考黃錦鋐《莊子讀本》譯文。

⑥見上書第25－30頁。

《詩經·小雅·青蠅》試解

季旭昇

提　要

《詩經·小雅·青蠅》篇的「營營青蠅，止于樊」，歷代學者絕大多數都以爲「樊」是「藩籬」的意思。同理，下二章的「止于棘」、「止于榛」，也把「棘」、「榛」釋爲種植來當藩籬的灌木。本文從古建築、詩義來判斷，「樊」當讀爲「橎」，和「棘」、「榛」一樣都是木名；而「青蠅」則是一種金綠色的寄生蠅，專門寄生在林木中，所以詩人以青蠅寄生林木來興讒人寄生於朝廷，殘害忠良。

營營青蠅，止于樊。豈弟君子，無信讒言。

營營青蠅，止于棘。讒人罔極，交亂四國。

營營青蠅，止于榛。讒人罔極，構我二人。—《毛詩·小雅·青蠅》

《序》：「〈青蠅〉，大夫刺幽王也。」歷代學者們大都從詩文認爲這是一首刺「讒人」的詩，這是毫無疑問的。

這首詩的文句很短，只有三章、章四句。每章的後二句意思也不太難懂，但是每章的前二句，傳統的說法似乎有點問題。

首章：「營營青蠅，止于樊。」毛《傳》：

興也。營營，往來貌。樊，藩也。

鄭《箋》：

興者，蠅之爲蟲，汙白使黑，汙黑使白，喻佞人變亂善惡

> 也。言止於藩之外，欲外之，令遠物也。

鄭氏以爲青蠅可以「汙白使黑」，可以讓人接受；但他又加了一句「汙黑使白」就令人不知所云了。他把「止于樊」說成「止於藩之外，欲外之，令遠物也」，似乎是把「止」字說成「限止」的意思。但是，「藩」能限止青蠅嗎？孔穎達似是也查覺到了這個問題，所以他把鄭玄的話做了一些修正，《正義》：

> 此蟲汙白使黑，汙黑使白，乃變亂白黑，不可近之，當去止於藩離之上，無令在宮室之內也。以興彼往來讒佞之人也，讒①人喻善使惡，喻惡使善，以變亂善惡，不可親之，當棄於荒野之外，無令在朝廷之上也。

又說：

> 孫炎曰：「樊，圃之藩。」然則園圃藩籬是遠人之物，欲令蠅止之，故《箋》云『外之令遠物』，令使遠於近人、物。

孔氏的修正其實還是含含混混的，令人不知道他的意思，即「止」到底是「限止」還是「停止」。由此，本詩有兩個問題要先解決：一、「止」是「限止」還是「停止」？二、「樊」應該釋爲「藩」，即「藩籬」嗎？

藩籬不可能「限止」青蠅，這是一般人應該都能同意的。所以嚴粲很明白地把本章的意思改釋如下，《詩緝》說：

> 蠅能汙白爲黑，如讒人之誣衊善類；驅去復還，如小人之易進難退，故以取喻焉。
>
> 青蠅集于在外之藩籬，若不必惡之也，然其營營往來，將入宮室汙几席，不但止樊而已也。喻讒人爲亂，漸致迫近，當防其微也。

胡承珙《毛詩後箋》則說：

> 《詩》中言止者，如「交交黃鳥，止于棘」、「綿蠻黃鳥，

止于丘阿」之類，毛《傳》皆以爲得所。此首章《傳》云：「樊，藩也。」三章《傳》：「榛，所以爲藩也。」則止棘、止榛，猶言止藩耳。蓋青蠅逐臭藩籬之閒，穢惡所聚，毛意但以此爲青蠅所常集，必有所以引之，而後營營者漸至于迫近。以興讒人卑賤之流所處汙下，必信讒者有隙可乘，而後能用其交構。

二家所釋雖小有不同，但都把「止」說成「停止」；把「樊」說成「藩籬」。這在本章是可以說得通。但是，本詩第一章的前二句是「營營青蠅，止于樊」，第二、三章則是「營營青蠅，止于棘」、「營營青蠅，止于榛」。「棘」和「榛」的一般用法都是木名，如何能是「藩籬」呢？第三章「營營青蠅，止于榛」下《傳》云：

榛，所以爲藩也。

孔穎達把毛《傳》的意思講得更清楚，《正義》說：

藩，細木爲之；下章棘、榛即是爲藩之物，故下《傳》曰「榛所以爲藩」，明棘亦然也。此章言藩，下章言所用之木，互相足也。

棘可以做藩籬，大概人人都可以同意，但是榛也可以做藩籬嗎？遍檢先秦典籍，榛沒有做藩籬用的，文獻上可以看到的榛，除了本篇之外，還有以下各處，我把原文和重要的注解列在下面：

1.《毛詩·邶風·簡兮》：「山有榛，隰有苓。云誰之思？西方美人。彼美人兮，西方之人兮！」《傳》：「木名。」《釋文》：「本亦作蓁，子可食。」《正義》：「陸機云：『栗屬，其子小，似柿子，表皮黑，味如栗。』是也。」

2.《毛詩·鄘風·定之方中》：「定之方中，作于楚宮。揆之以日，作于楚室。樹之榛栗，椅桐梓漆，爰伐琴瑟。」《箋》：

「樹此六木於宮者，其長大可伐以爲琴瑟。」

3.《毛詩·曹風·鳲鳩》：「鳲鳩在桑，其子在榛。淑人君子，正是國人；正是國人，胡不萬年！」《釋文》：「木名，《字林》云：木叢生也。《字林》榛木之字從辛木，云：似梓，實如小栗。」

4.《毛詩·大雅·旱麓》：「瞻彼旱麓，榛楛濟濟。豈弟君子，干祿豈弟。」《釋文》：「《字林》云：木叢。」

5.《周禮·天官·冢宰第一》：「籩人：掌四籩之實。朝事之籩，其實麷、蕡、白、黑、形鹽、膴、鮑魚、鱐。饋食之籩，其實棗、栗、桃乾、䕩、榛實。」鄭注：「榛，似栗而小。」

6.《禮記·曲禮下第二》：「婦人之摯，椇、榛、脯、修、棗、栗。」鄭注：「榛實似栗而小。」

7.《禮記·檀弓上第三》：「南宮縚之妻之姑之喪，夫子誨之髽曰：『爾毋從從爾，爾毋扈扈爾。蓋榛以爲笄，長尺，而總八寸。』」《釋文》：「榛，木名。」

8.《禮記·郊特牲第十一》：「天子大蜡八。……祭坊與水庸，事也。曰土反其宅，水歸其壑，昆蟲毋作，草木歸其澤。皮弁素服而祭。素服，以送終也。葛帶榛杖，喪殺也。」

9.《禮記·內則第十二》：「牛宜稌，羊宜黍，豕宜稷，犬宜粱，雁宜麥，魚宜苽。春宜羔豚膳膏薌，夏宜腒鱐膳膏臊，秋宜犢麛膳膏腥，冬宜鮮羽膳膏羶。牛修，鹿脯，田豕脯，麋脯，麕脯，麋、鹿、田豕、麕，皆有軒，雉兔皆有芼。爵，鷃，蜩，范，芝栭，蔆，椇，棗，栗，榛，柿，瓜，桃，李，梅，杏，楂，梨，薑，桂。」

10.《左傳·莊公二四年》：「女贄，不過榛、栗、棗、修，以告虔也。」杜注:「榛,小栗。」②

從文獻來看,榛似乎沒有用作藩籬的。再從植物學來看,本名或別名爲「榛」的植物主要有以下四種,以下是我從臺中人文出版社出版的《植物大辭典》中轉引的資料:

1. 榛: Corylus heterophylla FISCH.,別稱平榛、榛子、山反栗、茦、赤楊。產關中秦地,故名。屬榛木科、榛木屬。落葉小喬木,高七公尺許。春日開單性花,雌雄同株,果實爲堅果,形如栗,有仁可食。

2. 山白果: Corulus chinensis FR.,別稱榛樹,樺木科,榛屬。產我國湖北巴東、長樂、興山、房縣,及四川巫山、洪雅,並延至雲南省。喬木,幹部直立,高可達三十六公尺。果實味美可食。

3. 厚朴: Magnolia officinalis REHD. et WILS.(M. hypoleuca DIELS),別稱榛。木蘭科,木蘭屬。我國湖北西部和四川一帶均栽培。落葉喬木,高可六至十五公尺。樹皮多作利尿及霍亂、中暑藥,花果亦入藥。

4. 金橘: Fortunella japonica SWINGLE(Citrus japonica THUNB.),別稱金柑、榛。芸香科,金柑屬。我國原產,分佈於我國東部、南部及臺灣;日本、越南、菲律賓亦有分佈。低矮常綠灌木,棘刺腋生,較短,有時且全無刺。果實可生食、製蜜餞,觀賞用。

在這四種植物中,前三者都是喬木,不大可能做藩籬,只有第四種是灌木,可以做藩籬(當然藩籬也可以把樹木劈開編結而成,但那就看不出是榛、是棘了),但第四種又不產於北方中原地帶。在《植物大辭典》中還收了「榛木科」,其中倒是有可以做藩籬的:

棒木科 Corylaceae，落葉喬木或灌木，具有鱗幼芽。葉生，葉脈直生羽狀，有時具鋸齒，托葉宿存。花單性，同株；雄花爲葇荑花序，雌花爲短穗狀花序；均具苞片。小堅果無翅，爲囊狀或葉狀包裹；種子單生。

這種屬於灌木的「榛木科」和李時珍的《本草綱目》的敘述蠻接近的：

榛樹低小如荊，叢生，冬末開花如櫟，花成條，下垂，長二、三寸。二月生葉，如初生櫻桃，葉多皺文，而有細齒及尖。其實作苞，三五相粘，一苞一實，如櫟實，下壯上銳，生青熟褐。其殼厚而堅，其仁白而圓，大如杏仁，亦有皮尖，然多空者。

〈青蠅〉中的榛到底應該是以上這麼多榛類中的那一種？實在令人難以判斷。在這裡，我們只能從古建築和詩義來思考這個問題。

先秦古建築多是木泥結構，不能久存，所以實物無法留傳到今日。但是從先秦文獻零星的記載，多少可以推出先秦的宮室形制。據歷代禮圖的推測，最外圍大都是圍牆，未見藩籬（圖一）。這種推測雖無實物爲證，但和後來考古、漢畫象磚中的古建築相較，倒是大體不差。隨著考古事業不斷的發達，現在我們可以看到的先秦古建築遺址和漢畫象磚越來越多，可以爲我們提供不少這方面的證據。

在河南偃師二里頭的早商宮殿遺址中，學者的復原圖是：正南方有大門，門的兩邊是廡，廡的外面即是牆（圖二）。在陝西鳳雛的西周早期宮殿遺址中，學者的復原也是正南方有門，門外有樹（塞門），由門的兩邊延伸出去包圍整個宮殿的是圍牆。牆內有廡、廷、堂（圖三）。以上這兩個建築遺址當然是最高級的王侯宅第，地位較低的士民的住宅遺址目前似無復原圖可供參考。

在漢代的畫象磚中也有一些宅院圖象可以供我們參考，我想挑兩個比較典型的來談。一個是四川成都畫象磚（圖四），房子的四周是從商代二里頭以來即有的圍牆，正面稍左是大門，進門之後是前廷，廷中有兩隻似乎是鬥雞，堂屋在後廷。右側前院有廚房、水井、晒衣架；後院有高樓、人、狗。在這樣的宅院中，我們看不到有藩籬的存在，事實上也沒有存在藩籬的必要。另外一座河南鄭州空心畫象磚的宅院就有林木的栽植了，宅院的正前是鳳鳥和樹木，再往上的左方是雙闕，連接著圍牆，闕內是騎者、鳳鳥、樹木。再往上是重檐門樓，內有二層樓閣一座，院內還有一些樹（圖五）。這樣的宅院顯然是比較講究園林之美，這是從漢代後期興起的一種建築風氣③，但是即使是在這樣的宅院中，宅院和外界，以及院子和院子之間，都是以圍牆區隔，這中間種的樹木最多只有美觀的作用，不可能有藩籬的作用。

當然，以上說的都是貴族的房子，一般人民的房子當然會比較簡陋，可能沒有圍牆，而以灌木來當藩籬。在這兒，我們就必需參酌詩義來考慮了。〈青蠅〉篇的作者、描寫對象可能是一般的人民嗎？〈青蠅〉的詩旨，《毛詩·序》認爲是「大夫刺幽王」；王應麟《困學紀聞》引袁孝政注以爲魏武公信讒而遭刺④；何楷《詩經世本古義》以爲是幽王時褒姒讒之於內，虢石父讒之於外，「太子宜臼遭讒而作」；王先謙《詩三家義集疏》以爲《齊詩》認爲此詩是衛武公刺「幽王信褒姒之讒而陷害忠賢也」。近人以幽王、太子等背景難以徵實，於是多籠統地說本詩是「刺讒人之詩」。但是，本詩先說：「豈弟君子，無信讒言」，《詩經》中的君子多爲貴族，甚至於可能是國君，這是大家都不能否認的；再則說:「讒人罔極，交亂四國」，是誰有能力「交亂四國」呢，當然不會是一般的普通人。明乎此，傳統說此詩是「刺幽王」，似乎也沒有什麼不妥。本詩列在雅，一般的看法作者應該是士大夫以上階層作的，根據上述本詩是刺幽王，這麼高的層次，當然也非是士大夫以上階層不可。這個階層住的房子應該是比較正式的，外面應該有圍牆，而不是只種些灌木來當藩籬的。據此，本詩的「樊」、「棘」、「榛」似不應釋爲「藩籬」。

其次，從興的作用來看，「營營青蠅，止于藩」，毛《傳》以爲是興⑤。《詩經》中的興大多帶有比的意味，如果本詩的「營營青蠅，止于樊」只是說青蠅停在藩籬上，那麼比興的意味比較淺，青蠅停在藩籬上（據下述，青蠅根本不停在藩籬上），那是它應該停的位置，有什麼好奇怪的？相反的，如果青蠅停的位置是它不該停的，或對人類有害的，那麼這兩句的比興意味就比較深了。準乎此，樊、棘、榛是否可以說成是三種對人類有用的樹呢？

雖然絕大多數的學者都把樊、棘、榛釋爲藩籬，但也有少數學者把榛和棘直接釋爲木名，而不認爲是種來當藩籬的。《埤雅》：

> 《詩》曰：「營營青蠅，止于樊」、「止于棘」、「止于榛」者，言圃有樊、園有棘、山有榛，明欲遠而止之彌遠也。

《埤雅》的文字還不是很明朗，《說文斠詮》則說得更明白，他認爲「樊」應作「橎」：

> （《說文》）「橎，木也。从木，番聲，讀若樊。」《詩》「營營青蠅，止于樊」，應作此。《詩》樊、棘、榛皆木名。」

《說文解字》：「橎，木也。从木，番聲，讀若樊。」《集韻》：「孚袁切。堅木，不華而實。」（卷二平聲第二十二元）《篆隸萬象名義》:「橎,甫遠反。堅木,車輪。」(第六四六頁)有關橎的資料,大概只能找到這些,《集韻》說它是堅木,應該是一種很好的木頭,《篆隸萬象名義》另外加了一個義項「車輪」,是否即因爲堅木可以爲輪?

棘也有兩種解釋,一般認爲是多刺的雜木,但在《詩經》中出現的棘卻也是棗的一種,而且是可以吃的,《魏風·園有桃》:「園有棘,其實之食。」《傳》:「棘,棗也。」本詩首章說「園有桃,其實之殽」,二章相較,棘和桃應該是相當的水果,於人有益,可以無疑。

榛爲小栗,而且是婦女拿來當禮物送人的,當然也於人有益。這在上面所徵引的資料中已經說明得很淸楚了。如果我們從毛《傳》來反證,毛《傳》說「榛可以爲藩」而不說棘,是否反映了當時一般人知道棘可以種來當藩籬用,但是不知道榛可以當藩籬用呢?再進一步推論,毛《傳》的這個說法似乎是沒有事實根據的。

接著,我們要弄淸楚這些樹和青蠅有什麼關係?如果我們不把青蠅是什麼昆蟲弄淸楚,甚至於把青蠅和蒼蠅混爲一談,那就會誤會了本詩的意思。前引嚴粲《詩輯》說蠅「營營往來,將入宮室汙几席,不但止樊而已也」,似乎就有這樣的嫌疑。有些學者似乎指出了蒼蠅和青蠅不同,但又在其它部份糾纏不淸,如宋蔡元度的《毛詩名物解》卷第十一說:

> 青蠅首赤如火,背若負金。蒼蠅又其大者,肌色正蒼,今俗謂之麻蠅。

這樣一解,把蒼蠅說成是青蠅之大者,青蠅和蒼蠅的區別幾乎就沒有了。殊不知一青一蒼,怎麼會一樣呢?那麼,青蠅究竟應該是什麼東西?據《動物學大辭典》,家蠅類共有二十七種,大部份體色是黑、褐、灰，只有青蠅和碧蟟是金綠色的。其性狀如下：

1. 青蠅：Lucilia caecar, L. 體金綠色。頭部黑。複眼大而紅。觸角之末端爲羽狀。腹部圓，密生細毛。翅脈及平均棍淡黃。多見於人畜之糞便旁。其種類有大、小之別。小者曰金蠅。
2. 碧蟟：Gymnochaeta grandis, Mats. 體呈金綠色。複眼赤褐，生短毛。面部銀白色。頭頂黑綠。額有黑褐直紋、其兩側綠色。觸角黑褐、第三節長橢圓形、較第二節爲甚長、端刺爲羽狀。口吻鞘及口吻之基部黃色、口吻之末端黑褐。頸及頭之後方多黃白毛。胸背及腹部多黑色剛毛、在胸背者向後曲、在腹背者稍直立。翅透明、稍帶暗色、鱗狀瓣白、平均棍黃、其中央稍帶暗色。腹背之兩側及腹面放銀光。脚黑、吸盤黃、在雄者略帶藍色。雄體長三分、雌體長四分半。林間頗多。爲寄生蠅之一種。

《詩經》中的青蠅應該是這兩種中的那一種？一般人大概都會選第一種，因爲比較常見。但是這是不恰當的，因爲這種青蠅喜在人畜的糞便旁，不愛在藩籬上。因此本詩如果照傳統的講法，紅眼綠身的青蠅停在藩籬上、棘樹、榛樹上，不但跟青蠅的習性不合，也跟先秦貴族居住的環境不合，全詩的比興因此變得比較勉強。如果照本文的看法，本詩的青蠅似乎指第二種碧蟟（音略）更好。它是寄生蟲的一種，林間頗多，如果它寄生在對人有益的樹木上，那麼就會對人類造成傷害。詩人以播、棘、榛樹上有此此寄生蟲，耽心它會傷害樹木，來比興國君身邊有讒人，耽心他們會對朝政造成傷害。全詩的前二句與後二句的文義是緊緊相扣的。

【注 釋】

①藝文板南昌府學所據宋本《詩經》「讒」作「詩」，阮云校勘記云：「閩本、明監本、毛本『詩』作『讒』，案：所改是也。」今從之。

②《左傳》這一段的「榛」，《說文》引作「亲」。《說文·木部》亲下云：「亲，亲實如小栗。从木，辛聲。《春秋傳》曰『女贄不過亲栗。』」《篆隸萬象名義》：「亲，側鄰反。榛字。」（臺聯國風版，上冊第六三五頁）但同部又有榛字，釋云：「榛，側銀反。蓁，聚。」（第六三九頁）

③見《中國園林建築研究》第八頁。

④《困學紀聞》：「袁孝政釋劉子曰：魏武公信讒，詩刺之曰：『營營青蠅，止于藩。』此《小雅》也，謂之魏詩可乎?」「魏」當是「衛」之誤，何楷《詩經世本古義》已經辯明了。

⑤朱子《詩集傳》以首章前二句爲比，次章、三章首二句爲興，體例不一，頗不可解。

【參考書目】

埤雅　陸佃　藝文印書館百部叢書集成之八三
說文斠詮　錢坫學　國風出版社
儀禮圖　張惠言　漢京《皇淸經解》續編第十冊
篆隸萬象名義　臺聯國風
動物學大辭典　杜亞泉　香港新亞書店
中國古代建築史　劉敦楨主編　中國建築工藝出版社
植物大辭典　本社編委會　人文出版社
中國園林建築研究　丹青圖書公司翻印
河南漢代畫象磚　周到·呂品·湯文興　丹青圖書公司翻印
建築考古學論文集　楊鴻勛　文物

[附圖]

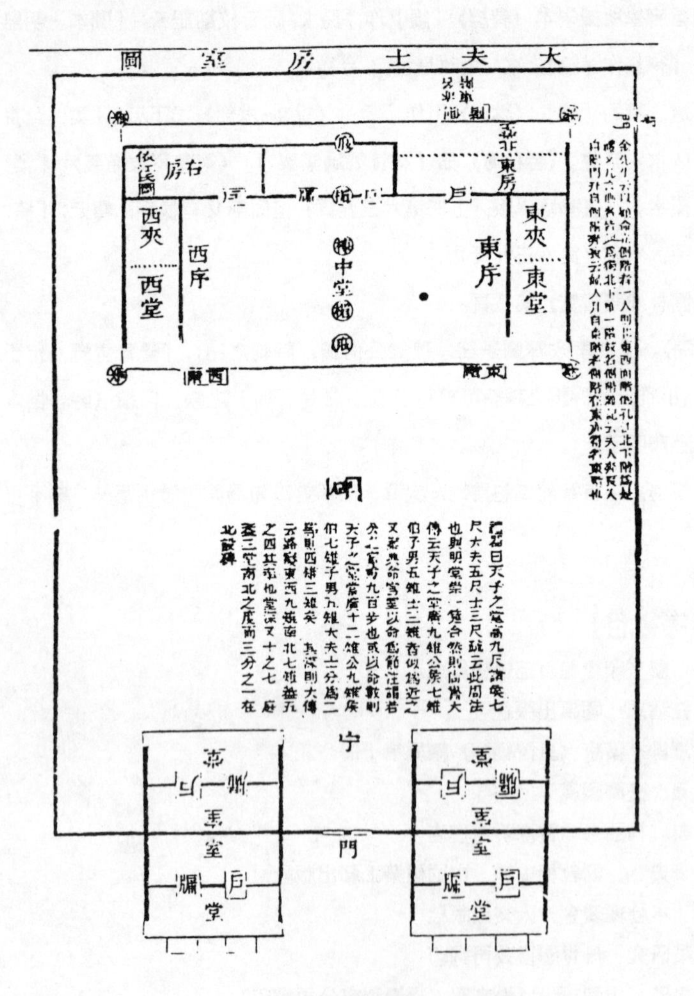

圖一 張惠言《儀禮圖》三、四葉

圖二　河南偃師二里頭建築復原鳥瞰圖（《建築考古學論文集》第七五頁）

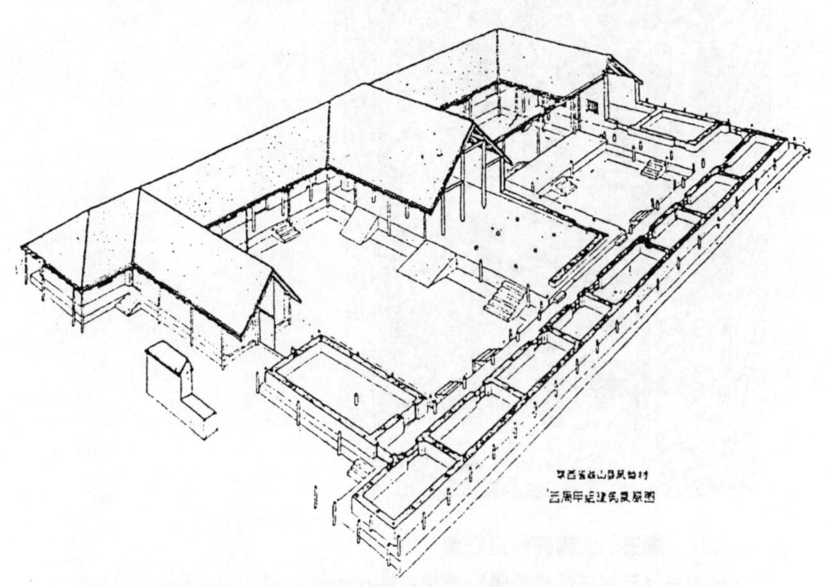

圖三　陝西鳳雛甲組建築復原圖（《建築考古學論文集》第九六頁）

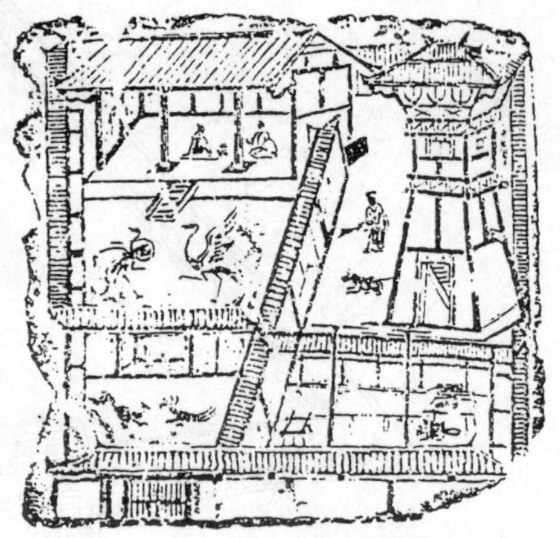

圖四　四川成都畫象磚

（轉引自《中國古代建築史》第五一頁）

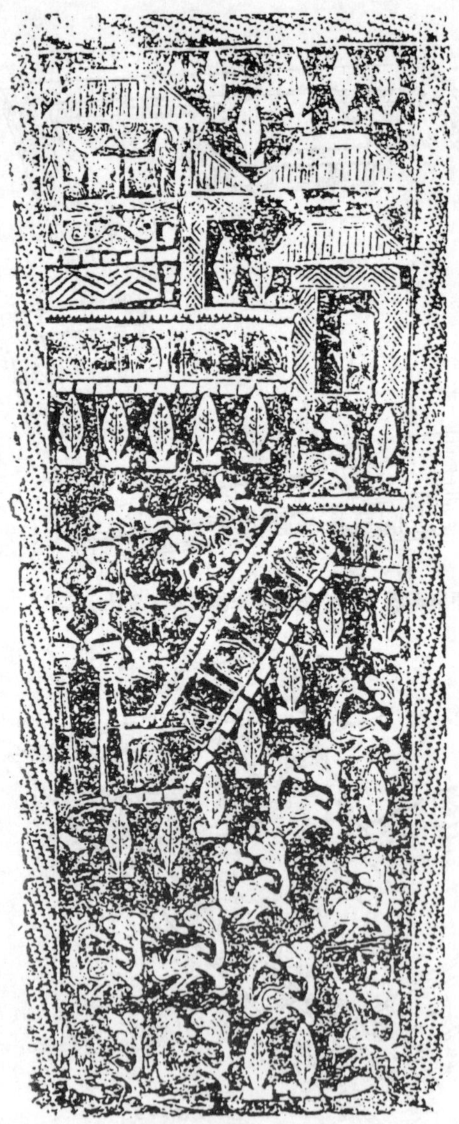

圖五　河南鄭州空心磚

（轉引自《河南漢代書象磚》第九六頁）

三傳考釋——以「無駭卒」為例

李啟原

前　言

自《春秋》所見，諸候之國，與其君同姓之大夫，於例均不書其姓。其與諸侯係同父所生者，例稱「公子某」，公子之子繼爲大夫則稱「公孫某」，公孫以下，例以氏稱。

魯之大夫，緣出公室。如公子慶父、公子牙、公子友均魯桓公之子，魯莊公之弟。慶父子爲公孫敖，牙子稱公孫茲，友之子不見於《春秋》，或因故不得承父而襲大夫祿也。以上公子、公孫皆繫公字，明示其人爲先君子、孫，時君之叔伯兄弟也。

公子以時君之兄弟而獲祿，以「世子世國，大夫不世爵」①之義，原不得傳祿予子孫，然封建之制以世及相傳爲習，其習既久，普及於大夫階級亦無足怪也。公子後裔，若世爵其祿，降至其孫，則有命氏。《左氏》桓公二年傳，師服曰：「吾聞國家之立也，本大而末小，是以能固。故天子建國，諸侯立家，卿置側室，大夫有貳宗，士有隸子弟，是以民服事其上，而下無覬覦。」「諸侯立家」者，即諸侯爲大夫命氏以分其族也。《左氏》襄公二十四年傳，叔孫豹曰：「保姓、受氏，以守宗祊，世不絕祀，無國無之。」可見大夫之家相衍脈傳，若非命氏以區別其族，無以條理公族之繁枝茂葉；而賜氏命族，遂爲諸候不得不行之制度。

命氏之法，《公羊》成公十五年傳：孫以王父字爲氏②，王父即祖父，祖父爲公子，其子固曰公孫，其孫以降，旣世爵其祿，故諸侯緣公子之字，賜其孫為之族氏。譬如公子牙字曰叔牙，至其孫始號叔孫氏；公子友字曰季友，至其孫始號季孫氏；公子慶父字曰仲慶，其孫以後正稱仲孫氏。然賜氏必出於君命，非君命則不得有氏，今見《春秋》舉氏為稱之魯大夫，不唯爵命之貴，且必魯君之族親也。

顧棟高《春秋大事表》蒐錄魯大夫之族，得仲孫、叔孫、季孫、展、臧孫、郈、施、東門、仲、叔十氏。展、郈、施、東門則不見於經，杜預《春秋釋例》「劉、賈又云：《春秋》之序，三命以上，乃書于經。穎氏以為再命稱人。《傳》曰：叔孫昭子三命踰父兄。昭公十年，昭子始加三命，而先此叔孫皆自見經，知所書皆再命也。」④，杜預所論，是謂魯大夫非二命以上則不入於經，則顧棟高所別蒐之四氏，皆不足二命之魯臣也。

展氏之稱雖不見於經文，然隱公年間所載之無駭，《公羊》曰：「此展無駭也。」《左氏》亦言無駭身後，命為展氏之事，則經文不以展氏冠於其名之上，亦不稱「公孫無駭」，但稱其名而已，與一般習見之稱謂固有所別矣，三傳是以各發論述焉。

本篇大要，以闡述《左氏》所引衆仲之言為主，其餘論及《公》、《穀》者，所重但在明瞭其解經之論，不外承自師法家學，偶有師法不傳者，則所證亦多引前後傳意為釋，不離通傳之旨也。

以下首列經傳正文，再分節討論。

《春秋》隱公八年經：冬，十有二月，無駭卒。

《左氏傳》：羽父請謚與族，公問族於衆仲，衆仲對曰：「天子建德，因生以賜姓，胙之土而命之氏。侯以字為謚，因以為族。官有世功，則有官族；邑亦如之。」公命以字，為展氏。

《公羊傳》：此展無駭也。何以不氏？疾始滅也，故終其身不氏。

《穀梁傳》：無侅之名，未有聞焉。或曰：隱不爵大夫也。或說曰：故，貶之也。

一、《左氏》長於詳明典制，善疏通經文背景

《春秋》書無駭之事凡二見，其一見於隱公二年「無駭帥師入極」，其二爲本經，而二者均直書其名，不書字，亦不以氏稱，與一般書「公子某」、「公孫某」或繫氏爲稱之魯國大夫，書法顯然有別。

無駭所以爲魯國大夫，由隱公二年經文「無駭帥師入極」可見。《左氏》述其職官爲「司空無駭」⑤，考之周制，王朝有五官⑥，而司空居其一。

司空之職掌，《禮記·王制》云：「執度度地，居民山川沮澤，時四時，量地遠近，興事任力。凡使民，任老者之事，食壯者之食。」⑦〈月令〉載天子於季春之月，命司空以如下之事：「時雨將降，下水上騰。循行國邑，周視原野，修利隄防，道達溝瀆，開通道路，毋有障塞，田獵罝罘羅罔畢翳，餧獸之藥，毋出九門。」⑧是見其職大抵爲綜理工程，佐助黎民生計者。

周朝甚重禮制，故華夏諸邦之典制大抵上承王朝，故魯有司空，自在情理中。司空之職既在助君以佐其民，自非大夫則不得爲任也。此所以無駭可藉魯司空之職權，率魯師以出境征討也。

《左氏》本傳重心，唯在衆仲之所對，而周制命氏之法，因之可得而詳焉。

衆仲言「天子建德，因生以賜姓，胙之土而命之氏」者，是謂天子命諸侯姓氏之制。

杜預所注過簡，茲引孔疏爲釋，孔穎達疏曰：「胙訓報也。有德之人必有美報。報之以土，謂封之以國，名以爲之氏。諸侯之氏，則國名也。《國語》曰：帝嘉禹德，賜姓曰姒，氏曰有夏。胙四岳國，賜姓曰姜，氏曰有呂。姓者，生也，以此爲祖，令之相生，雖下及百世，而此姓不改。」⑨按：孔疏引《國語》「皇天嘉之，祚以天下，賜姓曰姒」、「胙四岳國，命以侯伯，賜姓曰姜」，所以明姓之緣起。受姓之後，子承之於父，代代相傳，「雖下及百世而此姓不改」，所以解釋「因生以賜姓」也。傳言「胙之土」，孔疏謂封之以國也。封國不可不有國號以別於他國，故傳言須「命之氏」，孔疏則引禹「氏曰有夏」，四岳「氏曰有呂」釋之。

春秋諸侯，國名即其氏名：其以所封之國爲氏者，譬如同爲姬姓之國，召公奭封於北燕，遂以燕爲氏；叔鮮封於管，遂氏稱管叔；叔度封於蔡，遂稱蔡叔，其餘魯伯禽、衛康叔、曹叔振鐸，成叔武，霍叔處、唐叔虞，陳胡公滿（以上散見《史記》世家諸篇）皆上繫國稱，蓋見各以姬姓上統於王朝，以國氏分別於下也。其以氏爲國稱者，多見於夷狄，譬如「太伯奔荊蠻，自號句吳」（見《史記·吳太伯世家》）而《春秋》所見英氏、甲氏、潞氏、陸渾、鮮虞等等，皆夷狄別種，遂因其氏以爲國號，此風延及戰國，韓、趙、魏之以氏爲國號，是其顯例也。就上所見，無論同姓之以國爲氏，或夷狄之以氏爲國，皆合衆仲胙土命氏之義。

衆仲言「諸侯以字爲謚，因以爲族」者，與上文相對，蓋天子胙諸侯土，命氏以爲國稱；諸侯亦有賜其大夫氏而以爲族稱者。

就上下文意所見，「以字爲謚」者，乃應「因以爲族」而發，蓋大夫分族爲別稱，繫於「以字爲謚」也。然「以字爲謚」，就文意觀之，易導致誤解，左松超先生《左傳虛字集解》謂傳文「以爲」連用，或作「以……爲」形式者，相當今日口語「拿……做」、「用……當」之意⑩，則傳意爲「拿其人始冠之字做爲其人之謚稱」，其意猶不得解傳旨也。

字、謚有別，《禮記·檀弓上》「幼名、冠字，五十以伯仲，死謚，周道也」⑪，由是而見，命字於成年之禮，定謚於蓋棺之際，皆具尊敬其人之意。然若死謚之稱與冠字無別，何須勞請天子、諸侯賜謚⑫？考之《禮記·玉藻》「士於君所言，大夫沒矣，則稱謚若字」⑬，謂公庭之前，於已故大夫則稱其謚，以代替其生前之字稱，故冠之字與死之謚宜分別爲二事，其稱固不宜相同也。

是以注疏家緣下文「因以爲族」設準，各自斷章而取義焉，譬如杜預將「爲謚因以爲族」連稱，與上「諸侯以字」斷句，遂注曰：「或便即先人之謚稱以爲族。」然將「以字爲謚」斷爲二句，殊不成文理。而所釋有「或」之疑詞，是示杜預亦不敢有十分把握。處理「諸侯以字」，更見牽強，其注曰「諸侯位卑，不得賜姓，故其臣因氏其王父字也」。夫姓者，百世不改，大夫之姓，豈待君命爲賜？若「以字」爲大夫之「因氏其王父字」，與下文所注「即先人之謚稱以爲族」合觀，是大夫既可以王父之字爲氏，亦可以先人之謚爲族，其莫衷一是，遂致學者不知所指矣。

鄭玄注《儀禮·少牢饋食禮》曰：「（主人曰：孝某孫來，日丁亥，用薦歲事于皇祖伯某）伯某，且⑭字也，大夫或因字爲氏。《春秋傳》曰：魯無駭卒，請謚與族，公命以字，爲展氏是也。」⑮此注則捨傳文「爲謚」二字，逕將「諸侯以字」與「因以爲族」相銜，故曰「大夫或因字爲氏」也，觀其有「或」之疑詞，是鄭玄亦不敢斷言其是也。

裴駰注《史記·五帝本紀》「(帝禹爲夏后，而別氏、姓姒氏；契爲商，姓子氏；棄爲周，姓姬氏）案：鄭玄駁許愼《五經異義》曰：《春秋左傳》無駭卒，羽父請謚與族，公問族於衆仲，對曰：天子建德，因生以賜姓，胙之土而命之氏。諸侯以字爲氏，因以爲族。官有世功則有官族，邑亦如之。公命以字爲展氏。」⑯是裴駰見「以字爲謚」之謚不易爲解，故逕以氏代謚也。然氏既大夫族稱，則通上下文而觀，是「諸侯以（大夫之）字爲族稱，因以爲族氏」，則見意重詞複，於文亦不協也。

考《左氏》十二年傳，宋南宮萬弑君作亂，立子游。公子御說奔亳，萬之黨羽南宮牛及猛獲帥師圍亳，「蕭叔大心及戴、武、宣、穆、莊之族，以曹師伐之，殺南宮牛于師，殺子游于宋，立桓公。」由此記載所見，戴、武、宣、穆、莊，皆春秋以前之宋君，其稱戴、武者，皆先君之謚。繫先君之謚以爲族稱，固當時所常見，稱戴之族者，謂源出戴公之旁支後裔也。

又：《左氏》莊公二十三年傳「晉桓、莊之族偪，獻公患之」，遂與士蔿謀，二十五年「盡殺群公子」。按：叔虞封唐，《毛詩譜》云：「叔虞子燮父以堯墟南有晉水，改曰晉侯。」十傳至昭侯，國分爲二，晉君都翼，另封文侯之弟成師于曲沃，號爲桓叔。桓叔傳莊伯，莊伯傳武公，武公伐晉侯緡滅之，盡併晉地，周釐王遂命曲沃武公爲晉君，列爲諸侯。⑰晉獻公爲武公子，《左氏》所稱「桓、莊之族」，桓、莊爲其先君之謚也。《左氏》所謂「盡殺群公子」者，謂盡殺群公之支裔也，亦即繫謚爲稱之桓莊等旁系後裔也。

以上兩引《左氏》之例，足見一般公族旁裔，皆繫所自出之先公諡稱，故魯仲孫、叔孫、季孫三家，又號三桓，桓亦諡稱也。以是足證公族莫不以繫先君之諡爲稱。

旁裔之公族，既繫諡以見其族號，於理當無須另立氏稱以別之，而《春秋》所書之內外大夫，習以氏稱者，應有原故。

夫公族旁裔，或降爲士，或爲庶民，其支系未必皆世世爲大夫。若有一脈支系，世世爲大夫，巍然特出於群族之上者，則可請其君另爲立氏，以爲該系之表幟，故以氏爲稱之族，必大夫之族也。大夫之族，雖亦同繫先君之諡以爲族號，然究竟與其他降爲士庶之旁族無所分別，故有「請族」，本傳所謂「羽父請諡與族」者，蓋求繫諡爲族之外，別立一氏稱，以爲世襲大夫之家族號幟也。

然而大夫未必家家可以世襲，諸侯以氏賜大夫族，固必緣其族之世爵其祿。故公子雖承恩而始爵，尚不符賜氏條件，待公孫承傳祿位，世襲格局已成，乃於公孫卒歿之際而賜氏予其子孫。

大夫命氏，既爲與一般繫諡之旁族有別，亦示脫離諡稱之外，巍然自立，因此遂寄託其小宗初祖（按：即公子）之字爲氏號，即《公羊》所謂「孫以王父字爲氏」者也。

故衆仲所謂「以字爲諡」者，左松超《左傳虛字集釋》中，「爲」字有別解，蓋與今所言之「替」相當⑱，則「以字爲諡」之正解，應爲「世襲大夫繫王父之字爲氏，以替代往常繫諡之習稱」，今見《春秋左傳今註今譯》引鄭玄之注，而譯爲「臣子則以他的字做諡號」⑲，顯然有誤。而前舉杜預、斐駰之誤，遂得廓然大明。

衆仲所謂「官有世功，則有官族；邑亦如之」，是言異姓大夫受氏之條件。杜預注：「謂取其舊官、舊邑之稱以爲族，皆稟之時君。」孔穎達疏：「舊官，謂若晉之士氏；舊邑，若韓、趙、魏氏，非是君賜，則不得爲族。」⑳然「官有世功」之義，示其族世世爲官，所以有「世功」於國也，若非大夫，豈得世世爲官乎？故異姓之受氏，當緣其先人亦世其位者也。邑大夫之命氏，亦同此理，可推而知之也。

總揆衆仲命氏之論，固知世襲之諸侯，以國名爲氏也；世其邑之大夫，以邑名爲氏也；世其官之大夫，以官名爲氏也；世其祿之大夫，緣其小宗初祖之字爲氏也。傳文無駭所以命氏爲展，大體可據衆仲之言而得詳，《左氏》善藉先賢之論以明春秋當代之人事、制度，其疏通經文背景，居功厥偉焉。

二、《公》《穀》所傳，或緣師法，或緣旁引，皆不離通傳之旨

《左氏》謂隱公命無駭之族爲展氏，固知無駭係公族大夫也。若持《公羊》所謂「孫以王父之字爲氏」爲準，王父之孫則既逕繫王父之字矣。

孔穎達疏曰：「公孫之子，不復得稱公曾孫，如無駭之輩，直以名行，及其死也，則賜之族，以其王父之字爲族也。」⑳以疏文之意推之，無駭以公曾孫猶且「直以名行」，必待其身死後，其子乃得蒙氏爲稱；而無駭本人，終其一生，僅能稱名不得繫氏。

考之經文，叔孫得臣，季孫行父二人，一出於公子牙之後，一出於公子友之後，皆魯桓公之曾孫也，而二人生前固已繫氏爲稱㉑，不待及其死後也，故孔疏或有誤解。蓋以叔孫得臣、季孫行父生前已繫氏，則賜氏當在彼輩之父卒沒之際也，否則二人豈得生而繫氏焉？考之得臣之父爲公孫兹㉒，是二人之父皆公孫也，公孫之時尚不得繫氏，降及其身後，得臣、行父乃得「以王

父之字爲氏」。由是而見命氏當在公孫卒歿之際，未必如孔疏所示，以爲在公曾孫身故之後也。

由上推論，無駭或係公孫，故其卒後，羽父始得爲之請族也。然經文兩書無駭，亦不見繫公孫，與公孫敖、公孫茲等稱謂常例不合，而無駭之父爲公子或公孫，經傳皆不得而詳，固無從考證矣。

考之《左氏》，無駭之後，皆繫氏爲稱矣，如僖公二十六年之展喜、展禽；僖公二十九年之展莊叔、展瑕、展玉父，無駭旣爲展氏先人，經文獨不書其氏，《公》、《穀》遂發傳而論之。

㈠《公羊》寓託始之義，義有所受

《公羊》以「此展無駭也」發傳，是《公羊》之意，固以無駭當繫氏爲稱也，今經文直書其名，不以氏稱者，傳謂「疾始滅也，故終其身不氏」。疾始滅之意，前見於隱公二年傳，其傳曰：「（無駭帥師入極）無駭者何？展無駭也。何以不氏？貶。曷爲貶？疾始滅也。始滅昉於此乎？前此矣。前此則曷爲始乎此？託始焉爾。曷爲託始焉爾？《春秋》之始也。此滅也，其言入何？內大惡，諱也。」

考之《公羊》，自有一系以託始爲義者，譬如「（元年春，王正月）元年者何？君之始年也。春者何？歲之始也。王者孰謂？謂文王也。曷爲先言王而後言正月？王正月也。何言乎王正月？大一統也」。隱公二年「（九月，紀履緰來逆女）譏始不親迎也」。隱公四年「（莒人伐杞取牟婁）疾始取邑也」。隱公五年傳「」（初獻六羽）譏始僭諸公也」。

夫孔子作《春秋》，「是爲萬世作經，不是爲一代作史，經史體例所以異者，史是據事直書，不立褒貶，是非自見。經是必借褒貶是非，以定制立法，爲百王不易之常經」㉓故孔子有知我罪我，其義竊取之言，而《春秋》不無託始以爲百王立法之意，劉逢祿曰：「建始者，受命改元之大要也，王者時憲，咸與維新而後刑。」㉔是見託始改元者，出於孔子之微意，而爲《公羊》師法所重也。

故傳文以不氏無駭爲「疾始滅」者，當爲《公羊》相傳之家學，宋儒劉敞等所以非之者㉕，蓋不知《公羊》所傳，自有釋經條例，其條例上應孔子作經之旨，衍成《公羊》師法，何休〈公羊序〉謂「略依胡毋生條例」可爲旁證也。劉敞等所非，蓋自非也，亦無妨於《公羊》師法要旨也。

㈡《穀梁》若有所疑，多託諸經師引前後傳意補充

《穀梁》入西漢始著竹帛，傳文多引先師之論，譬如隱公五年「初獻六羽」一條，兼引「穀梁子曰」、「尸子曰」；定公即位一條，引「沈子曰」，故傳若穀梁自作，不應自引己說也，而傳文屢稱先師之姓氏，則見《穀梁》當爲傳其學者所作，而傳文亦因此多見經師補充之痕跡也。就今傳之正文外，別有「或曰」者十四條㉖，蓋正文爲《穀梁》先師所傳，所傳未必無疑，故經師嘗加討論，而以「或曰」補充之。

本傳所謂「無侅之名，未有聞焉」，係指《穀梁》先師於本經「無駭卒」一條，旣前無所受，故執不知言也。而傳學之經師，不得不於師法傳授之外，旁徵博引，以補釋經之闕。

其首言「或曰」者，經師所補釋者也，所謂「隱不爵大夫」者，重見於《穀梁》隱公五年、九年傳文，遂持之入本傳以會通之。

考《穀梁》隱公五年傳：「（冬，十有二月，辛巳，公子彄卒）隱不爵命大夫，其曰公子彄何也？先君之大夫也。」隱公九年傳：「（俠卒）俠者，所俠也。弗大夫者，隱不爵大夫也。隱之不爵大夫何也？曰：不成爲君也。」

按：杜預曰：「命者，謂其君正爵命之于朝，其宮室車旗衣服禮儀各如其命數，則皆以鄉禮書之于經。」㉗《穀梁》傳意，以爲隱公但代其弟桓公守位，有不終爲君之志，在位期間則不正式任命官爵，其朝若非先君舊臣，則爲不爵之大夫。先君舊臣，固可以卿禮書其氏稱；未命之臣，如所俠，則遞奪其氏而但稱名也。

《穀梁》經師，參考前後傳文，遂以「不爵大夫」之意，附於本傳，於所思慮者，固已周密，然猶嫌非承自師說，於情未妥，故復旁採他議以入傳，故有「或說曰」之論。

傳文續以「或說曰：故，貶之也」，所謂「故」者，其說前見隱公二年「無駭帥師入極」一條，其傳曰：「入者，內弗受也。極，國也。苟焉以入人爲志者，人亦入之矣。不稱氏者，滅同姓，貶也。」是見所貶者，意以爲「滅同姓」。滅同姓者，《公》、《穀》均嘗發傳以絕之，如僖公二十五年經「正月丙午，衛侯燬滅邢」，《公羊》曰：「衛侯燬何以名？絕。曷爲絕之？滅 同姓也。」《穀梁》曰：「燬之名何也？不正其伐本而滅同姓也。」故「或說曰」所示貶意，亦持之有故，言之成理，不離通傳之要旨。

是以《穀梁》所兩引「或曰」、「或說曰」者，經師引入之旁議也，蓋所以補先師所闕而出於不得已，觀其一補而嫌不妥，猶再採他議以補之，其釋經之務求周愼如此，由可亦透知全傳之嚴密矣。然其議求詳愼者，與《公羊》疑則闕疑之精神相比較，《穀梁》則稍見求全之執焉。

結　論

《左氏》傳經，其言簡而要，其事詳而博，固孔子之羽翮，述者之冠冕也。今由傳文所見，周禮之垂文，魯國之故事，昭然大明。《左氏》不作，則當代之行事安得而詳?《春秋》內蘊之禮制焉得而知? 故《左氏》傳經之貢獻，孰得謂不大焉。

《公羊》所論，初視似若附會，合之前後則見有所據，所據則一脈相傳之師法也。《穀梁》「或曰」者，雖引諸旁論，旁論所引，亦不出通傳之旨；據前述所引「或曰」之例，皆經斟酌而取捨者，尤見《穀梁》經師釋經之嚴密也。

《公》、《穀》所以緣經而垂法，其扶綱常、植人極，有益世教，功亦大矣。考之《後漢書·李固傳》「《春秋》褒儀父以開義路，貶無駭以閉利門，君子惡兵以利動，故取邑爲小惡，滅國爲大惡也。」㉘其面引廷爭，固以《公》、《穀》之議以扶朝廷之危也。而兩漢經生學士謀決朝廷大議，其引《春秋》大法，皆《公》、《穀》所傳，《公》、《穀》之學，豈唯章句訓詁哉。故考校《公》、《穀》，當取其蹈道之義可也。或見其斷義遠乎事情，而以爲險迂者，乃規規小見，固無妨兩傳正面之價值焉。

【註　釋】

①見《禮記·王制》頁二六九。

②見《公羊傳》頁二二九。

③見《續經解春秋類彙編》頁六一〇|六一五。

④見《春秋釋例》卷二，頁三〈爵命例〉。

⑤見《左傳》頁四二。

⑥《禮記·曲禮下》：天子之五官，曰司徒、司馬，司空、司士、司寇。

⑦見《禮記》頁二四七。

⑧見《禮記》頁三〇三。

⑨見《左傳》頁七五。

⑩見《左傳虛字集釋》頁二五三。

⑪見《禮記》頁一三六。

⑫《周禮》頁四〇三，「大史掌小喪賜謚」；頁四〇四，「小史掌卿大夫之喪，賜謚讀誄」，是見王朝有掌謚之官，有其官則見天子有賜謚之事焉。諸侯賜謚大夫者，如《禮記檀弓下》「公叔文子卒，其子戍請謚於君，曰：日月有時，將葬矣，請所以易其名者。君曰：昔者衛國凶饑，夫子爲粥與國之餓者，是不亦惠乎？昔者衛國有難，夫子以其死衛寡人，不亦貞乎？夫子聽衛國之政，脩其班制以與四鄰交，衛國之社稷不辱，不亦文乎？故謂夫子貞惠文子」，由之可見一班。

⑬見《禮記》頁五六三。

⑭見《禮記》頁一六一，阮元《校勘記》云：今案《說文》「且，薦也。」凡承藉於下曰且。凡冠而字，祇有一字耳，必五十而後以伯仲，故下一字所以承藉伯仲也。

⑮見《儀禮》頁五五七。

⑯見《史記·五帝本紀》裴駰集解，頁八〇。

⑰見《史記·晉世家》頁五一二一三。

⑱見《左傳虛字集釋》頁三〇六。

⑲見《春秋左傳今註今譯》頁四二。

⑳見《左傳》頁七六。

㉑如文公六年經：「夏，季孫行父如陳。」文公九年經：「二月，叔孫得臣如京師。」皆見二人生前已稱「季孫」、「叔孫」矣。

㉒見顧棟高《春秋大事表·列國卿大夫世系表》，載見《皇清經解春秋類彙編》頁六一一。

㉓見皮錫瑞《經學通論》卷四，頁二。

㉔見《春秋公羊何氏釋例》，載見《皇清經解春秋彙編》頁一七八八。

㉕劉敞曰：《公羊》以謂入者，滅也。無駭不氏者，疾始滅也。非也。《春秋》雖爲國諱，然皆使其文不害實。今更滅爲入，是文害實也。且無駭不氏，亦非疾始滅

也。案：春秋之初，接近西周，先王餘法猶存，諸侯僭佚猶鮮，故魯卿執政多再命，翬、挾、無駭、柔是也。《公羊》見無駭不氏，因謂貶也，又惡貶之過例，因謂入者滅也，此求其義不得而強爲之詞也。（見《春秋權衡》卷八）

㉖《穀梁》「或曰」

隱公二年傳：（紀子伯、莒子盟于密）或曰：紀子伯莒子而與之盟。或曰：年同、爵同，故紀子以伯先也。

隱公八年傳：（無侅卒）無侅之名，未有聞焉。或曰：隱不爵大夫。或說曰：故貶之也。

桓公二年傳：（及其大夫孔父）孔，氏；父，字謚也。或曰：其不稱名，蓋爲祖諱也。孔子，故宋也。桓公八年傳：（祭公來，遂逆王后于紀）或曰：天子無外，王命之則成矣。

莊公三年傳：（葬桓王）傳曰：改葬也。或曰：郤尸以求諸侯，天子志崩不志葬，必其時也，何必焉？舉天下而葬一人，其義不疑也。志葬，故也，危不得葬也。曰：近不失崩，不志崩，失天下也。獨陰不生，獨陽不生，獨天不生，三合然後生。故曰：母之子也可，天之子也可，尊者取尊稱焉，卑者取卑稱焉。其曰王者，民之所歸往也。

莊公三十一年傳：（築臺于秦）或曰：倚諸桓也。桓外無諸侯之變，內無國事，越千里之險北伐山戎，爲燕辟地。魯外無諸侯之變，內無國事，一年罷民三時，虞山林藪澤之利，惡內也。

僖公元年傳：（夫人氏之喪至自齊）其不言姜，以其殺二子，貶之也。或曰：爲齊桓諱殺同姓也。

文公三年傳：（王子虎卒）叔服也，此不卒者也，何以卒之？以其來會葬，我卒之也。或曰：以其嘗執重以守也。

昭公十八年傳：（五月壬午宋、衛、陳、鄭災）其志，以同日也；其日亦以同日也。或曰：人有謂鄭子產曰：某日有災。子產曰：天者神，子惡知之？是人也，同日爲四國災也。

昭公二十五年傳：（有鸛鵒來巢）一有一亡曰有。來者，來中國也。鸛鵒穴者而曰巢。或曰：增之也。

定公六年傳：（城中城）城中城者，三家張也。或曰：非外民也。

定公九年傳：（得寶玉大弓）其不地何也？寶玉大弓，在家則羞，不目羞也。得之，得之堤下。或曰：陽虎以解衆也。

㉗見《春秋釋例》卷二，頁三〈爵命例〉。

㉘見《後漢書集解》頁七四一─二。

【參考書目】

左　傳		藝文印書館十三經注疏本
公羊傳		藝文印書館十三經注疏本
穀梁傳		藝文印書館十三經注疏本
周　禮		藝文印書館十三經注疏本
儀　禮		藝文印書館十三經注疏本
禮　記		藝文印書館十三經注疏本
春秋釋例	杜預撰	臺灣商務印書館文淵閣四庫全書
春秋權衡	劉敞撰	臺灣商務印書館文淵閣四庫全書
春秋大事表	顧棟高撰	藝文印書館皇清經解春秋類彙編本
春秋公羊何氏釋例	劉逢祿撰	藝文印書館皇清經解春秋類彙編本
經學通論	皮錫瑞撰	臺灣商務印書館
說文解字	許　慎撰	藝文印書館
史　記	司馬遷撰	藝文印書館、二十五史
後漢書集解	范　曄撰	藝文印書館、二十五史
左傳虛字集釋	左松超撰	臺灣商務印書館
春秋左傳今註今譯	李宗侗註譯	臺灣商務印書館

《春秋》「紀侯大去其國」的深層意義

陳柾治

一、前　言

本文就《春秋》莊公四年「紀侯大去其國」三傳的訓釋及後代學者釋義的問題，提出與傳統不同的看法。

本文在對《春秋》歷載紀國的史實作通盤的探析後，認爲《春秋》記載「紀侯大去其國」此一國亡的不幸歷史事件，歷來學者對其中「大去」一詞，皆以「同訓」的訓詁方法解釋爲「滅」，從而理解爲「齊國滅了紀國」，雖然這種解釋無失其終究亡國的史實，但前人在運用這一訓詁方法時，除了未能充分體現《春秋》大義外，還可能曲費了歷史的眞象，且忽略了孔子修《春秋》書法謹嚴所反映的深層意義。

傳統的訓詁，應該是很強調詞義的準確詮釋的，但是我們經過一番全面的考察之後，認爲前人對「紀侯大去其國」解釋爲「齊國滅紀」這一問題，顯然還有待深入研究的餘地，本文對此一問題也將作一個事實眞象的探討。

二、《春秋》紀國本事

紀國入春秋在魯隱二年，至魯莊四年《經》載「紀侯大去其國」從此紀國不再於《春秋》出現，說者一般直以紀國爲齊國所滅。合計紀國在《春秋》二百四十二年的歷史上，前後僅三十三年。紀國入春秋之前的史事，因文獻不足，所以不得其詳，而在入春秋之後，有關紀國的史料也不多，《春秋》載錄有關紀國本事，亦不過二十三條①，就此《經》文所載及參合前人的傳注考據，尙可得而知其一二。

齊紀同宗姜姓，二國封地比鄰，紀國故城在今山東壽光縣東南，而距齊都臨淄，僅咫尺之遙。由於紀國弱小，入春秋後，始終擔心爲強齊所併呑，因而春秋之初，紀侯尙能振作自強，如曾爲周王守土，獨力討伐夷國。並與魯國、莒國結盟，希望就此牽制齊國。又娶魯國的女兒伯姬和叔姬，後來又嫁女爲王后，想藉姻親的關係，一則要魯國保護，一則可藉周王威懾齊國，但此時齊襄公稱霸諸侯的野心，正方興未艾，對於比鄰的紀國，卧榻之下，豈容他安枕。加上當時王權旁落，又魯國內也有動亂自顧不暇的現勢，自然無視於紀國的存在，企圖兼併紀國的陰謀更急，於是在魯桓公被齊襄公陰謀害死後②，紀國頓失後援，齊國便趁機強迫遷徙了紀國的郱、鄑、郚三邑的居民，佔據其土地，納入齊國的版圖。

時勢演變到這種地步，紀侯似乎也意料到國家未來可能發生的命運，爲了存宗祀，一方面要紀侯的弟弟紀季以紀國的酅地入於齊國爲附庸③，一方面又向魯國求救。魯莊公急忙趕到滑（鄭地）想同鄭國商量援救紀國事宜，但是鄭國此時也有內亂，「辭以難」，更懼怕齊國，不敢應命，反而與齊國相合。魯國因勢單力薄，終未能救紀。時勢比人強，紀國到這時候，勢窮力蹙，越發難以自存，到了魯莊四年，紀侯將都城和妻小交給弟弟紀季管照，自己便「大去其國」不知所向。

三、「紀侯大去其國」看《三傳》怎麼說

自《春秋》魯莊公四年記載「紀侯大去其國」後，紀國從此

便在春秋政治舞台上消失，爲什麼從此紀國不見於《春秋》？說《春秋》者，咸認紀國被齊國滅了。這裏直取「滅」訓「大去」，除了正好可以說明紀國不見於《春秋》的原因外，釋義也能順理成章。到底《春秋》「大去」這一詞組應如何詮釋？首先我們看三傳的說解：

> 紀侯不能下齊，以與紀季。夏，紀侯大去其國，違齊難也。（《左氏傳》）
>
> 大去者何？滅也。孰滅之？齊滅之。曷爲不言滅之？爲襄公諱也。春秋爲賢者諱。何賢乎襄公？復讎也。何讎爾？遠祖也。哀公亨乎周，紀侯譖之，以襄公之爲於此焉者，事祖禰之心盡矣。盡者何？襄公將讎乎紀……。（《公羊傳》）
>
> 大去者，不遺一人之辭也，言民之從者，四年而後畢也。紀侯賢而齊侯滅之，不言滅而言大去其國者，不使小人加乎君子。（《穀梁傳》）

《左氏傳》合前此莊元年「齊師遷紀郱、鄑、郚。」齊把三邑④的百姓遷出，而佔據其地，及莊三年「秋，紀季以酅入于齊。」紀侯的弟弟紀季以紀國的酅地入於齊國爲附庸（紀國從此分裂）。至此，齊國謀紀更急，到了莊四年，紀侯因爲不甘屈屬於齊國，便把屬他所有的封地，也交給他的弟弟紀季管轄，遂「大去其國」。《左氏傳》對於「大去」一詞，並未詳加交待。

《公羊傳》把「大去」和「滅」直類爲等義詞，而直說齊國滅了紀國。但是諸侯無故滅人國，是《春秋》所疾惡的，所以齊國滅紀國，自始迄終，《春秋》不從滅之例。《公羊傳》爲了替施事者齊國作辯護，並自圓其說，於是發《春秋》爲賢者諱之書例，說齊襄公賢，能爲遠祖復讎而盡祖禰之心，所以《春秋》纔變「滅」言「大去」。顯然經書例與義例發生矛盾，還是難以自圓。由此看,「大去」和「滅」就不能視爲等義。

《穀梁傳》以「大去」一詞，渾言紀侯與百姓集體行動，既使一個百姓也不留下來。又說《經》所以不言滅而言「大去」，爲的是不讓無道之強的齊國陵駕有道之弱的紀國之上。這裏《穀梁傳》把「大去」一詞，渾言紀侯和他的百姓爲一體，有曲筆紀侯之賢而尋找憫紀罪齊的理由。這種從道德觀取義,《穀梁傳》僅在爲受事者紀國叫屈而已。「大去」與「滅」在訓詁上，恐怕也難成爲等義。

綜合來看，《公羊傳》和《穀梁傳》二傳都把「大去」同訓爲「滅」，其中雖有紀侯賢與不賢的歧義爲辨証的論點，終究以「滅」詮釋「大去」，二傳還是一致的。或許二傳解經，各自爲曲通本學體例，不得不緣事取義以爲貫通而作此訓解。其後，說《春秋》的學者，雖然也有所闡述，但多不出三傳的範疇。

四、後代傳注對「大去」的詮釋

三傳之後，所有傳注中，單對「大去」一詞的詮釋而有獨特的見解的，應該是宋代黃仲秋的《春秋通說》，他說：

> 《春秋》凡書諸侯失國出奔者名之，鄭伯突衛侯鄭之類是也。紀侯見迫於齊，度不能保其國，於是聽其弟季以酅事齊，而脫然去之，非齊毀其宗廟，不可曰滅，非見逐於臣，不可曰奔，去而不知其所往，故不可書所之之國，而曰去其國焉。其曰大者，紀侯之名。

元代程端學《春秋或問》也說：

> 夫《春秋》謹嚴，書去其國可矣，何必書大去哉。此其文之支者也。……且去其國與失地之君奚異哉,《春秋》失地之君皆名，紀侯安得不名之，故曰大者，紀侯之名也，

而非大去之謂也。

黃、程二氏，認為「大」是紀侯之名。他們之所以敢作此認定，原來是本於《公羊傳》的經書例推斷的。《公羊傳》所發的經書例當中，有一項所謂「失地之君稱名」的書法習慣，意思是說，凡喪失國土的諸侯，在《春秋》筆下，照例都會把他們的本名公布出來，以示《春秋》書法有意貶絕的含義。黃、程二氏就是根據《公羊傳》的這一條經書例論斷，說「紀侯不能修德任賢以守其國而去之。」認為《經》書紀侯「去其國」跟一般失地之君沒有什麼不一樣，所以「去」字之前的「大」字，正是《春秋》點出紀侯之名之處。這種推斷，乍看起來似乎有憑有據，也頗能順理成章，但是當我們對《公羊傳》所發的這一書例作通盤的檢驗後，發覺還是有不能貫通全經的地方，因此我們不能不存疑。但是在新的文獻未出現之前，恐怕也不能驟然排斥紀侯之名為「大」的可能性。黃、程二氏之說，不妨視為一家之言，而存此一說。

五、「紀侯大去其國」的真象

關於「紀侯大去其國」從前的解釋，說是齊國滅了紀國，直把「大去」訓為「滅」。《傳》對於「大去」的訓釋，是否能反映出《經》書「大去」的眞正含義和敷合史實，我們不能無疑。於是我們試從下面幾個方向去探析：

㈠從《春秋》的修辭原則

《春秋》屬辭，有一定的修辭原則。現在就本文相關《春秋》載錄取人土地，滅人國家的部份作說明；凡《春秋》記載取地滅國的修辭用詞，大概有「入，取，遷，執，滅，殲，墮，降，亡」等九個字，例如：（但舉一條經文為例）

入，狄入衛。(魯閔公二年)

取，秋，取根牟。(魯宣公九年)

遷，春王正月，齊遷陽。(魯閔公二年)

執，冬，晉人執虞公。(魯僖公五年)

滅，冬十月，齊師滅譚。(魯莊公十年)

殲，夏，齊人殲於遂。(魯莊公十七年)

墮，叔孫州仇帥師墮郈。(魯定公十二年)

降，秋七月，齊人降鄣。(魯莊公三十年)

亡，梁亡。(魯僖公十九年)

以上九個字，基本上是同義詞，同義詞的意義，有同有異，辨析他們之間的差異，正可說明《春秋》修辭用字的講究。在這九個同義詞當中，他們細緻地區分了事情的輕重深淺程度的不同，以及包含濃厚的感情色彩。像這些同義詞的辨析，《左氏傳》的凡例和《公羊傳》的書例都有所辨析。茲截取周師一田《公羊摘例》⑤，關於「滅」與「亡」的部份為例，說明如下：

冬，晉人執虞公。虞已滅矣，其言執之何？不與滅也。曷為不與滅？滅者亡國之善辭也；滅者上下之同力者也。(僖公五年《公羊傳》)

周師一田加以說明：

言滅是亡其國也，然而與亡有別。春秋僖公十九年經之「梁亡」，公羊傳云：「此未有伐者，其言梁亡何？自亡也。其自亡奈何？魚爛而亡也。」魚之爛實由內發，非自外伐，故謂亡者自亡也。滅者猶水之滅火，實由外力。內則上下同心，共禦外侮，終不足與抗而滅者也。故滅雖亡其國，而猶善於亡之為辭也。

這說明「滅」與「亡」之間意義上的差異。「滅」必藉諸外力造成，而「亡」乃出於本身的腐敗。我們檢覈《春秋》書「滅」，總共有三十一條《經》文，沒有不書興師兵戎相加的，例如「某帥師滅某」、「某師滅某」、「某人滅某」，可見「滅」必因外來的武力所造成的結果。所以《春秋》屬辭，如上述九個同義詞之間的差異，有的是輕重程度上的差異，有的是使用範圍的差異，有的是感情色彩的差異。由此可見，《春秋》修辭的態度是如何地謹嚴精確。從這一點，我們可以明白《春秋》之所以特別用「大去」修辭，事情必然有大大不同於上述九個同義詞的意義在，否則如《傳》說是齊國滅了紀國的話，《春秋》渾言一個「滅」字不就了了。

(二)從語法分析

就語法結構分析，「大去」是由副詞和動詞所構成的一個詞組（短語），「大」是程度副詞，「去」是動詞。我們知道程度副詞用於動詞之前，表示行爲或狀態的程度遠超過一般情況或標準。像「大」這類程度副詞，往往「表示超出常情，不是人情所希望的。」⑥，例如：

古之人，所以大過人者，無他焉，善推其所爲而已矣。（《孟子·梁惠王上》）

古代的賢人之所以遠遠地超過一般人，沒有別的訣竅，就是因爲他們善於推廣他們的好行爲罷了。

這裏「大」可以譯爲「遠遠地」。晉杜預《春秋經傳集解》說：「大去者，不反之謂」大概就是這個意思。「紀侯大去其國」紀侯遠遠地離開了他的國家，這種沉痛的心情，《春秋》之筆，忠實的把它記載下來，不多加臆度，只寫紀侯遠遠地離開了他的國家，從此一去永不復還。當時紀侯的心情，現在我們讀起來，可以很清楚地感受到，那絕不是人情所希望的。

其他，《春秋》修辭，使用「大」爲程度副詞的地方，並不罕見，例如在「災祥門」⑦的大水、大旱、大災、大饑、大事、大雨、大雨雪、大雨雹；「祭祀門」的大雩；「豐凶門」的大無麥禾；「蒐狩門」的大蒐、大閱等，都是表示超出常情的狀況。

六、結　語

由上述的分析探討，我們可以作成如下的結論；《春秋》載錄「紀侯大去其國」之所以不從「滅」例的原因，是因爲紀國並非被齊國所滅。至於《公羊傳》和《穀梁傳》都說是被齊國所滅，那是《傳》說的，《春秋》從來就沒有這樣說過，我們檢視《春秋》歷載有關紀國本事二十三條經文⑧便可知道。既然紀國不是被滅，那是說亡國？也不是。因爲在魯莊四年「紀侯大去其國」六年後，紀侯的二夫人紀叔姬還曾到酅地投靠小叔紀季。可見當年「紀季以酅入于齊」爲附庸，所奉祀的宗廟還在，紀國還不能說是亡。二傳對「紀侯大去其國」的訓解，顯然大去《春秋》的原意，而且曲晝了齊滅紀的歷史罪名（固然齊滅人國不少，但對於同宗同姓的紀，還未曾興師兵臨城下，訴之武力而滅之。）就因《傳》視「大去」與「滅」爲等義詞，而錯置論說的焦點，使得後來說《春秋》者，也跟著在「滅」字上用功，且越說越離譜，竟然說「大」是紀侯的名（字）。完全忽略了《春秋》屬辭「大去」背後所蘊含的深層意義。

【註　釋】

①《春秋》載錄有關紀國本事者，共二十三條如下：

隱二年，冬十月，紀裂繻來逆女。

隱二年，伯姬歸于紀。

隱二年，紀子帛、莒子盟于密。

隱七年，春王正月，叔姬歸于紀。

桓二年，秋七月，紀侯來朝。

桓三年，六月，公會紀侯于郕。

桓五年，夏，齊侯、鄭伯如紀。

桓六年，夏四月，公會紀侯于成。

桓六年，冬，紀侯來朝。

桓八年，祭公來，遂逆王后于紀。

桓九年，春，紀季姜歸于京師。

桓十二年，夏六月壬寅，公會紀侯、莒子盟于曲池。

桓十三年，春二月，公會紀侯、鄭伯。己巳，及齊侯、宋公、衛侯、燕人戰。齊師、宋師、衛師、燕師敗績。

桓十七年，春正月丙辰，公會齊侯、紀侯盟于黃。

莊元年，齊師遷紀郱、鄑、郚。

莊三年，紀季以酅入于齊。

莊三年，冬，公次于滑。

莊四年，紀伯姬卒。

莊四年，紀侯大去其國。

莊四年，六月乙丑，齊侯葬紀伯姬。

莊十二年，春王正月，紀叔姬歸于酅。

莊二十九年，冬十有二月，紀叔姬卒。

莊三十年，八月癸亥，葬紀叔姬。

②見《春秋左氏傳》桓公十八年。

③見《春秋左氏傳》莊公三年。

④見《春秋左氏傳》莊公元年。

⑤見周何《公羊摘例·滅例》靜宜文理學院學報第五期（71 年 6 月）。

⑥見楊伯峻、何樂士《古漢語語法及其發展》P.272 語文出版社（大陸）。

⑦清代毛奇齡著《春秋屬辭比事記》十卷，就《春秋》屬辭，事之相類，辭之相屬者，分例比之之方法，於《春秋毛氏傳·總論》標舉屬辭比事二十二門。

⑧見注①。

從張惠言評注溫庭筠〈菩薩蠻〉詞
── 探究溫詞的本義與張注的新義

劉 瑩

壹、前 言

在中國詩歌發展的過程中，和歌而唱的詩，由四言、五言、七言、而雜言，詩歌無論在節奏和內容方面，都有日漸活潑的趨勢。尤其唐代民生富庶，民間的里巷之曲和外來的胡夷之曲極流行，中晚唐時期，喜歡舞文弄墨的文人，也偶爾配合這種活潑的音樂，填上句式長短錯落的歌詞，形成一種新體詩，而名之曰「詞」。

溫庭筠是中晚唐詩人當中，最專力於填詞的作家。和其他作家比起來，他的詞作不僅數量多，而且所使用的詞牌極富變化。他有《握蘭》、《金荃》兩本詞集，是最早的詞作別集，這兩本詞集雖然亡佚，但是林大椿所輯的《唐五代詞》收了七十首詞，用了十九個詞調、《花間集》保存了六十六首，其次多的，有劉禹錫用七個詞調寫四十一首詞，白居易用七個詞調寫二十九首詞，但是難以和溫庭筠分庭抗禮。

《舊唐書》裡對溫庭筠詞藝方面的描述是：「能逐絃吹之音，爲側豔之詞。」①《詞林紀事》稱他「最喜鼓琴吹笛」②，溫氏正是憑著深厚的音樂造詣，依著音樂的節拍，寫出長短錯落的歌詞，爲詞的句式創造出異於詩的旋律。試觀劉禹錫四十一首詞中，〈楊柳枝〉十三首、〈竹枝〉十一首、〈浪淘沙〉九首，都是七言絕句，還脫離不了詩的體制，而在溫庭筠現存的十九調七十首作品中，除了〈菩薩蠻〉、〈楊柳枝〉、〈清平樂〉、〈夢江南〉四詞是沿用舊調之外，其他十五調都是溫庭筠根據唐教坊曲和民間流行音樂的曲拍，寫下歌詞，他在詞律方面的開創之功，吳梅《詞學通論》即云：「其所創各體，如歸國謠、定西蕃、南歌子、河瀆神、遐方怨、訴衷情、思帝鄉、河傳、蕃女怨、荷葉盃等，雖亦就詩中變化而出，然參差緩急，首首有法度可尋，與詩之句調，絕不相類，所謂解其聲，故能製其調。」③由於溫庭筠在音樂方面獨卓的造詣，對詞體的建立，有開創的功績，所以，清王士禎評溫爲「花間鼻祖」④，吳梅也評云：「及飛卿出而詞格始成」⑤，可見溫庭筠在詞史上的地位是受到肯定的。

不過，溫氏的詞作受到後世讀者不同的解讀，尤其是《花間集》中的那十四首〈菩薩蠻〉，引發了兩種不同的詮釋，一般的解讀法，是按字面視爲艷詞，而最受爭議的，是清代張惠言解讀溫庭筠這十四首〈菩薩蠻〉爲聯章之作，並相信作者寄予深厚的寓意：字面寫美人，言外卻寄託如〈離騷〉以香草美人託寓忠君愛國的思想。溫氏詞的本義爲何？張氏何以有異於他人的詮釋？吾人究竟應該以何種態度來詮釋？這些都是值得研究的課題，本論文即試就溫詞的本義和張惠言詮釋的新義作一番探討。在討論之前，先對詮釋當持何種態度，做一番釐清。

貳、詮釋態度的釐清

錢鍾書曾將中國傳統的訓詁學和西方的詮釋學相印證云：

> 乾嘉樸學教人，必知字之詁，而後識句之義，識句之義，進而窺全書之指，雖然，是特一邊耳，亦祇初桄耳。復須

解全篇之義乃至全書之指（志），庶得以定某字之詁（文）；或並須曉會作者立言之宗尚，當時流行之文風以及修辭異宜之著述體裁，方概知全篇或全書之指歸，積小以明大，而又舉大以貫小；推末以至本，而又探本以窮末；交互往返，庶幾乎義解圓足而免於偏枯，所謂「闡釋的循環」。⑥

中國傳統訓詁學的方法，是以瞭解字義爲基礎，企圖由字而句而篇，終至了解全書的意旨，而錢氏受到德國學者施萊爾馬赫（F.Scheliermacher）及其思想繼承人狄爾泰（W.Dilthey）的影響，進一步強調部份和全體，本文（text）和全部脈絡（context）在意義了解上的相互關連，往復循環。以上這種詮釋的觀點，是相信原義可以追尋的。但是，葛達馬（H.G. Gadamer）針對「詮釋的循環」有另一種看法，他認爲我們雖然力圖消滅自我，重新插入過去的文化時空，追溯作者的原義，但由於我們到底還是自己時空下的產物，勢必帶著自己種種的背景，去建構過去的意義，因此，純然客觀的意義還原是不可能的，詮釋者最後又會循環到自己的文化和意義的圈套中⑦。

那麼，到底如何才是正確的詮釋方法呢？美國六十年後期對詮釋學有卓越研究的赫思（E.D. Hirsch）在《詮釋的正確性》一書中認爲：文學作品的意義，並不來自於作品本身，而是來自於詮釋的活動。當然分析者依據作品的文字構築，在加上其他一切（如作者生平、文類歷史等）可以盡其所能地重建作者原來的意義，但是這種「原義」是極理想化的。相對於這種「原義」，赫思提出了「衍生義」，讀者和批評家（當代和後世的）便會用不同的角度和方法進行瞭解，因而會產生不同的「衍生義」。因此「原義」可以不變，而「衍生義」是無窮盡的⑧。既然作品的意義不局限於作品本身，讀者在解讀作品時，縱使不還原到作者的「原義」，也不能算是詮釋的謬誤。

赫思對「衍生義」的看法賦予讀者極大的自主權，也強調了作品的「未定性」，這和捷克的結構主義者莫柯洛夫斯基（J. Mu－karovsky）的主張相通，他建議把藝術品（art work）二分爲「藝術成品」（artefact）和「美學客體」（aesthetic object）一部作品必須經過閱讀，透過想像力去重新建構，才能眞正提昇爲藝術品或美學客體，再者，作品雖然只有一部，但透過各種不同的閱讀主體，就會有不同的美學客體出現。義大利接受美學的學者墨爾加利（F. Meregalli）就把讀者分爲三類：第一類讀者是普通讀者，他們只看作品的表面意思；第二類讀者是超一層面的讀者，他們在閱讀作品時，會對作品帶有分析和評說的意圖；第三類讀者只把作品當成一個出發點，從而透過自己的想像，對作品做出一種新的創造性詮釋。墨氏稱此爲對本文形成了「創造性的背離」。由於此種對於閱讀反應廣泛的包容，也使得閱讀活動變得多采多姿，而不會陷入解釋僵化的窠臼中。

從以上的觀點來看溫庭筠這組十四首〈菩薩蠻〉詞和歷代的評論，我們可以發現到有直探本義的讀者，有賞析評鑑的讀者，也有創造性的讀者，被討論最廣泛的就是張惠言的評注。本研究即依循近代較新穎的詮釋學和接受美學（即美國學者稱之爲讀者反應理論）的思考方式，去探究溫庭筠十四首〈菩薩蠻〉的本義和張惠言所創發的衍生義（溫詞與張注詳見附注⑨）。

參、溫庭筠〈菩薩蠻〉詞的本義

要掌握溫氏〈菩薩蠻〉詞的原義，必須對溫氏詞文字構築的內在特質，及影響溫詞風格的生平事蹟和詞的發展歷程等外緣因素作全面的考察。由於分析溫氏詞的文字特質，涉及對十四篇〈菩薩蠻〉是否爲聯章之作的認定，還有筆者認爲作者是否有寄託寓意的詮釋態度，凡諸問題，宜另闢專文探討。限於篇幅與時力，本文僅就其外緣因素作一初探。

一、溫氏的生平

溫庭筠的文才，史傳皆有定論：《舊唐書》溫氏的本傳裡稱他「尤長於詩賦，初至京師，人士翕然推重。……詩賦韻格淸拔，文士稱之。」在李商隱傳裡溫氏與李商隱、段成式齊名，而比較三人的才情，則「文思淸麗，庭筠過之。」《新唐書》也稱其「少敏悟，工爲辭。」⑩但是，文人無行的貶辭，也毫不保留地流傳了下來，《舊唐書》本傳裡記其「士行塵雜，不修邊幅」，又李商隱傳裡云：「(溫與李、段三人）俱無特操，恃才詭激，爲當塗者薄，名宦不進，坎壈終身。」《新唐書》本傳亦稱其「薄於行，無檢幅。」可見溫氏品德之一斑。

關於他士行塵雜，不修邊幅的事跡，史傳記其在京師與公卿子弟裴誠、令狐滈（令狐綯之子）等終日狹邪醉飮，而致累年不第。(事見《舊唐書》與《新唐書》本傳）他每次入賦詩時，八次叉手而八韻成，又替他人代筆，由於士行有缺，爲縉紳所鄙。他以有文才而受相國令狐綯的賞識，但是恃才傲物，多所得罪。由於宣宗愛唱〈菩薩蠻〉詞，令狐相國曾假溫庭筠撰二十首以進，戒令勿泄，但又遽言於人，並言「中書堂內生將軍」譏令狐之無學，自此令狐綯與溫漸疏遠，也不提拔他（事見《北夢瑣言》⑪。後來令狐綯鎭淮南，庭筠怨其不相助，過府不謁，乞錢楊子院，醉而觸犯宵禁，被巡邏的虞候敗面折齒，庭筠乃告之令狐，令狐欲搜虞候治罪，虞反極言庭筠狹邪醜跡，而至污行遍傳京師。庭筠特致書公卿間洗雪冤情，有徐商知政事惜甚才，拔舉庭筠爲國子助教，但徐商罷相，庭筠乃因不爲公卿所容而廢官，終至流落江湖而卒（事見新舊唐書本傳）。

從庭筠士行塵雜，好狂遊狹邪的習性看來，他寫女子梳粧理容的姿態，寂寞閨中的情懷，並不是難事。由於他常沈溺於軟玉溫香之中，對女子情態的觀察入微，自然能描寫得細膩深刻。但是要把士行塵雜的庭筠和志行高潔的屈原相提並論，認爲十四首〈菩薩蠻〉上承〈離騷〉，有「感士不遇」的深意，《栩莊漫記》裡就此點有深入的評論云：「飛卿爲人，具詳舊史，綜觀其詩詞，亦不過一失意文人而已，寧有悲天憫人之懷抱？……以無行之飛卿，何足以仰企屈子？」⑫。所以，從庭筠的生平與爲人來探究其詞的本義，即與其他花間詞的本色相同，正如《栩莊漫記》所云：「其詞之艷麗處，正是晚唐詩風，故但覺縷金錯彩，炫人眼目，而乏深情遠韻。」從字面讀之，正是詞風如其人格的典型。

二、詞的發展歷程

關於詞的產生，在音樂和文學的從屬關係上，有一種極有趣的現象，就是詞的文字從屬於音樂，《全唐詩》卷八八九即云：「唐人樂府，原用律絕等詩雜和聲歌之。其並和聲作實字，長短其句以就曲拍者，爲填詞。」本來是樂工屈從詩的文字格律，勉強以和聲去彌補詩與樂之間的差距，但是，隨著音樂勢力的增強，文字開始去適應樂曲，去牽就曲拍，形成以詞合樂的局面。

晚唐是詞初興起的時代，要求能配合音樂，又要廣爲流傳，所以詞的本色有二，一是形式須合乎詞律，一是內容須綺麗婉轉，以便傳唱於旗亭妓館。史稱溫庭筠「逐弦吹之音，爲側艷之詞」，即是兼顧了這兩方面的特質。

當文人漸染指填詞，詞的文學性增強，音樂逐漸退讓，像王國維評李後主詞云：「詞至李後主而眼界始大，感慨遂深，遂變伶工之詞爲士大夫之詞。」(《人間詞話》) 文人爲詞的內容增加了文學性，往往忽略了原本音樂的特質，難怪李淸照評云：「晏元獻、歐陽永叔、蘇子瞻，學究天人，作爲小歌詞，直如酌蠡水於大海。然皆句讀不葺之詩爾，又往往不協律者，何耶！」所以，文人會把詞稱作「詩餘」，用寫詩的構思方式和語言技巧入詞，把詞給詩化了。尤其，當樂譜亡佚之後，詞的音樂部分，不再是就曲拍塡入，而是依類似詩律的格律譜而已。而詞的文字內容部份，最高的要求是張惠言主張的是要有「寄託」、有言外之意，這也可以看出把詞詩化的極致。

但是回溯到詞初起的年代，誠如王國維所云：「飛卿菩薩蠻、永叔蝶戀花、子瞻卜算子，皆一時興到之作，有何命意？皆被皋文深文羅織。」(《人間詞話》) 所謂「一時興到之作」，正是詞體初期發展的特質，縱使文人塡寫，也不過是爲了配樂和歌，以便在歌筵酒席之間令歌女彈唱，而非個人抒情言志，寄託深意之作。所以，從詞的發展背景來看，溫庭筠應該和他同時的作家一樣，並不會蓄意地在作品中加入深刻的寄託，寄託的意思，應該是後來讀者對詞的期望提高（冀使詞等同於詩），所衍生出來的新義，實無關乎溫庭筠的原義。

肆、張惠言評注的新義

自從張惠言提出「意內言外謂之詞」(《詞選‧敘》)，溫詞有「感士不遇」、「離騷初服」(張惠言《詞選》注溫詞) 之後，獲得極大的回響。首先是周濟提出「夫詞非寄託不入，專寄託不出」(〈宋四家詞選目錄序論〉)，繼而有陳廷焯強調詞當「沈鬱」、當「意在筆先」(《白雨齋詞話》)，他也認爲：「飛卿菩薩蠻十四章，全是變化楚騷，古今之極軌也。徒賞其芊麗，誤矣。」吳梅也同一轍地認爲：「唐至溫飛卿，始專於詞，其詞全祖風騷，不僅在瑰麗見長」，可見，這種詞的觀念，並非張惠言個人的偏見，實乃運會所趨，必然發展的情勢。

要想客觀地瞭解張注的意義，而不視之爲偏見，筆者擬從影響張氏的外在因素，也就是時代背景，和他注解的內涵去瞭解：

一、張氏的時代背景

檢視宋代至淸初閱讀溫氏詞的讀者中，他們都不曾視溫詞有寄託深意，從宋人的詞話中可以明顯地看出文人對詞力求典雅，詩詞合一的企圖，他們未費筆墨去討論溫庭筠的詞，就如《碧雞漫志》裡記万俟雅言「初自集分兩體，曰雅詞，曰側艷，目之曰勝萱麗藻。後召試入官，以側艷體無賴太甚，削去之。」可見宋人棄側艷之一斑。明人只有王世貞《藝苑卮言》對溫詞有所評論：「花間以小語致巧，世說靡也。……溫韋艷而促？……詞之變體也。」至淸朝則有王士禎《花草蒙拾》對王世貞提出不同的意見：「弇州謂蘇（軾）、黃（庭堅）、稼軒（辛棄疾）爲詞之變體，是也。謂溫、韋爲詞之變體，非也。……謂詩有古詩錄別，而後有建安黃初三唐也。謂之正始則可，謂之變體則不可。」此言即謂溫韋詞屬於初期的詞，較爲公允之論。其後，許昂霄《詞綜偶評》曾針對溫氏第一首〈菩薩蠻〉作字面的解析，只討論「小山」指屛山、「鬢雲」句指鬢絲撩亂，「照花前後鏡，花面交相映」指梳粧，「新帖繡羅襦」帖當作貼，並未言溫氏有何寄託的深意。馮金伯在《詞苑萃編》裡載錄黃叔暘語：「溫飛卿詞極流麗，宜爲花間集之冠。」又錄胡元任評溫氏〈更漏子〉：「庭筠工於造語，極爲奇麗，此詞尤佳。」也是評其字面流麗、奇麗而已。其後張惠言的《詞選》推出，特別推崇溫詞，並將溫詞向上比附離騷，這實在是文學史上特殊的現象，同時也反映出特殊的時代意義。

張惠言生於乾嘉時代，這正是清朝由盛轉衰的關鍵時刻。早在滿清人入主中國之初，即軟硬兼施地企圖遏止漢人的反清思想，他們一面大興文字獄以箝制思想，一面又提倡文學，表彰儒術，以籠絡士子。江浙地區因爲物阜民豐，文風素來興盛，排滿思想也最激烈，於是清廷也特別留意此地區，盡力牢籠江浙的文士。文士爲了避免遭受牢獄之災，紛紛遁入考據之途，不敢多言義理，於是，有的埋首於考訂經史，成爲經師和樸學家，有的則縱筆於浮艷的詩詞中，歌詠太平。

由於有才智之文士不敢過問政治，也影響了政治的發展，朱希祖即云：

> 乾隆嘉慶之際，考據之學爲極盛時期，一時聰明才智之士，既多專治古學，不問世事；於是政治、經濟，無正直指導之人，貪庸當道，亂階由是醞釀。迨道光咸豐，遂一敗而不可收拾。⑬

證諸歷史，嘉慶以後，清廷飽受內憂外患的交相煎熬，例如內有苗疆之變，川楚白蓮教之變，幾輔天理教之變，及太平天國的崛起；外有英法聯軍揮師進京，俄國侵略東北邊疆及列強瓜分中國。在這種國勢積弱的狀況下，文士一則畏懼文網的嚴密，卻又憂心國事的艱危，所以就會將自己憂慮國事的情懷，以寄託的方式輾轉宣洩於文詞當中。

「寄託」之說，清初已露端倪，朱彝尊在〈陳緯雲紅鹽詞序〉中即云：

> 詞雖小技，昔之通儒巨公往往爲之，蓋有詩所難言者，委曲倚之於聲，其詞愈微而其旨益遠。善言詞者假閨房兒女之言，通之於離騷、變雅之義，此猶不得於時者所宜寄情

焉耳。

詞在唐宋時被視爲歌筵酒席間唱兒女柔情的小技，歷經元明的沒落，到清代竟能中興，除了康熙有《欽定詞譜》、《御選歷代詩餘》行世，還有帝王善於詞章，時與臣下唱和，鼓舞了社會上致力於塡詞的風氣，所以當時的經師鴻儒，也偶爲小詞，並把詞的文學內容，設定於言微旨遠，假閨房兒女之言通騷雅之義的基礎上。但是，清初以朱彝尊開其端，厲鶚振其緒的浙派，師法姜白石、張炎，講究字句典雅淸麗，最後流於浮薄空疏，以陳迦陵爲領袖，崇尙蘇辛豪放的陽羨派，最後流於叫囂粗率，直至乾嘉時期，政爭日非，變亂紛乘，張惠言再提出以「寄託」來解讀詞，周濟強調「詩有史，詞亦有史」，終於獲得廣大的回響。劉慶雲從歷代詞話中發現：五代、北宋是「視詞爲小道」的時代，南宋元初是主張「詩詞一理」的時代，清代和近代則是「尊崇詞體」的時代⑭。而張惠言大膽地將溫庭筠的〈菩薩蠻〉視作聯章作品，有章法、有寄託，雖然有違溫詞的本義，卻得到後代的同聲回應，這實在是詞的「尊體運動」成功。

二、張注的內涵

張惠言與張琦兄弟二人編輯《詞選》一書時，正從學於安徽歙縣的經學大師金榜家中，並一邊教授金家子弟讀書。《詞選》一書就是張氏兄弟爲金家子弟所選的習詞範本。張惠言是一位著名的經學學者，尤其擅長虞氏易，他要教導另一位經學大師的子弟，閱讀甚至塡寫這種一般人認爲歌詠風花雪月的末道小詞，自然要先作一番道學的包裝。這種道學的包裝，恰好和虞氏易的特質相合。戴師靜山即曾評說張惠言的《虞氏易學》即云：「張書是研究三國時虞翻一家的易學，我們即使承認他研究得很好，可是虞氏書本身就沒有太大的價值，……。漢易重象，……用拉關係的方法來求象，前人譏爲牽合。」⑮張氏爲了增加詞的深度，以解經的方法來詮釋，雖失之牽強附會，但是因而提昇了詞的價值，讓更多文人覺得從事塡詞，不再是末道小技，而是近於「詩之比興、變風之義、騷人之歌」的大道。基於張惠言這種個人的學術背景，筆者認爲他在詮釋溫詞時，有下的特質：

㈠以解經的方法詮釋詞：

他受到乾嘉以後考據學風的影響，在《詞選》的序文中，以《說文解字》中對「詞」爲「意內言外」的解說作爲比附的依據，對於這種訓解法，謝章鋌即評云：「是蓋乾嘉以來，考據盛行，無事不敷以古訓，塡詞者遂竊取說文，以高其聲價。殊不知許叔重之時，安得有減（字）論（聲）之學。」（《賭棋山莊詞話續編》卷五）繆鉞〈論詞〉一文中也認爲詞的「意內言外」是指「語詞」的詞，與「詞」這種文體並無關，「中晚唐詞人作詞之時，固未嘗有此念存於胸中也。」而是「後人或以詞體醞藉，恰與『意內言外』之旨相通，遂附會其說。始於宋陸文圭山中白雲詞序，至張惠言而大暢其旨。」（《詩詞散論》）把考據學中引經據典的精神注入詞學，吳宏一稱之爲詞的「載道說」⑯，實不爲過。姑且不論早期塡詞的作者有無寄託，清代的文人在詞具有「意內言外」，可以比附「寄託」的功能之下，才可以在小詞中發揮才學與寄託，這也是張惠言以治經學之精神來解說詞的一大貢獻。

這種以解經之道治詞學的精神，一直延續到清末，像王鵬運、朱祖謀合注《夢窗四稿》，朱祖謀校勘歷代詞籍的《彊村叢書》，對詞籍作一番總整理，使詞的研究，成爲學術研究的重要一環，也可見經學對詞學的重大影響。

㈡以義理章法的評注取代字句的訓詁

由於張惠言精研易理，擅長思路較廣的思考方式，所以他並不以字句訓詁的方法來注詞，而是以自由興發的聯想來評注詞。這種參考易學所興發的聯想，在李兆洛的〈尙書既見序〉中即云：「夫易之爲書，廣大悉備，參伍蕃變，無不包孕，見仁見智，隨所取之。」周濟談學詞的途經，也根據這種精神而發揮，有云：「初學詞求有寄託，有寄託則表裡相宣，斐然成章。既成格調，求無寄託，則指事類情，仁者見仁，知者見知。」（《介存齋論詞雜著》）而譚獻所云：「作者之用心未必然，而讀者之用心何必不然。」（《復堂詞錄》序）更直接道出讀者自由興發所聯想出來的新義，不必等同於作者的本義。讀者可以藉古人的作品興發新義，這豈不是孔子「託古改制」精神的重現嗎？所以，張惠言藉重新詮釋花間鼻祖溫庭筠的詞，寄託言外之意，以達到詞學的改革，是深具用心的。

他評注的方法，首先是將保存於《花間集》中的十四首〈菩薩蠻〉視爲一組有機的聯章作品，而在首章之後，先總說這十四章作品表達的中心思想，是「感士不遇」的情懷，所用的章法，是彷自司馬相如以〈長門賦〉，寫陳皇后失寵的心情，用節節逆敘的手法，表面寫一獨守空閨，追憶良人的女子，實則託寓著溫氏自己屢試不第，仕途坎坷的命運。

所謂「節節逆敘」的筆法，張氏認爲這整組作品是指一女子在夢中追憶良人，而溫氏於首章先言夢醒後的失意慵懶，再回溯到夢中種種。張氏對於各章的起承呼應，都是從說明章法的觀點加以詮釋，用心至爲細密。但是，反對張注的，有王國維說他「深文羅織」（《人間詞話》），《栩莊漫記》認爲溫氏〈菩薩蠻〉二十首已缺數首，今十四闋是當時進呈之詞，或平日雜作，均不可考，而且「觀其詞意，亦不相貫」（見李冰若《花間集評注》轉引），蕭繼宗《評點校注花間集》時，也持相同論調，認爲張氏以〈聯章詩〉的眼光」，勉強鉤合，若自成首尾者。繪聲繪影，加枝添葉，一若飛卿身上之三尸蟲，能為作者說明心曲，而又不敢眞正明說，可笑孰甚！」但是，今之學者張以仁對張惠言之說，抱持肯定的態度，他認為「臯文不僅仔細分析各章間之關係，亦未忽略各段間之聯繫，其匠心巧思，深細周密如此，而措詞又復精簡如此，錘煉功深，謂之名師大匠之藝業可也。」⑰。正由於張惠言的評注精簡，未能完全的說服後世的讀者。張惠言的評說方式，如用錢鍾書所謂「闡釋的循環」來檢視，張氏能從整組作品的脈絡上作一宏觀，卻未能回歸到識句之意，知字之詁，並旁參作者立言之宗尚、當時流行之文風，所以，他的評注也有難以自圓之處，縱使張以仁詳作解析，也難以明瞭溫氏「照花前後鏡，花面交相映。新帖繡羅襦，雙雙金鷓鴣」四句，與〈離騷〉初服有何關連？不過，為了深入瞭解溫詞，張以仁特以〈溫庭筠詞舊說商榷〉、〈溫庭筠詞舊說商榷續〉、〈溫飛卿菩薩蠻詞張惠言說試疏〉，兼顧字句與義理的推敲，作更詳盡的詮釋，可謂持之有故，言之成理，也補足了張惠言未作字句訓詁的缺憾。張以仁特舉六點證據以說明溫氏確有寄託⑱，撮要略述如下：一、詩歌本有諷諭寄託的傳統；二、同時的作家如皇甫松、韋莊、李珣亦有公認內含寄託之詞；三、飛卿詩多含寄託；四、《握蘭》集名乃取自屈子香草美人之義，《金筌》集名取自莊生得意忘言之旨；五、飛卿代令狐綯作〈菩薩蠻〉獻宣宗以邀寵，別有寄託，欲動宣宗憐才之意，故甘觸令狐之怒背約；六、張惠言溫詞中「靑瑣」、「金堂」、「故國」、「吳宮」為暗示語，可和大陸學者葛雲駿之說相印證。萬氏認為「晚唐詩人常以艷情寫感慨，以男女、夫婦關係比喻君臣、朋友關係」，而且，「詞中的傷春傷別繼承了詩的比興手法而有較大的發展」，所以，他評溫氏的

〈菩薩蠻〉云:「這十四首詞，都是抒寫男女相思離別之情，也不能說絕無寄託」⑲。萬氏雖未詳論，但也對寄託抱持肯定的態度，可以參證。

旅居加拿大的學者葉嘉瑩採用西方符號學裡的語序軸和聯想軸，來分析張惠言對溫氏〈菩薩蠻〉的評注，肯定了溫氏詞中的用詞，很容易引發聯想軸的作用，張氏即是經由語言的聯想作用，將溫氏詞中女子修飾姿容衣飾之美，推論到〈離騷〉初服所謂的修己初潔之服，以對國君竭盡忠誠⑳。不過，葉氏推論的結果，指出張氏比興寄託說的三點謬誤，撮要而言:一是張氏未能明辨比興寄託在詞中發展的時代，而視作者本無寄託之作爲有寄託。二是不顧作者生平爲人及作品背景本事，判斷寄託之作缺乏標準。三是逐字逐句指求託意，過於牽強比附㉑。她並引西方符號學家艾考（Umberto Eco）在《讀者的角色》一書中〈詩學與開放性作品〉之文所云:以道德性、喻託性、神秘性的說詩方式，是一種被嚴格限制了的僵化解說，事實上已背離了詩歌之自由開放的多義特質。這倒和大陸學者萬氏所云:「詞繼承了詩的比興手法才有較大發展」的觀點，形成兩極化的對立。可見詮釋的觀點不同，結果也會極出乎人意料的。至於誰是誰非，只能說:見仁見智了。

伍、結　語

作品是個人與整個文化環境相互作用之下的產物，深受著個人的內在因素和環境的外在因素所影響，有些影響有明顯的軌跡，有些則隱而不顯。譬如溫庭筠的《握蘭集》《金筌集》是否誠如張以仁說的，受到屈原和莊子的影響?溫庭筠是否有以詞寄託情懷的動機，是隱然難以捉摸的，只能憑讀者的文學素養去揣測。又如溫庭筠存於《花間集》中的十四首〈菩薩蠻〉，是否為聯章之作呢？當年令狐綯假溫氏所撰進獻，有《北夢瑣言》和《樂府紀聞》記載，前者未記篇數，後者記二十篇，而現存十五篇，何以張惠言獨取《花間集》中十四篇作解析？又聯章之說，何以不見前代記載，而直至清代才有是說？要超越時空的限制為此說找有力的證據，更是渺茫，從文字中索求，費盡心力，終究是從讀者角度所產生的衍生義，重返作者的本義仍是有困難的。

誠如狄爾泰所說：「從理論上說來，我們已經達到了闡釋的極限，而闡釋永遠只能把自己的任務完成到一定的程度，因此，一切理解永遠是相對的，永遠不能完美無缺」㉒。畢竟，詮釋者和作品原創者之間，有時間的距離，有空間的距離，似乎讀者再如何努力，也難以填補時空對意義認知的空白，如此想來，頗令人沮喪。但是赫思給了讀者足以自負的信心，他指出：「作品的意義是由我們自行塑造的。透過理論，我們可以分辨作品意義塑造上的好壞和是否合理，並提供一定的準則，但理論本身無法改變闡釋活動的本質」㉓。這個闡釋活動的本質，就是意義恆具有「未定性」，這也是產生誤解和歧義的主要原因。

從閱讀溫庭筠〈菩薩蠻〉詞的讀者反應中，就發現不同時代的讀者，有不同的詮釋，同處於現代，也有不同的詮釋。當筆者試圖探究溫詞的本義時，基於後代人對資料難以完整地掌握，去描述溫氏的本義，仍不可避免地成為另一種衍生義。不過，經由前述試從溫氏的生平和詞的發展歷程作外緣研究，無論十四首、十五首或二十首〈菩薩蠻〉，都是內容略見重複，描寫女子閨怨以便歌女和樂而歌的詞，並不隱含著以「美人初服」寄託「感士不遇」的深意。因為初期的詞多是作者「一時興到」的無心之作，我們作為只看作品表面意思的普通讀者，所掌握的意義應該離原意不遠。

但是像張惠言的詮釋方式，是帶有濃厚時代色彩的「創造性詮釋」，基本上，我們應當跨越謬誤與否的樊籬，直探他這種詮釋法背後的文化意義。本研究發現：

一、「寄託說」已是整個清代政治壓抑下的產物，只是張惠言比前人具體地藉著有目的的選詞和評注詞作，具體地呈現有寄託之詞的範例，而這些寄託之意，實際上就是張惠言刻意作的背離原意的「創造性詮釋」。

二、張惠言能將解經的治學工夫運用在詞學方面，藉《說文》對「詞」的訓詁之義，提升了詞的地位，藉著對花間鼻祖溫庭筠之詞的義理闡釋，開拓了詞的內涵，建立了常州派至淸末塡詞校詞不歇的文風。

所以，溫庭筠的詞或許被評爲俗麗，卻無損他花間鼻祖對詞體開創之功，張惠言的評注或許被評爲謬誤，也無損他中興詞風的功勞。後世的讀者，只要保持高度的閱讀興致，新的詮釋，將生生不息。前賢對溫庭筠的詞已多所詮釋，見解皆精闢詳盡，本篇實屬續貂之作，意見未臻成熟，尚祈方家不吝指正。

【註　釋】

①《舊唐書·文苑傳》卷一九〇，頁五〇七八，鼎文版標點本。

②清·張思巖《詞林紀事》卷一，頁十九，台北·文書書局。

③吳梅《詞學通論》第六章〈概論一〉，頁五三，台北·商務印書館，民五十四年。

④清·王士禎《花草蒙拾》，《詞話叢編》本，頁六七四，台北·新文豐，民七十七年。

⑤同③，第一章《緒論》，頁一。

⑥錢鍾書《管椎篇》上冊，頁一七一，香港·太平圖書公司，一九八〇年。

⑦鄭樹森《現象學與文學批評》前言，頁七，台北·東大圖書公司，民八十年再版。

⑧劉介民《比較文學方法論》第八章〈闡釋學的方法〉，頁三八九，台北·時報文化出版公司，民七十九年。

⑨張惠言注溫庭筠詞如下（據李次九《詞選續詞選校讀》）：

⑴小山重疊金明滅，鬢雲欲度香腮雪。懶起畫娥眉，弄妝梳洗遲。照花前後鏡，花面交相映。新帖繡羅襦，雙雙金鷓鴣。

張注：「此感士不遇也。篇法彷彿〈長門賦〉，而用節節逆敘。此章從夢曉後領起，『懶起』二字，含後文情事。『照花』四句，〈離騷〉初服之意。」

⑵水精簾　頗黎枕，暖香惹夢鴛鴦錦。江上柳如煙，雁飛殘月天。藕絲秋色淺，人勝參差剪。雙鬢隔香紅，玉釵頭上風。

張注：「『夢』字提；『江上』以下，略敘夢境。『人勝』參差，『玉釵』香隔，言夢亦不得到也；『江上柳如煙』是關絡。」

⑶蕊黃無限當山額，宿妝隱笑紗窗隔。相見牡丹時，暫來還別離。翠釵金作股，釵上蝶雙舞。心事竟誰知，月明花滿枝。

張注：「提起；以下三章，本入夢之情。」

⑷翠翹金縷雙鸂鶒，水紋細起春柒碧。柒上海棠梨，雨晴紅滿枝。繡衫遮笑靨，煙草黏飛蝶。青瑣對芳菲，玉關音信稀。

⑸杏花含露團香雪，綠楊陌上多離別。燈在月朧明，覺來聞曉鶯。玉鉤褰翠幕，妝淺舊眉薄。春夢正關情，鏡中蟬鬢輕。

張注：「結。」

⑹玉樓明月長相憶，柳絲嫋娜春無力。門外草萋萋，送君聞馬嘶。畫羅金翡翠，香燭銷成漱。花落子規啼，綠窗殘夢迷。

張注：「『玉樓明月長相憶』，又提。『柳絲嫋娜』，送君之時，故『江上柳如煙』，夢中情境亦爾。七章『闌外垂絲柳』，八章『綠楊滿院』，九章『楊柳色依依』，十章『楊柳又如絲』，皆本此『柳絲裊娜』言之，明相憶之久也。」

⑺鳳凰相對盤金縷，牡丹一夜經微雨。明鏡照新妝，鬢輕雙臉長。畫樓相望久，闌外垂絲柳。音信不歸來，社前雙燕回。

⑻牡丹花謝鶯聲歇，綠楊滿院中庭月。相憶夢難成，背窗燈半明。翠鈿金壓臉，寂寞香閨掩。人遠澂闌干，燕飛春又殘。

張注：「『相憶夢難成』，正是『殘夢迷』情事。」

⑼滿宮明月梨花白，故人萬里關山隔。金雁一雙飛，澂痕霑繡衣。小園芳草綠，家住越溪曲。楊柳色依依，燕歸君不歸。

⑽寶函鈿雀金鸂鶒，沉香閣上吳山碧。楊柳又如絲，驛橋春雨時。畫樓音信斷，芳草江南岸。鸞鏡與花枝，此情誰得知。

張注：「『鸞鏡』二句，結。與『心事竟誰知』相應 。」

⑾南園滿地堆輕絮，愁聞一霎清明雨。雨後卻斜陽，杏花零落香。無言匀睡臉，枕上屏山掩。時節欲黃昏，無聊獨倚門。

張注：「此下乃敘夢。此章言黃昏。」

⑿夜來皓月纔當午，重簾悄悄無人語。深處麝煙長，卧時留薄妝。當年還自惜，往事那堪憶。花露月明殘，錦衾知曉寒。

張注：「此自卧時至曉，所謂『相憶夢難成』也。」

⒀雨晴夜合玲瓏日，萬枝香嫋紅絲拂。閒夢憶金堂，滿庭萱草長。繡簾垂，眉黛遠山綠。春水渡溪橋，闌魂欲消。

張注：「此章正寫夢。垂簾、闌，皆夢中情事，正應『人勝參差』三句。」

⒁竹風輕動庭除冷，珠簾月上玲瓏影。山枕隱濃妝，綠檀金鳳凰。兩蛾愁黛淺，故國吳宮遠。春恨正關情，畫樓殘點聲。

張注：「此言夢醒。『春恨正關情』，與五章『春夢正關情』，相對雙鎖；『青瑣』、『金堂』、『故國』、『吳宮』，略露寓意。」

⑩《新唐書》〈溫大雅傳〉附，卷九一，頁三七八七，鼎文版標點本。

⑪唐·孫光憲《北夢瑣言》卷四，頁三十，《叢書集成》本，上海商務印書館。

⑫轉引自李冰若《花間集評注》頁一二～一三，台北·鼎文書局，民六三年。

⑬見蕭一山《清代通史》卷上·序，台北·商務印書館，五十二年。

⑭劉慶雲《詞話十論》導論，頁二～五，台北·祺齡出版社，民八十四年。

⑮戴君仁《談易》，頁一一七，台北·開明書店，民五十年。

⑯吳宏一《常州派詞學研究》第三章〈常州派詞學的研究〉，頁八二，台北·嘉新水泥文化基金會研究論文。

⑰張以仁〈溫飛卿菩薩蠻詞張惠言說試疏〉，《中國文哲研究集刊》第二期，頁十一，民八十一年三月。

⑱張以仁〈溫飛卿詞舊說商榷續〉，頁三八～四〇，《中國文哲研究集刊》創刊號，民八十年三月。

⑲萬雲駿〈傷春傷別是唐宋詞的主旋律〉，《中國古典文學論叢》第三輯，北京人民文學出版社，一九八五年。

⑳葉嘉瑩《中國詞學的現代觀》二之七〈從符號與訊息之關係談詩歌的衍義之詮釋的依據〉，頁八九，台北·大安出版社，民七十八年再版。

㉑葉嘉瑩《中國古典詩歌評論集》〈常州詞派比興寄託的新檢討〉，頁二〇三～二〇四，台北·桂冠圖書公司，民八〇年。

㉒同⑳，第三節〈從西方文論看詞學〉，頁四〇。

㉓同⑧。

㉔同⑧。

【參考書目】

《舊唐書》	劉昫等編	鼎文書局
《新唐書》	歐陽等編	鼎文書局
《清代通史》	蕭一山著	台灣商務印書館
《談易》	戴君仁著	開明書店
《北夢瑣言》	孫光憲編	《叢書集成》本

《詞林記事》 張思巖編 文星書局
《詞話叢編》 唐圭璋編 新文豐書局
《詞選續詞選校讀》 李次九編著 復興書局
《詞學通論》 吳梅著 台灣商務印書館
《管椎篇》 錢鍾書著 香港太平圖書公司
《詩詞散論》 繆鉞著 開明書局
《花間集評注》 李冰若著 鼎文書局
《評點校注花間集》 蕭繼宗著 學生書局
《常州派詞學研究》 吳宏一著 嘉新水泥文化基金會
《迦陵談詞》 葉嘉瑩著 純文學出版社
《中國詞學的現代觀》 葉嘉瑩著 大安出版社
《中國古典詩歌評論集》 葉嘉瑩著 桂冠圖書公司
《比較文學方法論》 劉介民著 時報文化公司
《現象學與文學批評》 鄭樹森著 東大圖書公司

試析「元曲四大家」雜劇語言之擬聲重疊詞

江碧珠

一、前　言

重疊詞（又稱爲疊字或重言）是用來總稱漢語詞彙結構中重複相同的字（書寫形式之視覺符號）的「詞」（代表一定的意義，具有固定的語音形式，可以獨立運用的最小的結構單位）①。重疊詞依其重疊性質的不同，可分爲疊音與疊義兩大類：疊音一純屬於音節（字音）重疊的單純詞②一又稱爲「疊音詞」，分爲擬聲疊音詞與非擬聲疊音詞；疊義一屬於意義（字義）重疊的一又稱爲「重疊式合成詞」③，按照其重複的形式，分爲全部重疊式、部分重疊式以及嵌字重疊式。表列如下：

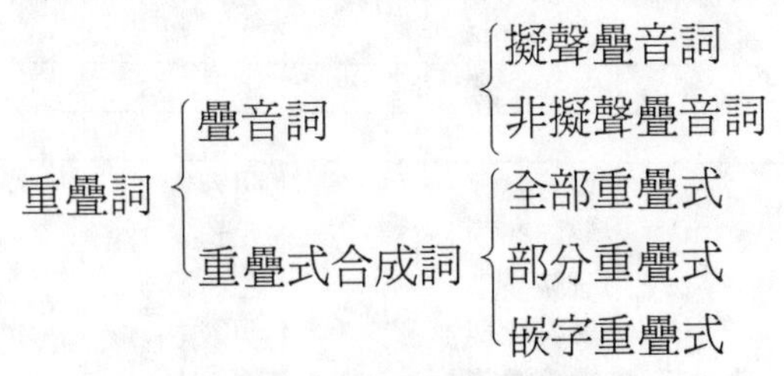

擬聲詞又名象聲詞、狀聲詞、摹聲詞，是指運用人類的語音來摹仿各種不同聲響而形成的詞。本文所論述之「擬聲重疊詞」，是指用來摹聲仿音的以重疊形式構成的詞；包括兩種不同構詞形式的詞：一種是只有一個詞素構成的擬聲疊音詞；另一種是由兩個詞素所組成的重疊式合成詞，其中具有表音的擬聲詞素。總言之,「擬聲」是就詞的功用而言,「重疊」則就詞的形式而論。

關於語料對象的研究, 筆者以碩士論文(純以關氏雜劇語言的重疊詞爲研究)做基礎, 搜尋元雜劇作家作品中最具代表性的人物作品作爲本文研究的範疇。元雜劇的代表作家, 歷來以關、馬、鄭、白見稱, 號爲「元曲四大家」; 王國維則更進一步以年代先後及文采高下, 序列爲關漢卿、白樸、馬致遠、鄭光祖④; 對於四者的品評則云:

> 關漢卿一空依傍、自鑄偉詞, 而其言曲盡人情, 字字本色, 故當爲元人第一。白仁甫、馬東籬高華雄渾, 情深文明。鄭德輝清麗芊綿, 自成馨逸, 均不失爲第一流。⑤

足見「元曲四大家」在元雜劇發展史上的地位與評價, 而其雜劇作品亦足爲全元雜劇的翹楚。因此, 本文以「元曲四大家」的雜劇語言作爲語料研究的對象, 分析其作品語言之擬聲重疊詞。

「元曲四大家」的雜劇作品, 亦即本文所使用的語料範圍, 計有關氏雜劇作品十八本、白氏兩本、馬氏七本、鄭氏八本, 共三十五本。詳列作家、作品與版本於下:

作家/劇名	簡　稱	版　本
關漢卿的作品		
※關大王獨赴單刀會	單刀會	明鈔本
※關張雙赴西蜀夢	雙赴夢	元刊本
※溫太眞玉鏡臺	玉鏡臺	古名家本
※尉遲恭單鞭奪槊	單鞭奪槊	明鈔本
※山神廟裴度還帶	裴度還帶	明鈔本
鄧夫人苦痛哭存孝	哭存孝	明鈔本
劉夫人慶賞五侯宴	五侯宴	明鈔本
狀元堂陳母教子	陳母教子	明鈔本
包待制智斬魯齋郎	魯齋郎	古名家本
包待制三勘蝴蝶夢	蝴蝶夢	古名家本
錢大尹智寵謝天香	謝天香	古名家本

王閨香夜月四春園	緋衣夢	明鈔本
趙盼兒風月救風塵	救風塵	古名家本
詐妮子調風月	調風月	元刊本
閨怨佳人拜月亭	拜月亭	元刊本
望江亭中秋切鱠旦	切鱠旦	息機子本
杜蕊娘智賞金線池	金線池	古名家本
感天動地竇娥冤	竇娥冤	古名家本
白樸的作品		
※唐明皇秋夜梧桐雨	梧桐雨	古名家本
裴少俊牆頭馬上	牆頭馬上	古名家本
☆董秀英花月東牆記	東牆記	明鈔本
馬致遠的作品		
※破幽夢孤雁漢宮秋	漢宮秋	古名家本
※西華山陳摶高卧	陳摶高卧	古名家本
※半夜雷轟薦福碑	薦福碑	古名家本
※呂洞賓三醉岳陽樓	岳陽樓	古名家本
※馬丹陽三度任風子	任風子	明鈔本
※開壇闡教黃粱夢	黃粱夢	古名家本
江州司馬青衫淚	青衫淚	古名家本
鄭光祖的作品		
※輔成王周公攝政	周公攝政	元刊本
※醉思鄉王粲登樓	王粲登樓	古名家本
※虎牢關三戰呂布	三戰呂布	明鈔本
※立成湯伊尹耕莘	伊尹耕莘	明鈔本
※程咬金斧劈老君堂	老君堂	明鈔本
㑳梅香騙翰林風月	㑳梅香	息機子本
迷青鎖倩女離魂	倩女離魂	古名家本
鍾離春智勇定齊	智勇定齊	明鈔本

(凡標「※」者表爲末本雜劇，而題名爲白樸所作的《東牆記》因與元雜劇一人獨唱的體例不合⑦，故不在本文的討論範圍之內。)

二、擬聲重疊詞的結構類型

根據擬聲重疊詞的詞形，亦即疊字的組合方式，可分爲八種類型：AA、AAA、ABB、AAB、AABB、ABBC、ABAB、

ABAC；茲就其詞形結構序列說明之。

㈠AA 型擬聲疊音詞

1.摹擬自大自然的聲音：

a. 風雨聲

⑴恰似秋風過耳早休休（救風塵＃二）⑦

「休休」爲雙關語，除了以其音節的重疊摹擬風聲外，亦具有其字面「休」的詞彙意義。

⑵蕭蕭落葉聲（漢宮秋＃四）

落葉蕭蕭滿地無人掃（倩女離魂＃一）

刷刷的風颭芭蕉鳳尾搖（㑳梅香＃二）

刷刷似食葉春蠶散滿箔（梧桐雨＃四）

「蕭蕭」、「刷刷」皆摹擬風吹樹葉的響聲。

⑶霍霍的搖動珠簾你等著（㑳梅香＃二）

「霍霍」用以象風動珠簾所發出的聲音。

⑷颭颭旌旗耀日光（三戰呂布·一）

「颭颭」擬自風飄旗動之聲。

⑸氣吁做江風淅淅（王粲登樓·三）

「淅淅」摹擬風吹江水之聲。

⑹則見那忽剌鞭颼颼的摔動一齊拽（哭存孝＃三）

我則見颼颼的枷棒摔（黃梁夢＃二）

「颼颼」表甩動物體所發出的風響。

⑺我呸呸的走似風車（哭存孝＃三）

「呸呸」形容疾走如風的聲音。

⑻是這瀟瀟的風弄竹（任風子＃二）

淚灑做雨瀟瀟（倩女離魂＃一）

𠀋那窗兒外梧桐上雨瀟瀟（梧桐雨＃四）

「瀟瀟」擬作風聲或風兼雨聲。

b. 鳥叫聲

⑴一壁廂黃鸝聲恰恰（魯齋郎＃二）

⑵猛聽的寒雁南翔呀呀的聲嘹亮（漢宮秋＃三）

驚的那呀呀塞雁起平沙（倩女離魂＃二）

⑶大古似林鶯嚦嚦（漢宮秋＃四）

你看那寒雁淒淒呀呀叫出洞庭天（王粲登樓·二）

「恰恰」擬自黃鸝聲、「呀呀」擬自雁鳥的鳴叫聲、「嚦嚦」則摹擬黃鶯婉轉聲。

c. 蟲叫聲

寒蛩唧唧聲聲叫殘江浦月（王粲登樓·二）

寒蛩唧唧細吟秋，夜夜寒聲到枕頭（王粲登樓·三）

「唧唧」擬自蟋蟀鳴聲。

d. 水聲

「零零」、「潺潺」、「瀝瀝」

⑴山溜零零（漢宮秋＃四）

⑵空聽得江水潺潺（岳陽樓＃二）

山水潺潺（老君堂·一）

⑶愁隨做江聲瀝瀝（王粲登樓·三）

2. 人所發出來的各種聲響

⑴我這里立不定吁吁的氣喘（五侯宴＃三）

「吁吁」喘息聲

⑵呀。我見他盡在嘻嘻哂咲中（單鞭奪槊＃三）

「嘻嘻」笑聲

⑶我若是多乳些灌的他啊啊的吐（五侯宴＃一）

「阿阿」嘔吐聲

⑷喏喏連聲（金線池＃三）

「喏喏」應和聲

⑸將那潑醅酒瀡瀡連糟嚥（黃粱夢＃四）

「瀡瀡」吞嚥聲

⑹是誰人吖吖的腦背後高聲叫（哭存孝＃四）

「吖吖」吵鬧聲

他也吖吖的叫（三戰呂布·一）

夫人又叫吖吖似蠍螫（牆頭馬上＃三）

⑺我心頭丕丕那怕（倩女離魂＃二）

「丕丕」心跳聲

⑻擦擦的行過欄杆上甬道（㑳梅香＃二）

「擦擦」形容行進時與物相磨掠之聲。

3.物體受到敲擊、碰撞、摩擦或撕扯所發出的各種音響

a．敲擊聲：

將一面鼉皮畫鼓鼕鼕擂（哭存孝＃三）

斷笛悠悠鼓鼕鼕（黃粱夢·一）

⑴你聽那禁鼓鼕鼕（㑳梅香＃二）

戰鼓鼕鼕有若雷（三戰呂布·一）

咚咚衙鼓響（蝴蝶夢·二）

「鼕鼕」、「咚咚」擬作擊鼓聲。

⑵正衣冠環珮鏘鏘（陳母教子＃一）

環佩珊珊（岳陽樓＃四）

玉佩丁東響珊珊（梧桐雨＃二）

「鏘鏘」、「珊珊」皆作玉器相鳴聲

⑶瑲瑲的水滴銅壺玉漏敲（㑳梅香＃二）

「瑲瑲」擬作水滴銅器聲

⑷巴巴的彈響窗槅（㑳梅香＃二）

「巴巴」擬作敲彈聲。

b．磨擦聲

⑴殺人劍搽搽帶血磨（黃粱夢＃四）

「搽搽」摹擬磨刀劍發出的聲音。

⑵筆頭刷刷三千字（陳母教子·三）

「刷刷」象筆端於紙張上書寫擦摩的聲音。

c．撕扯聲

被我都搽搽扯做紙條兒（倩女離魂＃四）

「搽搽」除作磨刀聲，亦可擬作撕紙聲。

這一類AA型的重疊詞皆作擬聲詞用，爲只有一個詞素所構成的單純詞，本文稱之爲擬聲疊音詞。

㈡AAA

1.踢甩聲

⑴一箇扶著軟肋里撲撲撲的裝到五六靴（哭存孝＃三）

「撲撲撲」摹擬踢踹聲。

⑵揣揣揣加鞭（單鞭奪槊＃四）

「揣揣揣」擬作甩動皮鞭的響聲。

AA亦可自成爲詞，來仿擬聲效，關漢卿有兩個音節延宕不足之感，而續加音節「AA＋A」，連用三個同音音節來增強音效效果。

㈢ABB型擬聲重疊詞

ABB型擬聲重疊詞，在構詞形式分爲兩大類：

1.ABB＝O（ Onomatopoeic　Word 擬聲詞）

a．擬自自然界的聲音

⑴助踈剌剌動羈懷風亂掃（倩女離魂＃一）

忽踈剌剌玉殿香風透（雙赴夢♯四）

踈剌剌竹弄寒聲（㑳梅香♯一）

忽魯魯風閃得銀燈爆（梧桐雨♯四）

撲簌簌花墜殘英（㑳梅香♯一）

撲簌簌動朱箔（梧桐雨♯四）

「踈剌剌」、「忽魯魯」、「撲簌簌」仿擬自各種風聲。

⑵骨剌剌的旌旗雜彩搖殺氣飄（老君堂♯三）

骨剌剌列繡旗（伊尹耕莘♯三）

骨剌剌的繡旗開（裴度還帶♯一）

「骨剌剌」擬自風吹旌旗飄搖聲。

⑶呂溫侯赤力力戟擺動那金錢豹尾（三戰呂布♯三）

「赤力力」擬作揮舞時所引起的風響。

⑷見淅零零滿江千樓閣（倩女離魂♯一）

「淅零零」仿自雨聲。

⑸忒楞楞宿鳥飛騰（㑳梅香♯一）

「忒楞楞」仿傚鳥驚起聲。

b. 車馬聲

⑴跨下這匹豹目烏，不剌剌把赤兔馬來當翻（三戰呂布♯一）

不剌剌馬似煙（單鞭奪槊♯四）

圪蹬蹬的馬兒騎（陳母教子♯三）

他硈蹬蹬馬蹄兒倦上皇州道（倩女離魂♯一）

「不剌剌」、「圪蹬蹬」、「硈蹬蹬」皆擬仿馬蹄聲。

⑵我各剌剌坐車兒嬾過溪橋（倩女離魂♯一）

「各剌剌」仿自馬車輪轉動聲。

c. 物體受到敲擊、碰撞、摩擦發出的聲響

⑴撲鼕鼕的征鼙鼓響似震天雷（三戰呂布＃三）

則聽撲鼕鼕駝皮鼓擂（五侯宴＃四）

撲咚咚階下升衙鼓（蝴蝶夢＃二）

「撲鼕鼕」、「撲咚咚」摹仿擊鼓聲。

⑵廝琅琅鳴殿鐸（梧桐雨＃四）

「廝琅琅」擬作金石相鳴聲

⑶支楞楞捉出霜鋒（單鞭奪槊＃三）

「支楞楞」仿摹劍出鞘的碰撞聲。

⑷屹剌剌撒開紫壇（梧桐雨＃二）

忽剌剌板撒紅牙（梧桐雨＃三）

「屹剌剌」、「忽剌剌」摹擬敲擊木器聲。

⑸把襖子踈剌剌惚開上拆（調風月＃二）

「踈剌剌」摹仿衣物摩挲聲。

d. 人所發出的各種聲音

⑴跌在裡面撲鼕鼕（三戰呂布·二）

「撲鼕鼕」除擬仿擊鼓聲外，亦仿人體跌落地面的聲音。

⑵這箇張飛撲碌碌著那廝望風兒去（三戰呂布＃二）

撲碌碌推到法場也（哭存孝＃三）

「撲碌碌」摹仿人體滾動聲。

⑶骨碌碌怪眼爭圓（單鞭奪槊＃四）

「骨碌碌」仿傚眼珠翻轉聲。

⑷我這里七林林轉過庭槐（黃粱夢＃二）

見他可擦擦拖將去（黃粱夢＃二）

「七林林」、「可擦擦」同擬自腳步聲。

⑸我敢各支支搊斷你腰（任風子＃四）

「各支支」擬作筋骨聲。

⑹忽嘍嘍酣睡似雷鳴（陳摶高卧＃一）

睡時節幕天席地黑嘍嘍鼻息如雷二三年喚不起（陳摶高卧＃三）

黑婁婁地鼻息如雷（青衫淚＃三）

相公船兒上黑齁齁的熟睡者（切鱠旦＃三）

「忽嘍嘍」、「黑嘍嘍」、「黑婁婁」、「黑齁齁」皆擬自鼻息聲。

⑺我可丕丕心頭跳（㑳梅香＃二）

嚇的我可撲撲小鹿兒心頭撞。（㑳梅香＃三）

覺我這可撲撲的心頭戰（五侯宴＃三）

「可丕丕」、「可撲撲」擬作心跳聲。

⑻篤速速手難舒（五侯宴＃一）

則我這篤簌簌連身戰（五侯宴＃三）

「篤速速」、「篤簌簌」仿自人體受寒抖動聲。

⑼阿來來口打番言（五侯宴·三）

「阿來來」，擬仿聽不懂的番話的語音。

⑽撲簌簌痛激常淹袞龍衣（雙赴夢＃一）

撲簌簌胭脂零落（㑳梅香＃二）

滴撲簌簌界殘妝粉淚拋（倩女離魂＃一淚）

「撲簌簌」擬自激水滴流聲。

這類ABB型擬聲疊音詞，爲單純詞，專用以擬倣各種聲響之用。

2.ABB＝A（非擬聲詞素）＋BB（擬聲詞素）

a.A爲動詞性詞素，BB擬自：

⑴笑聲

聽言說教我笑咍咍（黃粱夢＃二）

一個笑呷呷解愁懷（青衫淚＃一）

往常開懷常是笑呵呵（西蜀夢＃三）

⑵吵鬧聲：

鬧垓垓當合十字街（黃粱夢＃二）

鬧垓垓密排著軍隊（伊尹耕莘＃三）

鬧垓垓戰馬嘶（伊尹耕莘＃三）

我則見鬧垓垓鬧垓垓的軍到來（五侯宴＃五）

⑶敲擊聲：

畫簷間鐵馬響丁丁（漢宮秋＃四）

原來是響當當嗚榔板（倩女離魂＃二）

⑷抖動聲

戰速速肉如鉤搭（緋衣夢＃二）

⑸喘息聲

可不氣丕丕冒突天顏（梧桐雨＃二）

我與你氣丕丕趕上來（黃粱夢＃二）

此種類型的BB，除了「氣丕丕」的「丕丕」爲自由詞素，可獨立成詞外，其他的BB在四大家的雜劇語言內皆爲不可獨立成詞的附著詞素。論其詞的構成方式爲動補關係之部分重疊式合成詞。

b.A爲形容性詞素，BB擬自：

⑴風聲：

大哥哥雙股劍冷颼颼（三戰呂布＃楔子）

冷颼颼江風起（單刀會＃四）

急颭颭雲帆扯（單刀會＃四）

BB與A同爲自由詞素，詞素的結合方式爲主謂關係之部分重疊式合成詞。

⑵發狠聲：

相公又惡噉噉（牆頭馬上＃三）

惡哏哏揚威顯武（伊尹耕莘＃三）

惡哏哏蕭銑軍前施燥暴（老君堂＃三）

BB 爲附著詞素，詞的內部結構亦屬主謂關係。

c.A 爲名詞性詞素，BB 擬自：

⑴腳步聲：

足律律旋風兒來（竇娥冤＃四）

⑵滴流聲：

要一顆血瀝瀝婦人頭（岳陽樓＃三）

⑴⑵的詞彙內部結構都屬於主謂關係，但「瀝瀝」爲自由詞素而「律律」則爲附著詞素。

㈣**AAB**

a.AA（擬聲詞素）＋B（非擬聲詞素）

⑴AA 擬自笑聲

俺秦王聽罷呷呷笑（老君堂＃三）

這一類的 AA＋B 可寫作 BB＋A，爲前一種類型 A＋BB 的倒置，相同的詞素，序列方式不同罷了，如：呷呷笑＝笑呷呷。詞的內部結構方式也轉換爲偏正關係。

⑵AA 擬自叫聲

呀呀叫、吖吖叫

我這里高阜處不住的呀呀叫（薦福碑＃二）

由你待吖吖叫到明（任風子＃三）

AA 與 B 皆屬於自由詞素，AA 亦可獨用。詞素結合的方式，也屬偏正關係。

㈤**AABB**

a．火燃燒時發出的聲響：

刮刮匝匝

擄著俺子母情，祆廟火刮刮匝匝烈焰生（倩女離魂＃四）

b．風雨聲：

撲撲簌簌風颭珠簾影（梧桐雨＃一）

AABB＝ABB，即「撲撲簌簌」亦作「撲簌簌」。

c．人語喧鬧聲：

⑴炒炒七七

有甚麼事炒炒七七（黃粱夢＃二）

⑵查查胡胡

查查胡胡的尙玳筵前（拜月亭＃四）

AABB＝AB，在現代漢語中可找到「查胡」這樣的語詞。

⑶攘攘垓垓

攘攘垓垓不伶俐（陳摶高卧＃三）

AA（非擬聲詞素）＋BB（擬聲詞素），AA 爲自由詞素 BB 爲附著詞素，屬並列關係之重疊式合成詞。

d．樂器聲

嘈嘈切切錯雜彈（青衫淚·三）

「嘈嘈切切」引用自白居易的琵琶行詩。AA 和 BB 可分別獨用。

㈥ABAC

a．哭泣抽噎聲：乞留乞良

休那裡乞留乞良堆跌譭傷悲（切鱠旦＃二）

b．腳步聲：出留出律、七留七力

我見他出留出律兩箇都迴避（謝天香＃三）

可早又七留七力來到我跟底（謝天香＃三）

㈦ABBC

ABB＋C＝O（擬聲詞）

母親將水面上鴛鴦忒楞楞騰分開交頸，踈剌剌刷備雕鞍撒了鎖鞓，斯郎郎鏦偸香處喝號提鈴，支楞楞爭紘斷了不續碧玉箏，吉丁丁當精磚上摔破菱花鏡，撲通通冬井底墜銀絣。(倩女離魂＃四)

⑴忒楞楞騰＝忒楞楞＋騰（C與A同音，ABBC爲疊韻詞）；擬作鳥飛聲。

⑵踈剌剌刷＝踈剌剌＋刷（A的聲母＋BB的韻母＝C）；擬撒鞅鎖聲。

⑶斯郎郎鏦＝斯郎郎＋鏦（C與A聲母相近，C爲齒齦塞擦音〔ts〕，A爲齒齦擦音〔s〕）；仿傚鈴聲。

⑷支楞楞爭＝支楞楞＋爭（C與A的聲母相近只差送氣與不送氣之別，而與BB疊韻）；摹紘斷聲。

⑸吉丁丁當＝吉丁丁＋當（C與B韻母相同）；仿鏡破聲

⑹撲通通冬＝撲通通＋冬（C與BB韻母相同）；象物墜水聲。

這六個在同一曲目中接連出現的擬聲疊音詞出自鄭光祖的手筆，他屬於元雜劇第二期的作家，時代較關、白、馬晚，他運用已有的ABB擬聲疊音詞，添加一個與ABB音同或音近的音節C，成爲四音節的擬聲詞。這六個擬聲疊音詞的聲母是以齒齦音爲主，BB的聲母：前四個都是發齒齦邊音〔l〕，如：「楞楞」、「剌剌」、「郎郎」、「楞楞」，後兩個BB的聲母是發齒齦塞音〔t〕，如：「丁丁」、「通通」。

㈧**ABAB**

a. 敲門聲：

可撲可撲

我再上樓去叫他，可撲可撲（岳陽樓·一）

三、擬聲重疊詞的運用

關於擬聲重疊詞在雜劇語言裡的運用，筆者分語法功用、修辭作用以及語用情形作進一步的說明。

㈠語法功用

擬聲重疊詞的語法功用，大多具有形容性質，作爲爲句中的副語（用於修飾述語）、加語（用於修飾名詞）或表語（用於修飾主語）。

⑴撲鼕鼕的征鼙鼓響似震天雷（三戰呂布＃三）

「撲鼕鼕」作副語，形容鼓響聲。

⑵要一顆血瀝瀝婦人頭（岳陽樓＃三）

「血瀝瀝」作形容性加語，描繪端語「婦人頭」。

⑶著踈竹瀟瀟落葉飄飄（任風子＃四）

「瀟瀟」作表語形容風吹「踈竹」的聲音。

有些擬聲重疊詞，代表其所摹擬的聲響之動作或本體。如：

⑴查查胡胡的倘玳筵前（拜月亭＃四）

「查查胡胡」本擬自吵鬧聲，而在語句運用中亦可代表吵鬧的情形，具動詞性。

⑵這箇張飛撲碌碌著那廝望風兒去（《三戰呂布》＃二）

「撲碌碌」除了表示推滾的聲音外，亦象徵推滾的動作。

⑶見淅零零滿江千樓閣（倩女離魂＃一）

「淅零零」本擬自雨聲，卻在語句中代指「雨」，轉化爲名詞性。

還有一類比較特殊的擬聲疊音詞，不作句中成分，獨立爲小句。如：

我再上樓去叫他，可撲可撲（岳陽樓·一）

㈡修辭作用

a. 對偶：語文中上下兩句，字數相等、句法相似、平仄相對的，就叫做對偶句。如：

早是秋風颯颯，可更暮雨淒淒（拜月亭＃一）

「早是」對「可更」、「秋風」對「暮雨」、擬聲疊音詞「颯颯」對非擬聲疊音詞「淒淒」。這些重疊詞相對出現於對偶句中的，又可稱爲「疊字對」。疊字對中亦有假平行⑧的現象。如：

你看那寒雁淒淒呀呀叫出洞庭天。寒蛩喞喞聲聲叫殘江浦月

並列結構的詞組　　　　主從結構的詞組

（王粲登樓·二）

在這個假平行的對偶句中「寒雁」對「寒蛩」、「出」對「殘」、「洞庭天」對「江浦月」，而同爲詞組在句中作副語修飾述語「叫」的聲音與情狀的「淒淒呀呀」和「喞喞聲聲」，鄭氏動了手腳，在順序上前一句先描繪寒雁的叫聲帶給人的感受「淒淒」再擬其叫聲「呀呀」，將這兩組一摹情一狀聲、不同性質的重疊詞並列爲修飾述語的詞組；而下一句與之看似相對的「喞喞聲聲」，就把寒蛩的叫聲「喞喞」先點出來，作爲修飾「聲聲」的領屬性加語，兩者合爲主從結構關係的詞組；故而「淒淒呀呀」和「喞喞聲聲」是看似對偶，實際檢驗其成分性質卻不相對的假平行句。

b. 倒裝：語文中故意顛倒文法順序的句子。這類改變正常語序的句子，便是修辭格的「倒裝」。如：

圪蹬蹬的馬兒騎（陳母教子＃三）

若把這個句子還原爲正常語序，應爲：

我把馬兒騎得圪蹬蹬的。

屬漢語語言中的特殊句式——「把」字句。若以語法學的觀點而言，「倒裝」即爲變形語法的「移位律」，在進行語句的變形——倒裝時，第一步先採用了變形語法的「省略律」。如：

→（我把）馬兒/騎（得）/圪蹬蹬的 ……………〔省略律〕

句中的主語（我）、介詞（把）被省略，述、補語之間的結構助詞（得）也被省略。最後才運用「移位律」改變語句的順序。如：

→______/馬兒/騎（得）/圪蹬蹬的………………〔移位律〕

→圪蹬蹬的/馬兒/騎……………………〔倒裝句（變形句）〕

原本該置於述語之後的補語「圪蹬蹬的」，運用移位變形的方法挪至句首，加強其音響效果。擬聲重疊詞最常以倒裝的形式出現於語句之中。

c. 排比：結構相似的句法，接二連三的表達同性質、同範圍的意象。

(1) 助/踈剌剌/動羈懷/風亂掃，
滴/撲簌簌/界殘妝/粉淚抛，
灑/細濛濛/浥香塵/暮雨飄。（倩女離魂＃一）

「踈剌剌」、「撲簌簌」同爲擬聲疊音詞，前者擬風聲後者摹淚滴聲，「細濛濛」則爲部分重疊式合成詞，用以狀細雨之情態；三者文法結構相似，以排比的方式描情摹態，寫倩女的千愁萬緒。

(2) 氣/吁做/江風淅淅……，
愁/隨做/江聲瀝瀝……，
激/彈做了/江南霏霏。（王粲登樓·三）

連用三個疊音詞，前兩個都屬於擬聲疊音詞，「霏霏」爲非擬聲疊音詞，且「江」字一再在句中重複出現。這三句依次出現於賓白，爲劇中人物王粲對友人的答話，然而言辭文雅，更顯文人王粲詞章造詣高。

㈢語用情形

a. 重複：

擬聲重疊詞，在同一劇目中重複的情形並不多見，重複出現相同的詞形的，只有兩例：

⑴馬致遠《漢宮秋》中重複寫寒雁的叫聲「呀呀」，增添秋聲的淒楚。

⑵鄭光祖《㑳梅香》劇寫個風聲，出現了兩次「撲簌簌」。

然而同樣的擬聲重疊詞，尤以擬聲疊音詞，由於所擬的是聲音，在選擇相同字音的字書寫時，常有同音異形詞即「別字」的代用情形產生；雜劇作家在同一劇目中有重複使用同一個擬聲疊音詞，而前後兩次的詞形不同的現象。如：

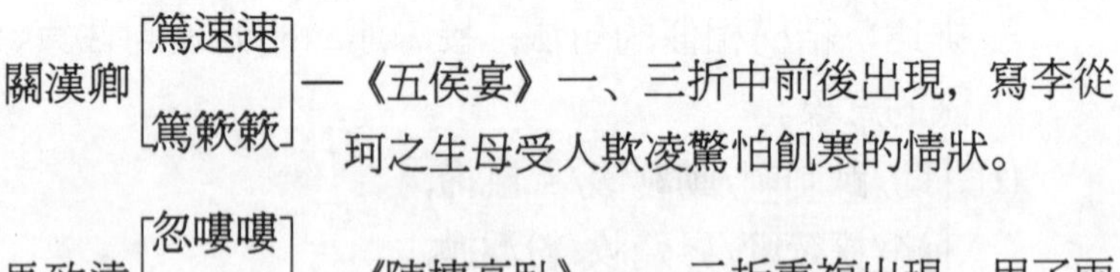

關漢卿〔篤速速／篤簌簌〕—《五侯宴》一、三折中前後出現，寫李從珂之生母受人欺凌驚怕飢寒的情狀。

馬致遠〔忽嘍嘍／黑嘍嘍〕—《陳摶高臥》一、三折重複出現，用了兩次酣睡的鼻息聲，寫個睡仙陳摶。

鄭光祖〔可丕丕／可撲撲〕—《㑳梅香》二、三折中把丫頭樊素的心驚膽戰一再刻劃出來。

b. 迭用：

在曲文中，不斷使用不同的擬聲重疊詞的情形，筆者以「迭用」稱之。如：

⑴滴溜溜颩閑階落葉飄，踈剌剌刷落葉被西風掃，忽魯魯風閃得銀燈爆，廝琅琅鳴殿鐸，撲簌簌動朱箔，吉丁當玉馬兒向檐間鬧。（梧桐雨＃四）

除了第一個 ABB 型重疊式合成詞不具擬聲作用外，連續展現的「踈剌剌」、「忽魯魯」、「廝琅琅」、「撲簌簌」都是擬聲疊音詞與最後一句的擬聲詞「吉丁當」，共同鳴奏了風雨交響曲。

⑵踈剌剌竹弄寒聲，撲簌簌花墜殘英，忒楞楞宿鳥飛騰。（㑳梅香＃一）

這三個 ABB 型擬聲疊音詞，在曲中接連出現作爲句首襯字。

⑶大古似林鶯嚦嚦山溜雯雯。（漢宮秋＃四）

馬致遠《漢宮秋》更在同一句中，連用兩個 AA 型擬聲疊音詞。

⑷呀呀的飛過蓼花燈，孤雁兒不離了帝王城，畫簷譜鐵馬響丁丁寶殿上君王冷清清，寒更寒更，蕭蕭落葉聲，燭暗長門靜（漢宮秋＃四）

迭用的形式爲：AA/ABB/AA（「冷清清」不屬於擬聲重疊詞之類）；屬於擬聲重疊詞的 ABB「響丁丁」，爲重疊式擬聲疊音詞，詞素爲 A「響」＋BB「丁丁」，居於兩個 AA 型重疊詞之間。

⑸我心頭丕丕那驚怕，原來是響當當鳴榔板捕魚蝦，我這里順四風悄悄聽，無那趁著這厭厭露華，立在這澄澄月下，驚的那呀呀寒雁起平沙。（倩女離魂＃一）

迭用的情形與⑷相同，但⑷兩個 AA 之間，有兩個 ABB，只不過其中一個不屬於本文所論述的擬聲重疊詞；而⑸兩個 AA 擬聲疊音詞之間也夾了一個 ABB 型擬聲重疊詞，但這個 ABB 與下一個 AA 擬聲疊音詞之間，隔了三個不具擬聲功用的 AA 型重疊詞。AA 在曲文中前後呼應，前一個 AA 擬自內在的心跳聲，後一個 AA 則擬自外在的雁鳥叫聲。

(6)見淅零零滿江干樓閣，我各剌剌坐車兒嬾過溪橋，他矻蹬蹬馬蹄兒倦上皇州道，我一步步傷懷抱，他那里最難熬，他一程程水遠山遙。(倩女離魂♯一)

這三個 ABB 擬聲疊音詞，全擬自外在的聲響。

四、結　語

擬聲重疊詞，這類詞彙由於是對外在聲音的摹擬，故有音同音近之字間互相通假的現象，再加上元雜劇具有直書口語的俚俗語詞，當這些口語詞要用文字書寫紀錄時，雜劇作家常以別字相代，更造就了許多同音或音近的異形詞。如：

鼕鼕（咚咚)、圪（矻）蹬蹬、撲鼕鼕（咚咚)、黑（忽）嘍嘍（婁婁、齁齁)、可丕丕（撲撲)、惡噷噷（哏哏)。

擬聲疊音詞，有少數的詞彙兼指不同的聲響。如：

(1)「刷刷」，白氏《梧桐雨》劇中擬作風聲；關氏《陳母教子》擬作書寫聲。

(2)「搉搉」，馬氏《黃粱夢》擬作磨刀聲；鄭氏《倩女離魂》仿爲撕紙聲。

(3)「踈剌剌」，關氏《雙赴夢》擬作風聲，而《調風月》卻擬作衣物摩挲聲。

(4)「撲鼕鼕」關氏《五侯宴》摹爲擊鼓聲；鄭氏《三戰呂布》擬作跌落聲。

這些都是同一個詞形，摹擬不同聲響的擬聲疊音詞。

「元曲四大家」就目前所存的雜劇語言看來，在擬聲重疊詞的運用與創作方面，筆者認爲以元雜劇第二期的作家鄭光祖最爲出色。他在 ABB 擬聲疊音詞的基礎上，又添上一個音節，合爲 ABBC 的擬聲疊音詞，四個音節間不但具有或雙聲或疊韻的同音與音近的聲韻關係，在節奏上更呈現了「3/1」促緩的韻律效果，延宕了音節 C 的音長。如：
忒楞楞/騰、踈刺刺/刷、斯郎郎/鏦、支楞楞/爭、吉丁丁/當、撲通通/冬。

他不但自創新詞，而且音節鏗鏘、韻律分明，無怪乎《太和正音譜》言其：「其詞出語不凡，若咳唾落乎九天臨風而生珠玉，誠傑作也。⑨」然而論及擬聲重疊詞的多樣性，則推關漢卿爲第一。但是這樣的評語，也不盡客觀，畢竟關氏所存的雜劇較其它三家多出二倍以上；不過就目前所有的四家雜劇看來，擬聲疊音詞的運用範圍較廣的當推關氏，而運用頻率最多且造語新奇的則以鄭氏見長。

【註　釋】

①參見《語言學辭典》，頁二七三。

②「單純詞」是指由一個詞素形成的詞。

③「合成詞」又稱複合詞，是指由兩個詞素以上構成的詞。

④王國維《宋元戲曲考》：「元代曲家，自明以來，稱關、馬、鄭、白，然以其年代及造詣論之，寧稱關、白、馬、鄭妥也。……」

⑤參見於王國維《宋元戲曲考》。

⑥《東牆記》不分折，全劇由馬生（沖末）、董秀英（正旦）與丫頭梅香分唱，故與元雜劇一人獨唱全劇的體例不合。

⑦「救風塵」表雜劇名、「♯」表曲文（「·」表賓白）、「二」表折數。

⑧假平行，指的是詩語言的語句中，語詞表面上看似平行相對的現象；詳見梅祖麟

先生〈文法與詩中的模稜〉《史語所集刊》: 39。

⑨語見《太和正音譜》，頁十五。

【參考書目】

《中原音韻概要》陳新雄　台北：學海出版社

《太和正音譜》　明·朱權　台北：學海出版社

《元曲研究二·元人雜劇序說》青木正兒　台北：里仁書局

《元曲釋詞》（一～四冊）　顧學頡、王學奇　北京：中國社會科學出版社

《元明清劇曲史》楊家駱主編　台北：鼎文書局

《古本戲曲叢刊》第四集　編委會　北京：商務印書館

《全元雜劇初二編》　楊家駱主編　台北：世界書局

《宋元戲曲考》　王國維　台北：藝文印書館

《金元北曲語彙之研究》　黃麗貞　台北：商務印書館

《修辭學》　黃慶萱　台北：三民書局

《語言學辭典》　陳新雄等　台北：三民書局

《祖堂集》所見唐五代口語助詞探究

宋寅聖

一、緒 論

1.1《祖堂集》二十卷，爲現存最早的一部完整的禪宗史書。根據該書的序文及其內容，是在五代南唐保大十年（西元 952 年），由泉州（今福建省泉州市）招慶寺的靜、筠二禪師所編撰。①此書的編成，早於北宋道原在景德年間（西元 1004－1007 年）編集的《景德傳燈錄》五十餘年。《景德傳燈錄》行世以後②，《祖堂集》漸遭淘汰，最後在中國失傳，1912 年才在韓國南部海印寺所存大藏經版的補版中發現。③本文所用《祖堂集》是柳田聖山編（1980－1984）《祖堂集索引》（京都：京都大學人文科學研究所）裡的下冊所附日本花園大學圖書館藏五分冊影印本。

1.2《祖堂集》首叙過去七佛，次叙西天二十八祖，再次叙寫東土六祖，然後按法嗣傳承世系，叙寫中國禪師（含留唐韓國禪師十人），共錄二百四十六人。書中所記主要的是中國禪宗初祖菩提達摩以下，尤其是六祖惠能（638－713）以及其弟子們的南宗禪歷史。這些禪師皆爲六世紀至十世紀中葉之間的人。其中以九世紀中葉至十世紀初葉之禪師居多。④因此《祖堂集》大致上可以看成晚唐五代語言的記錄。

1.3《祖堂集》主要包括兩方面的內容：⑴禪門諸法師的源流系譜及生平行狀。⑵禪法方面的問答。其中⑵部分比較詳細。從語言的角度看，⑴部分大致以古代文言記述；⑵部分則以當時口語記述。本文先詳予探討《祖堂集》中所見唐五代口語和反映口語的書面語助詞的使用、發展情況等，再與屬同一時代的敦煌變文（以下簡稱《變》）略作比較，試圖模擬出晚唐五代漢語助詞體系。

1.4 本文採用的語法體系是《中學教學語法系統提要（試用)》(1984)。根據該《提要》，現代漢語的主要助詞可以分成下列三類：

㈠結構助詞（的⑤、得、所、似的）

㈡動態助詞（了、著、過）

㈢語氣助詞（的、了、嗎、吧、呢、啊）

不同時代的助詞系統，其構成成分不可能完全相同，但是構成系統的架構是可以借鑒的。因此，可以利用現代漢語的助詞體系，特別是以結構、動態和語氣助詞爲主體的子系統架構來整理《祖堂集》(以下簡稱《祖》）中的口語助詞，構擬出相應的助詞系統。

二、結構助詞

附在詞或短語後面（或前面），表示語言單位的結構關係的助詞稱爲結構助詞。《祖》中所見到的文言結構助詞主要有：「所、之、者」等；口語結構助詞主要有：「底、地1、個、得1、得2」等。

2.1「底（地)」⑥現代漢語結構助詞「的」的前身。一般與前面的成分「×」結合，組成「×＋底」結構。依此結構的性質，可分成下列二種用法：

㈠體詞性結構：此結構又可分成二種情況：

(A)「×＋底」：後面沒有中心語，句中作主語、賓語等。例如：

(1)道吾問:「背後底是什麼?」(1.171.07) ⑦

(2)師曰:「汝底與阿誰去也?」(2.010.02)

(3)師曰:「將虛底來」(1.118.11)

(4)源云:「忽遇不淨底作摩?」(5.060.03)

(5)有時上堂云:「夜來還有悟底摩?」(3.078.07)

(6)洞山云:「將謂有力氣底是。」(2.048.03)

「×」可以是名詞(例(1))、代詞((2))、形容詞((3)、(4))、動詞((5))以及動詞性短語((6))等。

(B)「×+底」+N:修飾後面的名詞N,句中作定語。例如:

(1)師凡是下底物總吃卻。(5.016.01)

(2)有一日,不安底上座喚同行,云……(2.054.12)

(3)是你三家村裏男女,牛背上將養底兒子,作摩生投這個宗門?(1.114.02)

(4)對云:「設有,亦無展底功夫。」(2.146.01)

(5)僧曰:「不辦生死底人作摩生?」(2.123.08)

(6)師云:「人人盡有底在即是。」(2.137.05)

「×」可以是名詞(例(1)方位詞)、形容詞((2))、動詞(例(3)、(4))、動詞短語(例(5))及複雜的結構(例(6)爲主謂結構)。據初步調查,「底」前面動詞或動詞短語出現次數較多,名詞出現的次數極少。

(二)謂詞性結構:「×+底(地)」在句中作謂語。例如:

(1)道吾云:「滿也。」雲岩云:「湛湛底。」(4.042.09)

(2)「……如何是此言?」師云:「冷侵侵地。」(3.086.02)

(3)答云:「有人長歡喜,有人嗔迫迫地。」(3.127.11)

(4)又一日,雲岩告衆云:「當當密密底。」(3.047.04)

(5)「如何是水牯牛?」曹山云:「朦朦朣朣地。」(4.112.03)

「×」皆爲形容詞，且多數爲重疊，有明顯的描寫性，可以是形容詞的生動形式。至於重疊形式，單音節形容詞有「AA底」(例⑴)、「ABB底」(⑵、⑶)；雙音節形容詞有「AABB底」(例⑷、⑸) 等形式。

「底」始見於唐代，但用例極少。⑧至晚唐五代，在《變》，尤其在《祖》中大量使用。至北宋，隨著結構助詞「的」的出現，逐漸取代「底」、「地」。⑨

至於結構助詞「底」的來源，衆說紛紜，尙無定論。例如呂叔湘（1943，又收入呂叔湘 1984：122－131）認爲來自於「者」，王力（1958：319－321）則認爲來源於「之」。馮春田（1990、1991）認爲「底」字結構來源於「者」字結構，但「底」不是由「者」變化而來，並推測助詞「底」來源於代詞「底」。⑩

2.2「地（底）1」與前面的成分「×」結合，組成「×＋地」結構，句中作狀語。例如：

⑴師伯先過，洞山離這岸未到彼岸時，臨水睹影，大省前事，顏色變異，何何底笑。(2.015.09)

⑵裴相公有一日，微微底不安，非久之間便死。(4.136.09)

⑶……樹下坐，忽底睡著，覺了卻歸院……(3.066.08)

⑷師有時上堂，驀地起來，伸手云……(3.098.03)

⑸和尙驀底失聲便唾……(4.059.08)

「×」可以是擬聲詞、形容詞、副詞等。此外，《祖》中有時「地」、「底」不分（如例⑷、⑸)。

結構助詞「地」也是唐代新興的助詞。⑪但至於它的來源，衆說紛紜，尙無定論。⑫

2.3「個」⑬用在形容詞後組成「A＋個」結構，可分成下列二種用法：

㈠**修飾性的「A＋個」**：又可分爲二種情況

⒜「A＋個」＋N：修飾後面的名詞性成分，句中作定語。例如：

⑴好個一鑊羹，不淨物污著作什麼？(2.073.13)

⑵妙個出身，古今罕有。(4.048.14)

此種「A個」，可理解爲「AA的」或「很A的」。

⒝「A＋個」＋V：修飾後面的動詞，句中作狀語。例如：

⑴石頭曰：「我早個知汝來處。」(1.156.07)

⑵這一片地，好個卓庵。(4.114.01)

此種「A＋個」，可理解爲「AA地」或「很A地」。

㈡**非修飾性的「A＋個」**：也可分爲二種情況。

⒜作表述性謂語，例如：

⑴問：「如何是皮？」師云：「分明個底。」⑭「如何是骨？」師云：「綿密個。」(3.050.05)

⑵師指面前狗子，云：「明明個，明明個。」(5.005.05)

此類「A個」中的「個」近於現代漢語「的」。例⑵「明明個」，可理解爲「明明白白的」，用如現代漢語形容詞的生動形式。

⒝作賓語：僅1例。

⑴只如鋒鋩未兆已前，都無是個非個……(3.002.11)

「是個非個」可理解爲「是的非的」。⑮

「個」字本是個體量詞，用來稱量事物。到了唐代，已可虛化成結構助詞。第一個原因是「個」之前數字「一」的脫落，使「一個」之前的形容詞變成後面的中心語的直接修飾成分，而「個」就成了連接這兩個成分的結構助詞；⑰第二個重要原因是

「個」受到「者」、「底」、「地」這些助詞的功能類化。這幾個助詞唐代都能起到連結修飾語與名詞中心語的作用，然而它們還十分普遍地能與形容詞、動詞或名詞結合後單獨使用，這也使「個」逐漸有了這一用法，立即作結構助詞的功能有了擴展。「個底」（如：㈡(A)⑴「分明個底」）、「底個」（如：「山僧底個，山僧自知；諸人底個，諸人自說。」（《五燈會元》卷14長蘆淸了禪師）的運用就是這種類化留下的明顯痕跡。

2.4「得」結構助詞「得」可分爲下列二種用法，分別記作「得1」、「得2」。

2.4.1「得1」緊接在動詞後，連接表示程度、結果或狀態的補語，可表示爲「V＋得1＋C」。例如：

⑴院主見他孝順，教伊念心經，未過得一兩日，念得徹。（2.050.01）

⑵師笑云：「徑山在浙中，因何問得徹困?」（2.108.04）

⑶若體會得妙，則轉地一切事，向背後爲僮僕者。（2.131.08）

⑷師示衆云：「門入者非寶，直饒說得石點頭，亦不干自己事。」（2.017.02）

⑸雪峰過在什摩處，招得孚上座不肯?（2.105.08）

補語大多數爲形容詞（例⑴、⑵、⑶）；少數爲主謂結構（例⑷、⑸）等。

2.4.2「得2」用在動詞之後，表示可能或容許，多用能願動詞「能」來解釋。「得2」又可分爲以下(A)、(B)、(C)三種：

(A)「V＋得2」/「V＋不＋得2」

此爲不帶賓語的肯定式及其否定式。例如：

⑴識又爭能識得?（1.149.06）

⑵有人道得摩？有人道得摩？若有人道得，救這個貓兒命。(2.034.14)

⑶師問西堂：「你還解捉得虛空摩?」西堂云：「捉得。」(4.051.10)

⑷無軫說不得，師便打之。(3.035.05)

⑸師云：「料汝承當不得。」(3.142.09)

⑹寺主推不得，便來坐。(4.058.07)

⒝「V＋得 2＋O」/「V＋O＋不得 2」

此為帶賓語的肯定式及其否定式。例如：

⑴只劃得這個，還劃得那個摩？(1.155.05)

⑵潙山問仰山：「子一夜商量，成得什摩邊事?」(2.113.02)

⑶師云：「無人識得伊。」(4.084.01)

⑷僧問：「學人自到和尙此間，覓個出身處不得，乞和尙指示個出身路。」(2.132.02)

⑸云：「辯師宗不得。」(3.006.03)

⑹祖佛向這裏出頭不得。(4.019.03)

⒞「V＋得 2＋C」/「V＋不＋C」

此為帶補語的肯定式及其否定式，例如：

⑴若有人彈得破，莫來；若也無人彈得破，卻還老僧。(2.085.04)

⑵雲居代云：「到這裏方知提不起」疏山代云：「只到這裏，豈是提得起摩?」(2.060.13)

⒜、⒝、⒞共六種形式中，除⒝「V＋O＋不得 2」外，其他五種形式皆延續到現代漢語。尤其（C）式在現代漢語中常見，但《祖》的用例不多。

王力認為：「得 1、得 2」在唐代產生的。⑰至於它的來源，衆説紛紜，但最近蔣紹愚比較諸家説法之後，同意王力説，即「得 1、得 2」皆由「獲得」義的「得」發展來的。⑱

三、動態助詞

附著在動詞後面表示動態的助詞稱爲動態助詞。所謂「動態」即指動作、性狀的變化情況。此類助詞唐以後新產生的。《祖》中所見到的動態助詞主要有：「過、取 1、取 2、卻、得 3、得 4、著 1、地 2、將」等。

3.1「過」用在動詞後，表示行爲動作完畢（包括實際完畢和可能完畢）。例如：

⑴吾曰：「村裏男女有什麼氣息？未得草草，更須勘過始得。」(1.183.02)

⑵師云：「苦殺人！咱錯放過者個漢。」(2.014.13)

⑴爲 V + 過；⑵爲 V + 過 + O。

表示完成態的助詞「過」是由動詞「過」（「經過、通過」義）虛化而成的。此種用法在唐代產生的，但用例不多⑲。現代漢語仍常見，例如：「吃過飯再去。」

此外，「過」用在動詞後，表示經歷態。但《祖》、《變》中未見其用例，似乎至宋代才見到。此用法與完成態「過」在本質上相同⑳。

3.2「取」可分成下列二種用法，分別記作「取 1」、「取 2」。

3.2.1「取 1」用在動詞後，表示動作的實現或完成，與現代漢語完成態助詞「了 1」相似。例如：

⑴師曰：「傳語大師：「卻須問取曹溪始得」」(1.106.14)

⑵師曰：「闍梨自道取。」僧云：「某甲若道得，則是客中主。」(2.057.01)

⑶揀得一百個話，不如道取一個話；道得一百個話，不如行取一個話。(3.085.12)

⑷說取一丈，不如行取一尺；說取一尺，不如行取一寸。(5.001.06)

例⑴、⑵爲「V+取」；⑶、⑷爲「V+取+O」。例⑶「取1」與完成態助詞「得3」互文同義。

3.2.2「取2」用在動詞後，表示動作或狀態的持續，可譯爲「著」。例如：

⑴彼此合取口。(2.097.12)

⑵雖然如此，老僧這裏留取十個。(2.104.03)

⑶師云：「將取老僧去得麼?」(5.001.03)

「取」本爲表示「取得、得到」義的動詞，至唐代才演變爲動態助詞。㉑現代漢語中「取」只作詞尾，如「聽取、領取、奪取」等。

3.3「卻」用在動詞後，表示動作的完成態，大致相當於「了1」。例如：

⑴問：「三界竟起時如何?」師云：「坐卻著！」(2.090.10)

⑵僧曰：「不免施又如何?」師云：「對汝道卻。」(3.050.01)

⑶師騎卻頭云：「者畜生什摩處去來?」(2.034.04)

⑷師上堂，良久，百丈收卻面前席。(4.040.12)

例⑴、⑵爲「V+卻」；⑶、⑷爲「V+卻+O」

「卻」本爲動詞，有「退、返、還」等義，皆含有「去」的意思。這類用於動詞後面逐漸虛化爲完成貌助詞「卻」。一些學者認爲：助詞「卻」產生於初唐，衰亡於南宋中晚期，被完成貌助詞「了1」取代。㉒

《祖》中完成態表示法，除用「卻」外，也可用表示完成的

動詞「了、已、訖、竟」，而組成「V〔+O〕+完成動詞」的格式。《祖》中尚未出現完成態助詞「了1」。㉓

3.4「得」用作動態助詞，可分成下列二種用法，分別記作「得3」、「得4」。

3.4.1「得3」用在動詞之後，表示動作完成或實現，可譯作「了1」、「到」。例如：

⑴提得也！提得也！（5.048.13）

⑵拾得二萬八千粒舍利，一萬粒則納官家，一萬八千粒則三處起塔。（2.030.14）

⑶師委得這個消息，便下山來迎接歸山……（4.058.05）

例⑴為「V+得」，用例極少；⑵、⑶為「V+得+O」，用例較多。

3.4.2「得4」接在動詞後面，表示動作的持續，可譯為「著」。用例極少：

⑴一生參學事無成，殷懃抱得栴檀樹。（5.087.01）

「得3」、「得4」在唐代始出現，但用例極少；至宋元明時期，經常看到。㉔但此種用法在現代漢語中已不存在。

3.5「著1」用在動詞後，表示動作或狀態的持續，與現代漢語進行態助詞「著」相同。例如：

⑴……猶掛著唇齒在（1.182.12）

⑵守著合頭，則出身無路。（2.053.12）

⑶若記著一句，論劫作野狐精。（3.114.06）

「著1」由「附著」義的動詞「著」（箸）變來，從唐代起就逐漸形成。㉕

3.6「地2」用在與人的動作有關的不及物動詞之後，表示動作的持續進行。例如：

⑴師比色完裏貯甘橘，洞山來「不審」，立地。師曰：「那邊還有這個摩?」(2.016.08)

⑵兩人坐地歇息次，道吾起來禮拜曰…… (1.175.10)

⑶只如達摩大師梁普通八年到此土來，自少林寺裏冷坐地，時人須作壁觀婆羅門…… (4.024.07)

「地 2」表示動作的持續，相當於進行態助詞「著 1」，但二者不完全相同。「地 2」只用於個別的不及物動詞後面，而「著 1」則不僅限於不及物動詞後。

3.7「將」可分成下列二種用法：

㈠**表示動作的趨向性**：「將」的後面常常帶趨向補語，組成「V＋將＋趨向補語」的格式，表示動作的趨向性。例如：

⑴荷玉頌曰：「龜毛拂、兔角杖，拈將來隨處放。」(2.028.11)

⑵洞山云：「把將德山落底頭來。」(2.034.09)

㈡**表示動作的開始、持續等**：動詞不帶趨向性，「將」僅表示動作的開始、持續等。所帶的趨向補語也已虛化。例如：

⑴道吾問：「有一人無出入息，速道將來。」(2.072.10)

⑵訝將去，鑽將去，研將去，直教透過。(2.091.13)

例⑴「將」和補語一起表示開始；例⑵表示持續。

「將」本爲動詞「攜帶」義，在魏晉南北朝時開始虛化，唐代就變成助詞，宋以後隨著助詞「了」的發展，逐漸消亡。㉖

四、語氣助詞

附在句子末尾表示語氣的助詞稱爲語氣助詞。《祖》中所見的文言語氣助詞主要有：「哉、耳、耶、乎、矣、也、者、不」等；口語語氣助詞主要有：「覃、看、在、無/摩、去、來、好、那、著2、也」等。

4.1「聻（你）」「聻」在《祖》中又寫作「你」。㉗兩者皆用於句末，表示疑問語氣，可譯爲「呢」。例如：

⑴云：「不落意此人聻?」(2.146.04)

⑵夾山曰：「只今聻」(3.001.07)

⑶師問：「什摩處你?」(3.065.11)

⑷師云：「王老師你?」(4.115.13)

全部7例中，3例作「聻」；4例作「你」。兩者皆用於名詞性成分或疑問代詞之後，構成特指問句。

根據前人研究成果，㉘古代漢語疑問語氣詞「爾」，至唐代變爲「聻」等，宋元以後被「呢」取代。

4.2「看」用在句末，表示嘗試的語氣，與現代漢語助詞「看」大致相同。例如：

⑴某甲不識文字，請兄與吾念看。(1.084.14)

⑵和尚云：「汝試作用看」(1.159.01)

⑶汝子細向吾說看。(4.138.09)

⑷雖然如此，待我更驗看。(5.025.05)

全部用例38例中，37例用於祈使句，要求對方作出嘗試；僅1例（例⑷）用在一般陳述句，第一人稱有嘗試。至於助詞「看」所粘附動詞形式，35例爲單音節動詞；僅3例爲雙音節動詞。

語氣助詞「看」是由表「測試」義的動詞「看」虛化而成的。一般而言，此用法產生於六朝，發展於唐宋，而成熟於明清。㉙

《祖》助詞「看」不像現代漢語，不必重疊前面的動詞，也不必帶動量、時量詞。㉚

4.3「在」用在句末，表示肯定語氣，可譯爲「呢」。有時與副詞「未」、「猶」等互應。例如：

⑴對曰：「舌頭不曾染著在。」(2.006.06)

⑵又云：「靈雲諦當，甚諦當，敢報未徹在。」(3.030.05)

⑶師云：「直饒不來，猶較王老師一線道在。」(4.113.12)

語氣助詞「在」始見於唐代，宋代又寫作「裏」。㉛但兩者皆在現代漢語中不再出現。

4.4「無」/「摩」兩者皆位於是非問句句末，作疑問語氣助詞，可譯作「嗎」。例如：

⑴僧云：「莫便是傳底人無?」(3.098.14)

⑵問：「諸聖會中還有不排位者也無?」(3.097.02)

⑶與摩來底人，師還接也無?(5.038.11)

⑷六祖見僧，豎起拂子云：「還見摩?」(1.098.04)

⑸師曰：「那邊還有這個摩?」(2.016.08)

⑹師問僧：「還曾到這裏摩?」(5.044.03)

⑴-⑵爲「無」用例，大多數用「也無」收尾。「無」在古代漢語中常用作否定副詞。至唐代，虛化爲語氣助詞。從唐人詩句中，見到大量的例子；㉜⑷-⑸爲「摩」的用例，一律直接在句末，共202例。「摩」爲《祖》的寫法，《變》寫作「摩」或「磨」；宋以後皆寫成「麼」。「麼」是從「無」分化出來的語氣助詞；㉝清以後才寫成「嗎」。

根據太田辰夫的看法，「無」可能在唐末宋初被寫成「磨」或「摩」。㉞

4.5「去」一般用於分句或全句之末，主要肯定事態出現了變化或即將出現變化，相當於現代漢語語氣助詞「了 2」，例如：

⑴苦哉！苦哉！石頭一枝埋沒去也。(2.088.14)

⑵師云:「這個師僧患風去也。」(2.113.01)

⑶玄晤大師曰:「除卻兩人,降此已下,任你大悟去,也須淘汰。」(1.170.04)

⑷鼓山云:「與摩則學人不禮拜去也。」(2.150.14)

例⑴、⑵表示已經出現了變化;⑶、⑷假設或條件之下,即將出現變化。常與表示變化的語氣助詞「也」連用,使肯定變化的語氣更加強。

「去」原爲動詞,「離開」之義。至唐代,由實義動詞虛化爲語氣助詞。元以後,「了 2」取代「去」。㉟

4.6「來」用在疑問句、叙述句的末尾,表示曾然語氣,一般可譯作「來著」。例如:

⑴師問僧:「何處去來?」對云:「添香去來。」(2.013.04)

⑵師代曰:「什摩劫中曾失卻來?」(2.058.10)

⑶師問雲居:「什摩處去來?」對曰:「踏山去來。」(2.061.08)

⑷皇情曉志公說,大士金剛已講來。(4.028.07)

例⑵、⑷與時間副詞「曾」、「已」等搭配,強調曾然語氣。助詞「來」位於句末語氣助詞的位置,從功能看又近於動態助詞,表示完成。太田辰夫認爲:「來」唐五代就有,宋元明一直使用。「來著」恐怕是由「來」產生的,到清代才見到。㊱

4.7「好」用於句末,表示祈使語氣。例如:

⑴悟入且是阿誰公上事?亦須著精神好!(2.101.02)

⑵師云:「識取好!」(3.115.09)

⑶師云:「大凡行腳人到處且子細好!」(4.015.03)

⑷鼓山云:「莫無慚愧好!」(2.151.02)

⑸莫錯好!者風漢與摩道,莫屈著人摩?(3.078.10)

例⑴與「須」搭配，表示勸戒的語氣；⑷、⑸與「莫」搭配，表示禁止的語氣。

語氣助詞「好」可能產生於唐五代。至於它的來源及演變，尚待詳查。㊲

4.8「那」「那」的功能基本上等於現代漢語「嗎」(又寫作「嘛」)。可分爲下列二種用法：

㈠**表示疑問**：與「作摩」連用，「那」接在前一分句之末，構成一個有質問、責備語氣的反詰問句；「作摩」獨立成句加強前句的語氣。共 7 例，例如：

⑴師曰：「何曾失卻那？作摩？」(1.153.05)

⑵或時見僧入門來，云：「患顛那？作摩？」(3.120.10)

⑶只如佛法到此土三百餘年，前王後帝，翻譯經論可少那？作摩？(5.073.12)

㈡**表示肯定**：用在陳述句末，表示肯定語氣。共 2 例，如：

⑴一人云：「近那，動步便到。」(2.012.11)

⑵師云：「近那，吃飯了也」(5.104.07)

《祖》中，疑問語氣助詞「那」見於反詰問句，「聻」用於特指問句，一些學者認爲：語氣助詞「那」產生於六朝，而宋元以後逐漸消失。㊳

4.9「著 2」用在句末，表示命令、祈使、吩咐等語氣，可譯爲「吧」。例如：

⑴師云：「添淨瓶水著！」(2.024.01)

⑵自云：「禮拜著！」(2.102.02)

⑶師云：「吐卻著！」(2.110.02)

⑷師喚沙彌：「拽出這個死屍著！」(4.140.04)

呂叔湘指出，「者 2」始見於唐代。㊴宋元時也寫作「者」、

「咱」等，㊶現代漢語仍使用，如：「老師今天所說的話，同學們要牢記著！」

4.10「也」表示事態出現了變化或確認出現了某種新情況，可譯爲「了 2」。例如：

⑴自得五陰後，忘卻也。(1.115.01)

⑵舊時則合山，如今改爲夾山也。(2.086.01)

⑶僧云：「學人會也。」(3.118.07)

⑷師云：「那個師僧若在，今年七十四也。」(5.043.13)

古代漢語中「也」主要用作判斷語氣的句末語氣助詞。《祖》中，仍見到此種用例。此外，還見到上述用法。根據太田辰夫，「也」用如「了 2」的用例始見於隋代，從唐代到宋元的用例較多。㊷但它的來源及演變等，有待深入研究。

五、結　論

5.1《祖》與《變》所見唐五代口語助詞略作比較如附表。製表過程中，有關《變》助詞情況，主要參考李泉（1992）的研究成果。但本文與李文看法略有不同，故作不同處理。㊷至於其理由，以下簡略說明：

㈠**結構助詞**：⑴「個」在《變》也出現，其用法與《祖》相同。㊸⑵「得 2」在《變》也見到「V＋助＋C」結構。㊹此外《變》出現「V＋得＋O」及「V＋O＋得」，但後者用例極爲罕見；《祖》似僅見前者。兩者在唐宋時代似未區別，後來僅用前者。㊺⑶《變》出現「來 1」，其用法如「得 1」，僅 5 例，皆見於韻文；《祖》似未見。

㈡**動態助詞**：⑴《變》似未見完成態「過」。至於經歷態「過」，二書皆未見。⑵《變》「將」的用法與《祖》相同，主要表示動作的趨向性，也表示開始等。⑶《變》見到「了 1」，僅 2 例，皆見於韻文；㊻《祖》未見。

㈢**語氣助詞**：⑴《祖》中「聻（你）」、「那」分別出現共 7 例、9 例，《變》似未見。⑵《祖》出現「無」、「摩」，在《變》中還見到「磨」。⑶「去」在《祖》見到不少用例，《變》有待詳查。⑷「好」多見於《祖》；《變》似未見。⑸「來 3」在《變》僅見 3 例，《祖》似未見。「來 4」僅見於《變》的韻文中，《祖》似未見。《變》「來 5」用例極少，《祖》似未見。以上「來」的用法及演變等，尚不清楚，有待詳查。⑹「裏（里）」在《祖》、《變》分別出現共 1 例、3 例。但《祖》用例太少，且文義也不明，暫且存疑。

5.2 從附表所擬構的《祖》、《變》口語助詞體系中，可得到下列二點結論：

㈠二書中，大多助詞一起出現，且其用法幾乎完全一致；少數助詞單獨出現，但其出現次數極少，這或許說明二書產生的地域背景不同，諸如《祖》、《變》中少數部分分別帶有長江以南、西北方言色彩。

㈡二書中共同出現的現象有：

⑴同一個助詞表達幾種不同的語法意義，例如：「地、得、取、著、(來)」等。

⑵幾個不同的助詞有著相同的語法功能，例如：結構助詞中的「底」和「個」、「地 1」和「個」；動態助詞中的完成態助詞「過、取 1、卻、得 3、(了 1)」，進行態助詞「取 2、得 4、著 1、地 2」；語氣助詞中表示肯定的「在、那、(裏)」，表示變化的「去、也」等。

⑶此外，還見到現代漢語常見的一些助詞的早期使用情形，

如「底（的）、地、得、過、著、看、摩（嗎）」等。

上述情形說明唐五代乃現代漢語助詞的萌芽階段，其助詞系統還不穩定，仍處在初步形成和確立階段。

《祖堂集》與敦煌變文所見唐五代口語助詞比較表

(1)結構助詞（※表示僅出現於《變》的助詞，下同）

結構 / 助詞	X+助〔+N〕		X+助+V		V+助+C		V+助/V+不+助		V+助+O (V+O+助)/V+O+不+助	
	《祖》	《變》	《祖》	《變》	《祖》	《變》	《祖》	《變》	《祖》	《變》
2.1 底	+	+								
2.2 地1			+	+						
2.3 個	+	+	+	+						
2.4.1 得1					+	+				
2.4.2 得2					+	+	+	+	+	+
※ 來1					(－)	+				

(二)動態助詞

態式 / 助詞	完成態		進行態		經歷態		其他	
	《祖》	《變》	《祖》	《變》	《祖》	《變》	《祖》	《變》
3.1 過	+	(－)			－	－		
3.2.1 取1	+	+						
3.3.3 取2			+	+				
3.3 卻	+	+						
3.4.1 得3	+	+						
3.4.2 得4			+	+				
3.5 著1			+	+				
3.6 地2			+	+				
3.7 將							+	+
※ 了1	－	+						

㈢語氣助詞

語氣 助詞	疑問		嘗試		肯定		變化		曾然		命令 祈使		假設		決意	
	〈祖〉	〈變〉	〈祖〉	〈變〉	〈祖〉	〈變〉	〈祖〉	〈變〉	〈祖〉	〈變〉	〈祖〉	〈變〉	〈祖〉	〈變〉	〈祖〉	〈變〉
4.1　聻	+	(−)														
4.2　看			+	+												
4.3　在					+	+										
4.4 無/摩(磨)	+	+														
4.5　去							+	?								
4.6　來									+	+						
4.7　好											+	(−)				
4.8　那	+	(−)			+	(−)										
4.9　著2											+	+				
4.10　也							+	+								
※　來3													(−)	+		
※　來4															(−)	+
※　來5											(−)	+				
※　裏					(+)	+										

【註　釋】

①《祖堂集》成書於952年，此為學界的一般看法。其主要根據乃該書中共七次出現「迄今唐保大十年壬子歲（案：即西元952年）」的文字，例如：「癸丑歲遷化，迄今唐保大十年壬子歲，得二百三十九年矣。」（卷二·第三十三祖惠能和尚）但英國的亞瑟·韋理（Waley：1969）指出，書中卷三「慧忠國師」裡有一段摻入了宋初的資料。

②《景德傳燈錄》撰成後，上於朝廷。翰林學士楊億等人受命修訂成書三十卷，為有史以來第一部官修禪書，收入大藏經中，廣為流通。

③關於《祖堂集》的發現、研究情況等，可參見柳田聖山編（1984）《祖堂集索引》下冊所收入的〈「祖堂集」解題〉一文。

④書中集中收錄一些著名禪師及其弟子，例如：洞山良价（807－869）、曹山本寂

(840－901)、雪峰義存（822－908)、馬祖道一（700－788)、百丈懷海（720－814)、潙山靈祐（771－853)、仰山慧寂（814－890)、臨濟義玄（？－867）等。

⑤《提要》原註云：「這裡不區分「的」、「地」，都用「的」。……但是目前報刊文章和許多著作中大都是分寫的（雖然分得不妥當的屢見不鮮），因此不作硬性規定，願意分寫的盡管分寫，只要分得對就行（定語用「的」，狀語用「地」)」。

⑥曹廣順（1986 b：194）認爲《祖堂集》中「底、地」不分，「地」只是「底」例個附屬。案：其實有點區別，即體詞性結構中一般用「底」不用「地」；謂詞性結構中「底、地」並用。此外，本文按照現代漢語的一般習慣（修飾動詞和形容詞用「地」；其他一律寫「的」)，分爲「底」(「的」的前身）以及「地」。

⑦例句後三組數字，第一組爲例句所在冊數，第二組爲冊中頁數，第三組爲所在頁中行數。

⑧詳見太田辰夫（1958〔中〕：326－327）及劉堅等四人（1992：138－139）

⑨詳見向熹（1993下：456－460）及蔣紹愚（1994：180－181)。

⑩參見梅祖麟（1988）及蔣紹愚（1994：175－179）梅文中，他同意王力說；蔣文中，他同意馮春田說。此外，曹廣順（1986 b：194）云：「「者」發展到《祖堂集》時期已變成了「底」，但其功能仍和唐代「者」相似。」可見，曹廣順的看法與馮春田一致。

⑪呂叔湘（1984：130）云：「「地」字的來歷不明，最早的例子見於《世說新語·方正篇》：「使君如馨地，寧可鬥戰求勝?」但只有這麼一個孤例，下去就要到唐人詩中才有「私地、忽地」等例。」

⑫詳見蔣紹愚（1994：179－180）

⑬呂叔湘（1984：145）云：「「個」是近代漢語裡應用最廣的一個單位詞（或稱量詞、類別詞)。這個字有「个」、「箇」、「個」三種寫法。……可是就近代的文獻來說，唐宋時多作「箇」，元以後「個」更普通，「个」的確已被認爲簡筆字，雖然宋元以來的俗文學印本裡還是常見。」案：《祖》中一律寫作「个」、《變》中寫作「箇」或「個」。本文中均寫作「個」。

⑭馮春田（1990：451）云：「據此例文意看，「個」猶「底」，「分明個底」即「分明個」或「分明底」，所以下句只有「個」，說「綿密個」。」

⑮「是非」原爲名詞性成分，但此例中「是、非」分別用作形容詞，與「個」相結合，變成名詞性成分，似乎有表達比「是非」更強烈的語感。

⑯詳見呂叔湘（1984：145－175）

⑰王力（1958：302）云：「眞正的詞尾「得」字是在唐代產生的，……」案：王力把這種帶程度、可能補語的「得 1、得 2」看作詞尾，並認爲詞尾「得」來自動詞「得」（「獲得」義），詳見王力（1958：301－304）

⑱詳見蔣紹愚（1994：192－202）

⑲詳見劉堅等四人（1992：103－110）

⑳參見王力（1958：311－312）、太田辰夫（1958〔中〕：207）及註⑲。

㉑詳見劉堅等四人（1992：83－94）

㉒參見曹廣順（1986 b）、劉堅等四人（1992：43－57）

㉓詳見曹廣順（1986 b：196）及劉堅等四人（1992：49）

案：此外，《祖》中語氣助詞「了 2」也似未出現。太田辰夫（1958〔中〕：358）認爲：「了」字從宋代開始作語氣助詞。

㉔詳見劉堅等四人（1992：69－76）

㉕詳見王力（1958：307－311）

㉖參見陳剛（1987）、曹廣順（1990）、劉堅等四人（1992：58－69）

㉗曹廣順（1986 a：117）云：「語氣詞「聻」在不同的時代，字形不斷發生變化，唐代用例寫作「聻」，五代成書的《祖堂集》中，除「聻」以外，亦簡化作「你、㖏」，宋代「㖏、你、嚀、聻」與「聻」並用。這種不斷由繁到簡的發展趨勢，表明「聻」可能是一個假借字。」

聻　案：⑴「㖏」在《祖》中僅 1 例：「仰山便：「㖏，作摩生學?」」（4.130.03）。此例中「㖏」似乎用作嘆詞，表示一種語氣上的調整或感嘆肯定。⑵太田辰夫（1958〔中〕：336）認爲：《祖》中「聻」又寫作「尼」（案：「那個尼?」

1.172.06)。曹廣順（1986 a：121 註⑥）認爲：唐宋禪宗語錄中「聻」被寫作「尼」者，僅此一例，故存疑。本文據此暫且排除。

㉘詳見太田辰夫（1958）、江藍生（1986）、曹廣順（1986a）、劉堅等四人（1992：166－192）。

㉙詳見蔡鏡浩（1990）、袁賓（1992 a：214－215）

㉚詳見呂叔湘主編（1980：297－298）

㉛呂叔湘（1984：61－62）云：「…此一語助詞，當以「在裏」爲最完具之形式，唐人多單言「在」，以「在」概「裏」；宋人多單言「裏」，以「裏」概「在」。」案：《祖》中「在」用例較多；「裏」僅一例（「仰山今時早已淡泊也，今正在流注裏。」(5.069.10)，同時此例文義也不太明白，是否作語氣助詞，暫且存疑。

㉜詳見王力（1958：453）

㉝詳見王力（1958：452）

㉞太田辰夫（1958〔中〕：333－334）云：「「無」爲「武夫切」，是微母字。但在《切韻》時期是明母的一部分，讀 m－。它從明母分化出來可以認爲是唐末宋初。「無」被寫成「磨」或「摩」，是因爲這個詞成了完全的疑問代詞而和「無」的原義無關了，因此，也許有時候人們覺得用「無」這個字不大妥當。但也可能是因爲微母成立以後，這個詞仍然是明母，因此要換成非微母的字（也可能還因爲韻母也有變化的緣故)。」案：文中所謂「這個詞成了完全的疑問代詞」，翻譯有誤，應作「疑問助詞」，可對照原書太田辰夫（1958：361)。

㉟詳見劉堅等四人（1992：129－138）

㊱詳見太田辰夫（1958〔中〕：361－362「來著」條）

㊲參見袁賓（1992 b：63)：及向熹（1993 下：325）

案：袁文的例句皆出自於宋代成書的《五燈會元》；向文的四個例句中，1 例來自於《祖》，其他 3 例皆出於宋以後成書的禪師語錄，因此《祖》似乎屬於早期用例。

㊳詳見太田辰夫（1958〔中〕：337）及曹廣順（1986a）

㊴詳見呂叔湘（1984：65－72）

㊵參見胡竹安（1958：272）

㊶太田辰夫（1958〔中〕：358）云：「這種「也」（案：用如「了 2」的「也」）恐怕是從古代漢語的「矣」或者助詞「已」變來的吧。即大概是〔i〕後面附加了〔a〕這個具有很寬泛的語氣的助詞，成了〔ia〕，在口語中使用，爲了表達它，就用了「也」這個字。這種「也」在隨以前很少，從唐到宋元用得較多。」

㊷本文對李文的處理情形如下：

⑴結構助詞：①「地 2」一部分歸入「底」②「個」在《變》也出現③「得 2」形式中，《變》也見到「V＋得＋C」形式。④「者 1」看作古代文言助詞，故排除。

⑵動態助詞：李文把「將」作已然態（即完成態）；本文把它歸入其他。

⑶語氣助詞：⑴「了 2」、「者 2」分別看作表示完成的動詞、古代文言助詞，故排除。⑵「也無」、「了也」分別歸入「無」、「也」。⑶「也」表示變化；「在」、「裡」表示強調。此外，敦煌變文的集子有王重民（1957）《敦煌變文集》、潘重規（1983－84）《敦煌變文集新書》，李泉（1992）的底本爲前者。還可參見郭在貽等人（1990）《敦煌變文集校儀》等。

㊸詳見王錦慧（1993：244）

㊹詳見王錦慧（1993：190－192）

㊺詳見呂叔湘（1984：137－138）

㊻李泉（1992：42）認爲共 16 例；但劉堅等四人（1992：49）認爲共 2 例。案：李泉舉的「了 1」大都數爲表示完成的動詞，故從後者。

【主要參考文獻】

太田辰夫

1958 《中國語歷史文法》，東京：江南書院（中譯本：蔣紹愚、徐昌華譯 1987 北京：北京大學出版社）

1988 《中國語史通考》，東京：白帝社（中譯本：江藍生、白維國譯《漢語史通考》1991 重慶：重慶出版社）

劉堅等四人

1992 《近代漢語虛詞研究》，北京：語文出版社

蔣紹愚

1994 《近代漢語研究概況》，北京：北京大學出版社

向 熹

1993 《簡明漢語史》下冊，北京：高等教育出版社

呂叔湘

1980（主編） 《現代漢語八百詞》，北京：商務印書館

1984 《漢語語法論文集》（增訂本），北京：商務印書館

王 力

1958 《漢語史稿》（修訂本），北京：科學出版社

1989 《漢語語法史》，北京：商務印書館

袁 賓

1992a 《近代漢語概論》，上海：上海教育出版社

1992b 〈禪宗著作裡的兩種疑問句〉，《語言研究》2：58－64

王錦慧

1993 《敦煌變文語法研究》，台北：台灣師範大學國文研究所碩士論文

曹廣順

1986a 〈《祖堂集》中語氣助詞「呢」有關的幾個助詞〉，《語言研究》2：115－122

1986b 〈《祖堂集》中的「底（地）」「卻（了）」、「著」，《中國語文》3：192－202

1990 〈魏晉南北朝到宋代的「動＋將」結構〉，《中國語文》2：130－135

梅祖麟

1988 〈詞尾「底」、「的」的來源〉，《中央研究院歷史語言研究所集刊》59－1：141－172

馮春田

1990 〈試論結構助詞「底（的）」的一些問題〉，《中國語文》6：448－453

1991 《近代漢語語法問題研究》，濟南：山東教育出版社

1992 〈唐五代某些語法現象淺析〉，《隋唐五代漢語研究》（濟南：山東教育出版社）269－326

陳 剛

1987 〈試論「動－了－趨」式和「動－將－趨」式〉，《中國語文》4：282－287

江藍生

1986 〈疑問語氣詞「呢」的來源〉，《語文研究》2：17－26

蔡鏡浩

1990 〈重談語助詞「看」的起源〉，《中國語文》1：75－76

胡竹安

1958 〈宋元白話作品中語氣助詞〉，《中國語文》6：270－274

李 泉

1992 〈敦煌變文中的助詞系統〉，《語文研究》1：37－52

Arthur Waley 1969 〈Two Posthumous Articles〉，《Asia Major》14－2：242－253

周易「孚」字解
— 從文化進展的觀點作一考察

孫劍秋

任何語言的表現形式，都是有限的。在人類社會生活不斷發展，思維活動逐步深化下，自然而然會借用既有的語詞，表達與之相關的新義。這新義或是理據增長，或是義項消滅，其間除了語言系統內部的調整外，文化、政治等主客觀因素的影響，也居重要地位。

相同的，當我們在作古籍的訓釋說解時，便需存有歷史發展的觀點，認識到書中詞義會隨時代的推移而產生變化，時代不同，字詞涵義可能已因人因事而作改變。在這變的過程中，如果新涵義擴大了原始命題，豐富了舊有內容，祇要不是過度穿鑿附會，能爲當時多數人所認同，並符合時代演進的需要，都應是可以接受，甚且該進一步肯定前人在此一學科上所做的努力。易經「孚」字的探討，即可作爲例證。

一、緒　論

《周易》的出現，最早是供占筮之用，其後隨人類邏輯思考的周衍，及人文社會的進展，才逐漸演成闡述形上哲理的書。而其中便有某些字詞或內容，做了相應的改變。二千多年來，在不同的歷史階段下，出現了許多流派。他們或著意於政治勢力的消長，或謀一己學說的闡發，於是各逞其能，轉相發明，使《易經》的內容能不斷增進深度與廣度，促使它在每個時代面貌下，都被賦予新生命，從而也表現出當代文化的特色。

就《易經》本源來說，後人愈豐富的引伸發明，就愈背離原始概念。然而以其價值來說，新論點的不斷摻入，才使《易經》能更千世而不滅，歷萬古而常新。今天要做《易經》字詞的探討，就應兼顧橫的觀察與縱的連繫。首先便是了解原義。其次是探求各代的闡釋與發揮。究竟是充實了內涵，還是走入歧途。能力許可，還應深入發掘如此轉變的深層關鍵才是。

二、前人對「孚」字的解釋

《周易》 爻辭中出現的「孚」字，計有卦名一次，即〈中孚〉。卦辭七次，爻辭（三十一爻）三十四次。今歸類如下：

卦辭：

有孚：〈需〉、〈訟〉、〈觀〉、〈損〉、〈坎〉。

孚　：〈革〉、〈夬〉。

爻辭：

初爻：

有孚：〈比初六〉（二次），〈大壯初九〉、〈萃初六〉。

孚　：〈晉初六〉、〈姤初六〉。

二爻：

有孚：〈豐六二〉

孚　：〈升九二〉、〈萃六二〉、〈兌九二〉。

三爻：

有孚：〈益六三〉、〈革九三〉。

孚　：〈泰九三〉。

四爻：

有孚：〈小畜六四〉、〈隨九四〉、〈革九四〉。

孚　：〈泰六四〉、〈睽九四〉、〈解九四〉。

五爻：

有孚：〈小畜九五〉、〈解六五〉、〈益九五〉（二次）、〈革九五〉、〈中孚九五〉、〈未濟六五〉。

孚　：〈萃九五〉、〈隨九五〉、〈兌九五〉。

上爻：

有孚：〈家人上九〉、〈井上六〉、〈未濟上九〉（二次）。

孚　：缺。

由於歷代注家的時代背景有所不同，對《周易》一書的性質與觀點，也有差異，因而對「孚」字的解釋，自然會有紛歧。大抵說來，可分下列三類：

第一類是象數派學者，他們將「孚」字，視作卦與卦間的相對變化關係，以爲其卦變、旁通（錯）、反對（綜）說張本。他們雖然也把多數的「孚」字，依〈十翼〉的解說，訓爲「誠」、「信」之義，實則六爻相互交變、卦體相互倒置的符號遊戲，要重於對「孚」字的說解。如：《周易集解纂疏》引虞翻注「需有孚光亨貞吉」云：

〈大壯〉四之五，孚謂五。①

李道平疏云：

二陰四陽之卦，自〈大壯〉來。故云：〈大壯〉四之五也。陽在二五稱孚，〈坎〉爲孚，故云：孚謂五也。②

又引荀爽注「訟有孚窒惕中吉終凶」云：

陽來居二而孚于初，故曰：〈訟〉有孚也。③

李道平疏云：

四陽二陰之卦自〈遯〉來，三陽來居于二而孚于初陰。陰陽相感，故曰：〈訟〉有孚。〈坎〉爲孚，故曰有孚也。

按：所謂「四之五」，即是以卦變方式解卦。虞翻認爲二爻、五爻爲陽爻，即可稱「孚」。而荀爽認爲陰爻、陽爻相感應爲「孚」。二者解說已有不同，且皆未解釋「孚」字字義。惠棟《周易述》則另予補充云：

(需有孚)〈大壯〉四之五，體〈坎〉互〈離〉，〈坎〉信故有孚……〈坎〉在上爲雲，在下爲雨，上下無常，是以荀注〈乾彖傳〉曰：〈乾〉升于〈坤〉曰雲行，〈坤〉降于〈乾〉曰雨施，是〈坎〉有升降之理。④

於是虞翻、荀爽解卦的重要方式，卦變、互體、升降等都運用上了，其目的只在得出〈坎〉卦，因爲〈坎〉卦的中爻是陽爻，臨近爲陰爻，陰陽爻相互感應即爲「孚」或「有孚」。相互感應須有誠信，所以「孚」便解爲信。此外由上述各家引文可知「孚」與「有孚」並無差別。

清代易學可自成一家的還有張惠言及焦循。張惠言的說法與上述諸家並無差異，焦循則以旁通二字來解釋「孚」：

《說文》：「符，信也。」「孚，一曰信也。」孚、符古字通……〈聘義〉云：「孚尹旁達，信也。」旁達猶言旁通，符節兩片相合，兩卦旁通似之，故名孚。……余學易悟得旁通之義，測之既久，乃知傳中旁通二字，即經文所謂孚。惟兩卦相孚，而二五交，上下乃應，交而不應，不孚故也。⑥

由引文可知，焦循又換了一個旁通的名詞來解「孚」，而他的體會明顯與荀爽、虞翻不同，焦循認爲下卦中爻（二）、上卦中爻（五）能相交，且必須是應（陰陽爻互異）才是「孚」。（按：王夫之《周易內傳》謂『陰與陽合配曰應，陰陽之自類相合曰孚，凡言孚者放此。舊說謂應爲孚，非是。』與焦循之說又不同。）⑦

不論以上諸家是否有矛盾的地方，但他們都把「孚」字視作卦體錯綜變化的憑藉，解釋重點在於卦爻間的關係，而不在「孚」字本身的字義上，這是捨本逐末，附會過度了。試想「孚」字若爲符號代稱，何以有的卦沒有「孚」字呢？且卦爻辭中亦無其他字，跟「孚」字一樣，不重在字義而重在符號的。

第二類義理派學者，則主張純以〈十翼〉中的說明來解經，不羼雜卦變、互體、旁通之說。他們開始時，只按字義解釋「誠」、「信」，歷經宋、明而至民國，「孚」字竟被當成建立易學本體論的重要關鍵。

將「孚」字解爲信字，〈彖傳〉、〈象傳〉中，已經出現，如＜中孚彖傳＞解釋「豚魚吉」云：「信及豚魚也」。〈革彖傳〉：解釋「己日乃孚」云：「革而信之。」〈坎彖傳〉解釋「習坎有孚」云：「行險而不失其信。」〈豐六二傳〉解釋「有孚發若」云：「信以發志也」。〈大有六五傳〉解釋「厥孚交如」云：「信以發志也」。其後魏王弼、宋程頤等以下義理派學者，均採此說。南宋朱熹有意雜揉象數與義理而成大家，他辨析「孚」與「信」仍有意義上的區別：

> 問：「孚」字與「信」字，恐亦有別否？先生曰：「伊川云：『存於中爲孚，見於事爲信。』說得極好。」因舉《字說》：「孚字從爪從子，如鳥抱子之象」。今之乳字也，一邊從孚。蓋中所抱者，實有物也。中間實有物，所以人自信之。⑧

「孚」與「信」意義有別，是可信的。如〈困〉卦辭：「有言不信」。〈夬九四〉：「聞言不信」。「孚」、「信」二字，既同時出現於卦爻辭之中，則兩字字義必有所分別。又《左傳莊公二十年》：

「小信未孚，神弗福也。」二字既同在一句中，可證《左傳》撰作時代，兩字字義有別。又《說文三篇下》：「孚，卵即孚也、從爪子。一曰信也。」《說文》本爲解釋五經字義而作，而「一曰」之例，主要是別存一說。可知程頤、朱熹的意見是合理的。民國以來，部分學者爲導正清儒特重漢易解卦的方式，及提昇《易經》在哲學上的價値，於是不斷擴大「孚」字的意義，將「孚」視作「誠」的同義詞，再套用《中庸》以來對「誠」的概念，以構成《易經》的本體論。代表易家，如宋祚胤《周易新論》：

> 《周易》的四十二個「孚」字，到底一共有幾種解釋？…以那一種能夠體現《周易》宇宙觀本體論的本質和主流，是堅定的主觀唯心主義？……「孚」的本義是禽孵卵，所以字形是從爪抱子。卵能化，必有其可以化之實，于是引申爲實。……從實的意義，再一引申，就可以是誠，因爲誠是指內心的眞實無妄。⑨
>
> 可是（易經）作者還不以此爲滿足，他還要進一步把堅定的主觀唯心主義，發展成爲精緻的客觀唯心主義，于是〈益卦〉六三爻辭，就提出了「有孚中行」。這是說，只要內心有誠，就所作所爲都符合于不偏不倚的中道，掌握住事物發生和發展的中心環節。在這種情況下，就提出了以「道」作爲宇宙的本體。⑩

由本段引文可知，先將「孚」字解爲「實」，再將「實」字解爲「誠」，最後將「誠」字解爲「道」。這完全是附會出來的。況且將「中行」二字解爲「不偏不倚的中道」，也是昧於事實的，「中行」所指應是「中路」的軍隊，證諸卜辭中有「東行」、「中行」、「上行」、「大行」等名目可知。⑪

第三類是考古派學者，他們根據新出土的甲骨卜辭、銅器銘文，將大部分的「孚」字解作「俘」，而釋爲俘虜或俘獲。代表易家如李鏡池《周易探源》，徐世大《說易解頤》、《周易闡微》等⑫。以《周易探源》爲例：

> 郭沫若同志說：「古金文俘字均作孚」。俘是後起字，從爪從子的孚、俘虜之義已明。只因孚字後來引申爲孚信，另作俘字，本義反晦。在《周易》，孚字凡三十多見，大多數應作名詞或動詞俘虜解。作別義的很少。⑬

李鏡池隨後舉出卦爻辭中二十一條「有孚」或「孚」字，逐一說明。在他的解釋中，大致將「有孚」的「孚」當作名詞，不加「有」的「孚」字，當作動詞。

「有孚」與「孚」字是否有別？依一般學者的解釋，並無差異。惟高亨認爲「有孚」二字連讀，應視同「有終」、「有悔」、「有厲」、「有吝」、「有眚」等《易經》中占辭，爲筮者專用術語。此說徐世大已予辨明，民國以來說易的人也少引用，可略而不論。⑭

三、「孚」字原義及其轉變後價值的探討

如衆周知，從事古籍研究，必回溯其出現時代，才能尋得眞實合理的答案。而《周易》卦爻辭中的故事，目前可考的，約略從商代中晚期至西周初年，而其成書，也大約是這時候。因此借助甲骨文，乃商周之際的政治社會狀態，相信有助於釐清部分事實。許進雄《中國古代社會》云：

> 甲骨文的「孚」字，作一手抓著一個小孩之狀。有時附加一行道，表示其事發生於行道而不在戰場之意。《周易隨卦》「有孚在道」之句，表明帶領奴隸在行道上工作是常見到的事。⑮

商朝是典型的奴隸制社會，而「孚」是戰爭中的俘虜，也是奴隸的重要來源。我們在甲骨文中所見到的婢、僕、妾、奚、婬、宰、宦、奴、臣等字，便是各類奴隸的代稱。既有這麼多名詞，可想見奴隸是與當時的社會生活息息相關的。且商周之際，戰爭頻繁，從甲骨中關於戰爭的卜辭甚多，可以得知。另據《逸周書、世俘篇》的記載，武王克商時所得俘虜有三十多萬人。後來周公便用這批俘虜來經營雒邑，事後並將整族商遺民分賜魯、燕等諸侯國，以從事農業，勞役等生產事業。可見得「孚」在周初的社會，仍與周人生活密切相關。而根據郭沫若、周谷城、稽文甫、童書業、楊向奎、范文瀾、翦伯贊、岑仲勉、王仲犖、張蔭麟、黎東方、傅樂成等人的意見，也可確定周朝是奴隸社會⑯。因此，做爲周初文化代表的《周易》卦爻辭中，若不將大多數「孚」字解爲「俘虜」或「虜獲」，即無可資代表的相關概念，這是違反我們對周代社會了解的。

既然《周易》卦爻辭中大多數的「孚」字，應解作「俘虜」，或「虜獲」，何以從〈十翼〉開始的解釋都是「誠」、「信」呢？我想人本思想的興起，應是最主要的關鍵。周人克商之後得到三十多萬有反抗能力的戰俘，除了管蔡之亂外，並沒有其他暴動發生，相信除了在安撫技巧上下過功夫外，對商遺民給予適當的尊重，也是可以想見的。《中國古代社會》：

> 周人寬待商俘的事例，可以從《尚書》的〈酒誥〉得到明證。周公誥誡康叔，對於商俘有群飲觸犯規章的，要先加以開導，屢勸不改的才處以刑罰。但對於周人違犯了同樣規章的，要不憐憫地處以死刑。……周克商後，並不把所有的人都打成最低等的奴隸，而是維持大部分的管理體系，只是又把其管理者，置於自己控制之下而已。⑰（引

杜正勝之說）

《中國古代奴婢制度史》也提到：

> 所謂奴、僕、臣、妾，雖然他們的職責是執賤役，侍巾帚，似乎是下流卑賤的人，但他們也有兩個特點，我們不可不知的：1.他們的生活得著豐足的享受，因爲他們是被貴族承認爲家族的一分子，受虐待的情形是少見的。2.他們的身份隨時有遷升的機會，他們可以由奴僕升爲主人，由小臣升爲國尹，由妃妾升爲正妻。⑱

於是勝利者與戰俘間的關係，從最早的敵對，轉成對戰俘的要求屈從，再變爲生活上相互依賴的伙伴，到成爲家族的一分子。而這種轉變就必須以「誠」、「信」做基礎，因此自然而然地，「孚」字便會引申成「信」了。

「孚」字引申爲「信」，代表的是人本思想的形成，自然有其歷史上的轉變價值，是可以肯定的。

但是，漢人將「孚」字當成卦爻間的符號遊戲，卻是於史無徵的穿鑿附會，不僅造成《易經》解說上的支離破碎，並抹滅其內在所蘊含的人本思想價值，這是很可惜的。而民國以來學者，過度執著於「誠」、「信」的解釋，甚至進一步將其附會成本體論的組成要素，這也是不可取的。

四、結　語

古籍中的字詞，容易因注釋者主客觀因素的影響而產生變化，時代不同，詞義便可能有變，不能不加以考察，而一味地以今義去理解古書中的字詞。王力便提到：

> 漢語詞義的研究，過去長期停留在古書訓釋的階段，雖有不少成果，但目前還沒有一部字典或任何別的著作，解決

了詞義的時代差別問題。⑲

因此，當我們要從事古籍訓詁時，除了查閱文字學專著與字典、辭典外，還須對古籍時代的人文社會作一考察，才不致於人云亦云，以僞亂眞了。另外，能儘早完成一部解決字義、詞義時代差別問題的辭典，相信也是大家一致的期許吧。

【註 釋】

①清李道平撰：《周易集解纂疏》（台北鼎文書局，1975年，近三百年經學名著彙刊），卷2，葉61左下。

②同前註。

③同前註，葉67右上。

④同前註。

⑤清抉經室主人編：《清朝易經彙解》（台北鼎文書局，1972年，五經彙解本），卷6，葉5。

⑥清焦循撰：《易通釋》（台北鼎文書局，1975年，近三百年經學名著彙刊），卷19，葉26～29。

⑦同註⑤。又卦變的現象，於〈損卦〉爻辭雖可見到，但並非普遍通例，漢代京房據之而有爻變之說，至荀爽、虞翻則卦變遂成定例。顧炎武於《五經同異》中，已對卦變說的矛盾處提出批評，如〈復〉、〈姤〉二卦之上卦各有〈坤〉、〈乾〉，猶似〈乾〉〈坤〉二卦乃自〈姤〉、〈復〉而生，如此則〈震〉、〈巽〉二卦，又從何得來？又互體現象，最早見於〈左傳〉，而完成於京房，亭林也認爲後儒爲解釋卦爻時取象的方便，衍成互體說，只是更讓經說趨於繚繞破碎而已。本人於《顧炎武經學之研究》一書中，已提出討論。屈萬里《先秦漢魏易例述評》，也有詳細的批駁。另所謂的旁通說，自馬王堆帛書《易卦經》出土，可知在西漢還有不同序編次的《周易》傳本，則此說當不攻自破。大陸學者劉大鈞《周易概論》頁24～26，作有合理的說明。

⑧宋黎靖德編輯：《朱子語類》（日本京都中文出版社，1982 年，影日本九州大學圖書館藏朝鮮古寫徽州本），下冊，卷 73，葉 1084 右下，又「孚」字應從手不從爪，本文第三節有說明。

⑨宋祚胤：《周易新論》（大陸湖南教育出版社，1982 年 8 月），頁 112～113。

⑩同註⑨，頁 115。

⑪參見許進雄：《中國古代社會—— 文字與人類學的透視》（台北商務印書館，1988 年 9 月），頁 409。

⑫高亨《周易古經今注》將大多數「孚」字通「浮」字而訓爲「罰」，故雖也傾向此派而解說不同。

⑬李鏡池：《周易探源》（大陸中華書局，1991 年 7 月），頁 184～186。

⑭參見徐世大：《說易解頤》（台北精華印書館，1966 年），頁 26～27。

⑮同註⑪，頁 413。另頁 425 附錄甲骨文字形，列之如下：

商　甲骨文	周　金文	秦　小篆	漢　隸書	現代　楷書
				孚俘 象以手抓到小孩，將以之爲奴僕之意。或發生於行道。
				奚 象成年男子或婦女被繩索捆綁，被控制於他人而爲奴僕之意。

⑯參見劉偉民：《中國古代奴婢制度史》（台北龍門書店，1975 年 6 月），頁 5～13。

⑰同註⑪，頁 414。

⑱同註⑯，頁 61～62。

⑲王力主編：《古代漢語》（大陸中華書局，1990年3月），頁84。

〔其他重要參考書目期刊〕

1.屈萬里：《先秦漢魏易例述評》（台北聯經圖書公司，1984年，屈萬里先生全集之八）。

2.高亨：《周易古經今注》（台北武陵出版社，1985年5月）。

3.徐芹庭：《周易今註今譯》（台北商務印書館，1986年4月）

4.蔣致遠主編：《周易引得》（台北宗青出版社，1989年1月）。

5.劉大鈞：《周易概論》（大陸齊魯書社，1988年6月）

6.朱伯崑：《易學哲學史》（台北藍燈文化公司，1991年9月）

7.張立文：《周易帛書今注今譯》（台北學生書局，1991年9月）。

8.嚴靈峰：《馬王堆帛書易經斠理》（台北文史哲出版社，1994年7月）。

9.齊佩瑢：《訓詁學概論》（台北華正書局，1983年）。

10.蘇新春：《漢語詞義學》（大陸廣東出版社，1992年8月）。

11.程湘清：《先秦漢語研究》（大陸山東教育出版社，1992年9月）。

12.屈萬里：《周易古義補》《孔孟學報》第2期，（1961年9月），頁93～106。

13.李漢三：〈周易孚、亨、貞三字涵義的商榷〉《建設》第16卷第10、11期，（1968年3、4月）。

14.徐世大：〈周易孚、亨、貞三字涵義的討論〉《建設》第17卷第1、2期。（1968年6、7月）。

15.明允中：〈「孚」在周易卦爻辭中應用新義之試探〉《中興大學文史學報》第7期，（1977年6月）頁13～22。

16.王鎮華：〈未占有孚── 易經的中心思想〉《鵝湖》第7卷第8、9期。（1982年2、3月）頁19～29、21～29。

《古籍注疏與古漢語詞典編寫》

楊蓉蓉

古籍注疏①與古漢語詞典②編寫有十分密切的關係。

古書注解的盛行在漢以後，秦以前的許多典籍傳到漢代已經不能完全被讀懂，於是有人專門爲古書作注。唐距漢有六、七百年，許多漢人對古書的注唐人又復不解，於是唐人再爲這些注作疏。古書注疏有不同的名稱，內容也各有側重，但其中很重要的部分是對古代詞語的隨文詮釋，這就是古漢語詞典釋義的最初源頭。在隨文詮釋的基礎上，發展了另一種訓詁方式，即將被解釋的語言單位抽取出來，按一定的原則加以編排，形成《爾雅》《說文》等訓詁專書。這種形式將詞語的訓釋材料系統化、理性化，不單爲閱讀一本古籍而用，而爲閱讀所有的古籍提供依據與準則。今天的古漢語詞典就是這種形式不斷的古籍提供依據與準則。今天的古漢語詞典就是這種形式不斷演化的結果。古漢語詞典和古籍注疏都要對古語詞作解釋，它們的釋義方式也有許多相同的地方，但是兩者承擔的任務不同，已經發展成爲兩種不同的體裁。對此前人早有認識。段玉裁在《說文解字·艸部》「葻」字下云：「凡爲傳注者主說大義，造字書者主說字形，此所以注《淮南》作《說文》出一手而互異也。」黃侃先生也云：「小學之訓詁貴圓，而經學之訓詁貴專。」又云：「小學家之說字往往將一切義包括無遺，而經學家之解文只能取字義之一部分。」③所謂專，即隨文生訓，可曲盡其妙、細緻入微，它是生動的、活潑的。所謂圓，須精煉概括，也即王引之《經傳釋詞序》中所言

「揆之本文而協，驗之他卷而通」。注疏可以而且應該隨文解之，古漢語詞典釋義卻切忌「隨文生訓」。正因爲兩者既相似又不同，所以也互相依存。詞典對古代語詞形、音、義的準確解釋需要利用古籍注疏提供的信息，古漢謳詞典還往往留有一定篇幅容納古籍注疏材料，使其與釋義文字巧妙配合，相得益彰。筆者從事語文詞典編纂工作多年，對此深有感觸，對當前編寫古漢語詞典利用古籍注疏在宏觀上的不足，與微觀上的常見錯誤，也頗有心得，因草成此文，以求教於行家。

一、利用古籍注疏使古漢語詞典釋義更準確

古漢語詞典的編寫，是對古代語言材料的抽象，需要編者憑語感與識見分析利用古代文獻。但是，由於「時有古今，猶地有東西，有南北，相隔遠則言語不通」，除了語言的變遷外，還有非語言因素，如文字、風俗習慣、文物制度等的變化也影響我們對古代語言的理解。以前的小學書雖是一種非常寶貴的語言材料，可資參考，但因爲它圓融概括，有些當時的抽象於今也已較難理解。而保存在古代文獻中的注疏專對一字、一詞、一句、一章而發，不僅比離我們時間更早的原書易於理解，比起抽象概括的小學書來，也要易於理解一些，因而它是極有用的輔助材料，利用它可以幫助我們更好地收錄詞目、確立義項、規範字體、標注語音、詮釋意義。

1.〔輸寫〕傾吐。《漢書·趙廣漢傳》：「廣漢爲二千石，以和顏接士……吏見者皆輸寫心腹，無所隱匿。」(89 版《辭海》)

按，《詩·小雅·蓼蕭》：「既見君子，我心寫兮。」毛傳：「輸寫其心也。」「輸寫」之義今人已不易理解。陳奐傳疏作了很好的提示：「傳云『輸寫』，此以雙字釋單字，輸亦寫也。《廣雅·釋

言》:『輸,寫也。』輸寫蓋古語。」王念孫《廣雅疏證》:「引之云:《周語》『陽氣俱烝,土膏其同,弗震弗渝,脈其滿眚』,渝當讀爲輸,謂輸寫其氣使達於外也。《左氏春秋·隱六年》『鄭人來渝平』,《公羊》《穀梁》作『輸平』,是渝、輸古字通。」《尙書·呂刑》:「輸而孚。」孔穎達疏:「輸,寫也,當輸寫汝之信實以告於王。」可知「輸」「寫」古爲同義字,兩字又結合爲同義複詞。再考之古代文獻,「寫」作「宣泄」解的用例是很多的,複詞也有「寫心」「寫憂」「寫意」「寫懷」等。「輸」字用爲此義的例子雖不多,但「輸心」「輸誠」「輸情」「輸肝瀝膽」等複詞都以此義結合而成。至於「輸寫」兩字連用也不少。除《辭海》所引《趙廣漢傳》外,有枚乘《七發》「輸寫淟濁」,《後漢書·蔡邕傳》「輸寫肝膽」,《晉書·劉琨傳》「輸寫至誠」等等。目前出的大中型漢語詞典,「寫」均列此義,「輸寫」有的立目,有的未列,「輸」卻皆無此義。根據注疏,「寫」字立義正確,「輸寫」可以立目,同時,「輸」下也應列有此義。

2.〔臨〕㊂lin 哭吊死者。《左傳·襄公十二年》:「凡諸侯之喪,異姓臨於外。」(89 版《辭海》)

按,《說文·臥部》:「臨,監臨也。」《爾雅·釋詁》:「臨,視也。」我們是從古籍注疏中看到詞義引申脈絡的。《周禮·春官·鬯人》:「凡王吊臨,共介鬯。」鄭玄注:「以尊適卑曰臨。」賈公彥疏:「以尊適卑曰臨者,欲解臨非如《雜記》云『上客臨』,彼謂哭臨也。」《禮記·雜記上》:「上客臨曰,寡君有宗廟之事,不得承事,使一介老某相執綍。」鄭玄注:「上客,吊者也。臨,視也。言欲入視喪所不足而給助之,謙也。其實爲哭耳。」《儀禮·士虞禮》:「遂請拜賓如臨。」鄭玄注:「臨,朝夕哭。」賈公彥疏:「男子婦人共哭也。」《左傳·宣公十二年》:「卜臨於大宮。」杜預

注:「臨，哭也。」《漢書·高帝紀》:「於是漢王爲義帝發喪，袒而大哭，哀臨三日。」顏師古注:「衆哭曰臨。」臨本爲由上視下之義，因有「臨問」「臨存」「吊臨」「臨喪」等詞，吊臨必哭，故又產生哭義。吊臨、哭臨意義差別極微，對這些「臨」字，陸德明或注「力鴆反」，或注「臨如字，徐力鴆反」，「臨如字，舊力鴆反」。或當時山東的徐邈此義讀音已與吳音有平去之異，後遂由去聲占了統治地位，至《廣韻》《集韻》哭臨之音已完全分化，只念去聲。根據注疏，我們認爲哭可以分列義項，並且此哭必與臨喪有關，可釋「哭吊死者」，注去聲音。

3.〔鄭緜〕鄭國工人所縛之絲也。〔楚辭·招魂〕鄭緜絡些。〔注〕緜，纏也。鄭國之工纏而縛之，堅而且好也。(《中文大辭典》)

按，此釋視「鄭緜」爲偏正結構，但與注有矛盾。王逸注:「緜，纏也。絡，縛也。言爲君魂作衣，乃使秦人織其篝絡，齊人作綵縷，鄭國之工纏而縛之，堅而且好也。」洪興祖補注:「《說文》: 緜，聯微也。」據注，此條不能立目。

4.〔率〕㊀①捕鳥網，亦謂用網捕鳥獸。《文選·張衡〈東京賦〉》:「悉率百禽。」薛綜注:「率，斂也。」(89 版《辭海》)。

按，《說文·率部》:「率，捕鳥畢也。」段玉裁注:「畢者，田網也，所以捕鳥，亦名率。」《說文》將「率」釋爲捕鳥網，後人從之，卻無文獻依據。漢張衡《東京賦》:「歲惟仲冬，大閱西園，虞人掌焉，先期戒事，悉率百禽，鳩諸靈囿。」張賦本之於《詩·小雅·吉日》「悉率左右，以燕天子」。鄭玄箋:「率，循也。悉驅禽順其左右之宜，以安待王之射也。」率訓循常見，但在此若如鄭言，則捕鳥網之義文獻無證。幸虧《文選》保留了薛綜之注「率，斂也」。王先謙云:「張衡《東京賦》『悉率百禽』，用魯經義，薛綜曰:『悉，盡也。率，斂也。』愚案，驅而斂之，以之左之右，薛訓『率』爲『歛』較箋訓『循』爲長。」④《辭海》《漢語大字典》皆據薛注立義項。《漢語大詞典》單字義項與《辭海》《漢語大詞典》同，複詞「悉率」條卻從鄭箋釋爲「猶齊驅」，自相矛盾。

5.〔切〕㊂（gi）通「砌」。階石。張衡《西京賦》：「設切厓隒。」李善注：「切與砌古字通。」（89 版《辭海》）

按，此義《漢語大字典》《漢語大詞典》皆音 qiè，譯爲門檻、石階。根據其他文獻資料，《辭海》音義皆誤，兩部大辭典釋義也不確。《文選》李善注僅云與「砌」通，並未注音釋義。呂向注云：「謂削累其階令平高，設砌以爲邊限。」「設切厓隒」即班固《西都賦》之「仍增崖而衡閾也」。《說文·木部》：「榍，門限也。」段玉裁注：「漢人多作切。」《漢書·成帝趙皇后傳》：「居昭陽舍，其中庭彤朱，而殿上髹漆，切皆銅沓黃金塗，白玉階。」顏師古注：「切，門限也。音千結切。」《西京雜記》卷一作「趙飛燕女弟居昭陽殿，中庭彤朱，而殿上丹漆，砌皆銅沓黃金塗，白玉階。」李善所注不誤，增以顏注，《辭海》音義皆當修改。

6.〔怵〕chù③被誘惑而動心。《漢書·食貨志下》：「善人怵而爲奸邪。」顏師古注引李奇曰：「怵，誘也，動心於奸邪也。」（79 版《辭海》）

按，怵，《廣韻》只有入聲術韻丑律切一音（今音 chù），釋爲怵惕。根據秦漢文獻，「怵」另有淒愴、利誘等義。「誘」義與「惕」義無直接關係，當讀何音不易判斷。除《食貨志》外，《漢書·賈誼傳》：「怵迫之徒，或趨東西。」顏注引孟康曰：「怵爲利所誘訹也。」在《武帝紀》「怵於邪說」下，顏師古更明白地注曰：「怵或體訹字耳。訹者，誘也。音如戌亥之戌。《南越傳》曰

『不可怵好語入朝』，諸如此例，音義同耳。」此知怵爲訹之假借(也可以看作因假借而產生的或體)，讀音可能與訹有關，而不同於「怵惕」之「怵」。《廣韻》入聲術韻章辛律切下收「訹」。《集韻》雪律切下也收「訹」，注：「《說文》『誘也』。或作怵、訹。」因此釋爲利誘之「怵」當音 xù。《辭源》《中文大辭典》正是如此注音的。《辭海》79 版歸入 chù 音下，89 版作了修改。

7.〔枷〕 jiā(1)古代加在罪犯頸上的刑具。(2)同「耞」。(3)衣架。《禮記·曲禮上》：「男女不雜坐，不同椸枷。」⑤ (79 版《辭海》)

按，枷，《廣韻》古牙、求迦二切，釋爲枷鎖、連枷。《集韻》居牙、求迦二切，釋爲連枷。79 版《辭海》僅注 jiā 音，除了此二義外，另收「衣架」一義，引《禮記·曲禮》爲例。「衣架」義韻書不載，到底念何音，當考之古注。《曲禮》陸德明釋文：「椸，羊支反，衣架也。枷，本又作架，徐音稼。」知是「枷」字爲「架」之異體。稼，《廣韻》在去聲禡韻古訝切下，同小韻另有「架」字，注曰：「架屋。亦作枷。《禮記》曰『不同椸枷』。」因此，枷當立 jiā、jià 兩音，使音義配合得當。89 版《辭海》作了修改。

8.〔考室〕 構造宮室也。〔詩·小雅·斯干序〕 斯干，宣王考室也。〔注〕 考，成也。〔漢書·翼奉傳〕 然後大行考室之禮。(《中文大辭典》)

按，考，本義爲老，引申爲成。《中文大辭典》因此釋爲「構造宮室」。據經史注疏，此釋義欠妥。《斯干》注疏表明此詩所作及宮室既成，歌以落之。《漢書》顏注引李奇曰：「凡宮新成，殺牲以釁祭，致其五祀之神，謂之考室。」又《禮記·雜記》：「路寢成則考之而不釁。」鄭玄注：「不釁者，不神之也。考之者，設盛食以落之。」《春秋·隱公五年》：「九月，考仲子之宮」。洪亮吉《春秋左傳詁》引服虔云：「宮廟初成祭之名爲考。」可見，「考室」的字面意義爲「成室」，但古時風俗制度，宗廟宮室成，必行祭禮，也名之曰考室。同時，此禮尙有不同等級，對文則考、釁互異，渾言則可通稱。有了這些注疏的幫助，使我們概括釋義更全面，更符合詞典的要求。

以上八例，1.2.3.4.與收錄詞目、確立義項有關；4.5.7.與形體有關；2.5.6.7.與注音有關；所有各條又皆與詮釋意義有關。通過這些實例可以看到，古籍注疏是古漢語詞典編寫時不可或缺的輔助資料。

二、引用古籍注疏使古漢語詞典釋義更豐富

編寫古漢語詞典還常常騰出篇幅，直接引用古籍注疏資料。「語言是思想和情感進行時，許多生理和心理的變化之一種。不過語言和其他生理和心理的變化有一個重要的差別，它們與情景同生同感，語言則可借文字留下痕跡來」。⑥思想和情感賦予語言以意義和生命。語言離不開字、詞，字、詞卻可以離開語言情景。收在詞典中的字、詞、釋義，由於編者的概括，基本上失去了具體情景中的思想感情，它是凝定的。我們編詞典、查詞典都需要語感，就是借助它使凝定的東西在人腦中流動。古籍注疏專對具體文意而發，爲我們留下了某些活語言的場景痕跡。如果恰到好處地利用注疏，可以彌補釋義因概括精煉而帶來的不足，現條例於下。

1.**以注疏代替釋義。**

〔都肄〕《漢書·霍光傳》：「詐令人爲燕王上書，言光出都肄郎羽林，道上稱蹕。」顏師古注：「孟康曰：『都，試也；肄，習也。』師古曰：『謂總閱試習武備也。』」(89 版《辭海》)

〔郈駮〕《後漢書·馬融傳》:「群鳴膠膠,郈駮噪讙。」李賢注:「郈駮,獸奮迅貌也。駮音俟。」(89 版《辭海》)

此類詞目,文獻資料缺乏,不易釋義,但詞典收錄尙有一定參考價值,如《漢書·王莽傳下》也有「時忠方講兵都肄」,說明該詞確實在漢代存在,因引注疏代替釋義。這類詞目也可說是尙待考證的詞目。

2.以注疏作為釋義的證據。

〔痒〕㊁(yáng 羊)病。《詩·小雅·正月》:「癙憂以痒。」毛傳:「癙、痒,皆病也。」又《大雅·桑柔》:「降此蟊賊,稼穡卒痒。」鄭玄箋:「卒,盡。痒,病也。」(89 版《辭海》)

〔材〕⑶指木本植物的果實。《周禮·地官·委人》:「委人掌斂野之賦,斂薪芻,凡疏材木材,凡畜聚之物」。鄭玄注:「凡疏材草木有實者也。」賈公彥疏:「疏是草之實,材是木之實。」(《漢語大詞典》)

注疏作爲證據,一般用於不常見的詞義或引申關係不明確的義項。如「痒」今多爲「癢」之簡化字,指一種皮膚不適欲搔的感覺,「病」義少見;「材」作爲「果實」,引申關係不顯豁。

3.引注疏以並存幾種可供參考的解釋。

〔衡〕⑴綁在牛角上以防觸人的橫木。一說穿於牛鼻的橫木。《詩·魯頌·閟宮》:「秋而載嘗,夏而楅衡。」毛傳:「楅衡,設牛角以楅之也。」《周禮·地官·封人》:「凡祭祀飾其牛牲,設其楅衡。」鄭玄注:「鄭司農云:『楅衡所以楅持牛也。』……杜子春云:『楅衡,所以持牛令不得抵觸人。』玄謂楅設於角,衡設於鼻,如椵狀也。」賈公彥疏:「恐抵觸人,故須設楅於角。牽時須易制,故設衡於鼻。」孫詒讓正義:「後鄭以衡別爲一物,與楅所設異

處，然此義經典未見。」(《漢語大詞典》)

此用於舊說分歧而不易判別的詞目。《詞》毛傳釋「楅衡」爲綁在牛角上以防觸人的橫木，《周禮》鄭注謂「衡」設於牛鼻便於牽引，未知孰是，故《漢語大詞典》兩注並引以存異說。《辭海》「衡」條從毛說，「楅衡」條從鄭言，自相矛盾。

4.**引注疏補充釋義內容。**

〔鷩〕㊀有文采的赤雉。即鵕鸃。《山海經·西山經》：「(小華之山)鳥多赤鷩。」注：「赤鷩，山雞之屬，胸腹洞赤，冠金，皆黃頭綠尾，中有赤毛，彩鮮明。」(《辭源》修訂本)

〔陶鈞〕製陶器所用的轉輪。比喻造就、創建。《史記·魯仲連鄒陽列傳》：「是以聖王制世御俗，獨化於陶鈞之上。」裴駰集解引《漢書音義》：「陶家名模下圓轉者爲鈞。」司馬貞索隱引張晏曰：「陶，冶。鈞，範也。作器下所轉者名鈞。」(89版《辭海》)

〔鷖〕(1)鷗鳥的別名。《詩·大雅·鳧鷖》：「鳧鷖在涇。」陸德明釋文引《蒼頡篇》：「鷖，鷗也。一名水鴞。」(89版《辭海》)。

尾㊀(5)鳥獸蟲魚交配。《書·堯典》：「鳥獸孳尾。」孔傳：「乳化曰孳，交接曰尾。」(89版《辭海》)

〔一葦〕《詩·衛風·河廣》：「誰謂河廣，一葦杭之。」孔穎達疏：「言一葦者，謂一束也；可以浮之水上而渡，若桴筏然，非一根葦也。」後即用小船的代稱。(89版《辭海》)

「鷩」下引《山海經》郭璞注補充說明鷩之具體特徵。「陶鈞」下引《史記》集解與索隱，解說「鈞」之性狀。「鷖」條引陸德明釋文，交待了鷖的別稱。「尾」下引孔傳對「孳」「尾」兩字義意進行辨析。「一葦」下引孔疏指出了《詩經》借代的修辭手法。引注疏可從多方位多角度補充釋義，此僅舉數例而已。

5.**引注疏說明釋義產生之由。**

〔串〕guàn(1)習慣。《荀子·大略》：「國法禁拾遺，惡民之串以無分得也。」楊倞注：「串，習也。」清李慈銘《越縵堂讀書記·南史》：「《宗慤傳》：『宗軍人串噉麤食。』此串字最古。串，即毌之隸變……古串、貫、摜通用。」今標點本《南史》「串」作「慣」。(《漢語大詞典》)

〔曲胤〕樂曲。《文選·馬季長（融）〈長笛賦〉》：「詳觀夫曲胤之繁會叢雜，何其富也。」注：「胤亦曲也，字或爲引。」(《辭源》修訂本)

〔一戎衣〕《書·武成》：「一戎衣，天下大定。」孔傳：「衣服也。一著戎服而滅紂。」《禮記·中庸》：「壹戎衣而有天下。」鄭玄注：「戎，兵也。衣讀如殷，聲之誤也，齊人言殷聲如衣。壹戎殷者，壹用兵伐殷也。」按：二說互異，《禮記·中庸》鄭注爲長。後多用僞古文《書·武成》孔傳義。杜甫《重經昭陵》詩：「風塵三尺劍，社稷一戎衣。」(89版《辭海》)

〔冒突〕(2)古代戰船名。《後漢書·岑彭傳》：「於是裝直進樓船、冒突、露橈數千艘。」李賢注：「冒突，取其觸冒而唐突也。」(89版《辭海》)

「串」之習慣義，今人不能理解。《漢語大詞典》引楊倞注及李慈銘言⑦，說明此音此義由形體而來。《辭海》《辭源》也收guàn音習義，但僅引《荀子》例，無前人注解，不如《漢語大詞典》。「胤」本義爲後嗣，借爲「引」，與「曲」組成同義複詞，引李賢注說明詞義產生由於同音假借。「一戎衣」引舊注兩說。

孔傳雖誤，引出是因爲後人已以譌爲正。鄭說爲的詁，收鼻音尾的某些字在古代齊魯方言裡已脫落韻尾⑧，引鄭注說明此音此義由方域音變而生。「冒突」爲名物詞，引李賢注說明事物命名之由。

6.**引注疏說明讀音。**

〔屈₂奇〕怪異。《漢書》五三《廣川惠王越傳》：「謀屈奇，起自絕。」注：「屈奇，奇異也。屈音其勿反。」(《辭源》修訂本)

「屈」字有區勿、衢物兩切。淸聲母今音 qū，《辭源》列爲第一音；濁聲母今音 jué，《辭源》列爲第二音。李賢注爲「其勿反」，「其」同「衢」，亦羣母。引李賢注說明「屈奇」之屈當讀第二音，故在詞目「屈」字之口角標₂。

7.**引注疏解釋用例。**

〔屏藩〕比喻衛國的重臣。語出《詩·大雅·板》「价人維藩，大師維垣，大邦維屏，大宗維翰」。毛傳：「价，善也。藩，屏也。垣，墻也。翰，干也。」(89 版《辭海》)

《詩經》例中「价」「翰」等詞皆難理解，故並引毛傳說明之。

由於注疏比詞典釋義更具體、專門，它常被用來擴大補充釋義外延，其實注疏的妙用遠不止此，因篇幅關係，以上僅舉例性地概括了某些方面。

三、古漢語詞典引用古籍注疏時的常見錯誤

引用古籍注疏得當，可爲古漢語詞典釋義增色，引用不當卻會產生錯誤。這是一個微觀的問題，需要謹愼仔細地對待它。這些錯誤最主要最不易發覺的部分，是由於對古籍注疏的性質、特

點，對它與詞釋義的不同之處，缺乏體會，不能由具體而抽象所致，但由其他原因引起的錯誤也不少。今粗約歸爲幾類，一併討論之。

1.**不必注而注。**

有些詞目釋義已經很清楚，不需注疏佐證，再加引注疏，徒然多占篇幅，盡可將注刪去。有些注疏不得要領，引用後釋義依然不明不白。這類詞目當刪去注疏，對釋義進行改寫。

〔即即〕(1)充實。《漢書·禮樂志》：「磑磑即即，師象山則。」顏師古注引孟康曰：「即即，充實也。」(89 版《辭海》)

〔肆勤〕勤勉。《後漢書·周燮傳》：「有先人草廬結於岡畔，下有陂田，常肆勤以自給。」李賢注：「肆，陳也。」(《辭海·語詞增補本》)

「即即」條引注後釋義仍不明，當改寫。「肆勤」釋爲「勤勉」已很清楚。《文選·張衡〈東京賦〉》：「瞻仰二祖，厥庸孔肆。」薛綜注：「肆，勤也。」肆勤爲同義複詞。陳爲「肆」之本義，與「肆勤」無涉，在注疏不妨隨文提示，在詞典單字複詞各種義項不能含混不分。引李賢注徒滋困擾，89 版《辭海》已刪去。

2.**引注疏張冠李戴。**

引注疏搞錯注者也是常見的，尤其是些常用古籍，有時將書的注者搞錯，有時將注者轉引的話當成他自己的。如《十三經注疏》中《禮記》爲孔穎達疏，《周禮》《儀禮》爲賈公彥疏，賈疏往往錯成孔疏。《詩》的毛傳、鄭箋也常常搞錯。《文選》中的薛綜注往往誤爲李善注。《後漢書》之志爲劉昭注，往往誤成李賢注。鄭玄注《周禮》多引鄭司農、杜子春，引用時常誤爲玄注。更有不常見的，凡此皆當十分小心，避免張冠李戴。

3.**引用錯誤的注疏。**

前人去古爲近，留下了寶貴的資料，但由於時代的局限，注者自身條件的局限，以及古注流傳的舛譌等等，今所見注疏，有些對古籍的解釋是錯誤的，不愼引用，便入誤入歧途。

〔危臬〕不安也。與危槷同。〔古文苑·王延壽王孫賦〕躡危臬而騰舞。〔注〕臬，門橜也。此謂枯木之無枝節者。（《中文大辭典》）

此引《古文苑》章樵注。章注望文生義，殊爲可笑。《王孫賦》：「扶嶔崟以櫟櫖，躡危臬而騰舞。」「危臬」與「嶔崟」對文，爲聯綿詞。其形式也作「兀臬」「杌隉」「阢隉」「兀鼿」「鼿卼」等。《易·困》：「困於葛藟，於鼿卼。」《書·秦誓》：「邦之杌隉，曰由一人。」其他各種形式，皆有唐以前例證。《中文大辭典》雖引章注，釋義卻從「危槷」而來。《辭海》刪章樵注，釋爲「不安全貌」，也不甚妥，此當不安穩之意。《漢語大詞典》引章注，並從其說，釋爲「高聳的枯木」，完全錯誤。

〔孔道〕(1)通道。《大玄經·羡》：「次五，孔道夷如。」《漢書·西域傳上》：「〔婼羌國〕去長安六千三百里，辟在西南，不當孔道。」顏師古注：「孔道者，穿山險而爲道。」（89版《辭海》）

此條顏注也屬望文生義。《太玄經》范望注：「大道平易。」元李治《敬齋古今黈·史書》云：「師古曰：『孔道者，穿山險而爲道，猶今言穴徑耳。』此又誤矣。孔道止謂大道也。前言『辟在西南』，故後言『不當大道』。」王念孫《讀書雜志·漢書》也云：「師古之說甚迂。孔道猶言大道也。謂其國僻在西南，不當大道也。老子《道經》：『孔德之容。』河上公注：『孔，大也。』」《辭海》當刪去顏師古注。釋義文字「通」爲多義字，還是以

「大道」釋之好。

〔貫行〕連續地做下去。《漢書·谷永傳》:「此次貫行，固執無違。」顏師古注:「貫，聯續也。」(89版《辭海》)

《辭海》釋義乃受顏注影響。對顏注之襄，王念孫在《讀書雜志》《廣雅疏證》中已經指出，「貫可訓聯，不可訓續」。《廣雅·釋詁》:「貫，行也。」王念孫疏證:「《里仁篇》:『子曰:吾道一以貫之。』一以貫之，即一以行之也。《荀子·王制篇》云『爲之貫之』，貫亦爲也。《漢書·谷永傳》:『以此貫行，固執無違。』《後漢書·光武十王傳》云:『奉承貫行』。貫，亦行也。顏師古訓貫爲聯續，失之。」《辭海》當修改。本條及上兩條，王氏父子都已有考訂，可見清人的訓詁比前人進了一大步，目前編寫古漢語詞典在借鑒清人研究成果方面仍是很欠缺的。

〔扇汗〕纏在馬銜鐵鑣旁的飾巾。《詩·衛風·碩人》「四牡有驕，朱憤鑣鑣」毛傳:「幩，飾也；人君以朱纏鑣扇汗，且以爲飾。」一說即馬銜外鐵。陸德明釋文:「鑣，表驕反，馬銜外鐵也，一名扇汗，又曰排沫。」(《漢語大詞典》)

據陸德明釋文，另立「馬銜外鐵」一說，與原釋義矛盾。《說文·巾部》:「幩，馬纏鑣扇汗也。」徐鍇繫傳:「謂以帛纏馬口旁鐵扇汗，使不汗。」此與陸說也不同，扇汗即幩，與鑣非一物。考《後漢書·輿服志》「乘輿象鑣赤扇汗，王公列侯朱鑣絳扇汗，卿以下有騑者緹扇汗」，知漢代扇汗與鑣所指不一。顧千里作《詩校記》云:「釋文誤以傳『鑣』解係『鑣鑣』下，段玉裁云《玉篇》引《詩》『朱幩儦儦』，《載驅》作『儦儦』……此經假借鑣爲儦也。」⑨馬瑞辰《毛詩傳箋通釋》:「釋文蓋云:『憤，一名扇汗，又曰排沫。』今本脫一『憤』字，遂似誤以鑣爲扇汗。」今本《釋文》有兩個錯誤:(1)將釋毛傳「鑣」字之言誤繫於經文

「鑣鑣（即儦儦）」下。⑵脫漏一「幘」字。《漢語大詞典》釋義時不加分辨，因產生矛盾之兩說。

4.**誤用注疏之意。**

以上所舉爲引用錯誤注疏之例，但有時古人的注疏並不誤，由於理解不夠正確，引用時不僅無益，反而產生了新的錯誤。

〔申命〕鄭重申命。《書·堯典》：「申命羲叔，宅南交。」孔傳：「申，重也。」（《辭海·語詞增補本》）

孔傳釋「申」爲「重」不誤。但「重」在古代是「再三」之義而不是「鄭重」之義，這是對多義詞的同義互訓理解不確切。洪誠先生撰《訓詁學》一書，根據修訂《辭海》的實例，提出：「舊工具書與古注的釋義，多用文言單詞。我們對文言單詞要細心辨別，否則易生誤解。」⑩這是洪先生多年從事《辭海》修訂工作的體會，可見以此致誤者不少。

〔躐席〕越前而登席。《禮·玉藻》：「登席不由前爲躐席。」注：「升必由下也。」行禮之時人各一席，如相離稍遠，可以由下而升。布席稍密，或數人共一席，必須由前乃可得己之座；若不由前，爲躐席。（《辭源》修訂本）

說明語與釋義矛盾。《玉藻》孔穎達疏：「庾云：失節而踐曰躐席。應從於下升，若由前升，是躐席也。」躐席即失節而踐，不由下升席，而由席前失席。說明之語因不明古代禮制，誤解注疏之意，顛倒了「躐席」之義。

〔訇磤〕爲大聲，不一定確指雷聲。《景福殿賦》中即形容鐘聲。張銑注：「訇磤，聲言。鐘聲訇磤如雷震。」毛傳云「雷聲」是就《詩》而言，李善注引毛傳並直接釋「訇磤」一詞。「訇磤」還可寫作其他形式。枚乘《七發》「訇隱匈磕，軋盤涌裔」，指波濤聲。陸贄《鑾駕將還宮闕論發日狀》「巨石崩奔，訇殷相繼」，指石崩聲。作爲注疏可隨文而釋，編詞典切不能不求深解而照搬。

〔笭床〕棺中藉尸的木板。《左傳·昭公二十五年》「唯是楄柎所以藉干者」杜預注：「楄柎，棺中笭床也。」(《辭海·語詞增補本》)

笭床，《辭源》釋爲「船中編竹爲板，以承放器物，名曰笭床」。引《釋名·釋船》：「舟中床以薦物者曰笭，言但有簀如笭床也。」也是一詞，釋義迥異，均因不能對古注作深刻理解。杜注既言「棺中笭床也」，必有非用於棺者。《釋名》既說「但有簀如笭床」，也必有不用於船者。其實笭床只是竹編的墊板，在棺則用以藉屍，在船則用以薦物。

〔裸壤〕(1)文身也。〔文選·趙至與嵇茂齊書〕表龍章於裸壤。〔注〕善曰，裸壤，文身也。(2)不依之國也。〔文選·謝惠連雪賦〕裸壤垂繒。〔注〕良曰，裸壤，不衣之國也。(《中文大辭典》)

劉良解釋近是。裸壤即裸身之國。古代某些不開化的地方，人民不穿衣服，並有文身的習慣。李善根據「文身」這一特徵來表達對「裸壤」一詞的理解。在注疏不爲誤，詞典另立一義卻不當。

5.**引不同注家而致誤。**

引不同時代不同人的注而產生的錯誤也常見。對舊注的說法不易判別，詞典不妨兩說並存，由讀者自己擇善而從。如前所說《漢語大詞典》「衡」條即如此。但有時兩說明顯有正謬之分，也同時引用，徒增讀者困擾。有時在相關的條目中各從一說，自相矛盾。有時根據不同的注家，將一個意義列成了兩個義項，甚至兩家所說本同，僅表達有異也分成了兩義。凡此，皆在當避免之列。

〔會撮〕後頸的椎骨。《莊子·人間世》：「肩高於頂，會撮指天。」釋文：「司馬（彪）云：會撮，髻也。向（秀）云：兩肩竦而上，會撮然也。」（《辭源》修訂本）

《辭源》引兩說而釋以「後頸的椎骨」。《辭海》《漢語大詞典》皆並列頸椎、髻兩義。《莊子》郭慶藩集釋引李楨曰：「以會撮爲髻，當亦是小撮持其髮，故名之。『會』與『鬠』通。《集韻》有鬠字。音撮，髻也。當是俗因會撮造爲頭髻專字。」後人也以髮髻義入詩。宋黃庭堅詩：「丈人困州縣，短髮餘會撮。」金元好問詩：「會最上指冠巍峨，豈肯俯首春官科。」此詞不必引兩說，使讀者茫然無從。

〔亶〕㈣疲憊。通「癉」。《荀子·議兵》：「彼可詐者，怠慢者也，路亶者也。」（《辭源》修訂本）

〔路亶〕猶逗露袒。《荀子·議兵》：「彼可詐者，怠慢者也，路亶者也。」注：「路，暴露也。亶讀爲袒。露袒謂上下不相覆蓋。」清王念孫謂路通「露」，亶同「癉」，羸弱疲憊之義。（《辭源》修訂本）

《辭源》「路亶」引兩說，但以楊倞爲主，釋露祖，「亶」下卻從王念孫說，釋爲疲憊，自相矛盾。這種錯誤在詞典中也屢見不鮮。如前所舉，「率」字，《漢語大詞典》單字從《文選》薛綜注，「悉率」一詞從《詩》鄭箋，「衡」字，《辭海》從《詩》毛傳，「福衡」條從《周禮》鄭注，皆引起相關條目注釋的矛盾。

〔堙〕⑴土山也。〔左氏襄六〕堙之環城傅於堞。〔注〕堙，土山也。周城土山及於女牆。⑵登城具也。〔公羊宣十五〕宋華元亦乘堙而出見之。〔注〕堙，距堙，上城具。（《中文大辭典》）

此《左傳》杜預注、《公羊傳》何休注表達的形式雖不同，所指的內容卻一致。《孫子·謀攻》:「攻城之法，爲不得已。修櫓轒轀，具器械，三月而後成。距闉，又三月而後已。」杜佑注:「距堙者，壅土積高而前，以附於城也。積土爲山曰堙，以距敵城，觀其虛實。」《辭海》《辭源》皆只立一義，分兩義不當。前所引「裸壤」條也是如此。劉良、李善所注重的特徵不同，所指的事實卻是一回事，《中文大辭典》也執以立爲兩義。

四、編寫古漢語詞典利用古籍注疏當注意的問題

以上列舉古漢語詞典引用古籍注疏的常見錯誤，皆就微觀而言，若就宏觀論，也有以下數條當引起注意:

㈠注疏對一書而發，書各有所專，作注者也因人而異，因而注疏有種類與派別之分，有體例與格式之別。有的以解釋字、詞、句、章爲主，有的以考覆人名、地名及其他史實爲主，也有的以考證詞語出處、典故來源爲主，還有以闡明哲理、寄寓自己思想觀點爲主。有的僅闡發一家之言，有的集衆家之長，也有的博採衆說後又獨出己見，等等。要正確利用各類注疏，必須對它們的體例有大致的了解。

㈡古注貫串於兩千多年的古籍，一個時代有一個時代的特點。如漢代有今古文之爭；魏晉玄學盛行，注經喜歡發揮經義哲理；唐代產生「正義」或「疏」，解釋詞句和考證名物制度都很翔實，缺點是「疏不破注」，專案一家之說；宋代思想比較解放，能不受舊說束縛，但卻有標新立異之弊；有清一代對一些重要古籍幾乎都作了新的注釋，並產生了許多讀書札記，淸代學者鑽研漢唐人的注解，能較合理地解釋音義的關係，解決了古籍中的許多疑難問題，但他們所說的通假、雙聲疊韻等仍有不夠科學的地

方。要很好地利用古籍注疏，必須了解各個時代注疏的特點，尤其要重視漢代和清代。目前古漢語詞典的編寫，對清人研究成果的利用是遠遠不夠的。

㈢雖然古籍注疏還沒有達到細緻周備的境界，雖然這些注疏有時代、派別之異，但作注的方式和用語仍然存在著共同的趨嚮和相沿的習慣。後人已從中歸納出大致的傾嚮，如作注有形訓、音訓、義訓等方式，用語有「謂」「貌」「猶」「言」之分別等等。熟悉這些方式與術語對正確理解注疏自然有益。同時必須注意，這僅是後人歸納的大致傾嚮，並不是古人作注的準則，不能完全以此律古。

㈣分析古籍注疏必須融會貫通。要貫通文字、聲韻、訓詁之學，要貫通古代社會、歷史、文化等各方面的知識。特別要指出的是，目前新出土的文獻資料越來越多，甲骨文、金文、簡牘、帛書等不斷被發現，它爲研究口籍注疏提供了新的資料，編寫詞典時一定要充分利用。

【註　釋】

①本文所言的古注疏是指古人對經、史、子、集的隨文詮釋，不包括已有抽象概括傾嚮的小學書。

②本文所言的古漢語詞典是廣義的，包括古漢語字典。

③《文字聲韻訓詁筆記》，上海古籍版。

④《詩三家義集疏》，中華書局版。

⑤爲省篇幅，無關緊要的句子刪去，他例引用同此。

⑥引自朱光潛《詩論》。

⑦前人讀書筆記與注疏不同，但在詞典中引用有與注疏相同的作用。

⑧參閱虞萬里《文獻中的山東古方音》、《古漢語研究》創刊號。

⑨見《十三經注疏·毛詩正義》校勘記。

⑩《訓詁學》第五章第一「準確地利用古注古辭書的意義」。

學術網路上的訓詁學教學相關資源及其運用

汪中文

一、前 言

台灣學術網路（Taiwan Academic Network；以下簡稱TANet）係由各主要國立大學及教育部電子計算機中心，於民國七十九年七月起，所共同建立的一個全國性教學研究用之電腦網路。它的主要目的是爲了支援全國各級學校及研究機構間之教學研究活動，以相互分享資源並提供合作機會①。經由多年的努力及電腦與網路科技的日益進步，迄今其連線範圍已涵蓋了主要的研究單位與大專院校，同時也延伸至全國各高中職校、國中小學。台灣學術網路上所提供的各種網路資源已是相當豐盛，就其中與教育有關之資源，包括了教育資源資料庫系統、教育論文檢索、全國圖書資訊系統、電腦輔助教學軟體、各類專業題庫系統等，不勝枚舉。倘若我們能善加利用，不僅享受到網路快速資訊交換及資源共享的好處，且爲我們的教學研究增添一利器。

在學術網路逐漸普及發達後，如何取得網路上教學相關資源並運用在教學與研究上，是我們首先會遇到的問題。以下謹就個人所利用者，分從圖書資訊系統、WWW（全球資訊網）系統、BBS（電子佈告欄）系統三方面，粗略介紹部份與訓詁學教學相關之資源，以見學術網路在教學上的功能。惟才疏學淺，祈博雅君子，不吝教之。

二、網路上之訓詁學教學相關資源

(一)TANet 上圖書館系統

目錄常識對研究中國古籍而言是我們所需具備的條件之一，往昔我們透過圖書館的分類目錄卡片，隨手摘錄，建立自己的教學或研究目錄，但限於經費，各校圖書館所收藏的圖書或期刊，多半不全備，因此常常爲了研究上的需要，我們疲憊的往返於各圖書館收集研究資料。但現在由於電腦科技的發達，各大學及研究單位之圖書館，多半已完成自動查詢系統②，在校內圖書館，可以利用線上查詢圖書資料，經由作者、書名、關鍵字等交叉查詢，可以建立自己的研究目錄，再透過網路的連接，我們可以直接查詢遠方圖書館的線上目錄（On－Line Catalog），一方面彌補學校圖書資料不足，一方面也獲得更多訊息，省卻不少奔波往反的時間。

線上查詢各種圖書資訊。我們可經由 Gopher 系統進入，也可直接利用 telnet 指令進入。以下筆者舉中央研究院、哈佛大學爲例，具體說明線上查詢的情況：

1.從 Gopher 系統進入中央研究院圖書館自動化系統。筆者從本校 Gopher 系統（服務畫面如下）

台南師範學院 Gopher Client V2.0.16

→ 1.◤台 南 師 範 學 院 Gopher 系 統 簡 介◢ About NTNTC Gopher System
2.◤台 南 師 範 學 院 校 園 資 訊 廣 場◢ NTNTC Campus Infomati
3.◤台 灣 學 術 網 路 資 源 服 務◢ TANet Resources
4.◤國 際 學 術 網 路 資 源 服 務◢ Internet Resources
5.◤全 球 其 他 Gopher 系 統◢ Other Gopher System
6.◤教 育 法 規◢ Educational Law
7.◤教 育 新 聞◢ Educational News
8.◤教 育 資 訊 服 務◢ Educational Documents
9.◤教 育 教 部 課 程 軟 體 下 載 區◢ CAI Software Download
10.◤教 育 廳 題 庫 管 理 系 統 軟 體 下 載 區◢ Software Download
11.◤CAI 相 關 文 獻 區◢ CAI Literature
12.◤國 立 臺 南 師 範 學 院 國 教 之 友 期 刊◢
13.◤國民中小學資訊教育課程與實務研討會◢

選擇第三項——【台灣學術網路資源服務】，而後再選擇【台灣地區線上圖書查詢系統】，則畫面呈現如下，

台南師範學院 Gopher Client V2.0.16
【台灣地區線上圖書查詢系統】

→ 1. 【中央圖書館自動化系統 】 〈TEL〉
2. 【中央圖書館台灣分館自動化系統】 〈TEL〉
3. 【中研院圖書館自動化系統 】 〈TEL〉
4. 【台北市立圖書館自動化系統 】 〈TEL〉
5. 【台灣大學圖書館自動化系統(1) 】 〈TEL〉
6. 【師範大學圖書館自動化系統 】 〈TEL〉
7. 【政治大學圖書館自動化系統 】 〈TEL〉

此時選擇【中研院圖書館自動化系統 】，則可與之連線，依其指令，經由書名、關鍵字等交叉查詢《爾雅》，查詢結果如下：

記錄 62 之 64

館藏地	計算中心圖書室 & 文哲所
書名	爾雅音圖/（宋）郭璞撰
版本項	初版
出版項	臺北市：臺灣商務印書館，民 62 [1973]
稽核項	1 冊：圖；19 公分
	NT $ 150（精裝）
叢書名	景印岫廬現藏罕傳善本叢刊
附註	封面題名：道光景印爾雅音圖
	與字學備考合刊
其他作者	郭璞（276－324）撰
其他書名	道光景印爾雅音圖

1〉計算中心圖書室　802.115 547　在架上
2〉文哲所　處理中

記錄 63 之 64

館藏地	文哲所
書名	爾雅音訓/黃侃箋識；黃焯編次
出版項	上海：上海古籍出版社，1983 [民 72]
稽核項	2,331 面；21 公分
	（平裝）
主題	爾雅－－聲韻 csh.
	訓詁 csh.
其他作者	黃侃　箋識
	黃焯　編次

1〉文哲所參考室　R 099.16 873　館內使用
Export complete, stop your capture program now.
請問是否清除您在 INNOPAC 的轉錄/儲存檔？(y/n)

2.以 telnet 方式連線到哈佛大學圖書館。

先 telnet 128.103.60.31 到哈佛大學圖書館。連線後，出現畫面如下：

按畫面指示操作，先鍵入 HOLLIS,

在 WELCOME TO HOLLIS 下的命令列鍵入 HU,

進入哈佛大學圖書館聯合目錄，然後依所需查詢。筆者在命令列鍵入

find su erh ya（爾雅）

搜尋結果：

```
HU GUIDE: SUBJECT HEADING LIST 19 items retrieved by your search
FIND SU ERH YA
------------------------------------------------------------
 1 ERH YA
18 ERH YA --indexes



opTIONS: ------MORE--to see next page ---------------
        guide ＃--see guide at ＃th item                  Help
        index ＃--see list at ＃th item                   Quit
  Help commands Redo - edit search Store ＃ - save for email Comment
Command?
```

共有十九筆資料，逐一閱讀後，選擇我們所需的筆數，鍵入 STORE，資料即爲系統所登錄，再鍵入 SEND，按畫面指示操作，此時哈佛系統所提供 E-MAIL 的功能，在幾秒鐘內即將所需的資料傳回到我們的 E-MAIL 信箱內，結果如下圖所示：

From：HOLLIS 〈LIBRARY@HARVARDA.HARVARD.EDU〉
To：WANG4511@IPX.ntntc.edu.tw
Subject：Record Set＃ 8436

Hao，I－hsing. Erh ya i shu. Ti 1 pan. Shang－hai：Shang－hai ku chi chu pan she：Hsin hua shu tien Shang－hai fa hsing so fa hsing，1983.
LOCATION：Harvard－Yenching：5078 4242.6c Library has：v. 1，2.

2Pan，Yen－tung. Erh ya cheng Kuo. ［China：s.n.］，Ching Kuang－hsu hsin mao［1891］.
LOCATION：Harvard－Yenching：5073 3624

Wang，Ying. Erh ya cheng ming ping. Chiu－lung，Hsin Ya shu yuan Chung wen hsi，
Min kuo 57［1968］.
LOCATION：Harvard－Yenching：5080 3190

＊＊＊＊＊＊＊＊＊（下略）＊＊＊＊＊＊＊＊＊

筆者爲搜集《爾雅》研究目錄，經由網路連線，直接查詢中央研究院、臺灣大學、臺灣師範大學、政治大學、中央大學、成功大學等校圖書館所收錄之《爾雅》書目，再連線到香港中文大學，美國普林斯敦大學、哈佛大學、耶魯大學、哥倫比亞大學等校圖書館，線上查詢所收錄之《爾雅》書目，經比對查核後，不但建立了初步的《爾雅》研究書目，也約略可了解各校有關《爾雅》書目的收錄範圍，此中的便捷，實遠非前人所可想見。此外，各圖書館多有光碟資料庫，一般而言，此資料庫只供館內查詢，本校光碟資料庫不多，筆者利用其中的《中華博碩士論文檢索光碟》、《中華民國期刊論文索引光碟系統》、《中華民國出版圖書目錄光碟系統》、《北美及歐洲地區博碩士論文資料庫 DAO（1861－至今）》四種資料庫，搜集《爾雅》研究書目，補充線上查詢

的不足。唯利用線上查詢圖書資料，稍嫌不便之處在於圖書館網路系統非常雜亂，如中央研究院、臺灣大學等校採用 Innopac 系統，本校、文化大學等校採用 Dynix 系統，中央大學等校採用 Urica 系統，成功大學採用 T50/c 系統，交通大學是自行開發的系統，使用者需逐一了解解各圖書館系統的使用方法與操作特點，否則如墜五里霧中，且費時費力。

㈡WWW（全球資訊網）系統

WWW（World Wide Web）爲歐洲量子物理實驗室（CREN）所發展，簡稱 Triple W。當初設計的目的主要是便於內部傳輸查詢各種型態資料之用。如今其結合文字、圖形、聲音及影像等多媒體物件於一體的傳輸方式，已隨著電腦科技的發展，成爲最熱門的網路資源工具。因爲 www 利用超文件描述語言的語法 HTML（HypertextMarkup Language）可以很輕易地編寫出圖文並茂甚至聲光俱佳的文件③。所以目前許多單位紛紛架設起全球資訊網伺服系統。

未來資訊科技發展的走向是電腦科技與通訊傳播科技的結合，在國家資訊基礎建設（NII）的規劃下，更將加速此一趨勢之推演。於此趨勢下將使媒體之呈現方式由文字、單向溝通與非即時性傳輸，演變爲多媒體、雙向互動與即時性傳輸，而傳輸的範圍也將由區域性的點，日漸擴大爲全國性和世界性的面。因此，全球資訊網伺服系統，對未來各層次的教學將有很大的幫助。例如教育廳的 www 伺服系統（http：//192.192.59.1 ），其中有網路空中教室，包含賽夏族鄉土文化教材、陶藝教室、特殊教育區、也有輔導團專區、教學圖書室、教學技巧區等幫助教師或學生學習。目前在教學技巧區的國語科欄位內收錄〈「的」、「得」使用方法的指導〉、〈相似詞和相反詞的分辨〉、〈比喻鏈和比喻樹〉、〈捉鬼特攻隊〉、〈生字猜謎〉、五篇教案，對中小學教師教學有很大的幫助。此外，筆者也將訓詁學會的相關文件，如宗旨、組織結構、會訊等載入本校的 www 伺服系統（http：//WWW.NTNTC.EDU.TW），只要經由網路，讀者自能取得所需資料，將來如學會經費不足，印刷出版會訊或論文集有困難，均可存放於網路上，不必印成書本，節省紙張經費，兼顧環保，實一舉數得。

㈢BBS 站

本校爲「全國教育資訊服務系統」的南部中心，因此本校的 BBS 站除一般功能外，更希望是關心教育者的主要討論園地，是教育專業的 BBS 站。在本校電算中心工作人員努力下，本校的 BBS 站以校園爲基地，結合了校院各所系與行政單位之資源，期能共同來引導教育類之討論，並提供教育諮詢服務。現在正努力將 BBS 站導引成 Electronic Classrooms 的型態，使 BBS 站能發揮輔助教學之功能④。

BBS 站所提供的功能相當多，茲先將本校 BBS 站主功能表，列之如下，而後述之：

```
國立台南師範學院 BBS 站                                    目前佈告欄＝' test'
Enter Command（請輸入命令）：Boards

    HELP SCREEN 說明畫面
      (G) 離開 BBS
      (0) 本站公告欄                     BBS Announce
      (1) 遊樂場                         Game
      (2) 選單模式切換                   Cursor Mode
      (3) 全球資訊查詢系統               Chinese Gopher System
   ⇒ (B) 游標式佈告欄選單               Select Board by Cusor
      (S) 輸入式佈告欄選單               Select Board by Keying
      (R) 讀取佈告欄內容                 View Board
      (P) 張貼佈告                       Post Message
      (U) 列出所有使用者資料             Show ALL Users
      (T) 談天園地                       Talk Menu
      (M) 郵件信箱                       Mail Box
      (F) 檔案傳送                       Enter File Transfer Menu
      (X) 工具箱                         Other Utility
```

由於 BBS 提供讀（Read）/貼（Post）佈告的功能，能夠讓使用者很容易地選取佈告欄，並讀取佈告欄中的內容或將其資料貼在佈告欄中。藉以在佈告欄上互相交換訊息。就教學而言，老師和學生可以在 BBS 討論區，彼此溝通、討論，打破課堂學習的瓶頸、距離的限制，增進校際間的往來，使學子熱情參與知識的探索。目前在省教育廳與各縣市教育局的 BBS 站，均有國語文教學專欄或版面，可以看到先進們所發表的一些心得，值得我們注意。

此外，BBS 提供送（Send）/收（Receive）個人信件的功能，利用電子郵件的功能讓站內使用者以私人信件的方式溝通，而不是公告至佈告欄中。我們可利用此一功能對學生進行個別的線上輔導或討論。舉筆者而言，筆者在本校 BBS 上開了文字學版，有關文字學教學的平時作業、通告、考試等，均經由此 BBS 通知，而學生有任何問題困惑，也經由此相互討論、溝通和交換意見，效果尙稱良好。

三、結　語

政府體察資訊網路對國家未來發展之重要性，正大力推動的國家資訊通訊基本建設（NII），此舉將使我國邁入多媒體高速電腦通訊網路的時代。預估在此網路上，將可提供許多教育資源，諸如遠距教學系統、電子課程資料庫、數位化圖書館、多媒體電腦輔助教學軟體、題庫系統等。我們如何善用此些資源，進而開發更多屬於中文學界所使用的線上檢索資料庫、或多媒體教材、或電腦輔助教學軟體，似是我們的當務之急。

【註　釋】

①參見〈台灣學術網路（TANet）概述〉教育部電子計算機中心 1994 年 3 月。

②TANet 上之 HYTELNET。它可以幫助使用者很快的上線到所有 Internet 上開放的圖書館。減少使用者記憶或尋找一些主機、工作站之 IP address、DomainName、Userid 及 password 的時間。以筆者而言，最常利用者爲成功大學之 HYTELNET，下表是筆者常用的圖書館連線資料。

學校/單位	IP Address	Login ID	Password
中央研究院	140.109.4.14	chinese or library	無
成功大學	140.116.207.1	OPAC	無
師範大學	140.122.127.10	library	library INNOPAC)
台灣大學	140.112.192.1	tulips or library	無
政治大學	140.119.129.1	library	library
哈佛大學	128.103.60.31		
普林斯敦	128.112.129.99		
耶魯大學	130.132.84.29		
哥倫比亞	128.59.39.951		

③〈HTML 超媒體文件編輯手冊〉台南師院電子計算機中心 1995 年 8 月

④〈南師 BBS 使用手冊〉台南師院電子計算機中心 1995 年 6 月

【參考書目】

教育部電子計算機中心

〈台灣學術網路（TANet）概述〉1994 年 3 月

信世昌

〈國文教學的本質與多媒體設計〉

《教學科技與媒體》16 期 1994 年 8 月

施隆民

〈談科技媒體在國語文教學上的應用〉

《教學科技與媒體》19 期 1995 年 2 月

台南師院電子計算機中心

〈南師 BBS 使用手冊〉1995 年 6 月

黃仁浤

〈電腦網路上的中小學教學相關資源與其運用策略〉

《國民中小學資訊教育課程與實務研討會論文集》1995 年 6 月

朱延平

〈電腦多媒體在國民中小學教學上的應用〉

《國民中小學資訊教育課程與實務研討會論文集》1995 年 6 月

台南師院電子計算機中心

〈HTML 超媒體文件編輯手冊〉1995 年 8 月

丁茶山《雅言覺非》小考

金彥鍾

一、序 言

宋明理學之於朝鮮，影響頗深，此乃衆所皆知，而清代學術，對朝鮮別無影響之可論。因此清代學術之精華「訓詁考證之學」，對朝鮮之影響，實微不足道。若論其中之消息，先舉政治上之原因。一六三六年，後金太宗引衆兵大舉入侵朝鮮，蹂躪全國，禍害莫甚。朝鮮國王仁祖終于投降，向清太宗行九叩之禮。此乃「丙子國恥」者也。

之後，後金入主中原，建立清帝國，朝鮮對清，面從腹背，丙子國恥，不能忘懷。時時禁止滿清統治下之中國書籍輸入朝鮮。遂致斷絕學術交流之脈，互相不通消息。

朝鮮學術界之於宋明理學之繼承，代不乏人，可謂繼續發展。而訓詁考證學，即幾乎無人問津，僅有申綽之《詩次詁》《書次詁》《易次詁》，權秉勳之《六書尋源》，以及丁若鏞之《雅言覺非》等屈指可數而已。但茶山終非精於聲韻、文字、訓詁之專家，此方面之水平不能與清朝訓詁學專家相比。

二、略述茶山之生平

茶山，名鏞，本名若鏞，字美庸，又字頌甫，號有俟菴，茶山，苔叟，籜翁，紫霞道人，籜皮旅人，鐵馬山樵，筠庵，門巖逸人等。其中以茶山爲世所通稱。堂號曰與猶，取道德經冬涉畏鄰之義。

茶山小字曰歸農，二歲（一七六三）遭天花。天才夙成，七歲（一七六八）始作詩，有句云：「小山蔽大山，遠近地不同」。其父大奇之。九歲（一七七〇）丁母憂。十歲（一七七二）學經史。其父嘗輯茶山十歲前所作詩，名曰「三眉集」。年譜云：「十三歲，手抄杜詩，倣而步韻，深得杜意，凡數百首。」可知其學杜，始於早年。十五歲（一七七六），與武承旨洪和輔女豐山洪氏結褵。平生琴瑟和好，恩愛甚篤。然自四十歲（一八〇一）至五十七歲（一八一八），長達十八載之流謫期間，備嘗離別之苦。

十五歲時（一七七六），移居漢城，此十歲至十五歲之五年，爲童蒙之初學期也。

其後前往客鄉讀書，曾至和順東林寺，醴泉伴鶴亭等地，學問大進，常以祖述斯學爲職志。

二十歲（一七八一），在京肄業科試，二十二歲（一七八二），以經義登進士第，而初謁見時王正祖，此先生最初風雲之會也。登大科而任官，乃其二十八歲時（一七八九）事，而二十歲至二十八歲之八年，可謂求任期。二十八歲至四十歲之十二年間，乃從政期也。

二十三歲（一七八四）時，始聞西教，即時禁之天主教也。然茶山終不能篤信。所好者，即西教所帶來之西方科技而已。茶山一時信從天主教，而不久即棄之而不顧。二十歲至二十八歲所作應制文，傳誦一時，正祖甚愛重之。二十八歲（一七八九）時，中甲科第一人，從政期從此始矣。

先時，天主教傳播朝鮮，信之者皆爲散居畿湖兩地之部分南人，茶山黨籍，亦屬南人，南人又有時派，辟派之分，茶山屬時派，其時，大權操在西人派系之老論。老論派甚爲保守，力攻西敎，不遺餘力，南人辟派亦附和之，以攻時派。茶山之三兄若鍾，姊夫李承薰，皆西敎之中樞人物，以是構嫌。

三十九歲（一八〇〇），春，知謗者多，難有作爲，意歸田園以避禍，然正祖不允。六月，正祖忽然崩駕，享年四十九。

茶山年四十（一八〇一），終于因西敎之罪名，被逮入獄。

茶山於長鬐謫所，考三倉詁訓，著「爾雅述」六卷。同年（一八〇一），又入獄，十二月，移配于康津。自四十歲（一八〇一）十一月，至五十七歲（一八一八）八月，長達十八年間，謫居于康津，其大部分之著作，皆成於此時。

四十二歲（一八〇三），著「檀弓箴誤」六卷。其後此書之大義弘論，悉入于「喪禮四箋」。又撰「弔奠考」，「禮箋喪儀匡」，亦入于「喪禮四箋」之中。

四十六歲（一八〇七），著「禮箋喪具訂」。

四十七歲（一八〇八），徙居茶山。自此至五十七歲（一八一八）放還故里時，即居住於此。此年冬，「周易四箋」成，凡經四易其稿而成。可謂集成象數易學之鉅作。又著「易學緒言」「春秋官占補注」。

四十八歲（一八〇九），著「喪服商」「喪禮外篇」。

四十九歲（一八一〇），著「詩經講義補」，「冠禮酌儀」，「嘉禮酌儀」，「小學珠串」，「梅氏書平」，「尙書古訓蒐略」，「尙書知遠錄」。

五十歲（一八一一），著「禮箋喪期別」，此亦「喪禮四箋」之一。

五十一歲（一八一二），著「春秋考徵」。

五十二歲（一八一三），著「論語古今注」。

五十三歲（一八一四），著「孟子要義」，「大學公議」，「中庸自箴」，「中庸講義補」。

五十四歲（一八一五），著「心經密驗」，「小學枝言」。

五十五歲（一八一六），著「樂書孤存」。

五十六歲（一八一七），著「喪儀節要」。至此時，有關六經四書，皆有專著。茶山嘗於「贐學游家戒」中云：「余年二十時，欲盡取宇宙間事，一齊打發，一齊整頓。至三十四十，此意不衰。風霜已來，凡繫民國之事，……遂得省念。有經傳箋注之間，唯有撥難返正之願」所云「撥難返正之願。」，至此已告全。其所餘者，則有關生民經世之書。茶山嘗於「示二子家戒」中云：「大較著書之法，經籍爲宗，其次經世澤民之學。若關防器用之制，有可以禦外侮者，亦不可少也。」自是茶山乃專心於經世澤民之書。年譜五十六歲（一七一八）云：「邦禮草本輯功起而未卒業」。「邦禮草本」，又名「經世遺表」，現傳四十八卷。

五十七歲時（一八一八），「牧民心書」成。同年秋，終獲赦得還鄉里。

五十八歲（一八一九），成「欽欽新書」，與「牧民心書」、「經世遺表」，合稱爲「一表二書」。此三書，乃經世澤民之書也。至是，茶山著書之業，乃臻大成。此年著「雅言覺非」三卷。

五十九歲以後，乃逍遙山水間，樂天知命自適期也。此期亦有尙書之役，然皆非新作，而改稿或合編者也。

七十五歲（一八三六），二月二十二日辰時，以疾告終于洌上之正寢。

三、《雅言覺非》之內容及評價

《雅言覺非》一書，作于一八一九年。茶山時年五十八歲。請看其代替序文之「小引」：

學者何？學也者覺也，覺也者覺其非也。覺其非奈何？于雅言覺之爾。言之而喚鼠爲璞，俄而覺之，曰是鼠耳，吾妄耳。言之而指鹿爲馬，俄而覺之，曰是鹿也，吾妄耳。既覺而愧焉悔焉改焉，斯之謂學。學修己者，曰勿以惡小而爲之，學治文者，亦勿以惡小而爲之，斯其學有進已。處遐遠者，學文皆傳聞耳，多訛舛，故有是言也。然舉一而反三，聞一而知十，學者之責，索言之不能窮。故槩言之，非其非，止是也。

又在卷之一之開頭附言說：

流俗相傳，語言失眞，承訛襲謬，習焉不察。偶覺一非，遂起群疑，正誤反眞，於斯爲資，作雅言覺非三卷。

於此二文中，可見茶山著此書之動機。茶山之意，乃欲矯正漢語在朝鮮誤用訛傳者。茶山學術思想，可謂原則回歸。一貫于經學著作之宗旨，乃洙泗原義之復元。茶山甚至否定宋明理學之理氣說，以爲此非孔子學之原義。嘗云：「虛尊太極，以理爲天，則不可以爲仁，歸事天而已」。所云「事天」者，指原始儒家之上帝觀念。茶山本欲宣揚儒學之實踐思想，但平心而論，有「矯枉過正」之嫌。

此《雅言覺非》一書，亦涉及此種嫌疑，竊以爲雖是由于訛傳而誤用者，而用之久遠，約定俗成，則可以「別出新義」當之。茶山此書議論二百餘條訛傳誤用之語詞，今因篇幅之限，不能一一詳論之。姑摘錄其中之緊要者，而供大方之家參考。又以「鍾案」之形式，附以鄙見。

(1)《雅言覺非》云：長安、洛陽，中國兩京之名。東人取之爲京邑之通名。詩文書牘，用之不疑。…至京曰戾洛，還京曰歸洛。

鍾案：長安、洛陽，乃固有名詞，不能作爲一般名詞。但朝鮮及日本，長久用之于首都之代詞。因此，東人以長安、洛陽爲首都漢陽之代稱。特於詩文中，用之不少。以「終南」代稱漢陽之「南山」，以「長江」代稱晉州「南江」亦有之，可謂一陋習也。

⑵《雅言覺非》云：京口者，里名也，在晉陵丹徒縣…吾東忽以京口爲京江之口，凡從京華來者，謂自京口來，誤矣。

鍾案：《漢語大辭典（以下略稱「漢詞」）》云：「京口，古城名。在今江蘇鎭江市。公元二〇九年，孫權把首府自吳（蘇州）遷此，稱爲京城。」中國歷來無有以京口稱京華之別稱。但京口時爲吳國首府，即稱京華爲京口，亦無不可。但以爲京江之口，即誤矣。

⑶《雅言覺非》云：倅者，副也。郡倅者，今之所謂營下判官也。……平壤庶尹，鏡城判官，大丘判官，自稱曰倅，可也。乃牧使、府使、郡守、縣令，專城爲長者，皆自稱曰倅，不亦謬乎？

鍾案：《逸周書》孔晁注，倅，副也。倅有輔佐義。指州郡長官之副職。茶山之言，是也。朝鮮地方長官，皆自稱曰倅，治用已久。

⑷《雅言覺非》云：方伯者，諸候之長也。……今八道監司，不過中國按察督撫之類，儼稱方伯，不可。

鍾案：《漢詞》云：「方伯，殷周時代一方諸侯之長。後泛稱地方長官。漢以來之刺史，唐之采訪使，觀察使，明清之布政使，均稱方伯。」時，朝鮮有八道，首長稱「監司」，亦地方長官也，稱之方伯亦無不可。

⑸《雅言覺非》云；督郵者，督尤之官也，郵者，尤也。

〈王制〉云:「郵罰麗于事」《漢書》云:「以顯朕郵」皆此意也。…東人誤以督郵爲驛傳之官,今諸驛察訪,皆稱之曰督郵,亦謬。

鍾案;茶山考郵字之義,甚確。《漢詞》:「督郵,官名。漢置,郡的重要屬吏,代表太守督察縣卿,宣達敎令,兼司獄訟捕亡。唐以後廢。」東人不知郵字乃尤之通假字,而按字求義,故稱諸驛察訪曰督郵。謬矣。

⑹《雅言覺非》云:「員外郎者,額外之官也。漢制百官階次,有員外郎。隋文帝開皇六年,尙書省二十四司,各置員外郎一人,…本員之外。復置此郎也。我邦六曹之正郎。佐郎,本各六員,是在額內不在額外,今人謂之員外,可乎?」

鍾案:《漢詞》云:「員外郎,官名。員外,本指正員以外的郎官。…唐以後,直至明淸,各部都有員外郎,位在郎中之次。」郎中者,尙書曹司之長。乃位次于尙書、侍郎之高級官員。可知郎中之次之員外郎亦屬高官,亦爲額內之官。始置時即額外,而後日變爲額內之官。照之中國東人稱位次于刊書、參判之正郎、佐郎曰員外郎,亦無不可。

⑺《雅言覺非》云:「提學者,學校之提舉也。…以其提學校之政,故謂之提學。高麗傳聞此事,謂有文學者爲提學…我朝因之,爲弘文館提學,藝文官提學,其實非學正提舉,不可曰提學。」

鍾案:《漢詞》云:「提學,官名。宋崇寧二年在各路置提舉學事司,掌管州縣學政。」金、元、明、淸因之,皆提學校之政,別無他義。茶山之言得之。

⑻《雅言覺非》云:「司馬者,夏官之長也。〈王制〉:『太學之升司馬曰進士。』東人摘句,單執升之司馬曰進士一句,遂以

進士名之曰司馬，進士之試曰司馬試，進士之榜曰司馬榜，甚則金進士李進士稱之曰：金司馬李司馬，豈不謬哉!」

鍾案：遍考載籍，司馬乃官名而已，東人稱進士曰司馬，必有茶山所云「摘句」而來。茶山考之確。此實屬東人陋習，但此詞沿用已久，約定成俗遂成進士之異稱。

⑼《雅言覺非》云：「國子，胄子也。…天子諸侯之天子庶子，公卿大夫之適子倅子，乃爲胄子，國人謂之國子，非匹庶子所得混稱也。…韓文公爲太學之官，自稱國子先生。吾東沿誤，遂以太學爲國子之學，信之不疑。」

鍾案：唐季，國子監管轄六學，乃國子學、太學、四門學、書學、律學、算學是也。國子學，三品以上官子孫之學校。然時至金、元。有物力之富家子弟、平民之俊秀子弟亦可入學。又太學亦國子監傘下之一學。然則東人以太學（即成均館）謂國子之學，亦無不可。國子學，已變爲太學之別稱，此亦詞義滋衍之一例，沿用已久，約定成俗，不能卒改。

⑽《雅言覺非》云：「狀元者，奏狀之首也。進士出榜，必有奏狀，以達天子。故稱其第一人，謂之狀元。鄉試居首者，謂之解元，而不名狀元。東人錯認，凡科榜之居首者。通稱狀元…況又狀譌壯，謂之壯元，豈不謬哉!」

鍾案：如茶山所論，東山以狀元謂壯元，沿用至今，各種韓國語辭典亦載此詞，可謂陋矣。《漢詞》云：「唐制，舉人赴京應禮部試者，皆須投狀，因稱居首者爲狀頭，故有狀元之稱。又《中文大辭典》所引趙翼《陔餘叢考·狀元榜眼探花》云：「按狀元之名，唐亦有之，自武后初試貢士於殿前，別其等第，門下例有奏狀，其居首者，因曰狀頭，亦曰狀元。」此文中「門下」，指門下省，武則天臨朝，改名鸞堂、鸞臺。然亦可謂之門下。茶山說，與趙說同，而與《漢詞》所云有異。未知孰是。

⑾《雅言覺非》云：「監試初試入格者，稱發解，亦誤。解者，發遣也。又聞上也。別音古隘切，與解釋之解不同。…今人不問京試鄉試，凡初入格者，皆云發解，可乎?」

鍾案：監試者，朝鮮禮曹所行之科舉考試，亦即中國之禮部會試也。《漢詞》云：「唐宋時，應貢舉合格者，謂之選人，由所在州郡發遣解送至京參與禮部會試，稱發解。誠如茶山所云，此解讀古隘切，非佳買切。東人于不問京試鄉試，凡初入格者，皆云發解，亦況用已久，實陋習也。

⑿《雅言覺非》云：「賓貢者，嫚辭也。高麗選舉之法，京都謂之上貢，諸路謂之鄉貢，外國謂之賓貢。此蓋元人之制也。其後諸路鄉試，其有他道人冒赴者，罵之曰賓貢，謂於本道如外國之人也。」

鍾案：《漢詞》云：「賓貢，古代地方向朝廷推舉人才時，待以賓禮，貢于京師。…指別國推舉而來的賢者。」然則中國之用賓貢者本非嫚辭，而其於朝鮮即以嫚詞當之。又《漢詞》所引《北史·梁彥光傳》云：「及大成，當舉行賓貢之禮，又於郊外祖道，並以財物賓之。」則本非起於元制，元人亦承襲前制也。

⒀《雅言覺非》云：「水驛者，以船而置驛也。大明律：『驛船濫乘者，與驛馬同罪』，此所謂水驛也。東人誤以水邊驛亭之村爲水驛。」

鍾案：考之《漢詞》，水驛有二解，水路驛站，其一也，水上驛路，其二也。茶山云『以船而置驛』者，第二義也。水路驛站，即『水邊驛亭』之義也。茶山考之不詳也。

⒁《雅言覺非》云：「杏檀之說，本出莊子。…今之杏檀，乃宋乾興間，孔道輔增修祖廟，…環植以杏，取杏檀之名，名

之。東人錯認，乃於聖廟之後，列植銀杏，以象杏檀。銀杏一名鴨脚樹，一名平仲木。」

鍾案：茶山以爲杏與銀杏非一物，得之。東人不分杏與銀杏，由來已久，不知何故。東人於漢城大成殿庭中，植銀杏一株，以象杏檀。樹齡已逾五百歲，蓋朝鮮初所植者也。此亦屬東人陋習，而至于今，深信不疑。

⒂《雅言覺非》云：「茶者，冬青之木。陸羽《茶經》：『一曰茶，二曰檟，三曰蔎，四曰茗，五曰荈，本是草木之名，非飲淸之號。東人認茶字如湯丸膏飲之類，凡藥物之單煮者，總謂之茶，薑茶、橘皮茶、木瓜茶、桑枝茶、松節茶、五果茶，習爲恆言，非矣。中國似無此法。」

鍾案：東人之於喝飲者，舉皆稱茶，茶山所舉之外，如人參茶、薏苡茶、柚子茶、蜂蜜茶等，皆恆用之詞。茶者，乃固有名詞，而非一般名詞，可知凡藥物之單煮皆謂之茶者，乃東人根深蒂固之習也。其實，中國亦犯此陋。以漢語中常用之麵茶、菊花茶、杏仁茶等詞，可證之。

⒃《雅言覺非》云：「豆腐者，菽乳也。豆腐之名，原自雅馴。東人認爲方言，別名爲泡。諸陵諸園，各有僧院，以供豆腐，名之曰造泡寺，豆腐之串，煎于雞臛，親友聚會，名之曰軟泡會。菉豆之乳，名曰黃泡，或稱靑泡，公私文字，用之不疑，誤矣。」

鍾案：茶山考之確矣。除茶山所舉者外，又有泡匠、泡炙、泡湯、泡太、泡板等語。泡匠者，官中製豆腐之職也。泡炙者，油炸之豆腐也。泡湯者，豆腐湯之謂也。泡太者，製豆腐之菽也。泡板者，製豆腐時所用之木板也。東人何以豆腐謂泡。無從可考。現今韓國已不用「泡」，直云曰豆腐。但朝鮮時代文籍中，屢見不鮮。於此可謂以豆腐爲泡，乃別出新義者也。

⒄《雅言覺非》云：「三寸以稱其叔父，亦陋習之當改者。東語伯父叔父曰三寸，從祖父曰四寸大夫，其子曰五寸叔父。過此以往，皆如此例，以至於八寸兄弟，九寸叔父，謂之寸內之親。其法，蓋以父子相承爲一寸，雖族兄弟謂之八寸，必自己身遡而上之，以至高祖計得四寸，又自高祖順而下之，計得四寸，是之謂八寸也。高麗之時，已自如此。…經國大典服制之章，皆以三寸四寸，別其親遠，今爲不刊之之文。然子弟稱其父兄，曰三寸四寸，大非敬禮，不可蹈也。」

鍾案：東人稱三寸四寸等語，謂之「寸數」，即計算親戚遠近之法也。以此推之，即百代之前後，亦可計得其寸數。茶山雖云「大非敬禮」，但此計遠近之法，即東人所創之活法也。至今亦普遍通用，乃甚爲方便之法。然以此爲稱號，即大不敬也。今人稱父之兄弟曰三寸，此則東人陋習無疑。

⒅《雅言覺非》云：「醮者，父以酒飲其子也，婚禮，婿將行，父醮之。…今人誤以夫婦共牢之禮，謂之醮禮，大誤矣。冠禮亦有醮，賓以酒飲冠者也。嘗見中國文詞，再娶謂之醮，則沿誤有自矣。」

鍾案：參考載籍，茶山考之確矣。然東人以夫婦共牢之禮謂之醮禮，亦可爲其引申義。今即以夫婦婚禮謂之醮禮，亦爲引申義之一。以引申義謂之誤用，似不可矣。

⒆《雅言覺非》云：「嫂者，兄妻也。東俗弟妻亦謂之弟嫂。叔者，夫弟也。東俗父兄亦謂之叔氏。妹者，女弟也。東俗姊夫亦謂之妹夫，皆誤。」

鍾案：此數種稱號，廣爲流傳，今世亦用之不疑。約定成俗，已成不能更改之大勢。

⒇《雅言覺非》云:「姑者,父之姊妹也。東俗謂之姑母,大誤也。異姓而後,方有母名,天下無同姓之母。」

鍾案:姑者,非只稱父之姊妹,妻稱其夫之母亦謂姑。《漢詞》所引宋趙彥衛《雲麓漫鈔》云:「夫之母曰姑。」舅姑者,夫之父母也。中國亦稱父之姊妹曰姑母,白話則稱姑媽。稱餵奶之女人曰乳母。以《荀子·禮論》云:「乳母,飲食之者也。」可證。非同姓之母而稱母者,竊以爲母字涵有對母輩之尊敬義,非只是東俗。

(21)《雅言覺非》云:「謂我姑者,我謂之姪,今昆弟之子,稱之爲姪,恐爲非禮。此自中國沿誤已久,不可猝革。姪訛爲侄,尤非也。侄者,癡也。」

鍾案:《漢詞》云:「古時女子稱兄弟的子女爲侄。」此第一義。又云:「晉以後男子始稱兄弟之子曰侄。」此第二義。又云:「泛稱同輩男性親友的子女。」此第三義也。此乃詞義之演變而已。非必茶山所云'非禮'也。又姪侄兩字雖有不同之義,而可通假之字也。茶山昧於通假,必以爲誤,不免膠柱之嫌矣。

(22)《雅言覺非》云:「聘君者,徵地。朝廷以玉帛徵之,故謂之徵君。…朱子娶令人劉氏,劉氏之父,亦本徵士,故朱子稱之曰劉聘君。東人錯認,遂以妻父爲聘君,又轉爲聘父,以妻母爲聘母,轉輾詿誤,一至是矣。…丈人、丈母亦俗稱,宜從《爾雅》呼之,曰外舅、外姑。」

鍾案:對於聘君,茶山考之確矣。然東人以妻父爲聘君、聘父,以妻母爲聘母,沿用已久,約定成俗,至于今不變。丈人、丈母者,妻父、妻母之別稱,裴松之《三國志注》云:「董承,漢靈帝母董太后之姪,於獻帝爲丈人」顏之推《顏氏家訓》云:「中外丈人之婦,猥俗呼爲丈母。」可知中國之稱丈人丈母,由來已久。此乃從字義演生之新義，茶山欲返回《爾雅》所稱外舅、外姑，大可不必。

⑵《雅言覺非》云：「娚者，語聲也。本與喃通，唯東晳之賦，有此娚字。東俗妻之兄弟，謂之妻娚，不唯是也，人有一男一女，輒云生此娚妹。大抵女子婦人，謂其兄弟曰娚，無攸據矣。」

鍾案：《漢語大字典》云：「娚，同喃。象聲詞。《集韻·咸韻》：諵，詀諵，語聲。或作喃。東晳作娚。」可知茶山據《集韻》。蓋東人誤認此字謂妻家之男子。故稱妻之兄弟謂妻娚。又從此衍生『娚妹』一詞，此等詞沿用已久，現今亦廣泛流行。可謂別出新義。

⑷《雅言覺非》云：「鄉者，嚮也。王京左右部之相嚮也。今郡縣閭里，謂之鄉村，本地曰故鄉，客地曰他鄉，…其與京都輦轂之地，別而遠之也，久矣。然古者匠人營國，畫爲九區，王宮處中，面朝後市，左右六鄉，兩兩相對，鄉者，嚮也。…孔子在鄉黨者，在京城之內也。孟子友一鄉之善士者，友京城之士也。」

鍾案：此乃茶山個人體會之創見也。古今諸人，無人言如此者。茶山亦知鄉字之義後世變爲鄉曲、鄉村，然最初稱行政單位時，指設在天子及諸侯都城之內者也。茶山此言，似若駭人聽聞，但細察其言，斷非孟浪之言也。茶山集中，論此義者，隨處可見，然今篇幅有限，姑從略。

⑸《雅言覺非》云：「洞者，空也，洞穴者，空穴也。今俗以里爲洞，里中曰洞內，里甲曰洞長，里會曰洞會，無攸據也。又洞者，幽壑也。華陽洞，白鹿洞，…皆幽壑之名。…輦轂華腴之地，本無幽壑，而京城五部，其里巷胡同，都以洞稱，…不可

勝數。」

鍾案：吾東以洞稱京鄉各地行政區域之名，不知起自何時，或以爲起自高麗，然則其由來已久矣。今世亦以洞、里稱小行政單位，但無字義上之分辨，在山壑而稱里者有之，在田中而稱洞者亦有之。此乃韓人不考字義之陋習也。然已成爲小行政區域之專名，此亦可備一詞義者也。

(26)《雅言覺非》云：「歸鄉者，高麗之律名，今之所謂放歸田里也。今徙流竄置，通稱歸鄉，非矣。」

鍾案：茶山之言是也。然東人以徒徙竄置爲歸鄉，沿用至于今，即亦可謂別出一詞者。

以上略舉數條，乃介紹茶山《雅言覺非》所舉誤用漢詞者。茶山本欲矯正東人之誤陋，而遡回各詞之原義。竊以爲其中或有茶山之矯枉過正者也。

四、小　結

以上，乃從韓儒丁茶山之《雅言覺非》一書二百餘條中，雖是訛傳詞義，而可歸屬漢語之方言者數條也。今略其大概而列之於下：

東人以長安、洛陽爲京邑之通名。至京曰戾洛，還京曰歸洛。

東人以京華來者，謂自京口來。

東人以地方守令曰倅。

東人以全國八道之監司曰方伯。

東人以諸驛首長曰督郵。

東人以額內之官員謂員外郎。

東人以各衙門之有文學素養者曰提學。

東人以司馬爲進士之別稱。

東人以太學爲國子學。

東人不分京鄉，凡科榜之居首者曰狀元。又以「壯」字代「狀」，稱「壯元」。

東人不問京試、鄉試，凡初入格者，皆云「發解」。

東人以「銀杏」爲「杏」於聖廟之後，列植銀杏，以象杏壇。

東人以凡藥物之可煮飲者，皆曰「茶」。

東人以「泡」爲「豆腐」之雅稱。以「泡」代「豆腐」。

東人以「三寸」稱「叔父」。凡親戚之親疏，皆以「寸」計之。

東人以「醮禮」爲夫婦共牢之禮。

東人以「弟嫂」稱弟妻。

東人以「妹夫」稱姊夫。

東人以妻父爲聘君。以妻母爲聘母。

東人以妻之兄弟謂之「妻甥」。

東人以「洞」稱基礎行政單位。

東人以竄謫爲「歸鄉」。

竊以爲漢字乃中原固有之文字，但對韓國日本等鄰國之影響頗深。韓日兩國之借用漢字，以表達其民族固有之思想感情，長達一千年之久。因與中國地隔水陸數千里，故有解其字詞之本義引申義而衍生別義者，比比皆是。此類別出新義者，亦可謂古漢語廣義方言之一種。韓國最近出版《韓國漢字語辭典》(共四冊、檀國大學校附設東洋學研究所刊)，采錄別出新義者多達幾千條。愚以爲今後中國編纂辭書者，如注意及此，即其於光大中國文化，必有所裨益矣。

作者簡介

王瑞生　臺灣嘉義人。民國三十五年生。中國文化大學中國文學研究所博士。曾任教於東吳大學，現任國立臺南師範學院語文教育學系教授兼主任。

左松超　江蘇阜寧人。民國二十四年生。國立臺灣師範大學國文研究所畢業，國家文學博士。曾任國立清華大學、臺灣師範大學、中央大學教授，香港浸會大學中國語言及文學系主任、教授、講座教授，現任國立中正大學中國文學研究所及中國文學系教授。著有《左傳虛字集釋》、《說苑集證》、《文學欣賞》（合著）等。

朱歧祥　廣東高要人。民國四十七年生。國立臺灣大學中國文學研究所畢業、香港中文大學哲學博士。曾任教香港浸會學院，現任靜宜大學中國文學系副教授。著有《甲骨學論叢》、《中山國古史、彝銘考》等。

江碧珠　浙江溫嶺人。民國五十七年生。淡江大學中國文學研究所碩士。現任教於東方工商專校。著有《關漢卿戲曲語言之派生詞與重疊詞研究》〈派生詞在詞彙學中的問題初探〉、〈泛論重疊詞的構詞法〉。

宋寅聖　大韓民國漢城人。民國四十四年生。現就讀於中國文化大學中國文學研究所博士班。並任臺北國防語文學校講師。著有《韓非子「是」字用法研究》、〈韓非子「是」字用法調查〉、〈大陸當代「尋根文學」（1984－86）初探〉、〈從祖堂集一書探討中國禪宗傳播至韓國之過程與其對韓國文化之影響〉等。

李正芬　河南濟漁人。民國五十六年生。東吳大學中國文學研究所畢業，現就讀於香港中文大學中國文學研究所博士班。曾任華信文物出版社主編。

李亞明　浙江上虞人。民國五十三年生。東北師範大學中文系漢語史碩士。曾任中國政法大學語文課程教師、大陸訓詁學專刊《訓詁教學通訊》特約撰稿人，現任北京中華書局語言文字編輯室訓詁學專門責任編輯、中國語言文話學會常務理事。著有《太平廣記詞語札記》、《中國語學論文集》、《訓詁的價値命題》、《價值：由訓詁意義再構造想到的》、《古代漢語詞義範疇》等及訓詁學相關論文四十餘篇。

李啓原　湖南資興人。民國四十年生。國立高雄師範學院國文研究所碩士。現任陸軍官校文史系副教授。著有《春秋崩薨卒葬文義研究》、〈三傳異說管窺〉、〈天人相應說對西漢政治及經學的影響〉、〈三傳析義——以「紀侯大去其國」爲例〉等。

汪中文　湖南湘陰人。民國四十五年生。國立臺灣師範大學國文研究所博士。曾任國立臺南師範學院語文中心主任，現任國立臺南師範學院語文教育學系教授。著有《儀禮鄉射禮儀節研究》、《西周冊命金文所見官制研究》、《兩周官制論稿》、《微史家族銅器群文字暨疑難文字考釋》與《金文書目彙編》、《金文論文資料引得》、《金文字形編》、《金文單字引得》（以上四書與周何教授、季旭昇教授合著）等書。

周　何　江蘇鎮江人。民國二十年生。國立臺灣師範大學國文研究所畢業，獲國家文學博士。曾任國立臺灣師範大學國文學系主任、國文研究所所長、文學院院長及考試院考試委員。著有《春秋吉禮考辨》、《儒家的理想國》、《古禮今談》等書。

季旭昇　湖北應城人。民國四十二年生。國立臺灣師範大學國文研究所博士。曾任國立臺灣師範大學國文學系副教授，現任國立臺灣師範大學國文學系教授。著有《詩經吉禮研究》、《甲骨文字根研究》、《金文單字引得》（集體編纂）及其它有關詩經、古文字之單篇論文若干。

林慶勳　臺灣桃園人。民國三十四年生。中國文化大學中國文學研究所畢業，獲國家文學博士。曾任中國文化大學中國文學系副教授兼主任、日本國立東京大學文學部外國人研究員、國立高雄師範大學國文學系教授兼主任，現任教於國立中山大學中國文學系。著有《音韻闡微研究》、《古音學入門》（與竺家寧合著）、〈刻本圓音正考所反映的音韻現象〉、〈試論日本館譯語的聲、韻母對音〉、〈拍掌知音的聲母〉、〈中州音韻輯要的反切〉等單篇論文。

竺家寧　浙江奉化人。民國三十五年生。中國文化大學中國文學研究所博士。曾任韓國漢城檀國大學客座教授、淡江大學中國文學研究所教授，現任國立中正大學中國文學研究所教授。著有《四聲等子音系蠡測》、《九經直音韻母研究》、《古漢語複聲母研究》、《古今韻會舉要的語音系統》、《古音之旅》、《聲韻學》、《近代音論集》、《音韻探索》、《古音學入門》（合著）、《語言辭典》（合著）等書。

金彥鍾 大韓民國人。民國四十一年生。國立臺灣師範大學國文研究所文學博士。現任韓國國立高麗大學校文科大學漢文學系教授。著有《丁茶山論語古今注原義總括考徵》、《漢宋實用文學與朝鮮丁茶山文學論之研究》等。

金鐘讚 大韓民國慶尚北道浦項人。民國四十六年生。國立臺灣師範大學國文研究所文學博士。現任韓國國立安東大學校中語中文科助教授兼主任。著有《高本漢複聲母擬音法之商榷》、《許慎說文會意字與形聲字歸類之原則研究》等。

孫劍秋 浙江滃洲人。民國五十一年生。國立政治大學中國文學研究所博士。曾任國立政治大學、東吳大學中國文學系講師，現任東吳大學中國文學系副教授。著有《顧炎武經學之研究》、《清代吳派經學研究》等書，及〈從讀易私言看許衡的出處之道〉、〈焦循假借說易方式之商榷〉等論文。

梁曉虹 杭州大學漢語史、中古漢語詞匯博士。曾任福建師範大學中文系講師、中國社會科學院語言運用研究所助理研究員、日本南山大學大學客員研究員。現任南山大學、花園大學非常勤研究員。

陳柾治 臺灣基隆人。民國二十八年生。東吳大學中國文學研究所碩士。現任崇右企專講師。著有《春秋戰事屬詞研究》、《皇清經解正續編書題索引》、〈也談「唐人詩中的難題」〉、〈「也談解救國文師荒」異議〉、〈九夷漫鈔〉、〈老生可畏〉等。

陳新雄 江西贛縣人。民國二十四年生。國立臺灣師範大學國文研究所博士。

黃坤堯　廣東中山人。民國三十九年生。國立臺灣師範大學國文學系畢業、香港中文大學哲學博士。現任香港中文大學中文系講師。著有《溫庭筠》、《書緣》、《經典動詞異讀新探》、《新校索引經典釋文》等書，另有聲韻學、訓詁學、古典文學、現代文學之論文二十餘篇散見臺灣、香港、大陸之學報與期刊。

黃亮文　臺灣臺南人。民國六十年生。國立臺南師範學院院語文教育系畢業。現就讀於國立成功大學中國文學研究所碩士班。曾任國小教師一年。

黃錫全　湖北江陵人。民國三十九年生。吉林大學歷史學博士。曾任武漢大學歷史系考古專業教授。現任北京中國錢幣博物館副館長。

黃靜吟　臺灣屏東人。民國五十六年生。現就讀於國立中山大學中國文學研究所博士班。曾任中央研究院歷史語言研究所助理，現任國立中山大學講師。

楊蓉蓉　上海市人。民國三十七年生。上海師範大學中文系畢業。歷任上海辭書出版社編輯十七年，現任上海辭書出版社語詞編輯室主任、副編審。

劉　釗　吉林人。民國四十八年生。吉林大學古籍研究所博士。現任吉林大學古籍研究所副教授。著有《殷墟甲骨刻辭類纂》、《殷墟甲骨刻辭摹釋總集》、《甲骨文字詁林》、《中國文字學史》、《古文字構形研究》等書及單篇論文四十餘篇。

劉　瑩　江蘇無錫人。民國四十四年生。輔仁大學中國文學研究所碩士，曾任教於臺中一中，現任國立臺中師範學院副教授。著有《文徵明詩書畫藝術研究》、〈古典詩裡的春天〉、〈文徵明在明代文苑中的地位〉、〈從接受美學的觀點初探文徵明的詩歌藝術〉、〈從書寫的題材、技巧與情懷探究文徵明書藝的內涵〉等。

蔡宗陽　臺灣嘉義人。民國三十四年生。國立臺灣師範大學國文研究所博士。曾任國立臺灣師範大學國文學系講師、副教授，現任國立臺灣師範大學國文學系教授、中國語文學會副秘書長。著有《莊子之文學》、《陳騤文則新論》、《劉勰文心雕龍與經學》、《文燈》等書及單篇論文數十篇。並於民國七十四年榮獲教育部青年研究著作獎。

蔡信發　浙江鄞縣人。民國二十八年生。國立臺灣師範大學國文研究所博士。曾任國立中央大學中國文學系教授、系主任、文學院院長，現任國立中央大學中國文學系教授。著有《說文部首增補釋例》、《說文形聲字之多聲考》等。

蔡哲茂　臺北市人。民國四十年生。日本東京大學東洋史學博士。曾任國立臺北商專講師，現任中央研究院歷史語言研究所文字組副研究員、國立政治大學中國文學系所兼任副教授。著有《甲骨文合集的重片》、《甲骨文四方風名再探》等。

盧淑美　臺灣臺中人。民國五十三年生。國立中正大學中國文學研究所碩士。現任輔英醫事護理專科學校講師。著有《楊升菴古音學研究》等。

會議紀實

一、訓詁學研究方法的繼承與創新

特約討論　東吳大學林炯陽先生：

小學的三個學門中，訓詁學在理論架構上，遠遠落後於文字學和聲韻學，這就限制了訓詁學的發展。近年中國大陸的訓詁學家，曾經撰文談論爲訓詁學建構方法論的構想，但是很少有具體的辦法。而李先生的論文，從哲學方法、一般研究方法、訓詁學專門研究方法三方面來建構訓詁學方法論，內容豐富而具體，是一篇很有參考價值的學術論文。

現在我提出拜讀這篇論文的感想：

我們要建構訓詁學的理論，首先必須問訓詁學的性質是什麼？因爲這個問題歷來就有不同的看法。而李先生並沒有先界定這個問題。不過從這篇論文所談到的內容來看，訓詁學研究的對象、任務包括：爲哲學提供一般意義的結論；物質層與制度層文化；古代社會、婚姻、祭祀制度；民族心理；詞義等等，包羅很廣。這就產生一個問題，訓詁學研究的範圍過廣，就很難與其它學科劃清界限，也就很難成爲一門獨立的學科。黃季剛先生曾說：「眞正之訓詁學，即以語言解釋語言，初無時地之限域，且論其方式，明其義例，以求文字之系統與根源是也。」又說：「訓詁者，以語言解釋語言之謂。」這些話，可分三部分來看：一是訓詁，即以「語言解釋語言」，訓詁的對象是古漢語的詞義以及現代方言詞義的解釋。二是訓詁學，即「論其方式，明其義例」。訓詁學的任務，即「以求文字之系統與根源。」所以訓詁學是訓詁的歸納、概括與總結，而訓詁是訓詁學的運用。

如果黃季剛先生的理論，可以被接受的話，我們就用他的理論來看這篇論文。李先生提出的訓詁學研究方法，應該分兩部份來看。一是訓詁學方法論；二是訓詁學的運用。例如：形式化方法、統計法、語義成分分析法等，都是先論其方式，明其體例，再說明如何去利用它。這些都是利用邏輯學，或統計學、或音位學來創新的方法。我們要加強訓詁學的理論建設，應該吸收相關學科的理論，才能夠推陳出新。不過我們在吸收和移植西方社會學科或自然科學領域的精華時，要特別注意是否適用、是否有局限。此外，哲學方法中的一些項目以及一般研究方法中的文化鏡像法，應是訓詁學的運用。訓詁學運用的範圍非常廣泛，包括詞義、語法、修辭、辭彙、哲學、文獻、校勘、典制名物等等的研究，甚至編撰字典，皆可運用。這就造成訓詁學研究的範圍與其它學科糾纏不清的現象。譬如：文化鏡像法中的通過訓詁透視中國古代物質層文化及制度層文化，就與文化語言學研究的範圍重疊。因此，我認爲這篇論文最好分成兩部份，一是訓詁學方法論；所論的解釋語言的規律與方法包括訓詁學專門研究方法，及形式化方法、統計法、語義成分分析法等。二是訓詁學的運用，包括文化鏡像法等。這樣，訓詁學的歸納訓詁學，其它學科的歸其它學科，就不會糾纏不清了。

主講人　北京中華書局李亞明先生回覆：

感謝林先生的討論。我想引用陳伯元先生的一段話：「其實訓詁學之範疇，至爲廣泛。余嘗云：所謂訓詁者，非僅語言文字之專門學科。其實凡與中國典籍有關之學科，舉凡學術思想、文學欣賞、歷史文化、字典辭書，甚至於巫醫百工之典、神仙佛道之書，欲求其正解，皆宜略通訓詁者也」。（語見《中國訓詁學通訊》第二期）

敬請陳伯元先生指教。

【問題討論】

臺灣師範大學　陳新雄先生：

我在訓詁學通訊第三期 15 頁〈訓詁論叢第二輯弁言〉裡的一段話，剛剛李先生問我的幾句話，大概就是這一段，我說：「余嘗云：所謂訓詁者，非僅語言文字之專門學科。其實凡與中國典籍有關之學科，舉凡學術思想、文學欣賞、歷史文化、字典辭書，甚至於巫醫百工之典、神仙佛道之書，欲求其正解，皆宜略通訓詁者也」。在這裏頭，我舉了一些例子，例如學術思想，《莊子》中：「野馬也，塵埃也！」野馬是什麼東西，這野馬搞不清楚，正解也得不到了。至於文學欣賞，《詩經》是文學：「左右流之。」「流之」是什麼東西，那也有待訓詁，如果搞不清楚「流」的意思，是不是文學也不太能欣賞了！所以要眞正了解它的意思，訓詁是很重要的！

臺灣師範大學　蔡宗陽先生：

第一、針對李先生的題目，我提出一個參考意見：可以把它改成「訓詁學研究的新方向」，而題目可分成兩項：一個是傳統的研究方法，第二個是創新的方法。這是我根據訓詁學可以產生兩個定義，一個是廣義，一個是狹義的。所以剛才林炯陽先生所說的，可能是偏向狹義的，而李先生這篇文章是偏向廣義！而所謂傳統的就是有兩個方法論的應用。我們要根據這兩種也可以。第一是傳統創新，或是方法論跟應用論。

第二、有關應用的方面，我提供李先生一個參考：除了本文之外，還可以增加語境學、詞彙學、美學、修辭學、語言學等方面的訓詁。

第三、本文39頁倒數第五行：「開代樸學大師」中的「開代」是何意？請簡要說明。

主講人　北京中華書局李亞明先生答覆：

訓詁學的方向同方法當然有密不可分的關係。我們對訓詁學方向的理解是廣義的，因此我們所嘗試建立的訓詁學方法論體系是開放的，而並不僅僅限於本文所提到的幾種方法，方法是多多益善。

關於「開代」一詞的涵義，這裏是指戴東原和章太炎先生，能夠很好地處理訓詁實踐和訓詁學理論及方法的繼承與創新之間的關係，引出了一代甚至數代學人，影響了一代甚至數代學風。

中央研究院歷史語言研究所　蔡哲茂先生：

第24頁，「《爾雅》釋親，是關於秦漢時代親屬稱謂最完備的記錄。其中儘管也殘存一部分母系社會中伴侶婚制（如以『父』、『母』稱謂旁系血親）和交表婚制（如以『舅』、『姑』稱謂公、婆）的婚姻制度文化」一段，是可以商榷的！

我們知道《白虎通》中，對於「舅」、「姑」這兩個字的詞彙是男女雙方經過婚姻的關係，對於自己配偶的父母親稱爲舅姑。但是古書中，仍有很多譬如「交表」的現象，如《左傳》。但事實上，我個人看法，舅姑的稱謂並不是因爲交表婚才娶舅舅的女兒，而不娶姑姑的女兒才產生。而是這個「舅」的稱謂是一種親屬下，對婚姻關係成立的長輩稱「舅」。比如一個人結婚時稱他的岳父爲舅，萬一他結婚時，他的舅已經去世，那他太太的兄弟也就稱舅，等到他後來自己生了小孩，小孩跟著爸爸稱自己母親的兄弟，也就是後來的舅！這「舅」的來源恐怕是這樣，而不是後來一般人類學家研究:「舅姑是交表婚的結婚」說法。

主講人　北京中華書局李亞明先生答覆:

蔡哲茂先生的觀點使我深受啓發，非常感謝！

臺灣師範大學　姚榮松先生:

李文闡述了訓詁學與相關學科的整合，是完全開放性，海闊天空，十分具有開創性。但是由傳統以詞義爲核心的學科過渡到高度整合的綜合學科，恐怕不能漫無限制。例如語意學原爲哲學之領域，由於分工的結果，它有了 Lexical Semantic（詞義學），所以本文中第一部分的哲學方法，實際上是語言哲學的領域，而非訓詁本身。站在學術分工的立場，不宜過度攬入傳統學科，否則即如講評人林炯陽教授所說的，使這個學科過度膨脹。作爲獨立課題研究可以，作爲訓詁理論的架構，則可以不要，以免野心太大，失去學科的主體性。

二、試論無著道忠對中國訓詁學的貢獻

特約討論　中山大學孔仲溫先生:

本篇論文花了相當的工夫將無著道忠的生平，著書背景及時代背景作了一番介紹，使我們便於了解他的思想基礎。無著道忠的時代大約相當於我國雍正年間，他的「因聲求義」的觀點與我國乾嘉學者相呼應。本文主要論述他對中國訓詁學的貢獻，在文中的第三部份，分了三點來做說明，將東洋學者的研究情況提供給我國學者作一比對，這是相當有價值的。針對梁先生的文章，個人提出幾點疑問請教梁先生:

一、在第46頁，言無著道忠所以未能公開流傳，是因禪宗「不讀書」、「不立文字」的特色，在這個前提下，與他所要求「教禪一致」的論點，該如何取得協調?

二、第52頁倒數第九行，「至老不識家里事，復是求解十四難而學馬乘，早歌者之流也。」可能是打字上的訛誤，這段引文，似爲一首七言一句的句型。

三、第53頁，提到無著道忠「述而不作」的治學原則，但又說要「鍛煉一家之言」，並且要「久久鍛煉」，這兩者之間，是否是無著道忠的矛盾與衝突?

四、第54頁第七行，「而他自己『活著時甘于不出版著作……』」這段引文是作者的行文，抑是無著道忠的文句，標示不太清楚。

五、第59頁釋俚言俗語解禪的部份，梁先生認爲從漢語史的研究角度看，對漢魏六朝以來的方俗語詞的研究，是比較薄弱的環節。但在兩漢時《方言》就是關於方俗語詞的研究，所以這個說法是否再做斟酌?

主講人　日本花園大學梁曉虹先生回覆:

關於孔先生所提出的問題，以下做一簡單的說明:

一、禪宗在唐代有南、北兩宗，南宗禪重「悟」，提出「不立文字」、「不讀書」，後來南宗禪成了禪宗的正統，這樣的論點便成了禪宗的教義。但到了宋代又分成了很多教派，所以禪宗傳到日本已是宋代的面目，「不讀書」、「不立文字」成了禪宗的口號，但實際上還是很多著作。

二、第54頁的引文是柳田聖山先生的引文，疏漏之處，請多包涵。

三、至於「述而不作」，是個人歸納無著的論點之後的看法，「鍛煉一家之言」是無著道忠的說法，兩者並在一起可能是有矛盾之處。

四、關於漢魏六朝對方俗語詞的研究，是較薄弱的環節，這樣的說法，確實是較絕對些，非常謝謝孔先生的建議。

【問題討論】

臺灣師範大學　蔡宗陽先生：

一、第47頁「二、從『教禪一致』到無著的訓詁精神」，其中「訓詁精神」改爲研究訓詁方法或治學方法，因爲讀書、著書可以屬於治學方法，「校書」則是屬於訓詁方法。

二、第56頁「三、從順釋疏解到無著的訓詁實踐」，其中「訓詁實踐」改爲「訓詁方式」。若是「訓詁實踐」，則第54到56頁「㈢糾誤立正——窮源竟委的探究——校書」的部份，應歸入此項，不應歸入第47頁「二、從『教禪一致』到無著的訓詁精神」。

文化大學中文研究所博士班　宋寅聖先生：

請教梁曉虹教授：大作可能是以柳田聖山先生《無著道忠的學術貢獻》（1977）爲基礎而擴大的。據悉，經由日本倡議，已與中國大陸成立「禪籍俗語言研究會」，藉此機會，可否簡單介紹其經過及日本地區禪語研究的情況。

主講人　日本花園大學梁曉虹先生答覆：

對於蔡先生的建議，本人完全接受。至於宋先生的問題，在此做一簡單介紹，禪文化研究所於1992年派人至中國考察之後，成立了俗語言研究會，也創立了研究刊物，目前有兩期，提供給大家參考。

三、敦煌伯三六〇五號尚書寫本試論：兼論各版本之異同

特約討論　逢甲大學林聰明先生：

這一篇論文是以伯三六〇五號尚書寫本爲底本，來考探尚書

異文的一些情形；作者在論文中，詳細的把異文分成：古文、假借、俗體、訛字……等九大類。依此則作者是將異文作廣泛的解釋，即只要各本中文字不同都稱爲異文。

我個人讀過之後，覺得舉例很清楚，尤其在文章末尾部份，詳細說明他所用的版本，及對敦煌本的價值加以探析，經由此探析，使前面的研究部份有了比較具體的成果。因爲他所用到的底本資料比較少，所以可說是以小喻大，而且又旁及到其他古文、異文及版本問題。

除了讚許他的一些成果之外，我個人也有一些和作者不同的意見，好像黃先生忽略了一些應該考慮的問題，我不知道對不對；在說明古代異文產生的現象時，除了前面所說的古文、俗體、避諱、或體等以外，如果就書法史或隸變等作觀察，似乎在簡化或善本問題方面，也都可以再做進一步的探討。

我先提幾個例子：首先是在第70頁下半部，談到俗體的問題。其實我個人到現在對俗體的界定問題，也還不是很清楚，雖然我個人曾經閱讀一些敦煌文書、吐魯番文書或更早的古文書資料，但是各家說法不一。而我覺得可以看見一個問題，例如：70頁鳥獸的獸，黃先生引用說文、廣韻說在這些書中並不見這樣的字體，又說敦煌變文大都寫作如何；這些都沒錯，但我覺得除敦煌變文之外，我們現在還可以找到更早的資料，首先請看投影片上「唐公房碑」、「淮源廟碑」這些都和我們現在的獸字不同，而且時代也比敦煌本早很多，這是找根源的問題。

第二個例子是「來」，在「睡虎地秦簡」和一些漢碑、魏碑有很多都和後來的俗字已經很像；另外像王羲之的行書及北朝隋唐的碑刻，也有很多都這麼寫，和現在俗寫的字體基本上是一樣的，所以實際上漢朝已經開始有類似今天俗寫的字形，甚至於它是否可以算是俗寫，可能都還需要仔細思考，這也有可能屬於隸變。

第三個例子是72頁的「靈」，作者在這裡說三個口寫成一橫是行書寫法，這一句話或許說得太快了一點，從投影片看來，王羲之以及李靖和顏眞卿寫這個字確是有行書寫法，把三個口寫成一橫，但是就更早的資料看來，似乎已經有這種寫法，如：居延簡、熹平石經、魏碑……等等，可以知道當時已經有行書、草書的形成，這種寫法會不會是行書或草書對隸書的一種簡省改造，這也是可深思的問題。

在74頁中間的「哥」字，說文說：「古文以爲歌字。」我認爲是否可以把它看做是古今字，而不應該說是假借字的問題。

另外我認爲考證這些字時，是否能從幾個觀念，像文字發展史、書法發展史，以及甲骨文中不同的寫法、金文和六國文字的寫法、說文中的重文，包括古文、奇字、或體、籀文；另外還有隸變的問題等各方面著眼，這是我覺得這篇論文比較少著重的地方。還有漢朝時各種字體的交互作用，也就是新興的草書，這些寫法對文字的簡化是否能視爲俗體呢？後來王羲之等人對字體書寫，也有一些改變，這也是值得注意的。

最後一個問題是論文中有述及敦煌本作「帝曰曰」，作者視爲衍文，我曾經把微卷印了兩次，一次濃墨，一次淡墨，濃墨的卷子裡，在「帝曰曰」的第二個曰字旁邊似乎有一點，不是很能確定，必須查原卷，如果是的話，則就是刪除符號，作者已先校訂過，並無衍文的問題，這也是閱讀古寫本值得注意的。

主講人　成功大學黃亮文先生回覆：

首先謝謝講評人林先生所提出的意見，敦煌寫本中的俗字界定，當然是一個頗爲困難的課題，但是我個人認爲，既然知道寫本有一個約略的年代，也就是說大約是南北朝到北宋初年的這一段時間，那麼在考訂這一些跟今天書寫形式有異的字形時，其實可以援用唐代當時的字書來加以論證，就是以當時的書寫標準來訂這個字形是否為俗字，如果當時的字書明言書這一個字形是俗體，那麼我們就應當把這一個字形歸類為俗體；所以我個人在這一個地方是採用《干祿字書》、《九經字樣》、《五經文字》還有《玉篇》等等當時的材料，來考證這一些字形是否為俗字。

另外，往後個人在處理敦煌寫卷時，也會注意一些法書的問題以及其他石刻史料或是書寫形式的問題，也謝謝林先生所提供的寶貴意見。最後是關於「帝曰曰」衍文的問題，第二個「曰」字旁邊是否有一點的刪除符號，這個必須要在查對原卷，我想我往後也會注意衍文的刪除問題。

【問題討論】

高雄師範大學　蔡根祥先生：

因我本人是研究宋代尚書學，所以也曾經看過郭忠恕的《汗簡》和薛季宣的《書古文訓》，有一個問題想請教黃先生，在論文 83 頁提到「為辨偽之確證」，但這中間有一個問題，雖然如論文中引王應麟所說，郭忠恕曾經定尚書古文及釋文，但是我們今天根本看不到這兩項作品，我們今天所能看到的是像論文中所說的王重民先生依據汗簡所用的尚書古文與書古文訓比較，而說薛季宣所做的古文訓是「滿紙奇字」，這似乎有些誣賴他；我曾把敦煌尚書釋文殘卷跟汗簡所引用的尚書古文作一個校對，汗簡所引用的古文連重文在內，也只有四百多字，且單字並不多，汗簡所引用的古文尚書古文不但包括尚書正文，還包括尚書釋文裡所引用的一些古代異文，例如新聞的聞，在敦煌尚書釋文殘卷裡，就作從米從耳的字型，而在釋文裡又有寫作一個民，下面一個日，右邊再一個耳。可以知道郭忠恕不只從古文尙書裡取材，還從釋文裡取材，所以我們不能因薛季宣從汗簡所取材來的資料，就說郭忠恕所定的尙書就是滿紙奇字。

薛季宣書古文訓所用的材料，除了汗簡之外，也用了很多其他的資料，因爲汗簡所包含的古文奇字不只包含古文尙書的本文，且包含釋文所包含其他的異字。

花蓮師範學院　許學仁先生：

個人的意見同於蔡先生的意見，在處理尙書釋文，或尙書與汗簡關係時，應當要再注意這一個問題。

主講人　成功大學黃亮文先生答覆：

關於蔡先生所提的問題，因爲最初我個人只是注意到敦煌尙書寫本的本子曾經經過後代的改動，但是對於尙書釋文與郭忠恕的汗簡或是薛季宣書古文訓之間的問題，我個人並不是十分的熟悉；我想蔡先生既然曾經對敦煌尙書釋文做過一番考證，那麼郭忠恕的汗簡中所存的古文，似乎也不像原本認爲的那麼多，所以這個問題也值得我個人再去詳細探究。但是敦煌尙書寫本是大約唐代時期的本子，它的價値是可以肯定的，尤其是它沒有經過後代的改動作僞，所以根據敦煌尙書寫本自然可以作爲辨僞學的一個良好素材，這當然也是沒有疑問的。

中山大學中文研究所　戴俊芬先生：

從這篇文章可以看出黃先生在這一篇文章下很大的心血，黃先生將異文分成九類，您在70頁及78頁有俗體及或體二類，我想請教您對於俗體及或體的定義，因爲從文章中的敘述看來，可能會造成混淆。另外也請解釋文章中假借的問題。

主講人　成功大學黃亮文先生答覆：

關於俗體或體之間的區別，我個人認爲因爲寫本是唐代左右的產物，所以在考訂文字時，也應當以唐代的字書作爲標準，所以在論文中，就完全用唐代字書的標準來判斷是俗體或者是或體，如果字書中明白提到甲乙兩個字是通用不別，那麼甲字爲正字，乙字就是甲的通用或體字；如果字書說乙字是甲字的俗字，在歸類時，就把這一類歸到俗字中，也就是完全以當時的字書爲標準。

關於假借字的問題，在本篇論文中也是用當時的語音來作爲衡量，如果甲乙二字語音近同，而意義有別，在寫本中卻用乙字的字形來表示甲字的意思，這在論文中就把它歸類到假借這一項中。

四、《周禮》井田制初探

特約討論　臺南師範學院汪中文先生：

一、《周禮》中對於授田似乎因其身份地位而有別，如貴族、士大夫、民、野人等之受采邑及受田，並不單純僅都鄙及鄉遂之別，若能將此於文中一併考慮，諒能更爲完備。

二、陳喬樅對於「夫」字的解釋正與本文同，可引以爲證。

主講人　中山大學黃靜吟先生回覆：

對於汪先生所提的問題，我在往後從事研究時，會再仔細思考並深入探討。

五、論倒言之訓

特約討論　高雄師範大學王忠林先生：

一、本論文題目是「倒言之訓」，如「谷中」，毛《傳》云：「谷中也。」孔《疏》云：「中谷、谷中，倒其言者，古人之語皆然。」像這類例子，可稱之爲倒言之例，認定是訓詁問題。然如

「不我遐棄」，孔《疏》云：「不我遐棄，猶云不遐我棄，古之語多倒。」此言古人語法倒其詞序，是否屬於訓詁問題，還是文法問題？在學科畫分上，似當予以釐清。

二、以《詩經》中方位詞來說，並非祇有「中谷」、「中河」等所謂「倒置」之例，他如「桑中」、「淇奧」、「河上」、「河側」、「丘中」等，方位詞置於名詞下之例亦爲數多有。又如〈式微篇〉中「胡爲乎中露」、「胡爲乎泥中」，〈鄘風·柏舟〉中，「在彼中河」、「在彼河側」兩種詞序情形並現，此可見其時，詞序似不穩定。

三、語句中詞序的變動，正如詞義之變動一樣，隨時代不同，講話撰文時常隨習慣之變動而改變其詞序。

四、如能確定初始語言上詞序習慣是如何，其後如有變動，可做對比，但不能以今律古，因此，是否倒裝，亦不能以今視古而遽謂倒裝，周教授所言甚是。

主講人　中國訓詁學會周何先生回覆：

關於王先生所提出的問題，以下做幾點說明：

一、關於訓詁是否爲文法的問題。從解釋的觀點來看，訓詁正是在探討這個字或詞怎麼解釋，所以可以畫入其範圍。

二、古代有多的語法與今有異，本篇論文是以動詞作賓詞爲例，與方位詞並無相關，只是拿這種情況來說明古代語法有許多不合於現代，所以並沒有不合本題。

三、關於《詩經》中方位詞的位置，個人同意王先生的論點。若以《詩經》來說，當時兩種情況都成立，今只就「倒」的那一面作討論。至於「在彼中河」、「在彼河側」，這牽涉到詩的押韻問題，所以方位詞有置於前或置於後的情況，而其正適以證明其不穩定。這個不穩定的情況，或許正可用來推測上古時這兩種情況是相通的，只是後來經過時空的變化而改變了，然這並非本論文所欲處理的範圍，因此，在此做一說明。

【問題討論】

文化大學中文研究所博士班　宋寅聖先生：

請教周何老師兩個問題：㈠有些學者認爲，古代漢語的語序是SOV；現代漢語的語序是SVO，但個人察覺古代漢語的SOV現象，僅限於一些特殊情況，例如：否定句、疑問句等。因此，一般而言，漢語的語序是非常穩定的，即SVO。㈡問題是，爲何古代漢語的一些特殊語序（即SOV）後來才變成SVO？根據初步了解，其時間大概是唐代前後，不知其理由爲何？

中正大學　左松超先生：

周先生提出的「谷中」與「中谷」的問題，就語法來說是定語加中心語的關係，這跟方位詞要置於前或後，（例如，「西面」與「面西」）這是動詞加賓語的關係。另外，《左傳》中「室於怒」、「怒於室」及「市於色」、「色於市」，則又是另一種語法，是介詞加賓詞的關係。這些都不是同一個範疇的問題，將之並列討論是否恰當？

臺灣師範大學　蔡宗陽先生：

補充說明「周何師」一文：㈠周師論文字數雖不多，必有可觀者焉。此論文頗有創見，文化大學中文所博士班研究生宋先生誤解此文的內涵。㈡周師論文的內容，包含文法與修辭兩部份，宋先生但見樹木，不見森林，只是看到文法的部份。

新竹師範學院　董忠司先生：

請問蔡宗陽先生，根據方才所討論的周先生的論文，您是以何評斷這些古籍經典上的句子，在古代漢語是屬於語法現象或修辭現象？

主講人　中國訓詁學會周何先生答覆：

本篇論文並非討論文法或修飾的問題，只是就這些句子所呈現的特殊現象做一個討論，並試以古今用語習慣不同來做解釋，期望對這個課題有興趣的學者，可再做深入研究。

六、《文心雕龍》中「道」字的涵義

特約討論　高雄師範大學蔡崇名先生：

將《文心雕龍》一書中的「道」字全部列出，然後做一研究，因爲題目小，所以研究十分透徹。在版面的安排、注釋及參考書目都很清楚，可供學生寫作時參考。

文章中將「道」一字的意涵，以普通用語及特殊用語來做分類，此處理方法十分新穎。整篇討論受篇幅的限制，無法將中間的論述過程一一列出，雖然可惜，但小小論文，能將之分成十一類，實屬可貴。關於此篇論文，僅提出幾個看法，與蔡先生做一討論：

一、在111頁第十二行，「說到生者的哀痛情感情，就傷心欲絕，……」似乎多了一個「情」字；第十七行，牟世金先生說：「……以爲「原」字是「慶」字之誤，「道慶」指宋代的賀道慶。……」引文中的引號，應使用雙引號，如此方不致混淆。

二、研究《文心雕龍》的論文部分亦不少，但這方面的資料並沒有列入，若能蒐集列入，那整篇論文就更完整了。

三、在 112 頁第六行，「諷刺道喪之『道』字，是『傳統』之意」，若將「傳統」代之以「風氣」，用風氣喪失來做解釋，是否更爲恰當些。

四、普通用語中，將「道」字的用法及意涵分成九類，南北朝時期對「道」字的意涵和先秦相較，是否有擴張的情況佔了大多數的現象。

五、《文心雕龍·原道篇》是對「道」的根源做一探討，今在論文中歸納整理的這十一種對「道」字意涵的探索，是否有助於我們在劉彥和探討道的本源問題上，能有更進一步的了解和啓發。

主講人　臺灣師範大學蔡宗陽先生回覆：

一、第111頁第十一行，「情感情」，上「情」字是衍文；同頁第十七行「指朝宋代」中的「朝」字也是衍文，確實校勘欠周，宜刪掉。

二、第112頁第十七行，「原」、「慶」、「道慶」的單引號，確實須改爲雙引號，因爲單引號內須用雙引號。

三、第112頁第六行，「傳統」改爲「風氣」，目前未見有此一說，若仔細考量可以解釋得通，可以另立一說，亦屬創見。

四、先秦至南北朝「道」字有哪些不同用法，可以參閱阮元《經籍籑詁》。至於那些「道」字的解釋，劉勰以前所沒有的注解，必須再進一步探討，另寫一篇論文。

五、本文所謂特殊用語的「道」，包括有自然、宗經之意，這是《文心雕龍》中所特有的，也是劉勰的創見。

【問題討論】

新竹師範學院　董忠司先生：

關於蔡先生的論文，以下提出幾個問題：

一、普通用語和特殊用語的畫分依據是什麼？例如：第109頁的第三個義項說，「『道』是『道家思想』之意。」而在第113頁的第二個義項說，「『道』是『體現自然之道的儒家聖人經典之道』之意。」爲何同是指諸子百家，卻一個歸屬普通用語，一個歸爲特殊用語？

二、義項如何確定？如第110頁的第五個義項，「『道』字是『一般的規律或法則』、『道理』之意。」第112頁特殊用語的第一個義項，「『道』字是『文學藝術源於自然規律的自然』之意。」兩者都是「規律」，其義項如何畫分？

三、對義理確定的問題。如：第111頁第八個義項，「『道』字是『言辭』、『文辭』、『文采』之意。」再看引文，「夫三皇辭質，心絕於道華」，「辭質」與「道華」是相對的，如果說「辭」與「道」相對，一指有形，一指無形亦可；再看第113頁倒數第三行，「經也者，恆久之至道」，蔡先生是以何依據斷言「恆久之至道」指的就是儒家聖人經典之道，這是有關詞義確立的問題。

四、文章羅列出十一個義類，彼此之間的互相關係爲何？若是可以的話，將這些義類做一個演化分支表，將能更清楚的呈現。

五、第107頁第一個義項，「『道』字是『道路、途徑、方法』之意。」這三者應予以分別，因爲，「道路」是本義，「途徑」則爲引申義，「方法」則是引申再引申。

主講人　臺灣師範大學蔡宗陽先生答覆：

一、第113頁，「道」字解釋爲「體現自然之道的儒家聖人經典之道」，是《文心雕龍》文學理論的特色——宗經。而第 109 頁，「道」字解釋爲「道家思想」，是一般的解釋，並且不是劉勰文論的特色，因此歸「道家思想」入一般用語。

二、第110頁第五個義項，「道」字是「一般的規律或法則」與第112頁第一個義項，「道」字是「文學藝術源於自然規律的自然」之意，二者是同中有異，同是「規律」，但前者是指「一般的規律」，後者指「文學的規律」，也是《文心雕龍》的特色，因此前者歸入「普通用語」，後者歸入「特殊用語」。

三、第111頁第八個義項，「道」字是「言辭」、「文辭」、「文釆」之意，是各家不同說法，限於篇幅，無法逐一引用，加以論述。

四、第113頁末段所談「經」，從〈宗經〉可以看出是儒家，也可以參閱拙作《劉勰文心雕龍與經學》（博士論文）闡述「經」是儒家的經典。

五、第107頁末段，「道字是道路、途徑、方法之意」，不能再分類，因爲此處僅有一解是正詁，其它不同說法也列入本文，旨在供讀者參閱。

七、釋「貞」

特約討論　北京中國錢幣博物館黃錫全先生：

朱教授的這篇論文提出一個很重要的問題就是：卜辭中究竟有沒有問語？關於這方面，有一很重要的研究就是裘錫圭先生寫的〈關於殷墟卜辭的命辭是否問句的考察〉，朱教授的這篇文章便是在論證這方面的問題。

目前研究這個問題的學者意見分爲兩大派：一派認爲有問句；一派認爲沒有問句。朱教授的這篇文章則是從另一個角度切入，堅持卜辭當中有問句。並由「貞」、「卜」、「曰」在同一版類似辭例的互見關係論證，「貞」字應當從《說文》訓解之義「卜問也」，而將貞字下開的命辭歸之於疑問句式。

此中問題有二：

一是貞、卜，貞、曰等字雖有互見之例，但不見得表示三字必是同義詞，也可能是省略用法，值得進一步考慮。

二是裘文中深入探討了各組卜辭中命辭的語法、語氣，才區分出少數可以斷定爲問句或非問句之命辭，至於其他命辭，由於資料不足，無從斷定，所以他建議將命辭後的標點一律暫作句號，以避免不必要的混淆。命辭是否爲問句，牽涉到對卜辭的辨識、語法、語氣等複雜問題，恐怕需要更多的材料相證，才能說明清楚。

主講人 靜宜大學朱歧祥先生回覆：

小屯南地甲骨片一版同組並用貞、卜的辭例，可以證明貞、卜二字通的現象。

〈屯10〉 壬午卜：其　？

壬午貞：　弗其　？

如此正反對貞的前辭，一作「壬午卜」、一作「壬午貞」，可知「卜」和「貞」的性質相當。

另外，122頁〈甲 2094〉第三、四辭對貞分別爲：

甲戌卜：翌乙亥㞢于祖乙？

貞：其㞢于祖乙牢？

彼此互用「卜」和「貞」，更可證二字密切相通。

八、「干關」方足布考——干關、扞關、挺關、麇關異名同地

特約討論 東吳大學許錟輝先生：

黃錫全先生的這篇文章分兩個部分來論述：

第一部分是解釋字形。他將戰國晚期的一枚方足布上的兩個字「干關」，解釋爲「扞關」。過去李佐賢先生將此解釋爲「關中」，他是由左往右讀；另外朱活先生解釋爲「關城」，他也是由左往右讀；而黃先生認爲「扞關」是由右往左讀。這是在讀法順序上與過去不同的地方，也是文章中的重點之一。

第二個部分是解釋字義。過去李佐賢先生將此解釋爲「關

中」，是指在「秦」這個地方；朱活先生解釋爲「關城」，是指在「趙」這個地方。而黃先生則認爲「扞關」有三個地方。他先從古文字如：甲骨文、鐘鼎文、古幣文等的構形，來說解「　」這個字，不是「中」或「城」字，而確定是「干」字。其次，他從「關」字的寫法，看出它不是屬於楚系文字的特點，所以從《史記·楚世家》的資料來說明「扞關」不在楚地；從《水經注》的「東限扞關」是在「巴」，屬於漢地，在四川奉節縣東赤甲山；從《戰國策·趙策一》的資料也有「扞關」，是在趙地。黃先生從方足布形制的特點來看，它應是屬於戰國時期三晉地區的貨幣，等於肯定了「扞關」是《戰國策·趙策一》所指在趙地的說法。黃先生的論文書寫方式，可說是將文字學與考古學結合在一起，也是我們所謂的「科際整合」的方式，這一點我覺得他不論在引用的資料上，或是在處理事情的條理上，都非常的精密，個人感到非常的敬佩。

其次我對於黃先生在討論字形與解釋字義的過程當中，提出個人的一些淺見。

第一點是「干」「單」之辨，這個問題主要在三個資料，都與「單」字無關，而且在古文字中，「干」似乎也不必與「單」聯上關係。當然，丁山先生認爲「干」和「單」爲古今字，僅繁簡之別，都是指「楯」；徐中舒先生認爲「干」爲先民狩獵之工具，「干」和「單」爲一字之異形，他們的看法的確也很有識見。但是魯實先先生在《文字析義》中也提到「干」和「單」兩個字，魯先生認爲「干」是楯，「單」是一個上面有鈴的旗子，他也從甲骨文中找到例證。單爲旂屬，故旂於卜辭從單作　或　，省之作　。第一形隸定爲旜，第二、三形隸定爲斴，從單斤聲。而爲旂之古文。從這樣看來，「干」和「單」之間有很大的距離，從字形、字義、字例上都可以支持魯實先先生的說法。因此，我覺得黃先生在135頁說兩字的構形有密切相關的論述，可能要斟酌一下，因爲如果從魯先生的說法來考慮，「干」和「單」也可能是假借。

第二點是有關「扞關」、「挺關」、「糜關」的問題。黃先生提出了三個資料：《史記·楚世家》、《水經注》、《戰國策·趙策一》，都認爲「干關」就是「扞關」，取其扞衛、防守之義，不管最初是扞衛，或是到後來成爲專有地名，「干」和「扞」是這樣串連起來的。在137頁黃先生引《戰國策·趙策一》作「扞關」，《史記·趙世家》作「挺關」，《戰國縱橫家書》作「糜關」，這三處是同一個地點，屬於趙地，應是可以採信的。至於說，這三個名詞是如何轉換的呢？黃先生認爲是：「干」→「竿」→「杆」，於是便產生了「挺」的意思，如此一來便和「扞」走了兩個不同的路線，以訓詁學的原則來說，是不是可以做這樣子的處理？這是我提出來的一個問題。再者，「糜」和「枚」二字在聲韻上有關係，但從：「挺」→「枚」→「糜」是假借，與「干」到「扞」是否也是兩條路線？因此，我認爲地名之命，應有各自取義的依據，如殷紂王曾登之鹿臺，據《竹書紀年》則是南單之臺，很多學者也證明了這一點，然則所謂的「干關」、「糜關」是否也都有各自取名的依據，而不一定由聲音上去求其假借，這是我提出來的一點疑問，請教黃先生。

主講人　北京中國錢幣博物館黃錫全先生回覆：

「干」和「單」是否同一個字，這確實是未定之論，我也歡迎在座的各位作更進一步的探討。單字牽涉問題甚多，個人傾向於單、干同源。由形體演變說明幣文爲「干」字，至於單、干本形本義究竟爲何，尚可討論。而干關、扞關、挺關、麋關都是同一地名，我只是列出其同地異名現象，並略述其間音義關係，爲何有異稱，還可進一步討論。

【問題討論】

中山大學中文研究所博士班　陳梅香先生：

一、135頁：「干、單同屬古韻元部，僅聲母小別。」從註解說明中，其「干」屬見母、「單」屬端母，然而一屬舌根音，一屬舌頭音，已是發音部位大類的不同，何以言其「小別」？

二、若從論證的次序來看，可以做一簡表如下：

障蔽　　　　挺直義　　　　挺直義

（干——單）——→挺直——→（枚——麋）

而干、單二字除論及形義關係，也兼論聲音關係，而單、挺、枚三字似未言及聲音關係？

又以「干關」、「扞關」、「挺關」、「麋關」四者同爲一詞，然則「干」與「麋」二字音義關係又是如何？若以聲音關係而言，則二者聲韻關係是否遠些？

中山大學中文研究所博士班　黃靜吟先生：

一、干、單二字本義未定，強繫其構形之關係，似屬多餘。

二、136頁引《說文解字》將「干」字定義爲武器，扞蔽、扞衛即爲其引申義。138頁又云：「干亦即竿、杆，有挺、直等義。」此處「干」之本義又有不同，似乎「干」字有混淆本義之嫌？或需先確定其本義，進一步再說明引申或假借的發展。

主講人　北京中國錢幣博物館黃錫全先生答覆：

一、由形義上說，「干」字形之本義衆說紛紜，迄無定論，猶可深究考證。

二、「干」之字義有障蔽、挺直、竿直等多層意義，本不限於一種用法，本文舉出典籍上各異稱，目的在讓大家了解該地在歷史上的不同稱呼，至於其間訓詁，本文不是定論，仍有討論必要。

香港中文大學　黃坤堯先生：

本文 136 頁引古籍「扞關於古有三」，一在楚，一在巴，一在趙，不知另二地有無類似的貨幣？形制如何？

主講人　北京中國錢幣博物館黃錫全先生答覆：

一、巴國無發現方足貨幣。

二、楚有方足布，體形特殊，長而重大，爲二等制，大型者面文爲「枎戔（錢）當釿」，背文爲「十貨」，小型者面文爲「四戔（錢）」，背文爲「當釿」。最近河南新鄭市郊韓國故地發現上述二種布的陶範，有人懷疑韓國亦有此二種布，其實此地曾與楚境相接，楚兵亦曾入境，顯然是楚幣風格（從文字特色、特殊形制可知）。但與本文所論趙國方足布迥異。

九、讀《睡虎地秦墓竹簡》札記兩則

特約討論　吉林大學劉釗先生：

首先我談的是第一則〈爲吏之道〉的「寬俗忠信」之「俗」讀爲裕的問題，我有一篇文章〈讀秦簡字辭札記〉刊於大陸的《簡牘研究》，裡面也討論到這個問題。從音韻上看，「俗」和「裕」的聲旁一樣，兩者之間是通假的關係；再者，從「容」字現在的字形上看是從宀從谷，但在《說文解字》中小篆的寫法並不從谷而是從公，所以「容」和「裕」並不是同一個聲旁。另外，我們也可以從內文上來注意，「寬裕」這個詞在早期典籍中常見，雖然「寬容」也有，但仍少於「寬裕」。除此之外，就是蔡先生提的，可以從詞句上看，如《荀子·君道》、《禮記·儒行》、《禮記·中庸》……等，這些典籍的內容是在談古代的士或君子的行爲準則，而秦簡上的〈爲吏之道〉也是在談當官的行爲規範，所以蔡先生認爲「寬俗」應讀爲「寬裕」，而不能讀爲「寬容」是很有道理的。

第二條蔡先生認爲〈日書〉甲、乙種出現的「龍」或「龍日」，「龍」讀作「良」，並對劉樂賢先生和賀潤坤先生認爲「龍」字有禁忌之義提出疑問，這是可以成立的。不過我個人認爲，爲什麼同一個資料中有的地方寫「良日」，有的地方卻要用假借字來寫成「龍日」呢？其理由何在？由聲韻學的觀念來看，要談兩個字之間的假借，一般都是要音、義兼備，所以要談「龍」、「良」二字的假借情況，若能引用更多的例子來佐證，理由會更充分。這是我提出的一點建議。

主講人　中央研究院歷史語言研究所蔡哲茂先生回覆：

關於第一則〈爲吏之道〉的「寬俗忠信」之「俗」讀爲裕的問題，我和劉先生的意見不謀而合，他也把〈讀秦簡字辭札記〉（將於《簡帛研究》第二輯發表）這篇文章帶給我參考。睡虎地秦簡中講到爲〈爲吏之道〉需要很多的美德，與我文中所引的文獻是可以配合的，很多歷史學者因此認爲秦國也受到儒家的影響，事實上未必如此，因爲由〈爲吏之道〉可以知道先秦法家的一些條目，也與儒家相同，但並不是談到「寬俗忠信」便是儒家思想，這有助於先秦學術的研究，可以讓我們更進一步的深思。

劉先生對於第二則提出的問題是：爲什麼日書當中有的地方寫「良日」，有的地方卻要用假借字來寫成「龍日」呢？其實這種情況在西周與先秦的青銅器中經常出現，所以同一篇日書中有的寫成「龍日」，有的寫成「良日」並不相妨礙。至於「禁龍」與「龍忌」要如何解釋？以辭彙學的觀點來看，「禁龍」、「龍忌」如果「龍」和「禁」或「忌」的意思不同的話，二者便是反義詞，訓詁學中有所謂偏義複合詞，如「來去」重在「來」，而「禁龍」與「龍忌」的意思重在「禁」、「忌」。如果我們拘泥於字形，一味地去查文獻中的「龍」字之義，是無法查出「龍」和「禁」或「忌」之間的關係的。劉先生提到要找出具體的例證，有關這一點，我在政大擔任「古文字學」的課時，曾要學生對我的這篇文章提出批評，我也告訴學生，我這篇文章的最大弱點便在於此，我也試圖用電腦的十三經注疏索引來檢索，就是沒有「龍」可以解爲「良」的例證，這是我這篇文章的一個弱點。

【問題討論】

高雄師範大學　蔡根祥先生：

一、「俗」、「裕」與「容」的讀音牽涉到聲韻方面的問題，論文中145頁提到：「俗」爲邪母屋部，「裕」爲餘母屋部，「容」爲餘母東部，得出的結論是：「俗」讀作「裕」比讀作「容」更合理。這三個字是所謂的陰陽入三聲相承的變化，不過蔡先生使用的聲韻學觀念似乎有一點混淆，因爲中古音和上古音是不太一樣的，一般認爲邪母古歸定，餘母應是喻四古歸定；用邪母、餘母是中古聲紐的概念，屋部、東部是上古的概念，聲母用中古音，韻母用上古，這是否會產生問題？

二、「裕」在中古音當中是陰聲韻而非入聲韻，不知蔡先生是如何處理押韻上的問題？我認爲「裕」念爲「容」似乎也通，如《管子·內業》：「人能正靜，皮膚寬裕，耳目聰明。」，把「裕」改爲「容」並無不可，而且押韻。

主講人　中央研究院歷史語言研究所蔡哲茂先生答覆：

在145頁我應加個註解，說明我根據的是《上古音手冊》，我對這方面的研究並不十分深入，還要再請教李添富先生、姚榮松先生。

另外有一點要補充的是第150頁註 7：戰國紀容器刻銘中如梁上官鼎、信安君鼎、平安君鼎等，容字作「㝐」從庚從肉，秦漢以後的金文才寫成容字，這其中是否有聲母在其中，我也感到疑問，這很值得仔細探討。

至於《管子·內業》：「皮膚寬裕」是否也可寫爲「皮膚寬容」？在我的文章中提到寬裕即是寬容、寬大的意思，所以並不妨礙。

十、談考古資料在《說文》研究中的重要性

特約討論　花蓮師範學院許學仁先生：

這是一篇大型計畫中所抽取出來的樣本，我們希望可以由一篇文章中的樣本，看出一些現象。所以，我們看得出劉先生這篇文章的目的有二：第一是撇開過去對於《說文》中單獨一個字的單獨考釋，讓一個字回到字本身產生的文化背景中，由此去了解字的意義。並舉了例子，讓我們除了單獨的字形之外，可以了解字義興起產生後，所代表的實物是什麼。所以，在第一至第八項中，他列舉了相當多的實物。

可是，我們現在沒有看到這些實物。當然，劉先生所引的例子都有其出處。但是，我們由於沒有實物，在閱讀上不是很容易去了解它們之間到底是什麼。如果相關圖片在論文中附上，使之「圖文並茂」、「圖文並證」，讓實物與文字詞義做個實際的結合，將會更理想。

另外，我們知道在透過文字的考古材料與典籍結合時，當然用圖片做說明是最容易的。但在圖片說明中，有沒有遺漏的？例如說在論文第一頁中的「匱」。在《說文》的資料中，「匱」只是當古器解。當然我們透過資料，可以知道「匱」是裝衣服的裝衣

箱。但是我們在文字的形、音、義上，能不能就判定這是裝衣服的器具，是值得疑惑的。因爲我們看見「匫」中間加進一個東西以後，我們見到實物，知道「匫」在此作爲這種用途。但是我們由此只能判斷「匫」是個箱子，至於裝衣服這項功能，是「習」在這個場合所附加的。在其他場合，我們從聲音、意思上，都無法做聯繫。這一點，我們採取保留的態度會理想一些。

第二點、我們看見劉先生花了很多時間去捕緝文字中形、音、義的關係，特別是第十條資料的「笑」字。這字的字義，雖然有許多人投注心力於其中，但其解釋至今仍難爲大衆所接受。劉先生給了這字新的解釋：將「笑」字解爲從竹從犬。我想提出的問題是：這字在構造的過程時，利用這二個物件來組合是以六書的哪種方法構造文字，是會意、形聲，或是其他方式？這是相當重要的。因爲我們將來在解釋文字構造的時後，不只把字拆開，更難的是：怎麼把我們拆開的部份變成我們所想要知道的意思，透過形變化爲我們的義？同樣的狀況，在第三十五條的例子——「自」與「鼻」，自己的「自」當鼻子的「鼻」是我們所熟悉的。我所關切的是「自」其原始的古音是如何？是讀「鼻」還是讀「自」？是透過什麼途徑來的？

在本文中，比較可貴的是：劉先生花了很多時間去捕緝從古文字到小篆之中，一些失落的環節，一些形體訛變或形體變化的環節。關於這個問題，論文中所引的文章十分多，我們看出劉先生想做的是：希望能夠透過所能看見的資料，馬上去建立一些新的字形上面的解釋；找出一些在《說文》時可以保留下來而《說文》卻未收，在《說文》之中遺漏的字。這種現象，在我們分析《說文》時，常可以發現。例如稀少的「稀」字。在古代，有許多詞由「稀」來組成，但在《說文》之中，沒有「稀」字。沒有的原因有很多，我們希望可以在探索時，找出一些線索來。

我們看到劉先生用了大量的秦簡，以及最近發表的張家山漢簡《奏讞書》，幫我們解決了一些問題。在這一部份，在閱讀過程中，有一些意見，提供劉先生參考：

例37：馬王堆帛書的《五十二病方》的〈治瘍方〉，此「瘍」字，在《說文》中，有三種不同的詞義。馬王堆所引的意義，劉先生並沒有將其引用出來。而將結論直接推爲是《說文》中的第三個意義。其實在原來的文本中是說「瘍」——癰而潰，那麼，我們更可以證實「蝕創」的意思。所以，「潰蝕」這個意思，是可以補充的。

例38：《說文·手部》「捉，搤也，從手足聲，一曰握也。」在實際的例子中，劉先生也引用了《漢書·王褒傳》中「周公一沐三握髮」的典故。這個典故在我們所熟悉的《韓詩外傳》或者是《史記》的〈魯莊公本紀〉中出現過。在此處，要提出的意見是：這後面所引用的材料，都已經變成「握」了。事實上，更早的資料，是否可引用《左傳》僖公二十八年中一段記載叔孫的記載：「叔孫將沐，聞君子，喜，捉髮而去。」此中確實用了「捉髮而去」。所以，在資料上，我們可以使用比漢代更早以前的記錄來幫助我們。同樣的情形，在「捉」字中，所引用的《五十二病方》的例子，如果可以更完整，相信會對讀者更有幫助。

例40：《說文·巾部》幭字是個有趣的例子。這牽涉到，有些字的本字在《說文》裏面是不出現的，反而在段注中說明關係。在此處，劉先生認爲幭不是這樣寫的。其實在《說文》中，有好幾個類似的字如「攗」從手麋聲。而在段注中，也有「抆、攔」二字。是以，在《說文》裏零散的例子到了段注之中，已有利用聲音來考據字形的材料。如果我們可以將段注的資料加入其中，可能可以加深問題的深度。

主講人　吉林大學劉釗先生回覆：

首先感謝許教授的討論，許先生提供了許多寶貴的意見。其中，引書早晚的問題，例如「捉」字。本來我是引用《左傳》的例子的。後來考慮到《漢書》的例子比較典型，便將之刪除。實際上，這篇文章是我在大陸上一個項目中的部分，此項目叫做「《說文》新證」，每個字都考察過。因爲文章字數的限制，便將之刪除，以後全書寫完時，會將這些例子都加進去。許先生的建議非常好，包括如《五十二病方》等例，都要引全，引得更清楚。

關於第一個例子「匱」字，許先生也說得很好，這個字，我說得過於肯定了。這個字應該就是一個箱子，裝什麼都可以，不能因爲裝衣服便說是衣箱。此處，我會改正。

還有關於「笑」的結構問題。目前根據秦漢早期的資料判斷，是從竹從犬，那麼說明它早期的構形，便是如此。這個字的結構有經過訛變，至於爲什麼從竹從犬，這我也不能解說。我這個說法，是提供一個材料，說明《說文》現在的結構是有問題的。至於「笑」爲什麼從竹從犬，其構成原因，大家可以一起加以研究。

至於「自」、「鼻」讀音的問題，我的古音學知識淺薄，我猜想「自」、「鼻」恐怕有二個讀音。目前我們研究古文字，一字有二個讀音的字有很多。這也是這類的例子。

【問題討論】

臺灣師範大學　季旭昇先生：

在第162頁中，同義換讀之二例：「采」與「秀」有旁轉之關係。「旦」與「曙」，聲母都是舌頭音，韻母則在古韻部相近。是以「旦」與「曙」似皆有音近關係，不只是義近。

主講人　吉林大學劉釗先生答覆：

關於「同義換讀」的問題，清代學者已開始討論，其後如沈兼士等人也有研究。由於同義換讀內部有許多的區別，不能同一而論。「同義換讀」可區分爲：㈠不包括聲音關係的如例28的「采」與「秀」；㈡不完全排除聲音關係，聲音很近的，如例28的「旦」與「曙」。一般而言，由於「同義換讀」的內部有其複雜的關係尙未釐淸。是以，現在一般便籠統地均歸爲「同義換讀」。

十一、「尺」、「尾」、「尿」、「屈」新解

特約討論　中山大學鮑國順先生：

本文討論尺、尾、尿、屈四字的本形本義。作者以爲此四字的形義都與男性的生殖器有關，因此彙集一編，嚴肅中不失趣味。

本文所討論的四字，係以「尺」字爲基準。作者並不贊同自許愼以來，多家對此字本形本義的解釋，卻同意許愼「周制寸尺……皆以人之體爲法」的意見。以爲尺字字形的正解應是從尸，表示人，從乙係指男性生殖器的象形，尺字即是以男性生殖器的長度來表示其長度。同時作者並且認爲「以一般人之生殖器長度大約六寸」來衡量。因此推論有關古代一尺究爲幾寸的諸多異說，似乎應以劉寶楠論語爲正義「六寸爲尺」的說法，較爲接近事實。作者在此，不僅對尺字的本形本義提出了新解，同時似乎也順帶解決了古代長度的問題，見解頗爲新穎。

不過，要證明尺字本形本義，確實是取象於男性的生殖器而來，作者如果能先明確考出古代一尺只有六寸，就更具有說服力。但是作者對於古代一尺的長度，列有十二寸、十寸、九寸、

八寸、六寸等不同的說法，而以爲究當以何者爲是?「於今很難詳考」。如此一來，便不免有美中不足之感，因爲從六寸到十二寸之間，差距幾爲倍數，恐怕有不少討論的空間。

其次，本文作者解釋屈字，不採取許愼「無尾也」的解釋，而認爲屈字，從尾出聲，意指男子射精，精液由尾（生殖器）而出，故屈字本義應爲屈伸之屈，「言男子之生殖器能屈能伸，其勃起則伸，其射精後則屈，爲亦聲字」，並且對俗諺「大丈夫能屈能伸」別予新解說：「大丈夫蓋指男性的生殖器。能屈能伸，言其可充血勃起，亦可軟如海綿。」作者聯想力的豐富，極可佩服。但是屈字造字之時，是否一定與「大丈夫的能屈能伸」這句俗諺有關?即其相關性如何?作者如能就此進一步再加論證，就更周全了。

最後，作者對前人的批評，用語或嫌過激，如說「不知所云」、「錯上加錯」、「瞎子摸象」等，似乎可改用稍爲和緩的語調。

主講人　臺南師範學院王瑞生先生回覆：

謝謝鮑教授的指教，我完全接受。謝謝！

【問題討論】

中央研究院歷史語言研究所　蔡哲茂先生：

一、中山王墓出土之兆域圖及望山楚簡之尺字作　，可供參考。

二、所引嚴一萍先生的說法，是值得存疑的。乙4293的內容「屮　」並無法作交尾之義。而且堯典之鳥獸孳尾從甲文之四方風名東方風名而來。𠬝→甾→鳥獸孳尾。堯典之可疑處，鳥獸非一定春天交尾，如〈月令〉「九月虎始交」。

主講人　臺南師範學院王瑞生先生答覆：

我寫這篇文章是相當惶恐的。我的目的是想為這四個字找出恰當的解釋，讓大家接受。因為許慎、段玉裁的解說是令人無法接受的。「尺、尾、尿、屈」在教學時，我們常無法對學生的問題有完美的回答的。是以，我想以一個比較通俗的心態來處理這幾個字。當時，我由尾字產生聯想——生殖器的尾巴，而且生殖器的毛往下長。此外，我找到旁證：宜蘭人念尾字與臺灣話的讀音是聲母相同的。在這一個旁證上，再看「尺」字，從古至今也各有其說，各家說法不同，如王筠等。所以我將論文題目定為「新解」，以我個人見解，提出另一番看法、說法。

靜宜大學　朱歧祥先生：

王瑞生先生文章宜多由兩方面考量——

一、字的形、音、義三者的結合了解。

二、文獻的用法是否有足以證明者。

文字須建立一客觀科學的標準，不能純就形似與否而加以比附。

主講人　臺南師範學院王瑞生先生答覆：

我再次強調，我這篇文章的新說法，目的在於提出新的思考方向，如同其他諸家之說，可供參考。

東吳大學　林炯陽先生：

「蹲」下，閩南語謂之（khu）（陽平），與「屈」（khut）（陰平）語根相同。疑篆文「屈」乃象蹲下之形。人之形體因蹲下而矮短，故「屈」有短義。一曲之見，提供王先生參考。

另外，尾巴的尾字，如果是由背面看一個人在小便，則許慎解「尾」字，並無不同。提供另一個思考空間，供王先生參考。

主講人　臺南師範學院王瑞生先生答覆：

謝謝林教授。「屈」字的解釋，可以接受。但「尾」字，我則要再思考。

十二、《轉注古音略》之訓詁釋例

特約討論　北京中華書局李亞明先生：

這篇文章分析了楊愼《轉注古音略》的學術背景，歸納了其中的訓詁條例，檢討了楊愼的「轉注古音」觀，及其訓詁學的價值，肯定了楊愼重實證、辯眞僞、校異文、正訛誤、破通假、求本字、明古今、攷方俗等實事求是的學風。

這篇文章條理清晰、材料豐富、分析深刻、用例準確，是一篇佳作。

對「轉注」的理解，向有形轉說、聲轉說和義轉說三派。楊愼是音轉說的代表。他的《轉注古音略》具有一定的語言學史背景。楊愼曾針對宋人的協音說，提出：「原古人轉注之法，義可互則互，理可通則通，未必皆互皆通也。」「蓋變而有義則取之，無義則弗之取也。」（語見《答李仁夫論轉注書》）這裡的「義」、「理」，實指書面文獻證據。《轉注古音略》針對吳棫《韻補》「多雜宋人之作，而於經典注疏子史雜家尙多遺逸」的不足，取秦漢等時期古文獻爲證，故其材料具有一定的典範性。

我向發表人提出兩個問題：一是怎樣理解《轉注古音略》的時空觀？二是《轉注古音略》中形音義互求的實踐是自發的還是自覺的？其對後代小學形音義互求的方法產生了什麼樣的影響？

主講人　輔英護專盧淑美先生回覆：

這是兩個相當大的問題。

第一、楊愼有明確的時空觀。可是，很奇怪的是他仍受了協韻說的影響。如他的《古音叢目》，其中他雖然力抗協韻說並且強調時空觀的重要，但仍有混淆的現象。我想是因爲其「韻學七種」的寫作時間不同。其早期作品可能比較有混淆的現象。但其重覆不斷地強調明確的時空觀是相當確定的。

第二、關於形音義的問題。我想，他對於王念孫等人的影響是肯定的。但由於時間，我想有機會會後再討論。

【問題討論】

成功大學中文研究所碩士班二年級　劉雅芬先生：

請教盧先生：

一、關於第三章節《轉注古音說》之檢討，似乎只見褒，未見其貶。在楊愼將轉注解爲音轉說，而以「一字數音」、「破音」等原則分例，在這方面，似乎有值得檢討之處。請教盧先生，是否就此略加說明？

二、如果只言優點，是否與標題不符？

主講人　輔英護專盧淑美先生答覆：

一方面由於是受限於篇幅，另一方面則是因爲一直以來，對於楊愼的討論都是貶的部分。而我認爲楊愼的轉注分成破音字與通假字二部分，均是建構在音讀系統上，有其辨義「轉注」的深刻涵義。如果完全貶之而忽略了是很可惜的。所以，我的重心便放在其優點的再強調。

十三、《論語音義》「絕句」分析

特約討論　彰化師範大學李威熊先生：

我很榮幸能夠拜讀黃先生的大作。黃先生在這幾年來，對於《經典釋文》的研究，不管是在資料的收集或者是問題的研究，都有相當的成就，就我個人實在非常的佩服。這次大會，黃先生提出了《論語音義》「絕句」分析，基本素材不多，但是透過黃先生的分析，使得我們對於論文不管是在訓詁或者是其他問題，都有更多的思考空間，我覺得是很有意義的。

在這篇論文中，黃先生將《論語音義》有十一例提到有關「絕句」者，加以分析，認爲有九種情況：第一種是句子結構的不同，這種情形有一例。第二種是爲了區分句子有了「絕句」的情形，另外因爲語辭的關係有了「絕句」問題的有兩例，至於有關詞義及版本的問題則各有一例，這都是非常具體的，從文章中讀來便可以得到答案。個人在閱讀之後有幾點感想，希望透過這個機會提出來請教黃先生及在座的各位先進。

第一個是寫作這篇論文的主旨，黃先生在210頁的第三行中提到，這篇論文主要目的是「探討導至句讀不同的成因」，但是除了句讀不同之外，是否還有其他地方是值得注意的呢？譬如剛才在黃先生的報告中，提到因爲句讀的差異，影響了訓詁。像句讀的不同影響到論語的訓詁這種情況，是不是可以根據不同的本子或說法來加以探討，以期能夠對論語的訓詁提出一些具建設性的意見。這是否可作進一步的討論？

第二個想法是，我們都知道《經典釋文》是南北朝末、隋唐之際一部相當重要的典籍。尤其是在經學方面，它可以說是歸結了漢魏六朝這一時期的經學。對唐宋二代，《五經正義》或者是《十三經注疏》的編修都起了相當大的影響。我們可不可透過《論語音義》絕句探討的這個問題，來看整個《論語音義》的問題或者是唐宋對於《論語》研究的一些問題，如邢昺在《十三經注疏》的藍本爲何？也許可以經過對《論語音義》的研究而得到一些答案。如果黃先生寫作時能朝這個方向構思，那麼這篇《論語音義》絕句的分析研究也就更具價值了。

以上是就研究的大方向上，所提出個人的一些意見，接下來第二部份我想就文章中所看到的一些小問題提出個人淺見：

第一個是在210頁上，黃先生引到的《論語·學而篇》：「道千乘之國。」《集解》引馬注為：「……雖大賦，亦不是過焉。」，我們現今用的本子是作：「雖大國之賦，亦不是過焉。」陸德明將「雖大賦」和「雖大國之賦」合在一起提出，目的是為了強調，像這樣的句子該如何處理，也是黃先生必需注意的。

第二個是在結論的部份，黃先生將《論語音義》中的絕句加以整理，使人一目了然。就黃先生整理的例子中所舉出的《論語》句子，都是今本的句子在前，《論語音義》的句子在後。可是在219頁的第七行，「區別分句和詞組」的部份，黃先生將《論語音義》的「雖大賦」放前面，今本的「雖大國之賦」放在後面，為了體例統一，是不是要將這兩個句子做個調換？接下來「詞語連讀和分讀」這個部份的「揖讓而升下。而飲。」，這也是斷句不同而產生差異的句子，應該也放在後面。

其次在行文方面，我也有一些問題提出來供黃先生做個參考，譬如在216頁提到的《論語·雍也篇》：「有顏回者好學……」這篇，《釋文》：「今也則亡：本或無亡字，即連下句讀。」黃先生在這兒的推論是，由於上句的「不幸短命死矣」，「亡」字兩讀，其讀死亡義與「死」字重覆，故或本刪之。這就《論語》來推斷是很有道理的，但有沒有可能「亡」是為了避免和下文「未聞好學者也」的「未」重覆而刪去？我覺得黃先生這個地方的推論似乎臆測成份大一點，證據稍嫌不足。此外，在217頁《子罕》：「未之思也，夫何遠之有？」這一章，黃先生說一般多從陸德明說，個人認為這有待斟酌。

最後，我想提出的問題是《論語音義》之所以會有這些絕句的問題，是否和版本的不同而有所關連？也許黃先生可以再深入探討，以上就是我閱讀這篇論文個人的一些意見。

主講人 香港中文大學黃坤堯先生回覆：

非常感謝李威熊先生提供的意見。對於李先生的問題，在這裡我做一個回應。

就資料而言，《論語音義》中的絕句實在是非常少，之所以要提出這篇論文，主要是目前《論語》的句讀多採用朱熹《四書集註》中句讀，而朱熹如何去註解《論語》或者是如何去句讀，事實上都和宋明理學有一定的關係。而對於《論語》的句讀或註解，宋人和漢唐的註是有些差異的，我做這篇論文的目的就是想藉著對《論語音義》中絕句的討論，來看出漢唐和宋人之間到底差異何在，並不是意指漢唐的註要來取代宋人的註。

至於最後結語部份所提到的例子，我是將有啓發性的而且可以說解得通的例子擺在前面。至於「雖大賦」和「雖大國之賦」這個地方，若是單獨來看，「賦」可以當作名詞，意指「賦稅」，那麼兩者皆可說解得通。但是如果將「賦」看作動詞，那麼「雖大賦」可以解釋爲「大抽重稅」，「雖大國之賦」卻不能如此理解，在語義上似乎有不同理解，在這裡我只是提供資料，並不提供任何的是非判斷。

接下來是在217頁，李教授提到「亡」這個問題，在這裡我作一個補充。「亡」有兩種讀音，如果讀爲「死亡」的「亡」，在「今也則亡」中則解釋不通，如果讀作「有無」的「無」，則「今也則亡」的意思即指過去有顏淵這個學生，如今沒有了。在《論語·先進篇》中也有這一段文字：「有顏回者好學，不幸短命死矣，今也則亡。」既然〈先進〉和〈雍也〉都有這樣的文字，那麼我個人便不認爲像俞樾的說法一樣，認爲它是衍文，我覺得它應該有其存在的必要。

第217頁「未之思也，夫何遠之有?」，根據《左傳》中的一些例子，將「夫」和「也」連用並不是沒有依據的。

【問題討論】

臺灣師範大學　蔡宗陽先生：

我個人對於黃坤堯先生寫作這篇論文的用心感到相當的欽佩，不過有些地方想提出自己的一些意見或問題。

第一個問題是在217頁中間《論語·子罕》的例子，我比較贊同李威熊先生的說法，對於「一般多從陸德明說」的這個說法，是否改為「一般多與陸德明說法相同」會妥當一些？

第二個意見是在216頁倒數第五行「亡字兩讀」，依我個人的理解是「亡」有兩種說法，是否應該把這兩種說法清楚地說明，把「亡字兩讀」這句去掉，而寫成上文是「死」，下文是「亡」，「死」、「亡」二字是同義複詞，為了避免和上文的「死」字重覆，不用「亡」字比較簡潔。

十四、《莊子音義》「絕句」分析

特約討論　上海辭書出版社楊蓉蓉先生：

我個人覺得李小姐這個工作做得十分有意義。《莊子》的註釋在魏晉南北朝時期，根據文獻的記載，共有數十家，可惜至今皆亡佚，而《經典釋文》中保存了十家。因此李小姐的這篇文章，不管是對《經典釋文》或者是《莊子》註釋的研究，都有它的意義。對於《經典釋文》中的絕句，作者都作了分析，並且提出個人的看法，而且在作者的原稿中，還對《莊子》的原文逐條作了翻譯。對於李小姐對於絕句的個人看法及對《莊子》的理解，我基本表示贊同，因此只能提出一些小小的建議和補充。

第一個問題是在第一段作者提到「句字做為章句之名，於史有徵者，自漢始」，其實在《莊子·駢姆》中就有「句捶辭」的話,〈駢姆〉雖爲《莊子》雜篇,但學者考證還是較早的作品,因此「自漢始」這句話有再斟酌的餘地。個人覺得第一段和文章的關係不大,也許可以再收集資料,另外獨立出來,發展成另一篇論文。

第二個問題是在第225頁,作者將《莊子音義》絕句分了六類,除了第六類「存疑」原因不明之外,其餘五類,作者認爲這幾類常會混淆不清。這個在似乎有邏輯上的問題:語法問題、語詞問題、版本問題和讀音問題都可能影響文意或者不影響文意,如果作者在分類上先分出影響文意與不影響文意兩大類之後,再細分以上四類,這樣可以避免各類相混淆的情形。

第三個問題是,《莊子音義》中絕句的材料太少,要探討各注家的關係如果加入其他方面的資料做個一個全面性的整理,也許會更有意義。先前我和作者交換意見,知道李小姐的博士論文是作《莊子音義》全面性的研究,我也沒把握全面性的研究是不是可以能從中得到一些新的見解,但是綜合性的研究還是有其意義的,這點提供作者作爲參考。

接下來我要對作者所舉出的一些例子提出一些糾正補充,供作者參考:

第一個是227頁上提到的《莊子內篇補正》應當是《證補》,包括注釋也是一樣要改正的。這個地方好像有點矛盾,作者提到朱駿聲《說文通訓定聲》及朱桂曜《莊子內篇補正》皆謂「路」爲「挌」之假借,後面卻又說朱桂曜認爲「路」字不借爲「挌」字,當讀如字,似乎有些矛盾。接下來227頁的第二條中提到的「王公必將乘人而鬥其捷」,這和後面的第十五條實際上是重覆的。

第二個在228頁中間,作者提到「乎」這個字甚少置於句首當作發語詞，而就我找到的資料來看，「乎」這個字是不作發語詞的。作者所寫的陸德明絕句和鍾泰先生《莊子發微》中「『神無乎惡』當連下『不能自勝而強不從者』爲句」是否有版本的差異。

第三個在231頁中，也就是第六條，基本上我同意作者的看法，但是作者提到先秦古籍中「勞」字大多解釋爲勞苦、辛勞，極少解釋爲「功」，僅在《越絕書》見到一例，關於這點，我想補充一些意見。其實，在先秦古籍中，「勞」已有「功」義，如《書經·盤庚》：「世選爾勞，予不掩爾善。」孔疏言：「世世數汝功勞。」又如《國語·吳語》言：「吳王夫差既退于黃柒，乃使王孫苟勞告于。」韋昭注：「勞，功也。」；在《詩經·民勞》中也提到：「無棄爾勞。」鄭箋曰：「勞，猶功也。」，這些資料希望可以提供作者參考。

第四個在233頁中，第八條中「實自回也」，奚侗《莊子補注》中認爲「自」當爲「有」，我個人覺得奚侗的說法似乎較爲妥當。此外，這條裡面談到的「使實」，作者認爲它是一個罕見詞語，我覺得「使」是一個詞，「實」是一個詞，「使實」它們不是一個詞，包括下面的「隧全」也不是一個詞，所以不要把它們歸入「詞語」類比較好。

第五個在234頁第十條，作者認爲應該加上「無」字，我覺得似乎沒有任何的根據。

最後在240頁，文章中說在陸德明將「思其則」作絕句，以正版本。我認爲有「所行」兩字，似爲稍後出之本，陸氏必未見，增兩字後，「則」非「法」義，如陸所見，引崔、李說後必加說明，今無說明，可見陸德明不見此本。

接下來想爲作者補充一些關於《莊子音義》在大陸上可見的

資料，第一個是去年虞萬里先生發表的〈經典釋文單刻單行考略〉一文，認爲《經典釋文》單刻本早於合刻本。北宋景德二年孫奭、杜鎬校定《莊子釋文》，現在並沒有看到單刻本，看到的宋本《經典釋文》都是合刻本，單刻本和合刻本也許有些不同。據說現在日本天理圖書館藏有宋本《莊子音義》，柳存仁先生《和風堂文集》中有《天理圖書館藏宋本書經眼錄》，考證此爲南宋寶慶三年附于《莊子南華眞經注疏》十卷單刻本，或者和今日所見的宋版合刻者有不同，因爲我沒有看到，所以不能提供什麼意見，不過據悉上海古籍出版社將影印出版天理圖書館藏本《莊子音義》，可資作者參考。

在《文史》四十輯有許建平先生《伯三六〇二殘卷作者考》一文，這份殘卷王重民先生《敦煌古籍叙錄》定爲《經典釋文·莊子音義》，許先生發現與今本差異很大，經分析排比認爲是徐邈《莊子集音》的殘卷。我認爲許先生的說法有一定的道理，當然是否爲《莊子集音》的殘卷尚可探討，但它確實記錄了《釋文》不載之大量徐邈音。在李小姐文中說崔本是今可知最早注本，而這本伯三六〇二殘卷或許也可以供給作者分析《莊子注》時參考的。

主講人　香港中文大學李正芬先生回覆：

感謝特約討論人提出如此多寶貴的意見。在作這篇論文時，除了看了許多資料外，也加入個人的許多意見，因此難免會流於主觀，在分類這個問題上，感謝討論人的意見，可以提供我再重新考量。

在334頁「絕易，行地難」這個地方，陸德明的絕句是很難解釋的，於是我加入個人的判斷認爲也許應該要加一個「無」字，否則是無法解釋的，而現在也沒有任何資料可以證明我的判斷是正確的。

此外，楊小姐提供了許多資料，在作這篇論文時，我的確是可以將不同的版本來做一個比較，使我的論述更爲完善。

【問題討論】

臺灣師範大學　蔡宗陽先生：

李正芬這篇論文處理得非常細膩，個人非常地佩服。不過，在分類上的確是需要斟酌。這在楊蓉蓉小姐的特約討論中已有論述。此外，個人尙有一些意見希望提出來討論「語法」和「語詞」，「語詞」是包括在「語法」裡面，所以這裡的分類便要重新考量。我有個建議是，看作者在「語法」的分析中多是著重在虛詞，不如將「語法」改爲「虛詞」，而「語詞」改爲「實詞」，用「虛詞」和「實詞」來分類是否妥當一點。再將「存疑」這個部份打散到其他各類中，或者在分類上會更好。

第二個意見是，我也贊成楊蓉蓉小姐的看法，建議作者可將「緒論」部份的「句讀問題」擴充成另一篇論文來深入探討。

主講人　香港中文大學李正芬先生答覆：

蔡教授提出的意見給了我許多的啓發，非常感謝。

十五、從音義關係論「聿」字的上古聲母

特約討論　臺灣師範大學陳新雄先生：

金鐘讚的〈從音義關係論「聿」字的上古聲母〉一文，用了很多心思，寫得也很詳細。全文分八段，我現在扼要地敘述於後：

一、說高本漢的上古音把「聿」擬作 b-，李桂方擬作 brj-。

二、說明高本漢擬作 b-的理論根據。金鐘讚認爲在西方語言當中，所謂的複聲母，都是單純的複合而成的，因爲高本漢的

系統有 bl-的複聲母，所以立一個 b-聲母，是非常合於他的上古音系統。

三、高本漢不把「聿」擬作 bl-，而把它擬作 b-的原因，是 bl-的第一個成份 b 在高氏系統中必先消失，而留下第二個成份 l-。

例如：

　　巒　　＊blwân/luân/luan

　　欒　　＊blwân/luân/luan

高本漢原先給「聿」擬了 bl-的複聲母，就是不合他這一演變規則，所以後來在《先秦文獻假借字例》裡，就把它改作了 b-。

四、高本漢的 b-、d-、g-的擬音，都與喻母字有關，但不相信兩套濁塞音的學者，如果把並、定、群擬作 b-、d-、g-，則喻就不能擬作 d-了。所以王力就把它擬成了舌面邊音 ʎ-，李方桂先生的喻母擬作 r-，所以他的「聿」就擬成了 brj-。擬成 brj-當然與「筆」的諧聲有關，也與「不律」有關，根據「窟窿」、「孛纜」、「屈林」等聯綿詞，第一個成份都是清聲母，所以「不律」第一個成份也應是清聲母，這樣看來，李方桂先生所擬的第一個成份是濁音，仍然存在著某些問題。

五、從文字的發展來看，有些字假借義行而本字廢，有些字兼具假借義與本義，有些字借義再加形旁或聲旁，有些字本義再造新字：

云（雲初文）→借爲云謂之云→本義又加雨作雲。

易（蜴初文）→借爲容易之易→本義又加虫作蜴。

止（趾初文）→借爲停止之止→本義又加足作趾。

諸如此類之例，所以

聿（筆初文）→借爲聿曰之聿→本義又加竹作筆。

六、關於第六點，似乎只在發揮第五點，借字以後所以有不同的讀法而已。根據第六點類推，認爲「聿」有本義一讀爲 pl-，又有借義一讀爲 r-。

八、也就是把第七點作爲結論。

綜合以上八點，我提出一些疑點，第五點來看，云與雲、易與蜴、止與趾，二字本義與借義之間，聲音都是相同的，這才合於假借的「依聲託事」。若聿之與筆，如果讀 r-與 pl-，這就不構成「依聲託事」的條件了。高本漢、李方桂所以擬成 b-或 brj-，就是著眼在其諧聲相同，古必同音或音近的立場，今無任何新理論或材料可推翻高李的說法，則所作的假設仍難使人遽信。對於本身的理論是否能夠成立，首先應該做到能破能立，若不能破高李二先生的說法，則本身的理論是否能夠成立，就仍有待商榷。至於第六點所云的異讀，亦可能是構詞作用的聲調異讀或聲母異讀而構成不同的詞。

總之，金鐘讃先生是很用功的一位研究的學者，但做學問應該注意入而能出，不要一頭鑽進去後，就再也出不來了，這樣就有些危險了。這是我最後對你的忠告，謹提供做爲參考。

主講人　韓國安東大學金鐘讃先生回覆：

感謝陳教授的意見。我個人的看法是「聿」和「筆」二字是不同的兩個音。

【問題討論】

臺灣師範大學　蔡宗陽先生：

我對金先生的論文有些個人的意見，想提出來供作者參考。

第一個意見是關於論文的架構，這篇論文的一到八大段是否可以各標上一個簡明的標題，如此一來可以使讀者更爲了解這一段落的重點何在。

第二問題是關於「聿」和「筆」，或者是「其」和「箕」，不從聲韻上來談，我個人認爲一個是「初文」、一個是「後起字」，譬如說「聿」是初文，後來加上一個「竹」，成了「筆」，則爲後起字。

中正大學　竺家寧先生：

金先生的論文有兩點值得參考：

一、從複聲母結構問題上探索與單聲母的關係。以英文爲例找出共性。

二、由分期上及地域上分析「聿」字，不但由宏觀角度看問題，也能作微觀的，更細緻的分析。

但用英文作爲結構分析的材料，不若用同族語言，更能找出漢藏語的共性，藉以了解上古漢語的具體情況。

臺灣師範大學　陳新雄先生：

在論文266頁中提到的例子從第一個「云、雲」到最後一個「其、箕」，除了第十四個「酉」變爲「酒」之外，其餘的聲韻皆相同。我們假定古代的初文以及後來假借爲其他用處的字，因爲「依聲託事」，所以它們的音都相同的。如果後來有所不同，可能是在發展過程中有了一些分化，金先生的說法可能有些牽強。

主講人　韓國安東大學金鐘讚先生答覆：

對於竺教授所提出的意見，個人可以接受，謝謝竺教授的建議。至於陳教授的問題，個人則有些意見要說明，陳教授所提到的266頁，認爲只有第十四個例子音不同，我個人倒是有不同的意見，像第五例「無」變成「舞」、第六例入聲的「莫」變成去聲的「暮」、第八例的「它」變成「蛇」、第九例「益」和「溢」同爲入聲，但是收音不同。

彰化師範大學　李威熊先生：

就今天的論文我想提出一些個人的意見，就我的感覺，對於後代的一些諧聲的字而有不同的聲符，有許多人將它們視爲同一個源流而要詳考其源流。在今天的論文中，即使他的論證不夠，事實上也提出了一個新的角度，雖然金先生的「破」可能沒有提出相當的證據，但他提出這樣的思想或假設，卻是可以肯定的。

十六、比擬義析論

特約討論　台灣大學張以仁先生：

蔡教授的大文〈比擬義析論〉，討論字義除本義、引申義、假借義之外，尚有「比擬義」一類。我拜讀之餘，覺得訓詁學研究的範圍，日有開拓，是一件可喜的事。蔡教授的這個觀點，雖然前人已經提出（爲魯實先、陸宗達、王寧等），但蔡教授以專文討論，多舉例證，反覆說明，是值得重視的。

不過對於一種觀念的肯定，一種論點的可否成立，理據是很重要的。就本文來說，我願在這方面提出若干意見，以供參考。

一、我首先要提出的是「定義」的問題。什麼是「比擬義」？本文說：「『比擬義』是由某字形體比擬而產生的意義。」（頁277，第二節，第一行）。「比擬義是據某字形體以比況，其顯示之義，有別於本義、引申義與假借義。」（頁285，結論部份第六行）。他特別強調字的形體的比況，是很顯明的。所以在批評陸宗達、王寧之說時所說：「中間沒有經過字形的比喻，然後再據其字形的比喻而產生新義。」（頁 284 倒數第五行起）可以看出他特別強調「字形的比喻」此一重點了。本文像「刀」字的形體比擬小舟（頁277），「履」所從的「舟」其形體比擬鞋形（頁280）、「筥」所從之「呂」像圓籃之形（頁281）等等，都與這一定義切合。

但也有若干不合的地方，如「葦」字，既不像蘆葦，也不像竹筏，尤不像小舟（頁278）；又如「脣」之所從「辰」，也不像人口開合之形（頁281）。其他如「筋」字所從之竹，像多筋之形（頁280）；「融」字所從之蟲，像上升的炊氣之形（頁281），恐怕都可商榷。可見這個定義，宜作適度的修正，不然則所舉例證，宜作若干修改。拙見則以為以修改定義為妥。

二、其次是邏輯的問題。邏輯的推論，是「理」的基礎，本文也有可商榷之處：

㈠頁279舉《詩經·芣苢》，以為三章義同，其詞義可以替換，因而類推，以為〈河廣〉之「葦」，也當訓為小船，因為前文的「刀」是小船（頁279末行）。姑不論〈芣苢〉三章之「有」、「捋」、「襭」三字是否同義，即或如此，但詩中各章形式相同而字義不同者多有。（如《詩·兔罝》「肅肅兔罝，施于中逵」「肅肅兔罝，施于中林」之類，「逵」與「林」義不同，不可替換）前提既非全稱命題，自無法據以類推。

㈡頁283討論陸宗達、王寧的比喻義，說是「那來個比喻?」（頁284倒數第七行起），以為他們所舉的例「全是分據各該字之義一路引申下來，中間沒有經過字形的比喻，然後再擬其字形產生新義」（頁284倒數第六行起），經查陸、王二氏對比喻義的說法是「兩物或外形相同，或情態、用途、特徵相似，便可以甲喻乙，因比喻而相關，便產生引申關係」（頁283第六節之㈡引），因此他們舉「本」、「末」……等字為例，說「『本』，本義是樹木的根……人們常用樹木的根本來比喻事物的基礎、發源和決定一切的重要部份，所以『本』有根本、本質、本源等意義」（頁281），這就是說：事物的基礎和水的源頭等等都有如樹木的根，這是就他們的「情態」來說的，而不是就外形說，更不是就字形來說的。(事實上二氏根本不從字形上比擬，即如論「同形」時所舉「互」字一例，以爲絞繩的工具與掛肉的架子形狀相似，故「互」字又有「懸肉格」一義，也是從物形來說，非從字形來說)。今本文持一己不同的尺度來衡量二氏之說，而斥其非，恐怕也是可以商榷的！

三、第三是了解上的偏差。上述第二例是邏輯上的問題，而根源卻在了解上的偏差。事實上本文對陸、王二氏之說的了解恐怕是有些問題的。比如第285頁認爲二氏主張「有人把比喻義與引申義並列而言，是不妥當的」的說法，「則很精到」。按二氏以爲，比喻義實在是源於同狀的引申，所以它不能與引申義相提並論，才說「以二者並列是不妥當的」，於是他們把「同狀的引申」所說到的比喻義放在詞義引申這個大題目下討論，標目爲「詞義引申是一種有規律的運動」。所以在本文引述的「有人把比喻義與引申義並列而言，是不妥當的」下面，緊接著說，「比喻義的產生實際根源於同狀的引申」，而本文卻以爲他們是說比擬義與引申義「涇渭分明，迥然有別」，恐怕是不對的。本文主張比擬義有別於引申義，卻說二氏此說「很精到」，也似乎是可商榷的！

另外我有一個附帶的問題是，頁282論大陸的學者劉又辛之說，以爲從「井」的字應該分爲兩組，他有沒有就各字的字音方面加以說明呢？例如他說「井」字有「水井」與「法」兩義，故其孳乳出兩組字。「井」、「穽」、「阱」是一組，「荆」、「刱」又是一組，井義一組音井，法義一組音型。但如「穽」字，雖從井，卻音一ㄥˇ，屬喻四，與井之爲精母，有很大的差異，何以同爲一組？又如法義一組的「刱」字，音ㄔㄨㄤˋ，古音爲淸母陽部(ts'ang) 與「荆」之古音爲匣母耕部 (ɣieng) 亦大有不同，何以同爲一組？劉氏毫無說明，這是可議的疏忽，而本文則以爲諸從井之字，皆同屬一組，但在音上也沒有交代，似乎可以補充。

我讀蔡教授的文章，覺得他充滿了自信，氣勢很好。現在我在「理」與「據」上提出若干問題，略述一己的淺見，希望能夠提供蔡教授重作考量斟酌的引子，使它的「理」更無瑕疵，那才眞是「理直而氣壯」。蔡教授與我相識多年，可以說是老友了，他在工作及教學兩方面都很忙，還能研究、寫作不斷，是很令人佩服的！

主講人　中央大學蔡信發先生回覆：

張教授認爲我有兩個例子好像跟情況比擬有一些出入，而我個人認爲在頁279中的「葦」字，將它解作「船」，是可以站得住腳的。因爲古人有講這個「葦」字解釋爲「木筏」，是相當有道理的。因爲蘆葦長而細，自然可擬爲木筏，而木筏是由蘆葦來比擬形體柔軟圓曲，現在我們有沒有將「葦」當作船來解的呢？有的！除了高中課程之外，里仁書局《詩經注》，以前也有標出他的名字，是高亨先生的作品，他也是將「葦」字解釋成船，所以我引底下《詩經》的〈芣苡〉，是根據這個推論的！

另外，嘴脣的「脣」，他認爲這個例子可能跟形體有一些出入，我個人認爲這個例子是蠻好的！因爲根據我們國字的結構，凡是從我們身體來講，嘴脣的開合，與蛤的開合有什麼關係呢？因爲用蛤的開合來比擬人之嘴脣開合。

而關於邏輯的推論已提過的！

第三點張教授認爲引申跟比喻中間是有關係的！而我個人的看法是希望引申與比喻能夠劃開。「引申」是根據它本義來引申；「比喻」是根據字形的形體來比喻。當然在邏輯做結論時，我並不很堅持，是因爲如果引申是一個大的範圍，而這個範圍，底下分爲二小點：一是根據字義來引申，一是根據字形來引申，那麼我也不堅持！至於我說陸、王二氏意見精到，接著加以辨析，那是我行文的客氣與禮貌，並非不合邏輯。

最後一點是我對大陸學者劉又辛的一個看法。我認爲這個「井」字，一個根據字義來引申，那就是水井，有深邃意思；一個是根據字形來引申，這就是「井然有序」，這個引申就是根據「法」這個類型來產生。剛才張教授提出一點：是不是根據字音上，應該提出來？是的。但是我這裏沒有提出來，是因爲「井」跟「型」，基本上都是屬於牙音，而且疊韻。所以我想我們學過聲韻學的人知道，這是一個非常淺近的常識，是不是要提出，我只是做這樣的一個說明。最後我非常謝謝張教授對我的指正。

【問題討論】

臺灣師範大學　蔡宗陽先生：

第一、「比擬」與「比喻」是不一樣的。所以我建議仍是用大陸學者的「比喻」。因爲站在修辭學上來講，比擬與比喻是不同的。臺灣學者把比喻叫做「譬喻」，把「比擬」叫做「轉化」，因此裏面解釋會產生問題也就是定義上。所以張以仁教授所講的，可能也是與這個有關！

第二、有關「刀」這個字，假設把刀解釋作「船」，是它原來的本義，那就沒有比擬的意義在裏面。而如果用「刀」來比做「船」的話，不但是比擬的意義，還有「誇飾」的意義，因爲刀很小。

第三、如果把刀假借爲「舠」解作「船」之意，那是假借義，而不是比擬義，也不是比喻義。

第四、如果本義可以解釋得通的話，儘量不要用引申、假借，甚至是比擬義、比喻的意義。而不管是比擬或是比喻，我個人的看法是覺得這都是在修辭學裏面，應該給它一個名稱叫做「修辭義」。我曾經寫過兩篇文章，一篇是「修辭義探析」；一篇是在兩年前輔仁大學辦的訓詁學會議中寫的一篇文章：「論修辭與訓詁的關係」，這一篇裏頭寫得很清楚。

主講人　中央大學蔡信發先生答覆：

剛才蔡宗陽先生提出：「我們解釋字義，儘量要從本義來解釋」，這個我相當地同意。

但是諸位注意一下，「舠」這個解釋不是我解釋的，而是鄭經解釋的，我只是來說明它這個「刀」爲什麼解釋爲船。那麼「刀」如果旁邊加上「舟」，它可以比擬來說明；如果旁邊是「周」，那就是假借義來說明了，這兩個是有差別的。

另外，你說是不是改成「修辭義」，這是不可以的。修辭義可以不是引申義，比擬義站在我們訓詁學的立場，應該是要涉及它的聲音，所以是不能成立的。

韓國安東大學　金鐘讚先生：

281頁，「頭」的例子，在我個人認爲跟「頭」有關的，例如「顛」、「頂」、「題」，右邊的「頁」是表示「頭」，而這個地方，其實「頭」也是一樣的道理；而左邊都是表示聲符作用。而「豆」，造這字的人，也根據聲符來造的。而蔡教授把「豆」當成一個「頭」來看，有沒有一個倒果爲因的嫌疑呢？

主講人　中央大學蔡信發先生答覆：

我把「豆」當「頭」來解，並不是倒果爲因，我正是要探究這個「頭」字，它爲什麼旁邊不能用其它的聲符，而是要用「豆」這個聲符，理由正是因爲一般「豆」是「器皿」，古代食肉之器，上面有蓋，中間有器容，下面是底座。如果我們認爲它這形聲字是不兼義，那麼這就是「不兼義的形聲字」。但是我們看用「豆」這個原因是什麼? 是因爲它旁邊一橫是代表頭蓋，中間器容是代表它的面孔，而底下項代表它的脖子，底下的底座是代表它的肩膀，這是探其因，原來用「豆」來做它的聲符，是應該比擬造字的，這並不是倒果爲因，而是探究其因。

臺灣師範大學　姚榮松先生:

比喻和比擬應該分開，不僅在訓詁學上的用法，而且本身它也有自己的術語，同時它們在修辭學的兩個不同辭格。「比喻」在語義上也是專門的術語，它有「喻體」和「喻依」兩個要件。例如:「口」字是「人所以言食也」。本指人的嘴巴，作爲門口、港口、刀口、出口即是一種比喻義，它是轉移義 (也是同義引申的一種)。至於比擬義，從造字這個角度去看，是字源義，不是修辭義，也不是詞源義。這個「頭」字，從「豆」字。「豆」是不是圓，與頭圓圓的這個關係，我想從詞源義上，很可能就聲義同源來說「圓」，然從字源上，你這解釋可能替我們開創了一個從「形體」的比喻上，加了一層解釋，當然今天很多的例子都是很新穎的。

不過，在「詞義」跟「字義」這兩個層次上，我覺得我們在研究訓詁學上應該交融，但是要把它分成兩層次。但是你前面講到的例子，跟後面舉的大量的字源義似乎整合得不是非常圓滿。

比方說，從字源義來看，應該指用比方譬況的方式來命名。如童子、童仁的「童」，用爲眼睛的瞳孔、瞳仁，那是童子 (喻人的縮影) 倒影在裏面，於是我覺得這是比擬義，這是朱駿聲的講法。因爲我們把童子的童，借爲瞳孔的瞳，這是比擬，而不是比喻。而另外「水草交曰湄」，這也是比擬義，而不是詞源義。以人之眉毛，眼睛相鄰來比擬，故從眉聲。凡形聲字之聲符兼意者，皆此類比擬造字。

蔡先生認爲比擬、比喻義無別，沒有把這兩種不同層次的詞義分開。前文以《詩經·河廣》「曾不容刀」的「刀」爲「船」，合乎比擬義，但並不是比喻。後文比擬義之例證多指形聲字右文兼義的例子；如以「頭」從「豆」聲爲例。若從聲符「豆」聲來看，或指頭顱圓義，則爲詞源；若再由豆字的形體有蓋有容有項，則只能算是字源義，這種從字源義試圖猜測古人造字意圖，並非詞義，頂多只算是同源義的進一步發揮，但仍應算「字源義」，與由聲音入手的「詞源」有別。蔡文在「字源義」方面別闢谿徑，頗富爲啓發性，但前後的例子並不一致，把比擬義與字源義混爲一體，似乎結合得不太好！

十七、試論訓詁學與辭義學的發展

特約討論　日本花園大學梁曉虹先生：

本文主要是通過兩大方面的闡述分析，提出結果：

一、是對訓詁學本身發展的歷史進行闡述分析。傳統訓詁學，主要分析西漢訓詁學的興盛、清代學者對訓詁學研究的貢獻。現代訓詁學，主要是對民國以來訓詁學（也就是周祖謨先生所說的「近代以來」的訓詁學）的發展歷史分析。然後，又將傳統訓詁學與現代訓詁學進行比較，指出後者在新理論體系的建立，略優於前者，而研究的內容也更有所擴展，然後綜合指出：回顧兩千多年以來訓詁學發展的歷史，訓詁學在自身的不斷發展中，自然地形成了一門具有綜合性內容，偶及應用性很強的學科。

二、從詞義學的角度看到訓詁學的歷史發展。作者也主要是從傳統訓詁學和現代訓詁學的歷史發展來看的。傳統訓詁學也主要從兩漢、淸代兩大段看的，兩漢主要分析了《爾雅》、《方言》、

《說文》、《釋名》的大部訓詁宏著，結論是：漢代的語言學，實際就是詞義研究之學。清代的乾嘉學派的學者：㈠用聲音與語義的關係來研究古代語言的詞義；㈡應用語言學的基本觀念，考察文字的現象；㈢以聲音貫串訓詁的方法，揭示了一字數義的原因，展現了多義詞詞義的系統性；㈣運用聲韻通轉規律，以語音爲準去求語義。民國以來的現代訓詁學：㈠在繼承乾嘉以來研究成果的基礎上，又受西方的影響，極爲注意系統性與科學性。㈡許多訓詁學的理論學的理論專書多從詞匯學的角度來探討問題。結論是：等到時機成熟，古老的訓詁學能脫胎換骨，蛻變成理論體系完整，系統性、科學性都能很強的古漢語詞義學，如此漢語詞義學的出現，則完全是可能的，並且當是不遠的事。

就我本人來說，我認爲林先生的這篇論文，論點很有探討的價值，論證材料也很豐富，我同意林先生的觀點。只提出兩個小問題：㈠第303頁，最後將王力先生的《漢語史稿》歸入訓詁學理論的專書，我想這是否是詞匯學的專著？㈡第305頁，其他時期的漢語詞義學，十四至十五行，「然後再與其他時期的漢語詞義學結合」，「其他時期」指什麼時期？

主講人　中山大學林慶勳先生回覆：

一、第303頁，一時不察，誤將王力先生的《漢語史稿》歸入訓詁學理論專書中，修訂時，會將之刪去。

二、第305頁文章中提到「古漢語詞義學」，再與其他時期的漢語詞義學結合，這是屬於普通詞義學，也就是理論性較強的詞義學，至於「其他時期的詞義學」，指的是斷代詞義學，如果將斷代的部份釐清，再做全盤的研究，這樣會使整個漢語詞義學的面貌更完整，在文章行文時沒有交代清楚，在此做一個補充說明。

【問題討論】

臺灣師範大學　蔡宗陽先生：

一、第289頁「一、訓詁學與詞義學」是否加上「的定義」或「的流變」或「的區別」?

二、第291頁「二、訓詁學的發展」，是否改爲「訓詁學研究的發展」，加上「研究」二字，比較易於與第298頁「詞義學研究發展」的「研究」，互相呼應?

三、第298頁「詞義學研究發展」改爲「詞義學的研究發展」，加上「的」字，與「二、訓詁學的研究發展」彼此呼應?

花蓮師範學院　許學仁先生：

頁303述及民國後訓詁學理論之專書一節，梁曉虹女士以王力《漢語史稿》(1958)非訓詁專著可以考慮刪除。惟王力先生後將《史稿》第四章改寫爲《中國詞彙史》，建議在「王力撰《漢語史稿》(1958)第四章〈詞彙的發展〉」後加括注(後改寫的《中國詞彙史》)說明，可予保留。

新竹師範學院　董忠司先生：

對林先生把訓詁學研究重點定爲「古今字義的演化」，而希望它發展成「古漢語詞義學」，此則似乎是把訓詁學一詞宣告死亡了。黃侃先生對訓詁的定義，說道「以語言解釋語言」的話，其重點在把握「解釋」來建立訓詁學的中心，基本上，訓詁學是一種「語文傳釋學」，主要重點在「傳釋」的方法之研究，語義研究只是其「傳釋」的內容而已，建立訓詁學應以「語文解釋」爲中心去結合各種相關學科才是。

僑大先修班　沈壹農先生：

學生謹提出一點意見，向林老師請敎。

一、一些語義學者，往往將語義學發展的歷史描述爲：從解經活動到訓詁學到語義學，似有以語義替代訓詁學之意。

二、唯訓詁學就其經典解釋言，乃介於典籍（文本）與讀者間之橋樑作用，仍有保留之必要。黃季剛先生將訓詁學定義爲以語言解釋語言仍有其深義，亦即訓詁活動是一種意義的形式轉換工作，亦即以不同形式之語言幫助讀者從事語言之知解活動，使讀者易於「接受」被訓詁之典籍語言（實則任何語言——口語的，書面的——皆可爲被訓詁之對象）。

三、以下是訓詁學此一學科之體系，大略可爲如下；

- 訓詁學
  - 訓詁研究
    1. 意義內涵之研究：意義爲何，如何存在……等問題。
    2. 語言形式之意義研究。（一般所謂語義學，含於此）
  - 訓詁操作（實際訓詁）
    1. 被訓詁之典籍（文本）及相關問題之研究：對原書之了解及校勘及作者……等問題。
    2. 訓詁典籍（文本）之研究：如建立訓詁典範及訓詁術語之建立……等。
    3. 如何從事訓詁操作。
    4. 讀者之接受問題研究。

四、如此，則若以詞義學替代訓詁學似略嫌狹隘了些。

臺灣師範大學　陳新雄先生：

訓詁就是以語言解釋語言，以文字解釋文字，像剛才沈壹農所說的「文本」，實際上就是原書，「文本」一詞在傳統的詞彙上是沒有的，如「模式」即「型式」，也都是今人所盛行，而古語則未有，此可見今人之「棄家雞而樂野凫」，但既有古今之隔閡，就須用語言解釋語言之方式加以溝通，以祛除古今之隔閡。

主講人　中山大學林慶勳先生答覆：

一、首先聲明個人並不是排斥訓詁學，訓詁學是系統性和科學性很強的學科，進入到漢語詞義學並不影響它的特性。

二、許學仁先生的建議，文章中那一段主要是放在「訓詁學」這樣的一個名詞上，所以這個建議在修訂時，會再斟酌。

三、蔡宗陽先生的建議，關於標題的部份，修訂時會再做斟酌。第二小節的部份，訓詁學的研究目前較有系統，而詞義學尚未完全獨立，所以定這樣的標題，但蔡先生的建議，修訂時會再做考慮。

十八、先秦詞彙「於是」分析

特約討論　中央研究院歷史語言研究所何大安先生：

「於是」是一個介賓結構。其中「於」是介詞，「是」是指示詞稱代賓語。介詞「於」，現代漢語說「在」。指示詞「是」，現代漢語說「這」。「於是」就是「在這」；在這裡，或在這個時候。但是先秦的「於是」，現代漢語並不都能用「在這」來替代，爲什麼呢?

先秦的「於是」可以出現在句中動詞之後，它的功用是作動詞的處所補語。例如：「顛沛必於是，造次必於是。」，「吾祖死於是，吾父死於是。」，「吾則異於是。」等等。這些「於是」是述語結構的一部份：〔動詞〔〔介詞〕〔賓語〕〕〕，「於是」是其中的一個詞組。「於是」也可以出現在動詞之前，作時間補語。例如：「於是殺羿。」，「於是始興發，補不足。」等等。這一類「於是」，是動詞或整個句子的修飾語，可以從述語結構中游離出來，或根本不屬於述語結構；後來逐漸詞彙化爲一個連接詞，也就是成了一個固定的複音詞。這個複音連詞的「於是」，就不能用「在這(時)」來替代，它的意思轉變成了「就……，才……」。凡是可用現代漢語「在這」替代的，是詞組的「於是」，而不是連詞的「於是」。那是因爲詞組的結構鬆，構成詞組的各成分之間，並沒有一定的依附關係。一旦出現了功能相同的新語詞，就可以相互替代，或輪流使用。連詞已經成爲一個詞彙，詞中各成分的結合關係已經固定，即使有了功能相同的新語詞，也不容易打破這種固定的關係而強行替代。所以先秦的「於是」，作處所補語用時，是一個詞組，可以改說成「在這（裡)」；作時間補語用時，一部分已經詞彙化爲連詞，不能改說成「在這（時)」。「在」、「這」的流行，是在六朝時期。那麼時間補語「於是」的詞彙化，一定在六朝之前。

然而並不是作時間補語用的「於是」後來都詞彙化。詞彙化成爲複音連詞的，只是其中的一部分。另外一部分時間補語的「於是」，仍然維持詞組的結構不變，仍然可以用「在這（時)」去替代。例如：「於是陳蔡方睦於衛。」，「於是羊舌職死矣。」，「於是荀首佐中軍矣。」等等。何以又會有這種分別呢？關鍵在於作時間補語的「於是」，除了接述語之外，還接不接主語。當它不接主語時，它所在的句子的主語，其實是和前一句的主語相同，並且因相同而省略。因此結構上，這兩個句子是一個更大的複句的前後兩個子句。「於是」長期介於兩個子句之間，便由後句的時間補語，重分析爲連結前後子句的連接詞。它的意義，也部分虛化爲事件發生先後的「就……，才……」，仍然與「時間」有所關聯。如果「於是」之後接主語，表示它所在的句子的主語，與前句不同，結構上是兩個不相干的句子。這個時候，「於是」的功能非常明確，只是本句的時間修飾語，並沒有一個可以轉化為連詞的模稜兩可的句法環境。所以這一類的「於是」，就不能用「就……，才……」去理解。

假如以上所說是正確的話，那麼竺先生大作中所引《莊子》書中作時間補語用的「於是」例，最好再分成兩個小類來觀察。一類不接主語，語義是「就……，才……」；一類接主語，語義是「在這（時），當時」。

虛詞是訓詁研究中的一個重要部分。對虛詞的研究，不僅要憑藉形、音、義方面的工具，語法知識也是不可或缺的。竺先生的論文，給了我們一個成功的示範。這篇論文在訓詁學會發表，是深具意義的。

主講人　中正大學竺家寧先生回覆：

本篇論文主要是就先秦「於是」這個詞彙的現象做一個描述，何先生更進一步探討了這些現象的形成原因，為本篇論文作了一個很好的補充。

對論文中所引《莊子》書中，作時間補語用的「於是」例最好再分成兩類，一作連詞，一作時間補語，分別做討論，非常感謝何先生的寶貴建議。

另外，也提到語法知識對訓詁研究的重要性，這是我們將來研究訓詁學很需要納入的部份。

【問題討論】

臺灣師範大學　蔡宗陽先生：

一、第312頁引用《莊子》「於是」資料中，僅有〈天下〉沒有「焉」或「乎」，是否有特殊用義？是否可以此判斷莊子在前，孟子在後？

二、先秦詞彙很多，題目最好加上副標題（子題）——以《莊子》、《孟子》為例，比較符合內容。

文化大學中文研究所博士班　宋寅聖先生：

一、先秦時代的「於是」主要作「介賓」結構，作連詞的用例極少，且有兩可的情形。

二、建議統計歸納從金文到先秦文獻的「於是」用法則更佳。

新竹師範學院　董忠司先生：

一、所謂「介賓結構」，其中「介詞」是指詞類、詞性而言，「賓語」是指句法結構而言，分指不同層次，合併而用是否妥善？

二、《莊子》書內篇、外篇、詸篇中之「於是」是否各有用法不同之處？

主講人　中正大學竺家寧先生答覆：

一、蔡宗陽先生所提關於《莊子》、《孟子》二書前後的問題，個人認爲二書是爲同一時代，因此就以地域不同來作解釋。

二、宋寅聖先生所提的問題，首先本論文也是在探討其主要作「介賓」結構的現象，至於第二個問題，因限於篇幅，所以將焦點放在《莊子》、《孟子》作比較。

三、董忠司先生所提關於「介賓結構」的名稱問題，今已被廣泛運用，只要約定俗成即可。其次，因爲「於是」一詞在《莊子》一書中，並非大量被使用，所以很難分成這三個部份來討論。

中央研究院歷史語言研究所　何大安先生：

一、關於「介賓結構」的名稱問題，兼從結構與功能的角度來稱呼，的確容易使人混淆，但若全依結構觀點則不太容易呈現這個結構的特色。因爲，介詞後可置方位詞，也可放賓語，所以作這樣的稱呼，是爲了使「類」能區別得更清楚。歡迎大家思考這個問題，提出一個更好的稱呼法。

二、關於先秦時「於是」作爲時間補語，是不是已成一個連詞？連詞形式的下限是在六朝以前。六朝以後「於」和「是」已有他詞替代，如果不是連詞，應早已被替代，所以詞彙化爲特定的連詞一定是在六朝之前。至於是在先秦到六朝之間的什麼時候，是一個很值得研究的課題。

十九、《詩經·小雅·青蠅》試解

特約討論　輔仁大學李添富先生：

季先生詳考古代建築、動、植物辭典，並配合古代制度以及詩義，察考有關《小雅·青蠅》詩中「止於樊」的「樊」字當讀爲「檣」並以爲歷來學者將「青蠅」與「蒼蠅」混爲一談是一種糾纏不清的說解。論證過程以及所引用、察考的資料相當豐富詳盡，頗爲佩服。

只是在研讀的過程中，覺得有些疑惑，或在某些部分與季先生的看法並不完全相同。因此，謹提出來請季先生解惑並就教於各位學者專家。

一、319頁中間，毛傳「榛，所以爲藩也」。這裏，季先生引用了十種先秦典籍來說明「榛是沒有做藩籬用的」。但是，我們如果從另一個角度來思考這個問題，譬如從語意學的角度而言，無知是不等於不存在的。不能從文獻上找不到證據，便以否定來肯定對立的事物，似乎並不是很理想的一種做法。

二、接著，在321頁，季先生引用了《植物大辭典》來說明榛是不可能當做藩籬的。這裡，是否也可以做一個這樣子的說解：後三者所以也跟榛扯上關係，都因別稱的緣故，我們可以不必理會。而第一說本名稱榛，是一種高約七公尺許的小喬木，取之以爲藩籬，似乎就比下列取高十五公尺或三十六公尺的喬木爲藩籬要合理多了。

三、至於劈開編結而成的藩籬「也就看不出是榛是棘」的說法也有疑點。因爲如果像所舉第二項山白果的「幹部直立」，不正是與棘的「多刺」一樣，都是一種適合做爲藩籬的特色呢？

四、詩的比興，一直都是讀詩時必須解決卻又不易釐清的問題。季先生大抵是把〈青蠅〉這首詩當作興中帶比說解的。如果依王靜芝先生《詩經通釋》的說法，興是一種相關的聯想。依照徐復觀先生的解釋，興是一種直觀的聯想，是一種不經理智刻意安排的觸發。看到那令人厭煩的青蠅停在這兒，停在那兒，或是到處飛舞，不自覺的產生厭惡之感，應是很自然的事。再很自然地從看到令人生厭的青蠅，聯想到那鑽營諂諛、陷構於人的讒人也是極端令人生厭的，不正好是一種極爲標準的起興嗎？不知道是否可以不必非將榛、棘與樊說成有用的樹木，然後再兜一個大圈子來說明小人爲害就像青蠅寄生，爲害有用林木不可？

五、季先生極力想辨明青蠅與蒼蠅的不同。因爲「一青一蒼，怎會一樣呢？」我們如果舉現代閩南方言爲例，相信大家都知道金頭蒼蠅與蒼蠅是有別的。但若渾而言之，不就都是蒼蠅嗎？而且，如果我們再進一步的用語音的觀點來說「青：清母，青部（段氏古韻十一部）」，「蒼：淸母，陽部（段氏古韻十部）」，聲母全同而韻部則屬旁轉關係。在音讀上關係是極爲密切的，或許還有可能是雙聲相轉所造成的文字異形呢。

六、季先生在第325頁，引《毛詩名物解》，認爲其書青蠅、蒼蠅之間，雖有大小之別，但終究是沒有區別的。可是我們不知道爲什麼大小不能算是一種區別？倒是個人手上《毛詩品物圖考》有關「青蠅」一條的說解，直接說是「見蒼蠅」，才應該說是沒有區別呢！只是在不影響經義探求的情況下，究竟我們需不需要異中求同，同中求異的區別它們，倒是個可以探討的問題。

七、在325頁中間，季先生有這麼一個「是否反映了當時一般人知道棘可以種來當藩籬，但是不知道榛可以當藩籬用」的假定，推論《毛傳》說榛可以爲藩而不說棘的原因。也許我們從季先生將「樊」讀爲「藩」，讓三章文意、用語一致的做法來看，季先生也應該會同意《詩經》複沓重唱、一彈三歎的重複、加強語氣筆法。既是三章複沓重唱，意旨全同，是否可以不必三章皆做詳細說解，令學者聞之而自喻呢？

八、同樣的，如果一彈三歎可以說解清楚，不影響詩義的探求，那麼句法型式、遣辭用字並無太大區別，而且義旨相近的三章詩篇，是否有必要分一章爲興，二、三章爲賦？能否說他全是由青蠅之煩人，觸發引起人們舒發對於讒人之厭惡的一種表現？

九、個人是同意於季先生的讀「樊」爲「藩」，使之統一易了。但就詩文意境之統一而言，文意既足，又何必非要字面也完全一致不可呢？

十、舉個不能登大雅之堂的反證。季先生認爲青蠅喜歡聚集棲息在人畜的糞便旁，而不愛棲聚在藩籬上。個人倒認爲人們畜養牲畜或築廁於藩籬旁，故籬上可見青蠅，應該也是合理可信之事；一般而言，應該沒有將茅廁築於庭中或空曠處所的道理吧！

所言多有闕漏，如有未臻詳盡或不敬之處，懇請各位學者先生諒察。

主講人 臺灣師範大學季旭昇先生回覆：

李教授主要的意見是：文獻沒有並不代表沒有。但是我今天主要是由三個方向：㈠動、植物的記錄；㈡由建築物的考察；㈢由比、興詩義的分析這三方面來看。這三個方面都不能十分肯定，但是合起來，應該可以看到。隨便舉個例子來說：在308會議室中看不到李教授，在國際會議廳中也看不到李教授，那麼李教授應該是沒有來參加會議，除非說另外有一個會場，我沒有去查，那麼是我的錯。可是如果該查的地方都查了，可是我們都沒看到，那麼應該就是沒有。

至於一章興，二、三章賦，可能是我剛才沒有說清楚，一句、二句是興，三句、四句是賦。

這篇文章我覺得可能有一個很大的缺點，那就是中國廁所史沒有查一下。這一點很抱歉，因爲查不到，所以這一方面，以後看資料出來再補充。這一點，雖然有些開玩笑的回應，但事實上是很重要的，我會注意。謝謝！

【問題討論】

臺南師範學院　汪中文先生：

首先關於名詞的部份：名詞因爲時代、區域的關係，同一名詞所指的內涵不同，或名詞不同但內涵相同這類的現象經常出現。而在此處，對於青蠅的解釋，似乎直接用了動物大辭典來解釋。譬如說，我們在此地講土豆，我們所指的是花生，那麼在查詢過程中，可能只就花生來理解。但是，在北方「土豆」指的是馬鈴薯。所以，當我們只就「花生」的理念、概念尋求解答時，可能思緒上也許就被誤導。對於一個古代的名詞，用一個現代的辭典去看待它，這樣的論證過程，是不是還有商榷的空間?

另外，對於李教授所提的「以無論無」的意見，我是比較傾向支持李教授的意見。因爲我們現在所見的文獻，其實非常的少。我們所見，其實是片段殘存的部份。我們常因爲此原因，面對問題時，即使已有證據在前面，都還必須考慮是否還有某一些空間。而季先生卻因爲做了各方面的嘗試，好像得不到一個很好的解答，就認爲也許這樣的解說是不存在的。我覺得此處或許小心些，或保留，也許是較好。

輔仁大學　李添富先生：

一、二句是興，三、四句是賦，個人覺得更是必須請求解惑。因爲如果是興，必須有所觸發、有所引起。我們不曉得青蠅止於樊，到底要引起或觸發什麼情感？如果青蠅就只是停在樹上，那能不能也說它是賦呢？所以個人才會以爲那是由青蠅的令人生厭想到小人的可惡，而這「想到」不正是個「引起」、「起興」嗎？

主講人　臺灣師範大學季旭昇先生答覆：

青蠅、蒼蠅到底是不是同一種？這是我們現代人讀《詩經》時最頭痛的一類問題。《詩經》中多識鳥獸草木之名，我個人在研究《詩經》中深深地感受到，如果我們對於鳥獸草木之名不夠了解的話，往往會對於詩意的體會流於淺薄。以往，我在師大與蔡根祥教授一起上《詩經》研究時，蔡教授對於草木、蟲魚、鳥獸方面特別淵博，常於詩篇中，提供我們許多很深的思考。

譬如說〈關雎〉。如果我們不相信《毛傳》中說「雎鳩鳥摯而有別」，那麼今天用關關雎鳩便毫無意義，可以隨便用鴛鴦或是鴨子，或任何一種，爲什麼一定要用雎鳩呢？一個詩人要寫作詩，面對當前景物有千千萬萬種，爲什麼選擇這一種？一定與他要吟詠的東西有或深或淺的關係。而我們做爲一個賞析者，我們的責任便是把這一層關係挖掘出來，那麼，蒼蠅當然也有小人的意思，問題是《詩經》中另外有青蠅，蒼蠅與青蠅這二種蠅並存於《詩經》中。而且，蒼與青顏色畢竟有些分別；歷代的注釋多半也認爲青蠅不是蒼蠅。

另外，我所查的動物大辭典，照我個人的感覺，寫得是蠻嚴謹的，它所寫的名詞，不完全是現代的名詞，它把現代的動、植物的名字與古代動、植物的名詞結合在一起，以這樣的資料來做《詩經》參考，應該還可以。

二十、三傳考釋——以「無駭卒」為例

特約討論　成功大學宋鼎宗先生：

拜讀李先生文章，感到非常佩服。在拜讀之後，覺得有以下幾點需要向李先生請教：

首先，在第334頁，李先生認爲「杜預所注過簡」，而引孔疏爲釋。此處，是不是應將杜預的注列出，拿出來討論，以便利讀者。更何況，底下孔穎達所疏之「胙，訓報也」，已經有許多學者指出這樣的訓解是錯誤的。因爲在《國語》韋注中，已經說過，而後來的，像最近的《左氏會箋》、楊伯峻的《春秋左傳注》也都將此解加以駁正。在訓詁學研討會上，我想，我們對此更須加以注意。

其次，同是334頁中，由第二段第一行開始列出一些姬姓之國，但在第四行中的陳胡公滿，應該不是姬姓之後。據我的了解，胡公滿是帝舜的後代。根據《尙書·堯典》，胡公滿是舜之後，而後被周朝賜姓，封之於陳——即春秋的陳國。在這一點上，我想是需要調整的。

在第334頁的第一段第三行至第七行，李教授提到「古時受姓」是合理的。但在第335頁第三段第六行中卻又說：「夫姓者，百世不改，大夫之後，豈待君命爲賜?」這與前述行文，在前後文字有衝突矛盾的現象。這裏恐怕需要再釐清。

此外，在第336頁第三段「考《左氏》十二年傳」，此處指的是莊公十二年。如此行文會讓不讀《左氏》者不清楚，此處要加以補充。

而在第340頁第二段中提到「《穀梁》入西漢始著竹帛，傳文多引先師之論……」這一部份，《穀梁》既在西漢，《公羊》應該也早不了多少，似乎也該拿出來談一談。

本文最大的貢獻在於第337頁，第三行開始「旁裔之公族，既繫謚以見其族號……」此一段考證，便是對此段文字最大的心得之處，也是爲杜預所疏漏的地方做補充。可惜的是，在本文中並沒有傳統古代經典來做證據，來證明這樣的說法是正確的。如果能有古代的經典、資料及佐證來作爲強有力的證據，也許將來可以眞正爲杜預等人的錯誤做訂正，而對左氏學做出重大貢獻。

再說，謚號的產生，應在恭王之後。在此之前，應該是沒有出現的。有關謚號的問題，假使能夠將《左傳》的文字加以統計，也許比完全根據《公羊》來得好。因爲在《左傳》中，有以祖父的字爲謚的，也有以父親爲謚的，也有「以字爲謚」的，狀況很多。而杜預是以《公羊》爲根據，「以王父字爲氏」，事實上，杜預已是跨越左氏學而取公羊學的意見。可是如果去歸納左氏學的話，已有許多祖父的字、父親的字，甚至名都有，都已被統計。如果加以統計的話，也許可以強有力推翻杜預的說法。

最後，無駭與展氏，此「展」字是其祖父的字，還是無駭的字？我想這似乎也需要討論。這個問題，前人已討論過，認爲「展」字是無駭的字。在此處，作者似乎是沒有注意到前人的成果，而仍停留在「展」字是無駭祖父的字。此處，可以將杜預而後，前人的研究結果與方式呈現，加以釐淸。

主講人　陸軍官校李啟原先生回覆：

首先感謝我的討論人宋教授，尤其佩服的是，許多細小的地方，宋教授都看出來了。前輩的風範是鉅細靡遺，大的問題挑出來，小的問題也不漏，這是我非常佩服與感激的。所以，前面所提的漏字的地方，我會補充。

重點是有關於觀念的地方。譬如說認爲個人有些資料沒看到而導致有些問題的糾纏。這一點在這裏向前輩報告，後輩不敢怠惰，《禮記》或漢儒《左傳》的觀念，我都看過了。但是，其中有許多觀念並未定案，目前還在糾纏。所以，我提供另一種說法。

至於展無駭，宋教授認爲「展」是其字，而以字爲其族號。但作族號應是死後子孫用他的字來做族號，而在其在世，他拿自己的字來當自己的族號或姓都是不成立的。更何況《公羊》中，便說「展無駭」直接如此記載。但以「展」是其謚，「無駭」是其名，這點於此做補充。

二十一、《春秋》「紀侯大去其國」的深層意義

特約討論　成功大學葉政欣先生：

在我拜讀陳先生的大文後，首先要肯定陳先生的說法，認爲《春秋》「紀侯大去其國」的記載確有其深層意義。

陳教授的大作分幾個段落來論證他的命題。首先，他是把《春秋》紀國本事加以敘述。他所敘述的紀國的處境以及當時與齊國及魯國的關係，大體來說是正確的。其次，在第三節中，陳教授就《春秋》三傳記載「紀侯大去其國」這件事的角度，作了比較，並就三傳之說法加以分析論斷。陳教授這裏的分析，大體而言，也是合於事實的。

接下來，陳教授就後代關於「大去」二字的解釋，他引了宋代黃仲秋的《春秋通說》及以元代程端學《春秋或問》這二家的說法，以爲「大去」的「大」，乃紀侯之名，認爲這是根據《公羊傳》「失地之君稱名」的義例而推斷的。而認爲這種推斷並不

能貫通全經，不能不存疑。但亦不能驟然排斥此說之可能性，故可備一說。

然後，陳教授才就「紀侯大去其國」的眞象進行論證。陳教授從春秋修辭的原則及春秋的語法兩方面，來進行分析，以證明春秋修辭謹嚴，「大去」應不同於「滅」，在語法上，「大去」有紀侯遠離國家，將一去不返之意。陳教授的這番論證，雖可以成立，但稍嫌不足，對於眞象應有更明確的論斷。因此使得我們讀到最後，似乎有種意猶未盡的感覺。而且在文字的叙述上，也有值得商榷的地方，我下面提出一些淺見，就教於陳教授。

在結語的地方，陳教授認爲《公羊傳》與《穀梁傳》解釋紀國爲齊國所滅與事實不符，認爲齊國並沒有眞正興兵以武力滅了紀國。這樣的表達，我覺得似乎與前面的論述意思不太符合，有矛盾之處。所以，我覺得如果陳教授能夠再以一種比較積極論辯來提出更明確的論斷，似乎比較理想。

另外在結論中不同意以「大」爲紀侯的名字，如果可以提出更多詳盡的證據，來反駁「大」爲紀侯名的謬誤，可以更有力地證明陳教授反對的理由。所以，我個人覺得陳教授在此文結論方面可以再加強，能夠就《春秋》爲什麼在此特別用「大去」，而不用一般的「滅」，提出更直接的論證。就我個人了解，《春秋》對此事的記載採用「大去」，的確是有其特殊用意。我個人傾向於是否有爲紀國諱的用意？至於爲什麼《春秋》會爲紀國諱？我想是因爲紀國與齊國的關係特別密切。

《春秋》之中，有許多關於紀國的記載。包括紀伯姬、紀叔姬二位魯國嫁到紀國的公主。因爲此姻親，二國關係更密切。另外，紀侯雖然離開，但紀季還可以保持其宗祀。我想，這便是《春秋》之所以用「大去」之字眼而不同一般「滅」字。至於齊國把紀國併吞，這應該是事實。由《春秋左傳》可以大致看出來。是以用「大去」，應是有為紀國諱的意思。

主講人　崇右企專陳柾治先生回覆：

葉教授說我的結論不夠詳盡、不夠有力，的確是這樣。尤其是「大去」的看法應該要多一些舉證與看法。我想我接受葉教授的指教。

葉教授提到「大去」，是不是可以以為紀國諱來思考。的確，從諱的角度來思考，的確是一個線索。因為紀國與魯國有姻親上的密切關係，這是一個很好的線索，我以後會從這方面找找看是否有充分的證據。

【問題討論】

中央研究院歷史語言研究所　蔡哲茂先生：

對於本文題目，我個人認為似乎改為「《春秋》『紀侯大去其國』釋義」便可。因為其關鍵在於解釋「大去」的意義。

至於「大去」，我有一些意見：我們知道大去在後世有死亡的意思，但這裏很顯然並不是這個意思。因為在文獻中，講國君死掉都是講「去其臣」或是「早去其臣」。但是，我們知道「去」字最早在甲骨文中，「王去某地與某地」，這個「去」做「離開」的意思。我們可以說在《春秋》中，除了這一條，如果此「大」字是形容「去」的副詞，那也是僅見。我們想陳先生在論文所引的意義提出這樣的解釋，也是有他的道理的。

為什麼呢？我們再來看看有關於「去」當做離開國家的意思，如《孟子》言「孔子去魯」、「去父母之國之道」等。我們再從出土的春秋銅器——哀陳叔頂中也有提到「少去父母」，在這裏的解釋是少年便離開父母之國。

陳教授所引的證據分析中，他認為「大」是程度副詞，「去」

是動詞。可是他所引的「大」作爲程度副詞的例子如大水、大旱、大災……等。事實上，這類詞彙，「大」是形容後面的名詞與「大去」的「去」作爲動詞用，似乎是不能提爲一談的。

所以，由此說，也許宋人所懷疑的紀侯「大」，大是紀侯之名，而「去」是離開其國，是比較合理的推論。到目前爲止，我們並沒有第二個例子來證明程度副詞來形容「去」，在文獻上也沒有這樣的例子證明。

陸軍官校　李啟原先生：

我針對陳教授的文章提出意見。蔡哲茂先生說：「大」字是紀侯之名，個人對《春秋》也有些涉獵。現在《春秋》有個研究方式，把所有「大」字都排出來看。陳教授把它全排出，而後其解釋方式，就是「大」是一個形容詞，如大水、大旱、大災……，證明「大」當形容詞使用是很普遍的情形。

在《春秋》中，可以說「紀侯去其國」便可，與大去沒有不同。爲什麼要加「大」？其中一定有值得探討的問題。就如同大水，爲什麼要加「大」？因爲要強調其普遍廣泛到處都淹水的意思，是有其特殊意涵的。大水、大旱，都不是經常出現的情形，否則其實用「水」便可代表淹水之意，何必再加「大」，以「大水」形容？

是以，「大」是可以有「普遍」與「非常」二個意思的。那麼，在此處本用「去其國」即可，爲什麼要用「大去其國」？我在此不做結論。但是我強調的是，這是個很有意思的問題。

臺灣師範大學　季旭昇先生：

在訓詁上來看，「大」字做名詞或是副詞都說得通。所以在這個問題上的爭論，可能比較難有結論。至於紀國是否被齊國所滅，我們可以參考青銅器上的材料。而紀侯大去其國之後，還有銅器出土，可證未被滅國。

成功大學　葉政欣先生：

補充我剛才的意見。紀國是被齊國所併吞，雖然在《春秋》中沒有明說，在《左傳》與公、穀之間也都沒有說清楚。但是，就《左傳》而言，提到紀國的事情特別多。在莊公三十年以前，三十餘年中記載了二十三件事，其中也提到了齊國曾出師滅了紀國的郱、鄑、郚三個都邑。而且紀侯離開之前，讓其弟以酅地入於齊之後，才能保住宗祠。此外，紀伯姬死後未葬，紀侯大去其國，而是讓齊侯葬紀伯姬的。所以，後代學者如清毛奇齡等都認爲，齊國除了酅地之外，把紀國大部分的都邑都佔領了，與「滅」沒有什麼太大差異。不過因爲有酅地這個都邑保留，所以有些不同。

另外，因爲叔姬、伯姬以魯國公主身分嫁到紀國，後至酅地投靠，直到死亡。杜預在解說時，還特別提到叔姬表現其賢的事蹟。是以，根據這些證據，我判斷《春秋》記載的時候，特別同情紀國，特別爲紀國諱；另一方面也是因爲情況比較特殊，與一般的「滅」有一點差別，是以才用「大去」這樣比較特別的說法。

二十二、從張惠言評注溫庭筠〈菩薩蠻〉詞探究溫詞的本義與張注的新義

特約討論　輔仁大學包根弟先生：

一、本文優點：

㈠以近代詮釋學及接受美學之定義界定本文撰述的思考方式，理路清晰，頗具條理。

㈡從溫氏生平和詞的發展歷程探討溫詞本義，方向客觀正

確。

㈢探討張惠言的時代背景，說明詞「尊體運動」的源起及經過。以及由張惠言的學術背景，說明張氏：1.以解經方法詮釋詞。2.以義理章法的評注取代字句的訓詁。二大特質，皆十分精當。

二、本文應修正之意見：

㈠在探討溫詞本義方面：因溫氏爲花間集之代表作家，故花間詞之寫作背景亦應一併探討。歐陽炯〈花間集序〉曰：「綺筵公子，繡幌佳人，遞葉葉之花牋，文抽麗錦，舉纖纖之玉指，拍按香檀，不無淸絕之辭，用助嬌饒之態。」正說明花間集詞之寫作背景。由此可知，溫氏之〈菩薩蠻〉詞乃供宴飮歌唱之用，再配合溫氏個人生平叙述，將更周全。

㈡「詞的發展歷程」中，「晚唐是詞初興起的時代」一語，値得商榷。案：關於詞之起源，近世敦煌所得唐寫本「雲謠集雜曲子」由任二北〈敦煌曲初探〉曲調考證一節，以及龍沐勛於〈詞體之演進〉一文中，可知雲謠雜曲之創調、作辭時代，均在開元、天寶之世前後，詞體雛形已略具。詞體之興，則於盛唐末、中唐初，由韋應物、戴叔倫、王建、張志和、劉禹錫、白居易等詩人塡作，逐漸孕育而成。因此，詞初興起應爲盛唐末、中唐初。

㈢「文人爲詞的內容增加了文學性，往往忽略了原本音樂的特質。」此段叙述詞發展的歷程，僅爲豪放派之特色。其實詞另有一條發展的主線，即婉約派，婉約派詞家如柳永、周邦彥、姜夔等人之詞，都是深具音樂性的。

㈣張惠言「詞選」箋釋唐宋詞，應與其所主張之詞學理論關係密切，其於〈詞選序〉中闡述之詞學理論，大致可分三點：其一，以儒家傳統詩教「忠愛悱惻，不淫不傷之旨」爲基礎。其二，以「風」「騷」之文學精神作爲創作詞之典範。其三，論詞之基本主張可歸結爲尊詞體、崇比興、區正變三方面。在唐五代詞人中，他最推崇溫庭筠，稱溫詞爲「深美閎約」，即言其格調雅正、深具比興。如能由此角度探究張惠言評注溫氏〈菩薩蠻〉詞之新義，必更切當。

㈤頁368，對張注之評論，應另立一小節討論，以清眉目。此段最後應提出一己之觀點。

㈥頁372「前賢……」以後一段，不宜放入論文中，應刪除。

主講人　臺中師範學院劉瑩先生回覆：

感謝包教授的細心閱讀和不吝指正，所提出的卓見，都是本文在走筆倉促之際所疏忽的，能得到前輩的指正，實受惠良多，本人將一一改正，使本研究在定稿時更見完整明晰。

關於「詞的發展歷程」中，所云：「晚唐是詞初興起的時代」確爲含糊，其實本人原意應寫作：「晚唐是居於詞史發展的初期」，由於在發展期的初期，才能證明溫庭筠的詞保有和其他作品一樣的本色詞，而還未達到宋以後詩化、律化的境地，也不可能有清人所說的寄託。

【問題討論】

臺灣師範大學　蔡宗陽先生：

一、題目中的破折號（——），建議刪除。

㈠因爲題目「從……探究……」，上下文是聯貫的。

㈡若是「探究……」作副題，文意不通。

二、第370頁第二段只列出正反論證，並未判斷何者是，何者非，因此此段最好列入「附註」，以供讀者參閱。

主講人　臺中師範學院劉瑩先生答覆：

感謝蔡教授的細心閱讀和不吝指正。本文於370頁列出正反論證，所作的判斷置於結語，確屬不妥，應在前段作一簡單的結論，而結語處再深入發揮較佳。

二十三、試析「元曲四大家」雜劇語言之擬聲重▮詞

特約討論　成功大學王三慶先生：

一、本文優點：論文定義、研究方法及語料均有詳細說明，文章明晰，綱舉目張，立論嚴謹。

二、值得商榷之處：

㈠本文所使用的語料（見頁378、379之表格），並本將關、馬、白鄭之作品完全收入。

㈡頁377之圖表中，看不出「重疊式合成詞」裏何者是擬聲重疊詞？無法對主題作相關說明。

㈢所分析的語料是否皆是「擬聲」？是不是有「擬狀」、「擬形」者？而判斷的標準何在？如：頁380「呸呸」、頁381「恰恰」、頁391「可撲可撲」，以及頁382「擦擦」、「珊珊」、頁383「巴巴」……等，都是擬聲嗎？是否可能只是音樂上的「泛聲」或「和聲」？例如：「乞留乞良」、「出留出律」，在敦煌曲子或明清以來的俗曲，現代道教的音樂中，均可看出其泛聲作用，而非擬聲。

㈣形式上的小錯誤：

1.頁390第十四行，「吉丁丁當」應是「聲母相同」，而非「韻母」。

2.頁392的註十，註釋部分未見說明。

三、還可以再發揮之處：

㈠本文僅由形式上探討、分類，是否可由音理分析，看聲母、韻母的運用，以及擬音效果如何？

㈡除了就現象上的分析外，可以再談談擬聲重疊詞在文學上、音樂上的效果。另外，結論部份引《太和正音譜》支持自己的論點，認爲鄭光祖是最出色的劇作家。但，事實上《太和正音譜》談的是鄭光祖的一般語言，並不單指擬聲重疊詞一部分，因此，論述不夠仔細。應該由劇情、音樂、歌詞等部份加以考慮，較完善。

主講人　東方工專江碧珠先生回覆：

感謝特約討論王先生的指正與建議；本文確有許多謬誤與缺失，王先生的建言，正是筆者所努力的方向。筆者於倉促間疏漏了擬聲詞的音響效用，未能周詳地擬音。由音理上分析擬聲重疊詞並觀察其音節組合的特性，如此更能有效地論證該詞確否擬聲？至於擬聲重疊詞在文學上及音樂上的效果如何？亦是日後急欲探索的課題。

【問題討論】

臺灣師範大學　蔡宗陽先生：

一、黃師麗貞《金元北曲語彙之研究》分爲鑲疊詞與重疊詞兩類。就修辭而言，前者是「類疊」，後者是「鑲疊詞」。

二、第394頁「語用情形」可列入「修辭作用」，所舉的例子，是屬於「言辭」的修辭，有些屬於「對偶」，有些則是「類疊」。

三、第380頁「我呸呸呸的走似風車」，全句是「譬喻」，「我呸呸呸的走」是「喻體」，「似」是「喻詞」，「風車」是「喻依」。「呸呸」修飾「走」，是作「副詞」，在修辭方面，屬於「類疊」，但並非擬聲詞。

主講人　東方工專江碧珠先生答覆：

謝謝　蔡先生提供修辭方面的寶貴意見。

二十四、《祖堂集》所見唐五代口語助詞探究

特約討論　高雄師範大學何淑貞先生：

一、本文優點：

㈠唐、五代是現代漢語的萌芽時期，本論文選擇頗能反映晚唐五代語言實況的禪宗史書《祖堂集》作為研究對象，取材恰當。

㈡本論文對語料加以分析、歸納，再與〈變文〉比較，然後判斷，方法科學。

二、茲將拜讀後的心得，向宋先生請教。

㈠採用的語法體系是1984年出版的〈中學教學語法系統提要〉試用本，引用書目有在〈提要〉出版之前及同時者，本論文引用時，是否已作統一術語名稱及內涵界定。

㈡文後助詞比較表是否標列統計數字，以示出現頻率，則更為精確。

㈢頁401第四行「不淨」、第十一行「不安」、第十五行「不辨生死」等，應為句中定語，是「一」個語法成分，不能只以「淨」「安」定為形容詞。

㈣頁401倒數第三行「嗔迫迫」、倒數第四行「冷侵侵」，嚴格地說是主謂式複詞，不是疊字複詞。

㈤「湛湛」等稱為「單音節」形容詞，似欠妥，是否可稱為「單疊式」疊字形容詞？「朦朦朣朣」是雙疊式疊字形容詞，因為，事實上是四音節，而非雙音節。

㈥〈2.1〉與〈2.2〉兩節結論，對「眾說紛紜」解說詳略應

統一。

㈦〈2.4.2〉:「『得 2』……多用能願動詞『能』來解釋」——是否可以改爲:「可用能願(動詞)句式代換」? 而例 1:「識又爭能識得」,是否與其他例句不盡相同?

㈧頁406,任何詞性接上動態助詞,是否可算動詞? 動態動詞與現代漢語的詞尾如何分? 唐五代是否有動態助詞已演變成詞尾?

㈨如果在變文及《祖堂集》均未出現的助詞,是否有在文中說明的必要?

㈩行文有欠精確者,如頁410倒數第八行:「僅一例用在一般陳述句,第一人稱有嘗試」,意義不明。

⑪頁415第十四行:「二書中大多助詞一起出現」,是否能改爲:「大多數助詞在二書中都曾出現」? 而之後的「少數助詞單獨出現」,是否改爲「少數助詞僅於其中一書出現」? 另外,在結論中常用「似未見」一語,是否檢查精確後,說得肯定些。

主講人　文化大學宋寅聖先生回覆:

非常感謝指正及建議,在此簡單答覆如下:

一、衆所周知,《中學提要》(1984) 是以現代漢語爲對象的語法系統,故用以探討《祖堂集》乃至唐五代口語助詞,本會出現不完全符合之處。但唐五代口語助詞乃現代漢語助詞的起源,因此許多地方仍相符合。此外,至目前爲止,近代漢語(唐、宋、明、淸)的研究僅是初步階段而已,今後仍待加以研究並儘快建立近代漢語自身的語法系統。

二、一般而言,敦煌變文與《祖堂集》皆可視爲晚唐五代的語言記錄,兩者皆相當程度反映唐五代口語。過去一些學者,認爲前、後者分別反映西北、江南地方的方言。但根據本文的調查，兩者皆大部分反映當時的共同語；少數反映當地的方言。

至於提出的其他問題，將作爲修改時的參考。

【問題討論】

臺灣師範大學　蔡宗陽先生：

一、第416頁「比較表」建議列入附註，比較妥善。「比較表」不適合列在結論中。

二、第400頁「結構助詞」，多半是「無意義」，例如：「跑得很快」的「得」字是無意義，屬於結構助詞。但文中所舉多半是「句中作主語、賓語」，是否改爲「主賓助詞」？此處不適合用大陸所分的三類來析論，否則「結構助詞」所列的例子必須重新換例子。

中正大學中文研究所　王松木先生：

以下幾點就教於宋先生：

一、有關論文架構：文中直接援引現代漢語語助詞的分類來架構《祖堂集》的口語助詞，似乎不妥！因《祖堂集》的語助詞並不與現代漢語完全切合，如此套用，必將掩沒新興的語法現象。

二、文中提到：「同一語助詞表達不同的語法意義」（頁415），但是，以「得」爲例，「V＋得1＋C」（頁404）、「V＋得2＋C」（頁405），所列的語法位置相同，如何去判別得1和得2呢？

三、文中提到：「幾個助詞有相同的語法功能」，如此，不符合語言節省、經濟原則，是否其中有些微的差異未經仔細分辨呢？

四、將「敦煌變文」和《祖堂集》相對比，除了可見歷時的差異外，是否也當注意共時方言的殊異？

主講人 文化大學宋寅聖先生答覆：

王先生的第三個問題，唐五代乃現代漢語助詞的萌芽時期，許多助詞分工尚不明確，表義功能還不固定；至宋代以後，才出現每個助詞有嚴格分工的現象。

日本花園大學 梁曉虹先生：

建議宋先生參考1978年大陸中山大學研究生董昆的文章：〈漢魏六朝的佛經的語法現象〉。

主講人 文化大學宋寅聖先生答覆：

非常感謝各位的指正及建議，對於蔡教授、梁教授二位的高見，將作爲參考。

二十五、《周易》「孚」字解——從文化進展的觀點作一考察

特約討論 銘傳管理學院陳坤祥先生：

這是一個很大的題目，在座有許多專家都是研究易經甚有成就的學者，我在此正好藉這個機會向各位先進討教。

首先我要肯定這篇文章成功之處，在於能夠把向來爭執得很厲害的漢宋兩派易學家，以及最近的考據學派對「孚」這個字的說解，都作了敘述和判斷，這一點基本上是成功的。

另外有幾個問題，我分別敘述如下：

第一：我對易經中出現「孚」字的七個卦辭和三十一個爻辭作了一番考察。發現易經講「孚」主要是在「坎卦」，所謂「習坎有孚」，而直接把孚字作卦名的是「風澤中孚」。「風澤中孚」如何和「坎卦」牽上關係呢？因爲「風澤中孚」的二三四五這四個爻正好和「坎卦」的中間四爻是一樣的。從虞翻以來，到李道平的注疏條例中都有一條：凡講「信」都說爲「坎」，坎爲孚，

坎爲信。在這個原則之下，我把三十一個有孚字的爻辭考察的結果是，凡是增爲「風澤中孚」，或是增爲「坎爲水」者都是當作「信」來講。

第二：所謂的漢易學派，即象數學派有一條他們很重要的證據：《左傳》魯昭公二年：晉韓宣子聘於魯，見易象與魯春秋。因此他們認爲卦是從象而來的，而且他們講究象就是數，數就是卦，因此象、數、卦三者是一致的。雖然我們責備象數學家講易經零碎而沒有系統，但他們對孚字的解釋倒也有一條理，即他們講「孚」不是從「風澤中孚」變來，就是與「風澤中孚」相通，再不然即增爲「坎爲水」。至於王弼以後的宋易學家也是把「孚」字當作誠信講，與漢儒講孚字的看法是一致的。

第三：依照孫先生的文章看來，最後他把「孚」定爲名詞的「俘虜」和動詞的「俘獲」，這我倒也不反對，不過既然還有三個卦中「孚」不能當「俘虜」講，只能當「誠信」講，那麼這種說法比用變和通的道理來理解後，可以整個用誠信貫通，這種說法是否眞的來得方便？這是我要向各位先進討教的。

主講人　東吳大學孫劍秋先生回覆：

在經學發展的歷史上，爲經書作注解，再從注中發揮一己的主張，是最常見，也是經學發展的主要方式。每一位經學家爲了要建立一家之言，尋出超越前人的成就，便須要另闢途徑，借古人之書，爲自己立論，所以同一本經書在不同時代，便會出現不同的面貌。《周易》中的「孚」字便是如此。郭沫若說：「古金文俘字均作孚。」俘是後起字，從爪從子的孚，俘虜之義已明。只因孚字後來引申爲孚信，另作俘字，本義反晦。(頁例引)

感謝陳坤祥教授在這篇文章上對我的指導，確實彌補了本文寫作時未照顧周全的地方。以下就陳教授提出指教的地方，敬答如下：

一、關於〈中孚〉卦的二、三、四爻，可互體而有坎象，或說易經書中出現的四十二處孚字都可互體出現坎象，這恐怕只是荀爽派的意見，虞翻就認爲二、五爻皆陽爻，才可稱孚，那麼他所變化出來的卦象，就不祇是坎象了。詳見本文427至429頁的說明。

二、本文所提的觀念是認爲，既要作《周易》中字詞的解釋，就應重視字體本身的字形、字音、字義，而不在符號的變化上。屈萬里先生作〈先秦漢魏易例述評〉，即指出互體、卦變等易例本身是有矛盾性的。本文434頁注⑦也作有說明。

三、故意把有「孚」字出現的卦皆互體（或旁通，或升降）成〈坎〉象，再將〈坎〉解釋成「信」字，〈坎〉作「信」解，也是後人才引申出來的，坎的解釋便是坎阱、陷阱，是用來俘人或捕獸的。

【問題討論】

高雄師範大學　蔡根祥先生：

孫先生在論文中敘述了三個說法，而事實上他採取第二種和第三種說法「溝通的方式」，即從古代奴隸社會中統治者和被統治者溝通的方式，採取誠信的原則。但我認爲這個觀念在實際生活中並不能成立，誠信必須是雙方的互動才能成立，否則就像前蘇聯統治立陶宛很久，也不能得到立陶宛人民的信任。從文字結構的觀點來看，和孚字相通相近的有保、乳二字。我認爲孚字不是以俘虜爲原義，而是以哺乳小孩爲原義。母親對小孩的愛和小孩對母親的依賴，這種關係之下誠信才容易建立，這才是來自內心誠信的感受，所以我認爲從統治者和俘虜的關係來說誠信，倒不如從母子關係來說較爲恰當。

另外在435頁有一表，孫先生把孚、奚二字作一比較，表明這兩個字是相通的，但我認爲這兩個字是相對立的，因爲可以明顯地由文字結構上看出，孚字下面是個「子」，而奚字，這個有奴隸之義的字，下面是從大人之形。

主講人　東吳大學孫劍秋先生答覆：

蔡根祥教授建議將「俘」字與「保」字、「乳」字作一比較，提供本人另一思考方向，十分感謝。不過本人在引文第一條已提出郭沫若先生說：「古金文俘字均作孚」。所以將「孚」解作「俘虜」應是蠻可信的。又指教關於《逸周書·世俘篇》問題，根據杜正勝先生的意見，商周間俘虜身份地位的轉變，確實與西周初人文思想的成熟有密切關係。見本文頁432。

中央研究院歷史語言研究所　蔡哲茂先生：

一、孚字由俘虜，俘獲轉而有誠信之義，此恐怕爲假借義，不當由商俘成爲伙伴，再成爲家族一分子之必須以「誠」、「信」作基礎。如此轉折地由史實證明誠信由俘字轉變而來，得先證明商未滅之前根本沒有誠信這種詞語。

二、卜辭有「大行」、「中行」，見於加拿大明義士藏續編及懷特藏甲骨中，但意義不明。晉有「中行」，是步兵編制之擴充，由上下行擴充爲禦狄而設，詳見藍永尉「春秋時代的步兵」一書，但卜辭中未見「上行」「中行」，此點須查明。

主講人　東吳大學孫劍秋先生答覆：

蔡哲茂教授指教，引書當引名人或具代表性，本人則認爲祇要其人論證觀點客觀正確，何以不能引用？且許進雄先生也並非不甚了了之人，他從臺灣大學畢業後，即至國外留學，目前在加拿大安大略省博物館任遠東研究員職，在美加地區是中國考古、古文化方面的有名學者。又指教本文應先論證西周以前沒有

「誠」字及其相關概念，本人認爲這是肯定沒有的。在此範疇中，最早的概念是「道」字，據張立文《道》第五頁：金文中的「道」字均解爲「道路」，《易經》中出現的四個道字，也解作「道路」，《詩經》才引申爲道理、方法，至《左傳》才擴展內涵，分爲天道與人道。「道」字都如此了，「誠」是晚至春秋晚期至戰國初年才出現的概念，自然在商末周初不會有。又「孚」字解爲「誠信」，自《說文》以來學者都認爲是「引伸義」而非「假借義」，見《說文》「孚」字，及本文431頁註⑬引文。

二十六、古籍注疏與古漢語辭書編寫

特約討論　新竹師範學院董忠司先生：

這篇文章是經過作者辭書的實務編輯之後所完成的，這個意義很重要深遠。在臺灣，沒有辭書出版社、辭書研究、辭書叢刊這樣的工作，反之，在大陸有很多這類工作，楊女士致力其中，就是值得我們肯定的。這篇文章有兩大優點：其一，文章中所收的例子，雖不敢說每一條都非常精當，但都值得我們參考。在選擇例證上的優秀見解是很大的優點。

其二：作者把古書注疏和古漢語辭典分爲四個大項討論，層次分明。雖然我覺得作者沒有把第四個部分，亦即結論的部份發揮得更充份，這一點若能擴大的話，更值得我們重視，但這不是作者的過錯，因爲整篇文章份量已經夠多，而且層次非常清楚。

這篇文章的題目是「古籍注疏與古漢語辭書編寫」，用「與」字把兩者結合在一起，談的應是兩者的共性。但由整篇文章看來，大致上都是由古漢語辭典編寫時如何借重古籍注疏的觀點來敘述。換句話說，這篇文章是單向的。因此我建議題目稍作修改，或是加上一個小標題，會更清楚。

在444頁中，第三個小標題是「引注疏以並存幾種可供參考的解釋」。我們使用辭書時，正是我們疑惑，須要解答，或是完全不知道，或是有幾個答案在心中，不知道那個答案才是好的，如果辭書將注疏並存而不定義那一種解釋較好，那麼讀者翻開辭書的功夫也就白費了。因此在編纂辭書時是不是要把未定案的說解放進辭書中，如此一來，要如何解決讀者疑惑，這一點要請教楊女士的建議。

在第一部份和二部份的標題上，都使用了「釋義」這個詞。我認爲古漢語辭典的功能不僅僅是在釋義，如作者在438頁下就提到:「利用它（辭書）可以幫助我們更好地收錄詞目，確立義項，規範字體，標注語音，詮釋意義」。因此我想「釋義」一詞是不足以涵蓋整個辭書的功能和內容的，是不是換個更恰當的詞更好。

在引證上，作者引用了鵩鳥賦，但是把「西東」二字改成「東西」，如此一來，賦文就不押韻了。另外，如果每一個詞條在一開始時就能引用古文字的研究成果，如引用《說文》，那麼詞義一開始即能確立清楚。另一方面，在引用《說文》時，是不是能註明版本，舉例而言，439頁中引《說文》:「臨，監臨也」。但我們今天所看到的本子，包括廣韻所引用的，「臨」字條下都只有「監」一字，在這種情況下，是不是可註明所引用的版本。

關於「不必注而注」一項，我在思考什麼情況會不必注而注呢？有沒有可能注是爲了證明出處，爲了舉出用法目的(1)所以不見得是完全不必注。如果確定不必注釋，是出自什麼樣的準則，是否可告之?

主講人　上海辭書楊蓉蓉先生回覆:

感謝董先生對我的文章提出了寶貴的意見。我文章的題目是雙向的，而因爲我是一個辭書工作者，不由得習慣性地站在編辭書的角度來考慮這個問題，這是一個疏忽。

關於對存疑條目的處理，我主張可以並存異說。因爲有許多詞目怎麼釋義，在更廣闊的背景下都是值得好好研究的，有些問題在目前資料缺乏的情況下，很難作出決斷，並存異說可以提供讀者思考的線索。

關於「不必注而注」的問題，是由辭書編纂者的隨意性而造成的，文章中我舉了兩個例子，一個是注了仍不明白，一個注與釋義無關，這都屬於「不必注而注」。

至於本文引用資料很多，沒有註明版本，這是本文的一個缺點，因爲我本來準備寫一篇〈帥率殺亂辨〉，從本義到引申義，以文獻爲佐證，來討論兩字的互相影響，以期對編辭典利用文獻資料有所啓發，本已經做了幾千張卡片，可是到了遞交論文的前一星期，仍有幾個環節不能處理好，我不願輕易處理這幾千張卡片，便要求大會更換題目，得到大會的准許。本文例子是我多年來編辭典過程中的隨手札記，當時未註版本，在匆促的一星期中，無法一一補上，因而造成本文的缺陷，感謝董先生指出。

【問題討論】

中央研究院歷史語言研究所　蔡哲茂先生：

利用古文字資料使古漢語辭典的內容更準確，這是應該做到的。對於439頁的「臨」字，我可以提供一些資料給楊女士參考。《詩經》中有多處講「臨」字，如「上帝臨汝，　有二心」，而文王「不顯亦臨，不承亦保」和毛公鼎「臨保我有周」可以並觀，加強臨字監臨之義。

主講人　上海辭書楊蓉蓉先生答覆：

感謝蔡哲茂先生關於「臨」一例所提供的古文字資料。也感謝李啓原先生對「考成」一例提出的意見，李先生〈春秋三傳異同考釋〉已指出服虔的錯誤，我同意先生的看法。

二十七、學術網路上的訓詁學教學相關資源及其運用

特約討論　臺灣大學黃沛榮先生：

汪教授長期以來注意到電腦資訊網路的使用，在論文學界可以說是先進。這讓我想到，去年四月，我曾建議教育部在網路上置立一個位置，專門供給學術研究用的，平日大家分散南北，臺中的人不知道臺南有什麼好的演講和研究討論會，高雄的人不知道臺北有哪些學有專精的大陸學者來訪，往往是半年後才在漢學研究通訊上看到這些消息。如果網路上有一個好的佈告欄，我們可以隨時知道各校的研討會、演講、論文的發布，各校的碩、博士論文題目也可以在此處交流，避免做出相同的研究。另外各種會議論文的出版、某人專題研究、某教授徵助理，都可以在此處公佈，換句話說，這個佈告欄是全中文學界在此處交換訊息的地方。

今天看了汪教授的論文，我想如果政府無法立刻推動這一個佈告欄的建立，那麼可以由我們中文系自己來做，就現有的資源來看，這個工作不是很困難。學術網路對學術研究有很重要的影響，希望大家可以參與推廣。

在本文中，汪教授介紹多種的學術網路，以及就他的經驗，介紹網路的使用方法，對於一般的中文學者，可以消除一些困難和畏懼心理，這是文章的最大特色。

文章中汪教授提到要學生做文字學的出版目錄，這是一件值得推廣的事情。其實我建議文字學會、訓詁學會可以分別去收集

一些論文目錄，再混合編排，聯合上網，這對臺灣地區的小學界會是非常有益處的，而且這也不是一件很困難的工作。

至於論文方面，我有一些看法：

第一：題目和內容的關聯性薄弱。也就是大家了解網路這一方面了，但爲何和訓詁有關？爲何和訓詁教學有關？這一點是應該加強敘述的。

第二：這篇文章著重在技術方法的層次，而且太簡單了。比方說，作者收集到很多爾雅的書目，那麼他可以把書目列出來，論文的份量不但會增加很多，而且可以給大家一個示範，看到在網路上可以找到什麼好東西。

第三：在文中，全球資訊網中所提到的中文資訊是屬於國語文教學的範圍，和訓詁學仍是有些距離。同樣的，BBS 站所討論的也不是訓詁學。讓人不知這兩處和訓詁學有何相關。

第四：除了臺灣學術網路外，還有國際學術網路，作者應該分別敘述。兩者分開討論，對於論文的敘述和份量都會更加清楚札實。我建議作者應該拿出所收集到的論文篇目做示範，告訴大家透過臺灣和國際學術網路可以找到哪些和訓詁學有關的論文，或者可以找某個主題做示範。

總之，我認爲這個論文再加以補充的話，會是比較有用的。因爲就目前而言，我們很難看到訓詁學和網路間有什麼必然的關係，說句不客氣的話，把檢索書目爾雅改成尚書的話，這篇文章是不是可以在經學研討會上發表？可見在文章內容上加強和訓詁的關係，對讀者而言是比較好的事情。這是我一些粗淺的意見。

主講人　臺南師範學院汪中文先生回覆：

首先謝謝講評人所提供的意見。網路上除了放在本校 web 站上的訓詁學會會訊、論文集，其他可說是很少了。如果勉強要再算出來，就是各個 BBS 站上中小學老師所提出的各種字、詞的困惑和解答。再者還有網路上的某些論壇，如最近熱烈討論的是漢語借用自日語的部份。所以寫作當初，我只是借訓詁學會的名義，把自己運用體會的心情，冠上訓詁學教學的名義，就把它發表了。

講評人提到技術上的簡略，當初我我擔心圖表全部列印出來會太佔空間，而且會檢索的話，每個畫面的檢索程序都是一樣的，所以我少放了很多圖表。如 465 頁 BBS 的部分，如果我多做一個圖，把螢幕的下個畫面印出來，各位就可以看到國語科教學等所有的選單。這是我疏失掉的一個圖。

我把題目訂爲教學，是因爲我感覺我們可以把網路當作一項教學和學習的工具。教學上我們習慣使用書本、黑板，告訴學生去查閱期刊、論文、報刊。而 WWW 目前已被公認爲電視、影像、報紙之外的第四大媒體，全球每天有數千萬人在此交換訊息。如果我們本身會使用網路，我們便可以引導學生從網路上取得更廣闊的資訊來源，網路上的材料便是打破時空限制的教室，無論何時何地，都可以從上面取得自己所需的資訊，這種教學的效果比起傳統教學強太多了。

我們自身的學習不應該局限在教室、圖書館，或是學生時代，而是應該利用公共建設的成果，促進我們學習環境的提升和改善。

二十八、丁茶山《雅言覺非》小考

特約討論　嘉義師範學院朱鳳玉先生：

一、丁茶山先生對韓國學者來說，是個耳熟能詳的人物，但對大部分的中國學者而言，卻是十分陌生，如果在論文的寫作時，能先將生平做一扼要介紹，再談《雅言覺非》，這樣更利於我們掌握此書之大概。關於此書的寫作動機，金先生所引用的材料是序文之「小引」，個人以爲「小引」之後，「流俗相傳，言語失實，承訛襲謬，不察，偶覺一非，遂起群疑，正誤反正，於是爲之。」這段材料更能說明其著書之動機，望金先生參考。

二、題目既然言「考」，就當考其性質、體例、得失及價值。茶山先生於此書議論二百年餘條訛傳誤用之語詞，若能將之作一分類（如：風俗類、飲食類……等），將會更利於我們掌握書的內容，使我們能淸楚此書考證了哪些漢語的性質。

三、在金先生摘錄的二十六條材料中，第一條的按語部份，謂長安、洛陽乃固有名詞，不能作爲一般名詞，然在詩文之中，卻常以之爲代詞，其爲陋習之說有待商榷。在詩文之中，長安、洛陽不僅已成一般名詞，甚至以之爲典故的運用，這是一種借代的現象，而且，不但地名可借，人名亦可借，因此這應是屬於文學上修辭的範圍。

四、第十五條關於「茶」的討論，「茶」本爲專有名詞，「用水煎煮供人飲用。」但從訓詁學角度來說，語詞是會隨時代的不同，而在語義上有擴大、縮小甚至轉移的現象，所以「茶」已轉成一般名詞，到後代其語義變成只要能供人飲用的，都稱爲「茶」。所以，說其爲中國之陋似乎不妥。

五、此篇論文大部份是以詞典作爲語詞解釋的資料，以之爲訓詁的考訂，說服力稍弱，若能佐以當代其它的相關資料，更好。

六、第三節小結的內容應是屬於體例的問題，是否可考慮置於前面。小結應是對前面的考訂，做一個總結並視其究竟導出什麼樣的結果，《雅言覺非》究竟置於何等地位，這樣的安排提供金先生參考。

主講人　韓國高麗大學金彥鐘先生回覆:

關於朱教授所提的問題，本人深表感謝，在論文修改時，會做一個參考。丁先生的個人主觀性很強，他個人是不承認語義的變化現象。所以，他在韓國的學術界評價並不高。在此介紹此書的用意是因爲在韓文書籍中，有很多是用漢字，但兩者的意思卻大不相同，關於這樣的問題該如何處理較妥當，還尙請各位賜教。

【問題討論】

臺灣師範大學　陳新雄先生:

請問金彥鐘先生：東人以放歸田里爲歸鄉，今之徙流竄置，通稱歸鄉，茶山以爲非，今之韓人仍以流竄爲歸鄉乎?

新竹師範學院　董忠司先生:

請問金先生：關於異常演變的觀點，是否可以由以下幾個觀點來處理? ㈠語言接觸。漢語在朝鮮的語言環境下產生了什麼變化；㈡將之視爲廣義的方言處理，可從方言的詞彙如何形成及演變來著手；㈢是否可以就異常變化的觀點下，探討同一個詞彙，其不同語意的演化，在政治或文化環境不同時，又有何不同之處?

主講人　韓國高麗大學金彥鐘先生答覆:

非常謝謝各位學者所提供的建議，日後文章再修改時，會加以考量這些意見。

勘誤表

頁	行	字	原　　誤	更　　正
15	倒6	1	黃秀剛	黃季剛
17	5	倒6	（爾雅）	《爾雅》
17	6	倒3	的確定	確定
17	倒4	9	確文	確立
19	1	13	訓計學	訓詁學
19	10	倒1	屬	屬性
19	倒2	3	從犬中	從穴中
20	7	12	並的	並列的
21	1	倒5	升華	昇華
21	8	倒9	女辭	爻辭
22	4	3	傅麗	附麗
23	15	10	股佈	服飾
23	倒5	4	藏震	戴震
24	10	倒11	一	之一
24	15	9	縱在	操縱在
24	17	9	以取	從取
25	倒9	倒9	跨度	刻度
25	倒9	倒4	表	表達
26	5	倒 5	圖勝	圖騰
28	12	1	論於	淪於
29	9	10	解	解讀

頁	行	字	原　　誤	更　　正
29	倒5	7	寄托	寄託
29	倒2	7	轉換的	轉換爲
30	6	10	段注元	段注云
30	11	4	$X \notin X$；$X_2 = X$	$X_1 \notin X$；$X_2 = X$
32	倒2	倒2	對此	對
33	2	倒8	名物。	名物，
33	倒11	倒13	語義成份分析時時，	語義成分分析時，
33	倒9	9	成份	成分
33	倒8	倒12	印毆	印歐
33	倒4	5	素補辨證法	素樸辯證法
33	倒4	倒3	詞語言	詞語音
33	倒3	2	成份	成分
34	6	16	。	，
34	倒8	倒10	『疆』	『彊』
34	倒7	11	《文》	《說文》
35	4	5	心靈痛	心靈之痛
35	7	12	規定的	規定著
35	11	1	通分析	通過分析
35	16	14	生訓是故	生訓；是故
36	倒11	3	之音	之意
36	倒9	1	（「志」）；	（「志」）；庶得以定某句之意（「詞」），解全句之意，庶得以定某字之詁（「文」）；

頁	行	字	原　　誤	更　　正
38	倒11	6	耳治地	目治地
39	11	2	融彙	融會
39	13	倒4	缺之	缺乏
39	15	倒13	沖擊	衝擊
39	15	倒8	動蕩	動盪
40	3	倒3	相承	相成
43	11	13	先帥	先師
44	4	12	現象�	現象的
190	倒5	1	6.，	6.嗄，
190	倒5	倒12	而 不	而嗌不嗄
190	倒4	12	曰	曰嗄
190	倒4	15	（十三職）	（十卦）
191	10	1	4.，	4.屖，
191	10	10	曰，	曰屖，
191	10	倒5	（十五翰）	（十六諫）
191	11	9	嘿聞	黑文
191	13	倒9	參。	參撾。
191	倒11	13	大柒。字一作 ，俗作 。（九屑）	大池。濼字一作[illegible]，俗作泊。（十藥）
191	倒6	12	（二十五敬）	（二十四敬）
191	倒3	1	11.睞，	11.眣，
191	倒3	14	睞 眼	眣眼
192	2	11	當用 字。（七 ）	當用[illegible]字。（七麌）

頁	行	字	原　　誤	更　　正
192	11	11	使民盼盻盻然。	使民盻盻然。
192	倒11	倒9	古作，	古作品,
193	10	1	18.，	18.衞,
193	倒2	4	（十灰）	（四支）
194	14	倒5	（十二錫）	（十二吻）
194	倒4	1	10.蔏，	10.蔄,
194	倒2	11	蔏茵	蔄茵
195	3	1	13.，	13.壼,
195	3	11	壹。	壹壼。
195	倒5	13	排报自注。」	排报。」自注
196	倒5	倒3	作。	作傺。
197	7	1	11.柒，	11.池，
197	7	12	差柒	差池
197	倒9	1	19.せ，	19.廿，
197	倒7	4	音，皋皋陶	音皋,皋陶
197	倒2	1	25.巨，	25.戹，
198	倒8	1	4.影，	4.影，
198	倒2	1	4.鷂，	4.望，
199	7	10	（十）	（十卦）
199	9	1	9.曷，	9.盍，
199	10	10	作　旦	作鶡旦
199	倒3	倒13	與晨鼂之鼂不同	與晨鼂之鼂不同

頁	行	字	原　　誤	更　　正
200	3	7	字。	瓊字。
200	倒6	倒6	其字日，	其字从日，
200	倒5	倒6	日 字	日晚字
200	倒1	11	省作芃，	省作芃，
201	6	倒7	省作，	省作烛，
201	倒9	倒10	扶。	扶渧。
201	倒5	10	。	。（十三職）
206	11	15	樂（五角者如：樂（五角切）	樂（五角切）
206	倒1	3	胥	慎
209	5	4	《禮記・學記》	《禮記・學記》
209	倒9	8	所謂	失其
209	倒9	15	混浠	混淆
209	倒7	10	《文心雕龍・章句》	《文心雕龍・章句》
210	倒10	2	《學而》	〈學而〉
210	倒1	9	。	；不注「絕句」即與下文連讀。
211	3	2	《八佾》	〈八佾〉
211	倒2	2	《詩・小雅・賓之初筵》	《詩・小雅・賓之初筵》
212	9	倒8	《禮記・射義》	《禮記・射義》
212	13	7	、陸德明二家之說	、王肅、陸德明三家之說
212	倒2	2	《雍也》	〈雍也〉
212	倒1	5	《述而》	〈述而〉（另起一段）

頁	行	字	原　　誤	更　　正
213	2	2	《顏淵》	〈顏淵〉
213	3	2	《子路》	〈子路〉
213	5	2	《子路》	〈子路〉
213	7	2	《子張》	〈子張〉
214	7	2	《公冶長》	〈公冶長〉
214	倒8	2	《公冶長》	〈公冶長〉
215	12	3	乃	指
215	倒8	2	《公冶長》	〈公冶長〉
216	9	8	yan	yān
216	10	13	jin 及陰平 jin 兩讀	jin4及陰平 jina1兩讀
216	216	11	作怎麼解	訓安也
216	倒9	2	《雍也》	〈雍也〉
216	倒5	倒2	讀	訓
216	倒4	倒7	讀	訓
216	倒2	2	《述而》	〈述而〉（另起一段）
216	倒2	14	童人見	童子見
217	4	4	邢昺疏	皇侃《論語義疏》
217	4	13	此互鄉難與言童子見八字	此八字（互鄉難與言童子見）
217	5	13	，	耳，
217	5	倒10	難與言	專惡
217	8	3	疑即慧琳，其說八字連讀	說八字連讀，
217	12	2	《子罕》	〈子罕〉

頁	行	字	原　　誤	更　　正
217	倒10	2	《鄉黨》	〈鄉黨〉
217	倒3	2	《顏淵》	〈顏淵〉
219	2	9	人	子
219	2	倒3	人	子
219	倒7	3	6	5
386	倒7	8	激水	淚水
390	14	倒10	韻母	聲母
393	倒1	1	激/	淚/
395	倒8	2	疊音詞	合成詞
396	9	倒12	外在	各種
403	倒1	9	⑰	⑯
414	12	3	㊷	㊶
419	倒3	1	塹	刪
289	1	1	前言	摘要
289	倒4	10	（參見江西教育出版社	（參見中國語言學大辭典
289	倒3	1	1991：172）	編委會1991：172）
292	末加一行		籌，這樣的發展自然是可喜的現象。	
303	倒2	8	其次王力撰《漢語	
303	倒1	1		刪
304	1	1		刪
304	2	1		刪
304	3	1		刪

頁	行	字	原　　誤	更　　正
304	4	1	易瞭解。胡楚生	其次，胡楚生
304	倒2	倒6	應裕康撰《訓	應裕康等撰《訓

大會議程

日期	時間	場地	主持人	主講人	論文題目	特約討論
十二月十六日星期六	11：40—12：10	啓明苑	王主任瑞生		報到	
	12：10—12：40	啓明苑	吳院長鐵雄 陳理事長新雄		開幕式 貴賓致辭：臺南市長施治明先生致辭	
	12：40—13：10	啓明苑	王主任瑞生		專題演講： 左松超先生主講 訓詁學的名義、內容和研究——從教學的角度省思	
	13：20—14：30	國際會議廳	賴明德	李亞明	訓詁學研究方法的繼承與創新	林炯陽
				蔡信發	比擬義析論	張以仁
		三〇八會議廳	應裕康	黃亮文	敦煌伯三六〇五號尚書寫本異文試論——兼論各版本之異同	林聰明
				黃靜吟	《周禮》井田制初探	汪中文
	14：30—14：50	國際會議廳			休息（茶點）	
	14：50—16：30	國際會議廳	王初慶	周何	論倒言之訓	王忠林
				金彥鐘	茶山《雅言覺非》小考	朱鳳玉
				蔡宗陽	《文心雕龍》中「道」字的涵義	蔡崇名
		三〇八會議廳	周虎林	朱歧祥	釋「貞」	黃錫全
				黃錫全	「干關」方足布考——干關、扞關、挺關、麋關	許錟輝
				蔡哲茂	讀《睡虎地秦墓竹簡》札記兩則異名同地	劉釗
	16：30—16：45	國際會議廳			休息（茶點）	

日期	時間	地點	主持人	發表人	論文題目	特約討論人
十二月十六日	16：45 | 18：25	國際會議廳	周　何	劉　釗	談考古資料在《說文》研究中的重要性	許學仁
				王瑞生	「尺」、「尾」、「尿」、「屈」新解	鮑國順
				盧淑美	《轉注古音略》之訓詁釋例	李亞明
		三〇八會議廳	胡楚生	黃坤堯	《論語音義》「絶句」分析	李威熊
				李正芬	《莊子音義》「絶句」分析	楊蓉蓉
				金鐘讚	從音義關係論「聿」字的上古聲母	陳新雄
	18：30 | 20：00	餐廳	晚　餐			
十二月十七日星期日	08：10 | 09：50	國際會議廳	李　鍌	梁曉虹	試論無著道忠對中國訓詁學的貢獻	孔仲溫
				林慶勳	試論訓詁學與辭義學的發展	梁曉虹
				竺家寧	先秦詞彙「於是」分析	何大安
		三〇八會議廳	王金凌	季旭昇	《詩經·小雅·青蠅》試解	李添富
				李啓原	三傳考釋——以「無駭卒」爲例	宋鼎宗
				陳　治	《春秋》「紀侯大去其國」的深層意義	葉政欣
	09：50 | 10：05	國際會議廳	休　息　（茶　點）			
	10：05 | 11：45	國際會議廳	莊雅州	劉　瑩	從張惠言評注溫庭筠〈菩薩蠻〉詞探究溫詞的本義與張注的新義	包根弟
				江碧珠	試析『元曲四大家』雜劇語言之擬聲重疊詞	王三慶
				宋寅聖	《祖堂集》所見唐五代口語助詞探究	何淑貞
		三〇八會議廳	謝金美	孫劍秋	《周易》『孚』字解－－從文化進展的觀點作一考察	陳坤祥
				楊蓉蓉	古籍注疏與古漢語辭書編寫	董忠司
				汪中文	學術網路上的訓詁學教學相關資源及其運用	黃沛榮
	11：55 | 12：10	啓明苑	劉教務長信雄 陳理事長新雄	閉　幕　式		
	11：55 | 12：10	啓明苑	陳理事長新雄	會　員　大　會		
	12：40 | 13：30	啓明苑	午　餐			
	賦　歸